国家卫生健康委员会
"十四五"规划新形态教材

全国高等学校教材

供临床、预防、口腔、护理、检验、影像专业高等学历继续教育等使用

卫生法学概论

第 5 版

主　　编	杨淑娟	
副 主 编	石　悦	张永利
数字负责人	石　悦	
编　　者 （按姓氏笔画排序）	卫学莉	哈尔滨医科大学大庆校区
	王　钰	珠海科技学院
	王安富	大连医科大学
	王丽莎	北京中医药大学
	石　悦	大连医科大学
	李　卉	吉林大学
	李晓堰	昆明医科大学
	李海军	锦州医科大学
	杨淑娟	吉林大学
	沈秀芹	山东大学
	张　雪	哈尔滨医科大学
	张永利	牡丹江医科大学
	路　瑶	华北理工大学
编 写 秘 书	辛佳锶	滨州医学院

人民卫生出版社
·北京·

图书在版编目（CIP）数据

卫生法学概论/杨淑娟主编. -- 5 版. -- 北京：
人民卫生出版社，2024. 10. --（全国高等学历继续教育
"十四五"规划教材）. -- ISBN 978-7-117-36656-4

Ⅰ. D922. 161

中国国家版本馆 CIP 数据核字第 20241U04V9 号

卫生法学概论
Weisheng Faxue Gailun
第 5 版

主　　编	杨淑娟
出版发行	人民卫生出版社（中继线 010-59780011）
地　　址	北京市朝阳区潘家园南里 19 号
邮　　编	100021
E － mail	pmph @ pmph.com
购书热线	010-59787592　010-59787584　010-65264830
印　　刷	廊坊十环印刷有限公司
经　　销	新华书店
开　　本	787×1092　1/16　　印张：22.5
字　　数	529 千字
版　　次	2000 年 8 月第 1 版　　2024 年 10 月第 5 版
印　　次	2024 年 11 月第 1 次印刷
标准书号	ISBN 978-7-117-36656-4
定　　价	69.00 元

打击盗版举报电话	010-59787491	E-mail	WQ @ pmph.com
质量问题联系电话	010-59787234	E-mail	zhiliang @ pmph.com
数字融合服务电话	4001118166	E-mail	zengzhi @ pmph.com

出版说明

为了深入贯彻党的二十大和二十届三中全会精神，实施科教兴国战略、人才强国战略、创新驱动发展战略，落实《教育部办公厅关于加强高等学历继续教育教材建设与管理的通知》《教育部关于推进新时代普通高等学校学历继续教育改革的实施意见》等相关文件精神，充分发挥教育、科技、人才在推进中国式现代化中的基础性、战略性支撑作用，加强系列化、多样化和立体化教材建设，在对上版教材深入调研和充分论证的基础上，人民卫生出版社组织全国相关领域专家对"全国高等学历继续教育规划教材"进行第五轮修订，包含临床医学专业和护理学专业（专科起点升本科）。

本套教材自1999年出版以来，为促进高等教育大众化、普及化和教育公平，推动经济社会发展和学习型社会建设作出了重要贡献。根据国家教材委员会发布的《关于首届全国教材建设奖奖励的决定》，教材在第四轮修订中有12种获得"职业教育与继续教育类"教材建设奖（1种荣获"全国优秀教材特等奖"，3种荣获"全国优秀教材一等奖"，8种荣获"全国优秀教材二等奖"），从众多参评教材中脱颖而出，得到了专家的广泛认可。

本轮修订和编写的特点如下：

1. 坚持国家级规划教材顶层设计、全程规划、全程质控和"三基、五性、三特定"的编写原则。

2. 教材体现了高等学历继续教育的专业培养目标和专业特点。坚持了高等学历继续教育的非零起点性、学历需求性、职业需求性、模式多样性的特点，贴近了高等学历继续教育的教学实际，适应了高等学历继续教育的社会需要，满足了高等学历继续教育的岗位胜任力需求，达到了教师好教、学生好学、实践好用的"三好"教材目标。

3. 贯彻落实教育部提出的以"课程思政"为目标的课堂教学改革号召，结合各学科专业的特色和优势，生动有效地融入相应思政元素，把思想政治教育贯穿人才培养体系。

4. 将"学习目标"分类细化，学习重点更加明确；章末新增"选择题"，与本章重点难点高度契合，引导读者与时俱进，不断提升个人技能，助力通过结业考试。

5. 服务教育强国建设，贯彻教育数字化的精神，落实教育部新形态教材建设的要求，配备在线课程等数字内容。以实用性、应用型课程为主，支持自学自测、随学随练，满足交互式学习需求，服务多种教学模式。同时，为提高移动阅读体验，特赠阅电子教材。

本轮修订是在构建服务全民终身学习教育体系、培养和建设一支满足人民群众健康需求和适应新时代医疗要求的医护队伍的背景下组织编写的，力求把握新发展阶段，贯彻新发展理念，服务构建新发展格局，为党育人，为国育才，落实立德树人根本任务，遵循医学继续教育规律，适应在职学习特点，推动高等学历医学继续教育规范、有序、健康发展，为促进经济社会发展和人的全面发展提供有力支撑。

新形态教材简介

本套教材是利用现代信息技术及二维码，将纸书内容与数字资源进行深度融合的新形态教材，每本教材均配有数字资源和电子教材，读者可以扫描书中二维码获取。

1. 数字资源包含但不限于PPT课件、在线课程、自测题等。

2. 电子教材是纸质教材的电子阅读版本，其内容及排版与纸质教材保持一致，支持多终端浏览，具有目录导航、全文检索功能，方便与纸质教材配合使用，可实现随时随地阅读。

获取数字资源与电子教材的步骤

① 扫描封底**红标**二维码，获取图书"使用说明"。

② 揭开红标，扫描**绿标**激活码，注册/登录人卫账号获取数字资源与电子教材。

③ 扫描书内二维码或封底绿标激活码随时查看数字资源和电子教材。

电子教材操作演示

④ 登录 zengzhi.ipmph.com 或下载应用体验更多功能和服务。

扫描下载应用

客户服务热线 400-111-8166

前　言

卫生法学是我国社会主义法制体系的重要组成部分，是一门逐渐走向成熟的交叉学科，已经成为我国高等医学院校的基础性课程。随着社会主义经济的不断发展，人民法制观念的日益提高，以及新一轮医药卫生体制改革的不断深化，中国特色基本医疗卫生制度逐步建立，新的医疗技术、新药临床应用、医疗卫生管理、卫生应急管理等法律、法规、政策不断制定、修改和更新，卫生法学教材也亟待与之适应，进行修订和完善。

作为国家卫生健康委员会"十四五"规划教材，本书在内容选择方面按照全国高等学历继续教育规划教材编写的基本要求，既强调基本理论、基本知识和基本技能，又体现思想性、科学性、先进性、启发性和适用性的原则，同时遵循专业培养目标、相关资质考试要求与需求，适应特定对象、特定目标和特定限制的需要。

全书共分为十五章，第一章概括卫生法的基本理论，第二章至第十三章分别论述医疗机构管理法律制度、卫生技术人员管理法律制度、生命健康权益保护法律制度、医疗纠纷处理法律制度、疾病预防与控制法律制度、血液管理法律制度、食品安全法律制度、药品管理法律制度、健康相关产品卫生法律制度、公共卫生监督与管理法律制度、职业病防治法律制度和中医药管理法律制度，第十四章论述医学科学发展引发的法律问题，第十五章概括卫生法律救济的几种形式。

为了启发读者阅读和提高其临床分析思维能力，本版教材结合当前相关卫生法律的更新和卫生政策的调整，在每章中都加入相关链接和案例，并将案例解析放置于数字内容，扫描二维码即可查看，供师生在教学中讨论，有助于学生进一步理解卫生法律制度，使理论更好地联系实际。

由于卫生法学还有许多理论问题和框架问题有待于进一步研究和探讨，卫生法许多领域的单行法正在制定与完善之中，加之编者水平有限，故如有不当之处敬请同行、师生等读者不吝斧正。

杨淑娟

2024 年 7 月

目　录

第八章
食品安全
法律制度
165

第十四章
医学科学发展
引发的法律
问题
292

第一章

卫生法基础

学习目标

知识目标	1. 掌握卫生法的概念、特征和基本原则，卫生法律关系的构成要素，卫生法的渊源及卫生法律责任。 2. 熟悉卫生法的效力、调整对象及制定与实施。 3. 了解卫生法的作用及学习卫生法的意义与方法。
能力目标	能掌握卫生法律和卫生政策相关基础理论，并能为在实践中运用卫生法律奠定理论基础。
素质目标	能树立健康至上的价值观，培植医学生为人类健康奋斗终身的理想和信念。

第一节 卫生法概述

一、卫生法的概念

卫生法（health law）又称健康法，是指由国家制定或认可，并由国家强制力保证实施的旨在调整和保护人体生命健康活动中形成的各种社会关系的法律规范的总称。卫生法是国家意志和利益在卫生领域中的具体体现，它通过对人们在医学发展和保护人体健康的实践中各种权利与义务的规定，调整、确认、保护和发展各种卫生法律关系和医疗卫生秩序，是国家进行卫生管理的重要工具。

卫生法有狭义和广义两种理解。狭义的卫生法，又称形式意义上的卫生法，仅指全国人民代表大会及其常务委员会制定的卫生法律。广义的卫生法，不仅包括卫生法律，还包括有立法权的政府、军队行政机关制定颁布的在其管辖范围内生效的卫生法律规范的总称。我国目前已形成由《中华人民共和国基本医疗卫生与健康促进法》（以下简称《基本医疗卫生与健康促进法》）和若干卫生单行法、行政法规、部门规章组成的卫生法律体系。

相关链接 | **卫生法的发展历史**

卫生法的发展包括国外卫生法发展、我国卫生法发展、国际卫生法发展。

一、国外卫生法发展

1. 古代社会卫生法萌芽时代 公元前3000年左右，古埃及法典中出现卫生法的记载；公元前2000年的古印度的《摩奴法典》、公元前18世纪的古巴比伦的《汉谟拉比法典》也出现了卫生法相关法条；公元前450年，古罗马的《十二铜表法》《阿基拉法》《克尼利阿法》出现了完备的卫生法律制度、首次行医许可等。卫生成文法规出现。

2. 卫生专门法时代 公元3世纪，法国颁布了《医师开业法》《药剂师开业法》；公元14世纪，威尼斯颁布了《检疫法》；公元15世纪，佛罗伦萨颁布了系统药典；公元19世纪以后，专门性的卫生法律不断出台。

3. 近现代社会卫生法时代 ① 文艺复兴与资产阶级革命后，英国于1601年颁布了《伊丽莎白济贫法》和卫生检查制度，其影响持续了300年之久；美国颁布了《都会保健法案》《纯净食物与药物法》《联邦麻醉剂法令》；② 第二次世界大战后，很多资本主义国家在宪法中规定了公民健康权，先后颁布了《职业安全卫生法》，逐步修改、完善了《传染病防治法》《卫生检疫法》《老人保健法》《福利法》《国民健康保险法》等。

二、我国卫生法发展

1. 古代社会卫生法 在不同的时期卫生立法呈现不同的特点。商朝就已产生了卫生法律条文，散见于《周易》《春秋》《周礼》《左传》中；周代出现了专门医事制度，周代有世界上最早的病历记录和报告制度；秦代出现系统法典，如《秦律》有禁止杀婴、堕胎等；唐代卫生法进一步发展，《唐律》对医师误伤、调剂失误、针刺差错、贩卖毒药、行医欺诈等行为均有刑罚；北宋颁布了《市易法》，对药品检验制度作了规定；宋朝于12世纪颁布了《安剂法》，规定医务人员人数和升降标准，这是我国最早的医院管理规章；元代实行了行医资格与考试制度；明清时期对庸医行医、传染病防治等进行了系统规定。

2. 近代卫生法 近代卫生法包括国民政府卫生立法和各革命根据地的卫生立法。近代尤其1912—1949年卫生立法呈现专门化与具体化。这一时期卫生立法的首要成就是摆脱了偏重保护皇权，第一次站在保护民权的角度重新审视卫生法律的价值取向。南京临时政府和北洋政府创设法律较少，解决现实问题多依赖对于清朝法律援引；南京国民政府时期法律创设的速度大大加快，建立起了以宪法为统领，包括卫生行政机构组织法律制度、医疗机构管理法律制度、卫生技术人员管理法律制度、药品管理法律制度、传染病防治与检疫法律制度、食品卫生管理法律制度、公共卫生管理法律制度、红十字会法律制度、卫生教育法律制度在内的较为完备的卫生法律体系。专管全国卫生事务的机构第一次被提升到中央政府组成部门的地位和高度。

革命根据地时期的卫生制度：中国共产党在领导农村包围城市、武装夺取政权的新民主主义革命过程中，在土地革命战争、抗日战争、解放战争三个时期，为解决士兵的伤病问题和保障军民的健康，根据不同阶段的客观历史条件和现实需要，由党的决议、军队的命令或根据地政府的施政纲领确立，或由军队和根据地政府卫生等相关部门的制度性文件建立，涉及卫生与医疗工作的一系列办事规程和行动准则，以及在特定历史条件下形成的多方关系体系。

根据地卫生法律制度：具有革命性、战时性的特征，卫生制度的建设必须服务和服从于革命战争，同时兼顾根据地工农群众的需要。受到革命战争环境、根据地经济状况、根据地民众对革命战争的看法等诸多因素的影响和制约。根据地卫生法律制度的设立，选择性多于必然性，动员性多于经济理性。在满足革命战争需要、促进军民健康等方面发挥了重要作用。

3. 中华人民共和国成立后卫生立法　分为四个阶段。① 初期阶段（1965年以前）：劳动卫生、医政管理、卫生科技教育、妇幼卫生产生；② 停滞阶段（1966—1976年）：卫生法的发展处于停滞阶段；③ 重新起步阶段（1977—1981年）：随着经济的发展，卫生立法进入起步阶段，这一时期，制定了大量的卫生法规；④ 高速发展阶段（1982年宪法之后）：卫生立法迅速发展，卫生立法由制定行政法规转向制定国家法律和行政法规。⑤ 卫生立法充实阶段（20世纪90年代至2000年）：这一阶段卫生立法以医疗法律数量居多，注重保护患者的权益；⑥ 卫生立法逐步完善阶段（2000年至今）：卫生立法逐渐注重创建卫生法律制度。《基本医疗卫生与健康促进法》颁布后，卫生健康法律体系基本形成，并逐步完善健康权理论。

三、国际卫生法发展

1. 第二次世界大战前　这一时期卫生法体现了区域立法。例如：1851年11国在巴黎召开第一次国际卫生大会，签署地区性《国际卫生公约》；1905年，美洲24国签订了泛美卫生法规。

2. 第二次世界大战后　这一时期，卫生立法加快。1948年，世界卫生组织成立，颁布了大量国际卫生条约，如《国际卫生条例》《药品生产管理规范》《放射防护基本安全标准》《食品卫生标准》《世界卫生立法汇编》等。

3. 联合国成立后卫生立法　联合国是第二次世界大战后成立的国际组织，是一个由主权国家组成的国际组织。联合国在维护世界和平、缓和国际紧张局势、解决地区冲突方面，在协调国际经济关系、促进世界各国经济、科学、文化的合作与交流方面，都发挥积极的作用的同时，也制定了大量卫生法规，以期保护人类健康，如《1961年麻醉品单一公约》《1971年精神药物公约》《儿童生存、保护和发展世界公约》。

4. 国际性非政府组织卫生立法　第二次世界大战后成立了很多国际性非政府组织，这些组织是非官方的、民间的组织，其成员不是国家，而是个人、社会团体或其他民间机构。这些非政府组织也制定了参加国共同遵守的卫生法律规范，如《医学伦理学国际法》《护士伦理学国际法》《献血与输血的道德规范》。

5. 世界贸易组织（简称"世贸组织"）卫生立法　1994年4月15日，在摩洛哥的马拉喀什市举行的关贸总协定乌拉圭回合部长会议决定成立更具全球性的世贸组织，以取代成立于1947年的关贸总协定。世贸组织的若干协定中涉及医疗卫生的相关内容。

二、卫生法的调整对象

卫生法调整与健康相关的法律关系，具有多层次、多侧面和纵横交错的特点。一般来说，卫生法的调整对象主要有以下四个方面的社会关系。

（一）卫生组织关系

卫生组织（health organization）是指各级卫生健康行政部门和各级各类医疗卫生机构及组织。国家通过法律条文的形式将各级卫生健康行政部门和各级各类医药卫生机构及组织的法律地位、组织形式、隶属关系、职权范围以及权利义务等固定下来，形成合理的管理体系和制度，有效地对卫生工作进行有序的组织和领导，医疗卫生机构及组织才能保证它们在法律规定的范围内从事相应的卫生活动。目前，我国医药卫生机构及组织主要是指各类医疗机构、卫生监督及疾病预防与控制机构、血站、医学会及医学协会、红十字会等。卫生组织关系是一种内部的法律关系。

（二）卫生管理关系

卫生管理（health management）是国家行政管理的重要内容和职责，对于维护公民健康权利、保障医疗市场正常运营、稳定卫生秩序具有重要意义。具体来说，卫生管理就是国家卫生健康行政机关根据国家法律规定，对卫生工作进行的计划、组织、指挥、调节和监督等活动，以期达到控制和消灭疾病、提高人民健康水平、为社会主义物质文明和精神文明建设服务的目的。卫生管理关系是指卫生法调整的，在卫生管理活动中，国家卫生健康行政机关与其他国家机关、企事业单位、社会团体及公民形成的权利和义务的关系。卫生管理关系是一种纵向的行政法律关系，它可以表现为卫生行政隶属关系，如卫生健康行政机关和医疗卫生机构及组织的医政管理关系；也可以表现为卫生行政职能关系，如卫生管理中的行政许可关系、行政处罚关系等；也可以表现为卫生法律救济关系，如卫生行政赔偿关系、卫生行政复议关系、卫生纠纷与诉讼关系等。

（三）卫生服务关系

这是指卫生健康行政机关医疗卫生机构及组织、有关企事业单位、社会团体及其工作人员向社会公众提供的医疗预防保健服务、卫生咨询服务、卫生设施服务等活动。卫生服务关系是一种横向的社会关系，它表现为提供服务和接受服务的平等主体之间的民事权利与义务关系，如医患关系。

医疗卫生技术人员是从事卫生事业的主力军，是人类生命与健康的工程师和守护神，他们承担着防病治病、救死扶伤、保障健康、维护卫生秩序的重要职责。其素质如何，将直接影响到卫生法立法目的和宗旨的实现。所以，必须通过制定相应的法律、法规、规章等形式，运用法律手段，加强卫生技术人员队伍的建设，提高他们的职业道德和业务素质的同时，也要努力保障他们的合法权益。

生命健康权是指人的生命、机体组织及生理功能的完整与健全受到法律保护的权利。公民生命健康权是公民人身权的一种，也是公民的一项基本权利，保护人的生命权和健康权是一切卫生立法和卫生工作的最终目的和落脚点。所以，生命健康权益保护关系理应属于卫生法调整的范畴。

现代医学与生命科学技术不断发展，日新月异，它们给人类带来巨大利益和福祉的同时，也向法律提出了前所未有的挑战。卫生法不仅要调整传统的与生命健康相关的各种服务关系，对于现代医学与生命科学技术发展中的许多新问题，也亟待卫生法予以规范和调整，如生殖技术中的若干问题、脑死亡的法律地位、安乐死的立法问题、器官移植中的捐赠和商品化问题等。

（四）国际卫生关系

这是指由我国参加的国际公约和国际条例，并得到我国法律许可的有关国际共同遵守的、我国承诺的卫生法律关系。国际卫生法的主体主要是国家，有时也包括国际组织；国际卫生法的制定主要是通过国家之间的协议来实现的，国际社会没有专门的立法机关，即使世界卫生组织也是倡导和提出建议；国际卫生法的调整对象是国际卫生法主体之间的权利义务关系。对国际卫生法的实施，没有居于国家之上的强制机关，而是依靠国际卫生法主体的承诺和遵守，并善意履行。对于国际卫生法与国内卫生法的关系，我国采取的是除我国声明保留的条款外，国际卫生法优于国内卫生法的原则。其他国家也有采取国内卫生法优先或两者地位相当的原则。

三、卫生法的作用

法的作用就是法对人们行为和社会生活的影响。卫生法的作用就是把卫生法律、法规作用到社会中的人和事上，其目的是调整社会生活并使其适合人类健康需要的状态，按照卫生法作用于人们的行为和社会关系之间的区别，可以分为卫生法的规范作用和卫生法的社会作用。规范作用是卫生法作用的形式，社会作用是卫生法作用的内容。这两种作用又是手段和目的的关系，即卫生法通过其规范作用（作为手段）而实现其社会作用（作为目的）。

（一）卫生法的规范作用

从总体上来说，卫生法是通过禁止性规范（是指要求行为人不可以做出某种行为或抑制一定行为的法律规范）、命令性规范（是指规定人们必须做出一定的行为，承担一定积极义务的法律规范）和授权性规范（是指法律赋予行为人可以做出某种行为或要求他人做出或不做出某种行为的权利）这三种基本的规范形式来规范人的行为，卫生法的规范作用可以概括为具有指引、预测、评价、教育和强制的作用。

1. 指引作用 指引作用（guidance function）是指卫生法对个人行为所起的引导作用。卫生法律规范不仅以上述三种基本的规范形式引导人们在法律范围内活动，还通过对违反卫生法律规范所设义务的人将承担的不利法律后果的规定来指引人们权衡得失，自觉守法。如《中华人民共和国医师法》（以下简称《医师法》）通过对"违反本法规定，非医师行医的，由县级以上人民政府卫生健康行政部门责令停止非法执业活动，没收违法所得和药品、医疗器械，并处违法所得二倍以上十倍以下的罚款，违法所得不足一万元的，按一万元计算。"的规定来引导人们合法行医。

2. 预测作用 预测作用（prediction function）是指人们根据卫生法，可以预先估计相互间将作出怎样的行为以及行为的后果等，从而对自己的行为作出合理的安排，适时调整自己的行为。人们只有在与他人发生关系的情况下才会进行行为预测，预测他人的行为与自己行为的关系，预测自己行为对他人的影响，预测自己行为及他人行为的法律后果等。预测作用可以减少行动的偶然性和盲目性，提高行动的实际效果。

3. 评价作用 评价作用（evaluation function）是指卫生法作为人们对他人行为的评价标准所起的作用。例如：律师对当事人行为的有效性进行评价，行政执法机关对相对人的违法行为进行处理，一个人对他人行为的合法性进行评价等。通过这种评价，影响人们的价值观念和是非标准，从而达到指引人们的行为的效果。卫生法的评价可分为两大类，即专门的评价和社会的评价。① 卫生法的专门的评价是指经卫生法律专门授权的国家机关、组织及其成员对人的行为所作的评价。其特点是代表国家、具有国家强制力，能产生法律的约束力，故可称为卫生法效力性的评价。如法院及其法官、国家行政机关及其行政人员对人们违反卫生法律、法规行为所作的裁判或决定。② 卫生法的社会的评价是指普通主体以舆论的形式对他人遵守卫生法律、法规的行为所作的评价，其特点是没有国家强制力和约束力，是人们自发的行为，因此又可称为舆论性的评价。

4. 教育作用 教育作用（education function）是卫生法通过其本身的存在以及运作产生广泛的社会影响，教育人们实施正当行为的作用。卫生法的教育作用包括两个方面的内容：一是对卫生违法行为的制裁，不仅对违法者本人起到教育作用，而且可以对他人起到警示作用；二是对卫生合法行为的鼓励、保护，可以对一般人的行为起到示范和促进作用。

5. 强制作用 强制作用（enforcement function）是指卫生法以国家强制力，迫使不法行为人作出赔偿、补偿或予以惩罚，以维护法律秩序的作用，强制作用通常包括两个方面：第一，社会主体作出某种行为或抑制某种行为，如强制隔离治疗；第二，对违法者予以制裁。制裁的形式是多种多样的，如行政法中的警告、罚款、拘留、没收等；刑法中的管制、拘役、有期徒刑、无期徒刑、死刑等；民法中的恢复名誉、赔礼道歉、停止侵害、排除妨碍、赔偿损失等。

（二）卫生法的社会作用

卫生法的社会作用主要是实现社会卫生事务管理的作用，其最终的目的是保护公民生命健康权。具体说来，卫生法的社会作用主要体现在以下四个方面。

1. 贯彻党的卫生政策，保证国家对卫生工作的领导 国家对卫生的管理方式是多种多样的，首先是制定国家政策，其中包括制定卫生政策，用以指导各级政府的卫生工作和人们的卫生行为。但是，仅仅有卫生政策是不够的，因为卫生政策并不只具备法律规范的属性，还需要通过卫生立法，使党和国家的卫生政策具体化，法制上成为具有相对稳定性、明确规范性和国家强制性的法律条文。卫生健康行政部门和司法机关可以根据卫生法律规范的规定，坚持依法行政，切实保护公民和社会组织的健康权益，从人治走向法治。公民和社会组织也可以对照卫生法律规范的规定，判断和约束自己的卫生行为，自觉改变不良卫生习惯，使党和国家的卫生政策通过法律强制措施得以落实，真正实现"健康入万策"。

2. 规范卫生活动，保障公民生命健康 卫生工作的目的是防病治病，保护人类健康。为了保证这一目的的实现，从事卫生工作的人员，必须增强卫生法治观念，严格遵守卫生技术规范，各司其职、各负其责。对一切危害公共卫生安全和人体健康的行为，也有了明确的界限与裁量标准，并能依法受到应有的惩处。

3. 促进经济发展，推动医学科学的进步 卫生法保护人体的生命健康，卫生法的制定与实施是保证和促进医学发展的重要手段。我国颁布许多卫生法律、法规和规章，对医学科学的进步和发展起着强有力的法律保障作用。20世纪以来，现代医学集现代科学技术之大成，取得了令人瞩目的辉煌成果，给人类带来了巨大的利益，使人类自身素质有了改善和提高，并步入低死亡、高寿命阶段。但与此同时，它也使人类不断面临着严重的危机和问题，如人口老龄化、环境资源危机、医源性疾病、药物的滥用（如兴奋剂、细菌战）等，医学的进步还向法律提出了一系列新的课题，如人类辅助生殖技术、基因工程等。因此，必须用法律这唯一具有国家强制力的手段来控制、规范并促进医学沿着造福于人类的方向而不是相反的方向发展。

4. 促进国际卫生交流和合作　随着世界经济发展和对外开放扩大，我国与国外的友好往来日益增多，涉及的医疗卫生事务更加宽泛和复杂。为了预防传染病在国际传播，维护全人类生命健康，保障彼此间权利和义务，我国颁布了《中华人民共和共国国境卫生检疫法》（以下简称《国境卫生检疫法》）《艾滋病防治条例》《外国医师来华短期行医暂行管理办法》等一系列涉外的卫生法律、法规和规章。为了推动世界卫生事业的发展，我国政府正式承认《国际卫生条约》，参加和缔结了《麻醉品单一公约》《精神药物公约》等。我国卫生立法与有关的国际条例、协约、公约相协调，既维护国家主权、保护人体生命健康，又履行国际的义务。这方面的卫生法律、法规有利于促进国际间卫生交流与合作。

四、学习卫生法学的意义与方法

目前，随着经济的发展，我国社会正在逐步走向法治化轨道，法律已经成为我们生活中不可或缺的认识和工具。近几年来，医疗纠纷明显增多，医患关系出现紧张趋势，要求法律和司法介入医疗领域的呼声越来越高。许多医疗纠纷事件存在着纠缠不清、无法处理，或虽然通过行政或法律手段已得到结果，但不能够让医患双方满意。这就凸显了医务工作者法律意识薄弱、法治观念不强、法律知识欠缺的问题。卫生法学是一门正在走向成熟的边缘学科，是生物学、医学、卫生学、药物学等自然学科和法学相结合的产物。卫生法学既包含法学理论知识，又包括医学等专业内容，既有观念上的引导意义，又具备指导实践的功能。因此学习卫生法课程时，应理论联系实际，借鉴我国古代和国外卫生法的先进经验。

第二节　卫生法的特征、基本原则和法律关系

一、卫生法的特征

卫生法的特征是卫生法的本质的外化，是卫生法区别于其他部门法的标志。卫生法作为我国法律体系中正在逐步形成的一个新的法律部门，具有法律的一般特征，如阶级性、普遍约束性和国家强制性。但是，由于卫生法的调整对象是因人体生命健康权益而产生的各种社会关系，它不仅要受到经济、政治、文化、社会习俗的影响和制约，而且要受到自然规律和医学等科学技术发展水平的影响。因此，卫生法和其他部门法相比，又有它自身的特点，主要表现在以下几个方面。

（一）以保护公民生命健康权为根本宗旨

公民生命健康权是公民人身权中一项最基本的权利，《中华人民共和国民法典》（以下简称《民法典》）《基本医疗卫生与健康促进法》确立了"健康权"的概念。我国宪法规定了"保护人民健康"等内容。我国卫生法律规范，如《中华人民共和国食品安全法》（以下简称《食品安全法》）、《中华人民共和国药品管理法》（以下简称《药品管理法》）、《中华人民共和国母婴保健法》（以下简称《母婴保健法》）、《中华人民共和国传染病防治法》（以下简称《传染病防治法》）、《国境卫生检疫法》、《中华人民共和国中医药法》（以下简称《中医药法》）等，都把保护公民的健康权列入总则作为立法宗旨。

相关链接 | **其他国家关于保护公民健康的立法发展**

当今世界各国普遍承认和保护公民生命健康权，在其法律中也都体现出保护公民生命健康的宗旨，如意大利1947年的《宪法》（第32条）规定，共和国把健康作为个人的基本权利和社会利益予以保护；日本1946年《宪法》（第25条）规定，一切国民都享有维持最低限度健康的和有文化的生活的权利。此外，第30届世界卫生大会于1977年通过的"2000年人人享有卫生保健"的全球策略中明确提出：世界卫生组织和各国政府的主要目标是2000年人人享有卫生保健；第32届世界卫生大会于1979年批准的国际初级卫生保健会议宣言中指出：健康是一项基本人权。卫生法以保障公民生命健康权为根本宗旨，这正是它区别于其他法律部门的主要标志。

（二）广泛性和综合性

这是指卫生法调整内容的广泛性和调整对象的综合性以及其渊源体系的多元性特征。首先，我国卫生法调整的内容非常广泛，它几乎涉及了社会生活的各个领域和方面，如医疗卫生机构及组织管理、医疗卫生技术人员管理、生命健康权保护、健康相关产品管理、疾病预防与控制、公共卫生管理、环境污染防治、现代医学科学与立法等；其次，卫生法调整对象的综合性，它既包括卫生行政关系，也包括卫生民事关系，甚至包括卫生刑事关系；再次，卫生法的渊源体系具有多元性，我国卫生法既包括卫生法律、卫生行政法规、卫生规章、国家卫生标准、卫生技术规范和操作规程、国际卫生条约、地方性卫生法规，也包括宪法、基本法律、其他法律和行政法规中有关健康的条款等；最后，卫生法的调节手段具有多样性，即采用纵向的行政手段调整医疗卫生行政管理活动中产生的社会关系，也采用横向的民事关系调整卫生服务活动中的权利义务关系。

（三）技术规范和伦理道德规范属性

卫生法是调整人们各种卫生活动的法律规范，它的许多具体内容是依据医学、药物学、卫生学和生物学等自然科学的基本原理和研究成果制定的，特别是在科学技术日益发达的今天，当代科技成果被广泛引入医学领域，使得人类对生命科学的探索进入了全新的境界，从而为卫生立法与执法奠定了坚实的科学基础。同时卫生法保护的是公民的生命健康这一特定的对象，这就必然要将大量的技术规范法律化，即卫生法将直接关系到公民生命健康安全的卫生标准、卫生技术规范和操作规程、科学工作方法、程序等确定下来，成为技术性规范。医疗技术成果是卫生法的依据，也是卫生法的实施手段，把遵守技术性规范确定为法律义务，使公民的生命健康权得到切实保障，因而，卫生法具有科学性和技术规范属性。同时，卫生法关于患者知情同意权保护、隐私权保护等方面又体现了伦理道德规范属性。

（四）社会共同性

这是由卫生法的立法宗旨和根本任务所决定的。虽然卫生法同其他法律一样具有阶级性，其制定必须体现统治阶级的共同利益和意志，但就它规范的具体内容而言，也反映了其他阶级、阶层和各界人士的利益和意志，防病治病、促进健康是全人类所面临的共同问题，也是全人类的共同利益所在。疾病、健康本身没有地域、国界和人种的界限，防病治病的方法、维护健康的手段、改善卫生的措施也不会因国家、社会制度的不同而隔绝彼此相互学习和借鉴。现在，全世界都在积极建立和完善人人享有卫生保健医疗体系，都在探索和解决预防和消灭疾病、保障人体生命健康、促进社会经济发展等问题的各种手段和办法。同时，世界卫生组织等国际组织制定了许多国际卫生协议、条例和公约，成为国际社会共同遵守的准则，从而推动了国际卫生法的发展，也使本国的卫生法治建设不断完善，这些情况都充分体现了卫生法的社会共同性的特征。

二、卫生法的基本原则

卫生法的基本原则是指体现在各种卫生法律、法规之中的，对调整保护人类生命健康而发生的各种社会关系具有普遍指导意义的准则，它贯穿于卫生立法、卫生司法和卫生守法等一切卫生活动中。

从广义上讲，四项基本原则是我国一切工作的基本指导思想，也是我国卫生法所应遵循的基本原则；法治原则、民主原则和科学原则等是整个社会主义法制的原则，当然也是卫生法的基本原则；从狭义上讲，卫生法的基本原则是指卫生法所特有的原则。根据《中华人民共和国宪法》（以下简称《宪法》）第21、25、45、49等条文的精神，卫生法的基本原则包括下列几项。

（一）保护人体生命健康的原则

在我国，人民群众是国家的主人，是一切物质文明和精神文明的创造者。因此，一切卫生工作和活动都必须从全体公民的利益出发，保护人体生命健康，使人人享有卫生保健的权利。保护人体生命健康，是我国一切卫生工作和卫生立法的根本宗旨和最终目的。根据这一原则，我国每个人都依法享有改善卫生条件、获得基本医疗保健的权利，这项权利将保障人体生命健康，提高生命质量。我国高度重视公民的身体健康权，作为我国根本大法的宪法，专门规定了有关保护人体健康的条文。《基本医疗卫生与健康促进法》确立了"健康权至上"的原则。此外，我国其他大量的卫生单行法律中，均将保护人体生命健康作为立法宗旨。

（二）预防为主的原则

预防为主是我国卫生工作的根本方针，它是卫生立法及司法必须遵循的一条重要原则，预防和治疗是医疗卫生保健工作的两大基本组成部分，是有机联系、缺一不可的两个方面。在这两个方面中，预防显得尤为重要。因此，卫生工作要坚持"预防为主，防治结合"的方针，正确处理防病和治病的关系，把疾病预防控制工作放在首位，做到防治结合。预防工作是一项综合性的系统工程，必须增强个体公民预防保健意识，明确疾病预防控制工作是全社会及全体公民的共同责任。我国政府在医疗卫生管理及立法中一直坚持"预防为主"的原则，先后制定并发布了许多有关预防接种、妇幼保健、传染病防治、国境卫生检疫、生物安全以及食品安全、药品管理、医疗纠纷处理等法律、法规，并建立了相应的机构和制度。《中华人民共和国刑法》（以下简称《刑法》）中也对危害公共卫生的行为进行了规范，如规定了非法采集供应血液罪、传播性病罪、扰乱医疗秩序罪等，这些法律、法规及规章都体现出"预防为主"的基本原则。

（三）依靠科技进步的原则

生命科学是当今世界科技发展最活跃、最重要的领域之一，它将不断给医学发展以巨大的动力，使人类对自身生命现象和疾病本身的认识不断进入新的阶段。实践证明，卫生事业的发展、健康目标的实现，归根到底有赖于科学技术的发展，因此，以维护人体生命健康为宗旨的卫生法，必然把依靠科技进步作为自己的原则之一。

（四）中西医协调发展的原则

在对疾病的诊疗护理中，要正确处理中国传统医学和西方医学的关系，要认真学习现代医学，努力发展和提高现代医学的科学技术水平，同时还必须努力继承和发展中国传统医学遗产，运用现代科学技术的知识和方法对其加以研究、整理、挖掘，把它提高到现代科学水平，从而使中西两个不同理论体系的医学互相取长补短、协调发展。我国近年来制定了大量的中医药管理法律、法规，同时在其他卫生法律、法规中也增加了中医药条款，初步形成了以《中医药法》为核心的中医药管理法律体系，这对于保障中医药在我国卫生法治建设中的作用和意义起到了重要的作用，今后还应继续加大对中医的保护力度，完善中医药方面的立法，促进中医药的发展，并在立法和司法中体现中西医协调发展的原则。

（五）动员全社会参与的原则

这是指卫生工作必须做到政府领导、部门配合、社会支持、公众个人参与，使医疗卫生事业成为全民的事业。这一原则反映了卫生工作的社会性，有利于增强社会全体成员的参与意识和责任感。中央和地方各级政府要把卫生事业列入经济和社会发展总体规划，加强对卫生事业的宏观管理，并能够为本地区卫生建设提供必要的物质支持。卫生健康行政部门要认真组织实施卫生工作，加强对医疗卫生机构和卫生技术人员的管理，强化卫生监督执法，坚持依法行政；政府其他各职能部门要努力配合、积极履行相应的职责，承担和完成一定的任务；各社会团体、企事业单位和全体公民要积极参与卫生工作，把支持卫生事业作为自己的义务，做好自己是健康责任第一人，使卫生事业真正成为全民的事业。

（六）患者权利自主原则

意思自治是民法的基本原理，意思自治的基本功能即在于保障个人具有根据自己的意志，通过法律行为构筑其法律关系的可能性，进而保障个人的自主生活。所谓患者权利自主原则，是指在法律上赋予患者对于涉及与自己生命健康有关的利益进行自我决定的权利。我国目前虽然还没有专门的患者权利保障法，但我国现行的卫生法律、法规都从不同的角度对患者的权利，如医治权、知情同意权、隐私权、申诉权、赔偿请求权等，做了明确、具体的规定。如《民法典》《基本医疗卫生与健康促进法》《医疗纠纷预防和处理条例》《医师法》等法律、法规关于向患者及家属交代病情并征得其同意的规定。虽然这些条款是从医疗机构及其医务人员应当履行的义务角度来规定的，但从另一侧面来看，它也体现了患者享有知情同意权。但是在目前医患纠纷日益增多、复杂化的情况下，对患者作出各种限制是不可避免的。医生的干涉权是医生的一项特殊职业权力，在特定情境中的合理应用，应被视为合法或合乎道德的。在医患双方合同成立以后，医务人员对患者提供一系列的医疗服务所引起的生命健康方面的危险性应具有预见性和防止义务。如果患者自主权、拒绝治疗权或其选择意向违背社会、国家、他人利益或本人根本利益时，患者的自主选择可视为无效，医生可以对其相应的权利进行干涉，或使用合理有效的手段控制患者的行为。

但是干涉权的使用必须严格掌握条件，从临床医学角度来讲，医生行使特殊干涉权必须符合下列情形：① 无行为能力或限制行为能力人或患者的精神情绪处于极不稳定状态，或是在药物对思维、认识能力产生影响作用下患者作出的拒绝治疗，但在患者恢复平衡状态时要进行充分耐心说明，或与患者的法定监护人、亲属等进行联系沟通，征得理解、同意医师的意见或主张。需要避免不作任何解释而实施强迫治疗。② 从医学保护性角度考虑，为避免告知造成严重后果的前提下对患者本人善意隐瞒病情，但应对其家属讲明真相。③ 对发作期的精神障碍患者或法律规定的某些疾病患者，如对甲类传染病或甲类管理的传染病患者的必要的行为控制，医生可以行使干涉权，依法通过采取合理的、有效的、暂时的和适度的强制措施，强迫患者住院并接受治疗。④ 受试者虽然知情同意的临床试验性治疗，但医生通过检查认为，患者的健康状况不适宜进行这些高度危险的医学实验，可以适时干预；必要时停止或中断试验，以保护患者利益。

相关链接 | 20世纪70年代以来，卫生法发生了新的变化，即许多国家越来越重视患者权利的保护问题，有的甚至制定了专门的患者权利保护法，如荷兰、丹麦、美国等。美国著名学者安纳斯鉴于1972年美国医院协会的《病人权利法案》有关患者权利条文不够理想，提出了一个可作样板的患者权利法案草案，在更宽泛的范围内规定了权利内容。

三、卫生法律关系

卫生法律关系（health legal relationship）是指由卫生法所调整的国家机关、企事业单位和其他社会团体之间，它们内部机构以及它们与公民之间在医疗卫生管理监督和医疗卫生预防保健服务过程中所形成的权利和义务关系。

（一）卫生法律关系的特点

卫生法律关系是法律关系的一种，和其他法律关系一样，卫生法律关系也具有三大特征，即法律关系是以法律规范为前提而形成的社会关系；法律关系是以法律上的权利与义务为纽带而形成的社会关系；法律关系是以国家强制力作为保障手段的社会关系。同时，卫生法律关系又有其自身的特点，具体如下。

1. **从法律关系形成目的和过程看** 卫生法律关系是在卫生管理和医疗卫生预防保健服务过程中，基于保障和维护人体生命健康而结成的法律关系。其他法律关系也有一定形成目的和过程，但均不以人体生命健康这一特定事物为直接目的，也不是在医疗卫生行政管理和医疗卫生预防保健服务这一特定活动中形成的。

2. **从法律关系形成依据看** 卫生法律关系是由卫生法所确认和调整的社会关系，必须以相应的卫生法律、规范的存在为前提。

3. **从法律关系参加者具体情况及行为性质看** 卫生法律关系是一种纵横交错的法律关系。所谓纵横交错，是指其中既有国家管理活动中领导和从属关系，又有各个法律关系主体之间平等权利义务关系。与企事业单位、社会组织和公民之间发生的行政法律关系，主要由行政基本法和有关卫生行政法律、法规调整；横向卫生法律关系，是指医疗卫生预防保健单位及医药企业同国家机关、企事业单位、社会组织和公民之间，在提供医疗卫生服务与商品过程中所发生的民事权利义务关系，主要由民法、消费者权益保护法、产品质量法和有关卫生法律、法规来调整，在这种关系中双方当事人地位完全平等，都享有一定权利，又承担一定义务，而且双方当事人所享有的权利和义务是对等的。

4. **卫生法律关系主体具有特殊性** 卫生法是一个专业性很强的部门法，这就决定了卫生法律关系中必然有特定的主体，即通常至少一方主体是从事医药卫生工作的组织或个人。在纵向的关系中，必定有一方当事人是医药卫生管理机关，如卫生健康行政部门、卫生监督机构；在横向的卫生法律关系中，必定有一方当事人是医疗、预防保健机构或医务人员。

（二）卫生法律关系构成要素

法律关系构成要素是指法律关系应由哪几个方面组成，如果缺乏其中某一个方面，该法律关系就无法形成或继续存在。卫生法律关系同其他法律关系一样，也是由主体、客体和内容三个方面要素构成，但其具体内涵有所不同。

1. **卫生法律关系主体** 卫生法律关系主体（subject of health legal relationship）是指卫生法律关系参加者，在卫生法律关系中享有权利并承担义务的当事人。主体是卫生法律关系产生的先决条件，是客体的占有者、使用者和行为实践者，没有主体和主体的活动，也就不能产生卫生法律关系。在我国，卫生法律关系的主体包括国家机关、企事业单位、社会团体和自然人。

（1）国家机关作为主体的法律关系：包括三种情况。一是各级卫生健康行政部门及其授权的卫生监督机构，在依法对其管辖范围内的国家机关、企事业单位、社会团体、公民个人行使其卫生行政管理与监督职能中结成卫生行政法律关系；二是各级各类国家机关同提供医疗卫生预防保健服务的企事业单位形成的卫生服务法律关系；三是各级卫生监督管理机关之间、各级卫生监督管理机构与同级政府之间、各级卫生健康行政部门与法律授权承担公共卫生事务管理的事业单位之间、各类卫生监督管理机关与其卫生监督执法人员之间，分别以领导与被领导、管理与被管理的身份形成的内部的卫生管理关系。

（2）企事业单位作为主体的法律关系：包括三种情况。一是以卫生行政管理相对人的身份，同有管辖权的卫生行政执法机关结成卫生行政法律关系；二是以管理者的身份，同本单位的职工形成内部的卫生管理关系；三是作为卫生服务提供者，与公民个人形式的卫生服务法律关系。

（3）社会团体作为主体的法律关系：可分为医药卫生社会团体和一般社会团体。医药卫生社会团体，如中国红十字会、中华医学会等。它们在开展医药卫生学术交流、医疗事故与医疗损害鉴定、实施行业自律管理等活动或受委托实行行业监管等活动中与国家机关、企事业单位、公民个人之间形成的法律关系。一般社会团体可以作为管理相对人或作为平等主体参与到卫生法律关系中。

（4）自然人作为主体的法律关系：自然人是卫生法律关系中重要的主体。作为卫生法律关系的主体的自然人有两种情形：一是以特殊身份成为卫生法律关系的主体，如医疗机构内的工作人员；二是以普通公民身份参加卫生法律关系成为主体，如医疗服务关系中的患者。

2. 卫生法律关系的内容　卫生法律关系的内容（substance of health legal relationship）是指卫生法律关系的主体依法所享有的权利和承担的义务。这里的"权利"，就是卫生法律、法规和规章对双方当事人所赋予的实现一方意志的可能性。它可以表现为权利人有权作出或不作出符合法律规定的某种行为，以实现一方的意志；也可以表现为权利人有权要求对方依法作出某种行为，或不作出一定行为，以满足一方的意志。这里的"义务"就是卫生法律、法规和规章对双方当事人所规定的必须分别履行的责任，也就是说义务人必须依法按照权利人的要求作出一定的行为，或不作出一定的行为，以便实现权利主体的某种利益。

这些权利和义务同样受到国家法律的保护和约束，当义务人拒不履行义务或不依法履行义务时，权利人可以依法请求司法机关或卫生健康行政部门采取必要的强制措施，以保障其权利的享有；当权利人的权利受到对方的侵害时，受害人可以依法请求司法机关或卫生健康行政部门给予法律保护，要求依法追究对方的行政责任、民事责任或刑事责任。卫生法律关系中的权利与义务是相互对立、相互联系、彼此一致的，权利的内容需要通过相应的义务表现出来，义务的内容需要相应的权利予以限定。当事人一方享有权利，必然有另一方负有相应的义务，并且权利和义务往往是同时产生、变更和消灭的。

3. 卫生法律关系的客体　卫生法律关系的客体（object of health legal relationship）是指卫生法律关系主体的权利和义务所指向的对象，它包括以下内容。

（1）公民生命健康权利：世界卫生组织把健康定义为"健康不仅是没有疾病和症状，而且是一种个体在身体上、心理上和社会适应性的完好的状态"。保护公民的生命健康权是我国社会主义民主和法制的根本原则之一。我国的相关法律、法规明确地规定了公民的生命健康权是卫生法律关系的重要保护客体。因此，公民的生命健康权利是卫生法律关系的最高层次的客体。

（2）行为：是指卫生法律关系中主体行使权利和履行义务所进行的活动，如申请许可、卫生审批（health verify）、医疗服务（medical service）等。行为可分为合法行为和违法行为两种，合法行为应依法受法律保护，违法行为将承担法律责任和受法律制裁。

（3）物：主要包括进行各种医疗卫生管理工作所需的生产资料和生活资料，以满足人民群众对医疗保健的需要，如药品、化妆品、医疗器械等。

（4）智力成果或精神产品：是指主体从事智力活动所取得的成果，属于精神财富，如医疗卫生科学技术发明、专利、学术著作等。

（三）卫生法律关系的变更和消灭

卫生法律关系同其他法律关系一样，不是自然而然形成的，也不是一成不变的永恒存在，而是在一定条件下，从产生到终止的演变过程。产生是指卫生法律关系主体间形成了权利与义务关系；变更是指卫生法律关系的主体、内容或客体发生了变化；消灭是指卫生法律关系主体间的权利与义务关系完全终止。引起卫生法律关系产生、变更和消灭的条件，一是卫生法律规范，二是卫生法律事实。卫生法律规范是卫生法律关系产生、变更和消灭的前提，卫生法律事实是卫生法律关系产生、变更和消灭的根据，即卫生法律规范为人们的行为设定模式，使卫生法律关系当事人享有权利和承担义务具有可能性，但仅有这种可能性是不够的，因为它并不能必然引起卫生法律关系的产生、变更和消灭，只有在同时具备一定的卫生法律事实，卫生法律所规定的权利、义务关系才能体现为实际的权利、义务关系。所谓卫生法律事实，一是卫生法律关系主体以其主观意愿表现出来的行为，即卫生法律行为；二是不以卫生法律关系主体主观意志为转移的客观现象，即卫生法律事件。

1. 法律行为 法律行为是卫生法律关系产生、变更或消灭的最普遍的法律事实。按照法律行为是否符合法律规范规定的要求，它可以被分为合法行为和违法行为两种。合法行为是指卫生法律关系主体实施符合卫生法律规范，能够产生行为人预期后果的行为。合法行为是指受我国法律所确认和保护的行为。违法行为是指卫生法律关系主体实施卫生法律规范所禁止的、侵犯他人合法权益的行为，如制售假药和劣药、用甲醇兑制白酒、医疗过失等。违法行为不能产生行为人预期的法律后果，是无效行为并为法律所禁止，同时必须承担相应的法律责任。

2. 法律事件 法律事件分为两类：一类是自然事件，如因患者死亡而终止医患的法律关系，作为卫生行政管理相对人的企事业单位因地震、失火等自然灾害而被迫停业，导致卫生监督法律关系终止；另一类是社会事件，即来自当事人主观意志之外的诸如医疗卫生政策的重大调整、卫生法律的重大修改、政府卫生行政措施的颁布实施、司法机关和行政执法机关对双方当事人争议的司法判决和行政决定等，从而导致卫生法律关系的产生、变更或消灭。

第三节 卫生法的渊源和体系

一、卫生法的渊源

法律规范的渊源是指法律规范由何种国家机关创制并表现为何种法律文件形式。卫生法的渊源是指卫生法律规范的各种具体表现形式。在我国，卫生法由不同国家机关制定，它们在卫生法体系中各自居于不同的地位，具有不同的法律效力等。根据我国宪法和法律的规定，我国卫生法的渊源主要有以下几种。

（一）宪法

宪法是国家的根本大法，是国家最高权力机关通过法定程序制定的具有最高法律效力的规范性法律文件。它不仅是国家一切立法的基础，也是制定各种法律、法规的依据。我国宪法中有关保护公民生命健康的医疗卫生方面的诸多条款是我国卫生法的渊源之一，是制定卫生法的重要依据，并在卫生法律体系中具有最高的法律效力。例如：《宪法》第21条规定，国家发展医疗卫生事业，发展现代医疗和我国传统医疗，鼓励和支持农村集体经济组织、国家企事业组织和街道组织举办各种医疗卫生设施，开展群众性的卫生活动，保护人民健康。这是一条高度概括和原则性的规定，但却是具有最高法律效力的。正是依据它，国家制定了一系列维护人民健康的具体法律、法规。

我国《宪法》第25、26、42、43、45、46、49、89、107、119条等都和公民的健康权利有关，它们在我国卫生法体系中具有至高无上的地位，整个卫生法的制定和实施都是由它们而来，都不得与其相抵触，否则，抵触部分绝对无效。

（二）卫生法律

在日常用语中，"法律"一词有广义和狭义之分。广义的法律泛指一切法律规范；狭义的法律在我国专指由国家立法机关即全国人民代表大会及其常务委员会制定颁布的规范性文件，它又可以分为两类：一类是由全国人民代表大会制定的法律，称为基本法律，另一类是由全国人民代表大会常务委员会制定的除基本法律之外的其他法律。卫生法律由卫生基本法、卫生单行法和包含健康相关条款的其他法律组成。

《基本医疗卫生与健康促进法》是为了发展医疗卫生与健康事业，保障公民享有基本医疗卫生服务，提高公民健康水平，推进健康中国建设，根据宪法制定的法律。2019年12月28日，经第十三届全国人民代表大会常务委员会第十五次会议表决通过，于2020年6月1日实施。这是我国卫生与健康领域第一部基础性、综合性法律。该法在基本医疗卫生服务、医疗卫生机构和人员、药品供应保障、健康促进、资金保障、监督管理和法律责任等方面都作了具体规范。《基本医疗卫生与健康促进法》主要包含十个方面的内容：确立了坚持以人民为中心和医疗卫生事业公益性的原则；明确了国家建立基本医疗卫生制度的责任和目的；完善基本医疗卫生服务制度；完善医疗卫生服务体系；加强医疗卫生人才队伍建设；提升医疗卫生服务质量；发展医疗卫生技术；完善健康促进措施；完善药品供应保障和资金保障；监督管理体制机制。

此外，我国卫生法律还包括由全国人民代表大会常务委员会制定的直接关于医疗卫生、维护人民健康方面的专门法律，又称卫生单行法，如《食品安全法》《药品管理法》《国境卫生检疫法》《传染病防治法》《医师法》《中医药法》《母婴保健法》《中华人民共和国红十字会法》（以下简称《红十字会法》）、《中华人民共和国献血法》（以下简称《献血法》）、《中华人民共和国职业病防治法》（以下简称《职业病防治法》）、《中华人民共和国人口与计划生育法》（以下简称《人口与计划生育法》）、《中华人民共和国精神卫生法》（以下简称《精神卫生法》）、《中华人民共和国疫苗管理法》（以下简称《疫苗管理法》）、《中华人民共和国生物安全法》（以下简称《生物安全法》）等。这是我国卫生法体系中的主体部分，是卫生法的直接渊源，还有一部分是由全国人民代表大会及其常务委员会制定的其他部门法中有关医疗卫生、维护人民健康的规定或条款，如《刑法》中有许多条款规定了在医疗卫生、保护人民健康方面所禁止的行为以及对实施了这种行为造成严重社会危害的人的刑罚；《民法典》对禁止结婚条件的规定等，这些都是卫生法的组成部分，可以视为卫生法的间接渊源。

（三）卫生行政法规

卫生行政法规是以宪法和卫生法律为依据，针对某一特定的调整对象而制定的。它一般由国家最高行政机关即国务院制定。卫生行政法规既是卫生法的渊源之一，也是下级卫生健康行政部门制定各种卫生行政管理规章的依据。主要的卫生行政法规有《医疗纠纷预防和处理条例》《医疗机构管理条例》《血液制品管理条例》《中华人民共和国母婴保健法实施办法》《中华人民共和国传染病防治法实施办法》《使用有毒物品作业场所劳动保护条例》《公共场所卫生管理条例》《中华人民共和国尘肺病防治条例》《艾滋病监测管理的若干规定》《放射性同位素与射线装置放射防护条例》《女职工劳动保护特别规定》等。

（四）地方性卫生法规

地方性卫生法规是指省、自治区、直辖市及省会所在地的市、经国务院批准的较大市及经济特区所在地的市人民代表大会及其常务委员会，为贯彻执行国家法律，结合当地实际情况，依法制定和实施的有关医疗卫生方面的规范性文件。地方性卫生法规在推进本地区卫生事业的发展、为全国性卫生立法积累经验等方面具有重要意义。

（五）卫生规章

卫生规章是卫生法律和法规的补充。根据制定的程序和发布的形式不同分为三种类型：第一种由卫生健康行政部门制定发布，如《人体器官移植诊疗科目登记管理办法》；第二种由卫生健康行政部门与其他部门联合制定发布，如《精神疾病司法鉴定暂行规定》；第三种由各省、自治区、直辖市以及各省、自治区人民政府所在地的市、经济特区所在地的市和经国务院批准的较大市人民政府根据卫生法律、法规，在其职权范围内制定和发布有关地区卫生管理方面的规范性文件，也称为地方性卫生规章。

（六）卫生自治条例与单行条例

卫生自治条例与单行条例是指民族自治地方的人民代表大会依法在其职权范围内，根据当地民族的政治、经济、文化的特点，制定和发布有关本地区医疗卫生行政管理方面的法律文件。

（七）卫生标准、规范和规程

由于卫生法具有技术控制和法律控制的双重性质，因此，卫生标准（health standard）、卫生技术规范和操作规程就构成了卫生法律体系中一个重要的组成部分，这由卫生法的特征所决定。这些标准、规范和规程可分为国家和地方两级。这些标准、规范和规程的法律效力虽然不及卫生法律、法规和规章，但在具体实施的过程中，它们的地位又是相当重要，因为卫生法律、法规和规章只对社会医疗卫生管理中的一些问题作了原则规定，而对某种行为的具体控制，则需要依靠标准、规范和规程。

（八）国际卫生惯例和条约

国际卫生条约（international health treaty）是指由我国与外国缔结或者由我国加入并生效的国际规范性文件。它可由全国人民代表大会常务委员会决定同外国缔结卫生条约或卫生协定，或由国务院按职权范围同外国缔结卫生条约或协定。这种国际卫生条约虽然不属于我国国内法的范畴，但其一旦生效，除我国声明保留条款外，也与我国国内法一样，对我国产生约束力，是我国卫生法的渊源。如《国际卫生条例》《麻醉品单一公约》《精神药品公约》等。

（九）卫生法的解释

卫生法的解释（interpretation of health law）是指对具有法律效力的规范性卫生法律文件的内容、含义、概念、术语以及适用条件等所作的解释。卫生法的解释是卫生立法活动的继续，为具有法律效力的解释，与被解释的法律文本一样，具有普遍约束力。卫生法的解释可以较好地解决成文法的局限性，克服制定法抽象、遗漏和滞后的弊端，反映了卫生法在适应社会需求的过程中不断变化的特点，也使卫生法更趋于完善。

卫生法的解释种类很多，但通常区分的标准主要有两个：一是解释的主体和效力；二是解释的方法。按照前一个标准，卫生法的解释通常有法定解释与非法定解释的区分。根据解释的特定机关的不同，我国卫生法的法定解释大体上可分为立法解释、司法解释和行政解释。

1. 立法解释 是指有权立法机关对其制定的规范性卫生法律文件所作的解释。主要有三种情况，即全国人民代表大会常务委员会对卫生法律的解释；国务院或者国务院有关部门对其制定的卫生行政法规、卫生规章所作的解释；地方人民代表大会常务委员会、地方人民政府对其制定的地方性卫生法规、地方规章所作的解释。

2. 司法解释 是指国家最高司法机关在适用卫生法律的过程中，对如何具体应用卫生法律、卫生法规所作的解释，包括审判解释、检察解释、审判检察联合解释。

3. 行政解释 是指国家行政机关在依法行使职权时，对有关卫生法律、卫生法规如何具体应用所作的解释。主要有两种情况：一是国务院及其主管部门对不属于审判和检察工作中的其他法律如何具体应用所作的解释，实践中主要体现在对有关卫生法律制定的实施细则，如《食品安全法实施条例》；二是省、自治区、直辖市人民政府及其主管部门对地方性卫生法规如何具体应用所作的解释，这种解释仅在所辖地区内发生效力。

除了上述依据外，具有法律意义的卫生政策、卫生行政批复、卫生规范性文件等也能成为卫生法的渊源。

一、卫生政策

政策（policy）是党和国家为实现一定历史阶段的任务制定的行动纲领或准则。卫生政策（health policy）定义为政府通过配置医疗卫生资源，以预防疾病，促进、保护或恢复国民的健康为目标而采取的一系列规定和行动的总称。

卫生政策是国家一切卫生活动的依据。卫生政策与卫生法律在本质上一致，但又有区别。

卫生政策是制定社会卫生策略和卫生措施的前提和依据。卫生政策分析是政府为解决卫生问题而进行的政策本质、产生原因及实施效果的研究，它具有导向功能、制约功能、管理功能、分配功能、动力功能等功能。

在我国，政策与法律作为两种社会规范、两种社会调整手段，均承担着各自的职能，发挥着各自不可替代的作用。卫生政策具有指导卫生立法工作、指导卫生法律的执行、弥补卫生法律规范的不足等作用。

二、卫生规范性文件

（一）卫生规范性文件定义

规范性文件是各级机关、团体、组织制定与发布的各类文件中最主要的一类，其内容具有约束和规范人们行为的性质。目前我国法律、法规对于规范性文件的含义、制定与发布主体、制定与发布程序和权限以及审查机制等尚无全面、统一的规定。

根据《中华人民共和国立法法》（以下简称《立法法》）规定，我国的各级国家权力机关（人民代表大会及其常务委员会）制定的法律和地方性法规，国务院制定全国性的行政法规，国务院部委制定部门规章，各省、自治区、直辖市政府制定地方性规章，除以上外各级政府及其部门均可依法制定规范性文件。卫生规范性文件是指卫生行政机关及被授权组织为实施卫生法律和执行卫生政策，在法定权限内制定的除卫生行政法规或规章以外的决定、命令等具有普遍性行为规则的总称。我国法定的规范性文件包括五种：条例、规定、通告、办法和决定等。

（二）卫生规范性文件的法律效力

法律、法规和规章以外的"规范性文件"是一类《立法法》没有规定却在法律实践中会对公民权利和义务产生重大影响的法律文件，由于《立法法》等法律对其缺乏应有的规范，因此，理论界对于此类"规范性文件"的范围、效力等级等问题存在很多争议，对其在卫生法律实践中的运用方面也有争议，甚至可能直接影响到卫生行为的法律效力。

卫生规范性文件承载着行政效力，也是卫生法的依据之一。但是卫生规范性文件作为行政执法依据应当遵循两个基本原则：一是不得违反法律的强制性规定；二是必须坚持法的效力位阶，遵守下位法服从上位法。

二、卫生法的体系

卫生法涉及医疗卫生预防保健工作的各个方面。随着医学科学技术飞速发展，卫生法的外延也在不断扩大。按照卫生法律、法规文件内容性质进行归类，卫生法的体系大致包括以下几个方面。

（一）医疗卫生机构及组织管理方面

主要包括医疗机构管理、监督及疾病预防控制机构管理、血站管理、医学会及医学协会管理、红十字会管理等法律规定。如《医疗机构管理条例》《中外合资、合作医疗机构管理暂行办法》《红十字会法》等。

（二）医疗卫生技术人员管理方面

主要包括执业医师管理、护士管理、药师管理、卫生监督人员管理、其他卫生技术人员管理等法律规定。如《医师法》《护士条例》等。

（三）生命健康权益保护方面

主要包括医疗事故处理、人口与计划生育、医疗保障、初级卫生保健等法律规定。如《医疗纠纷预防和处理条例》《人口与计划生育法》等。

（四）特殊人群健康保护方面

主要包括母婴保健、精神障碍患者保护治疗、未成年人保护、残疾人保障、老年人权益保障等法律规定。如《母婴保健法》《精神卫生法》《残疾人保障法》《未成年人保护法》《老年人权益保障法》等。

（五）健康相关产品的卫生管理监督方面

主要包括食品安全、药品管理、血液及血液制品管理、化妆品管理、保健用品管理、医疗器械器材和生物材料管理等法律规定。如《食品安全法》《药品管理法》《中医药法》《献血法》《血液制品管理条例》《化妆品卫生监督条例》《放射防护器材与含放射性产品卫生管理办法》等。

（六）疾病预防与控制方面

主要包括传染病防治、国境卫生检疫、职业病防治、地方病防治、性病及艾滋病防治、结核病防治等法律规定。如《传染病防治法》《国境卫生检疫法》《职业病防治法》《艾滋病防治条例》《结核病防治管理办法》等。

（七）公共卫生管理方面

主要包括突发公共卫生事件应急处理、学校卫生监督、放射卫生防护监督、公共场所卫生监督、生活饮用水及爱国卫生等法律规定。如《突发公共卫生事件应急条例》《学校卫生工作条例》《放射工作卫生防护管理办法》《放射性同位素与射线装置放射防护条例》《公共场所卫生管理条例》《生活饮用水卫生监督管理办法》《疫苗管理法》等。

（八）环境污染防治方面

主要包括大气污染防治、水污染防治、环境噪声污染防治、固体及废物污染防治、医疗废物管理等法律规定。如《大气污染防治法》《水污染防治法》《环境噪声污染防治法》《固体废物污染环境防治法》《医疗废物管理条例》等。

（九）中医药与民族医药管理方面

主要包括中医医疗机构管理、中药管理、民族医药管理、气功医疗管理等法律规定。如《中医药法》等。

第四节 卫生法的制定与实施

一、卫生法的制定

（一）卫生法制定的概念

卫生法制定又称卫生立法（health legislation），是指有权的国家机关依照法定职权和法定程序制定、修改、补充或废止卫生法律和其他规范性卫生法律文件的一种专门性活动。卫生法制定在法理学上有广义和狭义两种理解。广义卫生法制定是指有权的国家机关依法创制卫生法律规范的活动，既包括国家权力机关制定卫生法律，也包括国家行政机关、地方有权机关等制定卫生法规、规章和其他规范性文件的活动。狭义卫生法制定仅指最高国家权力机关即全国人民代表大会及其常务委员会制定、修改或废止卫生法律的专门活动。

（二）卫生法制定的原则

卫生法制定的原则是指卫生法制定中必须遵循的指导思想和准则，卫生法制定中除遵循宪法的基本原则、维护国家法治统一、从实际和国情出发、发扬民主、严格依照法定权限和程序、稳定性和连续性相结合、原则性与灵活性相结合等我国社会主义立法基本原则外，还具备以下特有原则。

1. 以保障公民健康权益为宗旨 保障和促进公民健康权益的实现是卫生工作的基本目标，既是卫生法制定的出发点和落脚点，也是落实宪法保护人民健康基本要求的具体体现。因此，紧紧抓住保障和维护健康这一原则不仅是建立和完善卫生法律制度的关键所在，也是将党和国家卫生工作方针具体化、规范化的直接反映。

2. 遵循医学科学发展客观规律 卫生法制定中应当遵循和适应医学科学发展的客观规律，借鉴医学科学的最新成果，符合医学科学的技术要求，遵循人与自然环境、社会环境、生理心理环境的协调一致，以达到医学自然属性和法学社会属性的紧密联系和完美结合，使制定的卫生法更具有科学性，更符合医学科学发展客观规律，从而促进医学的健康发展。

3. 多种利益关系相互协调 我国幅员辽阔，人口众多，地区经济和社会发展不平衡。同时，医疗卫生保健涉及多个政府部门，涉及每个公民的生命和健康，涉及国家、集体、个人之间利益，当前利益和长远利益，局部利益和整体利益，不同机构、地区、行业、单位、民族之间利益。我国当前仍存在着社会卫生资源不足和人们不断增长的医疗卫生需求之间的矛盾，存在优质卫生资源缺乏与分布不均和地区卫生发展的不平衡。因此，卫生法制定必须着眼于科学合理地规范国家机关、公民、法人和其他组织的卫生权利与义务，协调多种利益关系，才能确保卫生法律具有较好的执行力。

4. 遵循我国基本国情与借鉴国外先进经验相结合 无论是卫生法制定的理论研究还是立法实践，都需要借鉴国外先进成熟的立法经验。在借鉴国外经验、实现我国卫生法制定与国际接轨的同时，必须注意国外法与本国法之间的同构性和兼容性，进行必要的调适。必须建立在尊重国情的基础上，认真对国外卫生法律加以优选、鉴别和评价，以实现外来卫生法律本土化，防止脱离实际、生搬硬套。只有将国外先进的经验和我国卫生事业发展的实际相结合，卫生法制定才能体现中国特色，具有更强的生命力。

1. 卫生法律及其制定机关　全国人民代表大会及其常务委员会行使国家立法权，主要制定调整最基本的、带有全局性的社会关系的法律规范，其在立法权体系中居于最高地位，卫生法律的制定就是全国人民代表大会及其常务委员会行使国家立法权的体现。现行的卫生单行法均由全国人民代表大会常务委员会制定。

2. 卫生行政法规及其制定机关　国务院根据宪法和法律，制定卫生行政法规，一般由全国人民代表大会及常务委员会制定卫生法律的事项但尚未制定的，全国人民代表大会及常务委员会授权国务院可以根据实际需要，对其中的部分事项先制定卫生行政法规；授权制定卫生行政法规的立法事项，经过实践检验，在制定卫生法律的条件成熟时，国务院应当及时提请全国人民代表大会及其常务委员会制定卫生法律。此外，国务院有权向全国人民代表大会常务委员会提出医疗卫生立法议案，依法制定卫生法律实施细则等执行性卫生行政法规。

3. 地方性卫生法制定及其机关　省、自治区、直辖市人民代表大会及其常务委员会根据本行政区域的具体情况和实际需要，在不与宪法、卫生法律、卫生行政法规相抵触的前提下，可以制定地方性卫生法规；较大的市人民代表大会及其常务委员会根据本市的具体情况和实际需要，在不与宪法、卫生法律、卫生行政法规和省、自治区地方性卫生法规相抵触的前提下，可以制定地方性卫生法规；民族自治地方人民代表大会有权在其职权范围内制定有关卫生方面的自治条例和单行条例。

4. 卫生规章及其制定机关　卫生规章包括：① 部门卫生规章，国务院各部、委员会及其有行政管理职能的直属机构，可以根据卫生法律和国务院的卫生行政法规、决定、命令，在本部门权限范围内制定部门卫生规章。部门卫生规章规定的应当属于执行卫生法律或国务院卫生行政法规、决定、命令的事项。涉及两个以上国务院部门职权范围的事项，应当提请国务院制定卫生行政法规或者由国务院有关部门联合制定卫生规章。目前发布的部门卫生规章主要由国家卫生健康委员会、国家市场监督管理局、国家中医药管理局制定。② 地方卫生规章，省、自治区、直辖市和较大的市人民政府可以根据卫生法律、卫生行政法规和省、自治区、直辖市的地方性卫生法规制定地方卫生规章，其规定的主要是执行法律、卫生行政法规、地方性卫生法规和属于本行政区域具体卫生行政管理的事项。

二、卫生法的实施

卫生法的实施（enforcement of health law）是指卫生法律规范在社会生活中的实际贯彻与具体施行。卫生法实施的方式一般包括卫生守法、卫生执法、卫生司法和卫生法律监督四个方面。

（一）卫生守法

卫生守法即卫生法的遵守（observing health law）是指国家机关、社会组织和全体公民依照卫生法律的规定，行使权利（权力）和履行义务（职责）的活动。守法是卫生法的实施最基本形式，卫生守法的范围不仅包括涉及卫生的各种法律，还包括人民法院的判决书、调解书、裁定书等具有明确法律效力的非规范性文件。

（二）卫生执法

卫生执法（executing health law）是卫生法的实施的重要形式。卫生执法有广义和狭义两种理解。广义的卫生执法包括一切执行和适用卫生法律的活动，包括国家行政机关、司法机关、法律和法规授权、委托的组织及其公职人员，依法贯彻实施卫生法律的活动。狭义的卫生执法仅指国家卫生行政执法主体及其工作人员依法行政、依法管理社会卫生事务的活动。一般意义上的执法仅指狭义的卫生执法，即卫生行政执法。卫生执法必须遵循合法性、合理性、高效率、正当程序的原则。

（三）卫生司法

卫生司法（health justice）是指国家司法机关及其司法人员依据法定职权和法定程序运用卫生法律处理具体案件的专门活动，卫生司法必须遵循正确、合法、及时、合理和公正的基本要求。"正确"是指适用卫生法律时，事实清楚、证据确凿、定性准确、处理适当；"合法"是指处理卫生违法案件时，必须在法律授权范围内依法办事，符合实体法的要求和程序法的规定；"及时"是指在正确、合法的前提下，在法定的期限内办理完案件，提高办案效率；"合理和公正"则是指符合社会主义道德要求，符合公平要求，符合适用法的目的。

（四）卫生法律监督

卫生法律监督（supervising health law）有广义和狭义之分，广义的卫生法律监督是指一切国家机关、社会组织及公民等对卫生法全部运行过程的合法性所进行的监察和督促。狭义的卫生法律监督仅指有关国家机关依法对卫生立法、执法、司法等运行环节的合法性进行的监察和督促。一般讲的卫生法律监督是广义的。

三、卫生法的效力

卫生法的效力（validity of health law）是指作为一种国家意志所具有的约束力。具体表现为卫生法律规范对主体行为的普遍约束作用，这种约束力不以主体自身的意志为转移，而是以国家强制力作为保障，卫生法的效力包括效力等级、效力范围两个方面。

（一）卫生法的效力等级

卫生法的效力等级（effective class of health law）是指各个层次的卫生法律规范的形式中，由于制定主体、程序、时间、适用范围等因素所决定的卫生法的效力等级体系。即卫生法渊源中不同形式卫生法律规范在效力上的等级差别，其划分时遵循一般规则和特殊规则。

1. 卫生法效力的一般规则　包括：① 宪法至上。宪法具有最高法律效力，所以宪法位于卫生法效力体系最高层。② 上位法高于下位法。除宪法效力高于所有法的效力外，上一级法的效力均高于下一级任何一种法的效力。也就是说，卫生法律的效力高于卫生行政法规、地方性卫生法规和卫生规章，以此类推。③ 同位阶卫生法律规范具有同等法律效力。卫生专门法之间效力相同，卫生行政法规之间效力相同，部门卫生规章之间效力相同，部门卫生规章与地方卫生规章之间效力相同，均在各自的权限范围内适用。自治条例和单行条例只在本民族自治地方范围内适用。④ 下位阶的法与上位阶的法冲突无效。一切卫生法律、卫生行政法规、地方性卫生法规、卫生自治条例和单行条例、卫生规章等均不得与宪法相抵触，否则不具有法律效力。卫生行政法规与卫生法律相抵触时前者无效；部门卫生规章与卫生法律、卫生行政法规相抵触时前者无效；以此类推。这些不同效力等级的法律、法规、自治条例和单行条例、规章，共同构成了我国卫生法的效力等级体系。

2. 卫生法效力等级的特殊规则　包括：① 特别法优于一般法。同一机关制定的卫生法律、卫生行政法规、地方性卫生法规、卫生自治条例和单行条例、卫生规章等，特别规定与一般规定不一致的，适用特别规定；② 新法优于旧法。同一机关制定的卫生法律规范，新的规定与旧的规定不一致的，适用新的规定。适用这一规则的前提是新旧规定都是现行有效的，适用原则采取从新原则。这与法的溯及力的从旧兼从轻原则是有区别的。法的溯及力解决的是新法对其生效以前发生的事件和行为是否适用的问题；③ 卫生法律文本优于法律解释。一般来说，卫生法律解释与卫生法律文本具有同等法律效力，但当卫生法律解释与卫生法律文本规定不一致时，应当适用卫生法律文本的规定。

卫生法律之间对同一事项新的一般规定与旧的特别规定不一致，不能确定如何适用时，由全国人民代表大会常务委员会裁决。根据授权制定的卫生法规与卫生法律规定不一致，不能确定如何适用时，由全国人民代表大会常务委员会裁决。卫生行政法规之间对同一事项新的一般规定与旧的特别规定不一致，不能确定如何适用时，由国务院裁决。地方性卫生法规与部门卫生规章之间对同一事项的规定不一致，不能确定如何适用时，由国务院提出意见，国务院认为应当适用地方性卫生法规的，应当决定适用地方性法规的规定；认为应当适用部门卫生规章的，需提请全国人民代表大会常务委员会裁决。部门卫生规章之间、部门卫生规章与地方卫生规章之间对同一事项的规定不一致时，由国务院裁决。同一机关制定的地方性卫生法规、卫生规章，新的一般规定与旧的特别规定不一致时，由制定机关裁决。

（二）卫生法的效力范围

卫生法的效力范围（effective range of health law）是指卫生法生效或适用的范围，包括卫生法的时间效力、空间效力和对人的效力。

1. 卫生法的时间效力　是指卫生法的效力的起止时限以及对其实施前的行为和事件有无溯及力。

（1）卫生法的生效：我国卫生法开始生效的时间通常有以下三种情况：第一，卫生法律、法规和规章条文中明确规定其颁布后的某一具体时间生效，其目的是为法律的实施提供宣传和准备时间。我国现行的卫生单行法大多属此类情况。如《医师法》自2022年3月1日起施行。第二，卫生法律、法规和规章条文中明确规定自公布之日起生效，如《母婴保健法实施办法》由国务院于2001年6月20日公布，自公布之日起施行。第三，卫生法律、法规和规章条文中没有明确规定生效时间，一般视为颁布之日起生效。

（2）卫生法的失效：又称卫生法的废止或终止生效，是指卫生法律规范效力的终止，不再具有约束力。卫生法的失效有明示废止和默示废止两种。明示废止是指卫生法律明文规定终止法的效力，一般有两种方式，一是新法中宣布废止，如《医疗事故处理条例》第六十三条："本条例自2002年9月1日起施行，1987年6月29日国务院发布的《医疗事故处理办法》同时废止。"二是集中清理，宣布一批法规废止，如2021年9月9日国务院废止了《计划生育技术服务管理条例》《社会抚养费征收管理办法》《流动人口计划生育工作条例》；默示废止是指不明文规定终止旧法的效力，而在实践中新法与旧法冲突时采用新法。

（3）卫生法的溯及力：法的溯及力即某一法对它生效以前的行为和事件是否适用，如果适用，就具有溯及力；反之则没有溯及力。我国卫生法原则上没有溯及力，即采取法不溯及既往的原则。

我国对违法（包括卫生违法）、犯罪的制裁，在溯及力上一般采取"从旧兼从轻"的原则。如果某行为按其发生时的法律规定为违法行为或制裁较重，而新法规定该行为不属于违法行为或制裁较轻时，则适用新法予以认定和处理；反之，按行为发生时的法律，该行为不属于违法或制裁较轻，新法规定属于违法或制裁较重时，则应当按行为发生时有效的法律认定和处理。

2. 卫生法的空间效力　是指卫生法律规范适用的地域范围，即在哪些地方发生效力。通常有以下四种情况。

（1）全国范围内有效：卫生法律、卫生行政法规、部门卫生规章，除特别规定外，适用于我国主权管辖的全部领域，包括领陆、领海、领空以及延伸意义上的部分。

（2）一定区域内有效：主要有两种情况：① 国家针对某些特定区域制定的卫生法规和规章，只在其明文规定的某特定区域范围内有效，如某些地方病防治的法规和规章；② 地方性卫生法规和规章仅在发布机关管辖的行政区域内有效。

（3）卫生法的域外效力：是指卫生法不仅在本国管辖空间内有效，而且在域外也有一定效力，某些国内法在一定条件下可以具有域外效力，但其域外效力及其范围，往往由国家之间的条约加以确定或由法律本身明文规定，如《国境卫生检疫法》第五十三条：从口岸以外经国务院或者国务院授权的部门批准的地点进境出境的人员、交通运输工具、货物、物品的卫生检疫，我国与有关国家或者地区有双边协议的，按照协议办理；没有协议的，按照国家有关规定办理。

（4）国际卫生法的效力：国际卫生法一般适用于缔约国和参加国，但缔约国和参加国声明持有保留态度的除外。如我国已经参加《国际卫生条例》（2005），自2007年6月15日正式生效，适用于我国全境。

3. 卫生法对人效力　是指卫生法律规范对什么人有效。这里的人包括自然人、法人和其他组织。我国卫生法对人的效力，主要有三种情况。

（1）普遍适用：卫生法律对效力范围内的所有人均适用，包括中国公民、外国人和无国籍人，如《传染病防治法》第十二条中的在中华人民共和国领域内的一切单位和个人，必须接受疾病预防控制机构、医疗机构有关传染病的调查、检验、采集样本、隔离治疗等预防、控制措施，如实提供有关情况。

（2）特定对象的适用：卫生法律只对空间效力范围内的某种具有特定职能的自然人、法人和其他组织适用，如《医师法》《医疗机构管理条例》分别只适用于执业医师和依法许可的医疗机构。

（3）特定对象的不适用：卫生法律对空间范围内的某些人不适用，由该法律、法规、规章明文做特别规定。如《医疗机构管理条例》规定："外国人在中华人民共和国境内开设医疗机构的管理办法，由国务院卫生健康行政部门另行规定。"

第五节　卫生法律责任

一、卫生法律责任的概念、特征

卫生法律责任是指违反卫生法律、法规的行为人（自然人、法人）对其违法、违约行为所应承担的一定的带有强制性的法律义务。卫生法律责任具有以下特点。

1. 必须是违反卫生法律规范的行为　只有在构成卫生违法的前提下，才有可能追究行为主体的法律责任。

2. 具有国家强制性　卫生法律责任的履行具有国家强制性，对于拒绝承担法律责任的违法主体，由国家强制力保证执行。

3. 承担法律责任的依据是卫生法律、法规和规章　只有做了卫生法律、法规和规章中明确规定的违法行为，行为主体才能被追究法律责任。

4. 由国家授权的专门机关在法定的职权范围内依法予以追究。

二、卫生法律责任的种类

（一）卫生行政责任

卫生行政责任是指卫生行政法律关系主体违反卫生行政法律规范，尚未构成犯罪所应承担的法律后果，其形式有行政处罚和行政处分两种。

1. 卫生行政处罚　是指卫生行政机关或授权组织依法对违反卫生行政管理秩序而尚未构成犯罪的公民、法人和其他组织所实施的一种行政制裁。其种类主要包括：警告、通报批评；罚款、没收违法所得、没收非法财物；暂扣许可证件、降低资质等级、吊销许可证件；限制开展生产经营活动、责令停产停业、责令关闭、限制从业等。卫生行政处罚一般由卫生健康行政部门决定，有的还须报同级人民政府批准。

2. 卫生行政处分　是指有管辖权的国家机关或企事业单位的行政领导对所属单位的一般违法失职人员所实施的一种行政制裁。其种类有警告、记过、记大过、降级、降职、撤职、留用察看和开除八种。

（二）卫生民事责任

卫生民事责任是指医疗机构和卫生工作人员或从事与卫生事业有关的机构违反了卫生法规规定，侵害了公民的健康权时，应向受害人承担的以财产为主的损害赔偿的法律责任。

1. 构成卫生民事责任必须具备以下条件　① 必须具有损害事实；② 行为人有过错；③ 行为人的过错行为与损害事实之间具有因果关系。

2. 承担民事责任的方式　我国《民法典》规定：承担民事责任的方式主要有停止侵害；排除妨碍；消除危险；返还财产；恢复原状；修理、重作、更换；继续履行；赔偿损失；支付违约金；消除影响、恢复名誉；赔礼道歉。法律规定惩罚性赔偿的，依照其规定。卫生民事赔偿责任主要是金钱的给付，不包括户口的转移、工作安置等。

（三）卫生刑事责任

卫生刑事责任是指行为人因实施了违反卫生法规的行为，严重侵犯了卫生管理秩序及公民的生命健康权而依刑法所应承担的法律结果。构成违反卫生法的刑事责任，必须以卫生刑事犯罪为前提。

1. 卫生刑事责任构成要件　依据刑法理论，犯罪构成应包括四个要件：① 犯罪主体：是指实施犯罪行为并应承担刑事责任的人；② 犯罪客体：是我国刑法保护的为犯罪行为所侵犯的社会关系；③ 犯罪主观方面：是指犯罪主体对自己所实施的犯罪行为及其危害结果的心理态度，包括罪过、犯罪的动机和目的等因素；④ 犯罪的客观方面：是指犯罪行为的各种外在表现或客观事实，包括危害行为和危害结果以及行为与结果之间的因果关系等因素。

2. 卫生刑事责任承担方式　根据我国刑法规定，承担刑事责任的方式是刑罚。刑罚包括主刑和附加刑。主刑包括管制、拘役、有期徒刑、无期徒刑、死刑；附加刑包括罚金、剥夺政治权利、没收财产。对于犯罪的外国人，可以独立适用或附加适用驱逐出境。我国刑法对违反卫生法规的行为所应承担的刑事责任作了明确规定。具体罪名包括：生产、销售假药罪；生产、销售劣药罪；生产、销售不符合卫生标准的食品罪；生产、销售有毒有害食品罪；生产、销售不符合标准的医用器材罪；生产、销售不符合卫生标准化妆品罪；妨害传染病防治罪；传染病菌种、毒种扩散罪；妨害国境卫生检疫罪；非法组织卖血罪；强迫卖血罪；非法采集、供应血液、制作、供应血液制品罪；采集、供应血液、制作、供应血液制品事故罪；医疗事故罪；非法行医罪；非法进行节育手术罪；非法提供麻醉药品、精神药品罪；传播性病罪等。

案例1-1　　　　　　**卫生法基本原则之一：患者权利自主原则中的医院特殊干预权案例**

　　产妇陈某，27岁，足月临产，于2005年11月13日8时入住A中心卫生院。初步诊断为先兆临产。入院后，因孕妇无规律宫缩，给予催产素静脉滴注；查胎心100次/min，见血性羊水。为避免产程延长行右侧切＋胎头吸引术，两次胎吸滑脱，遂停止手术，并派医生陪同转至某B区医院产科。入院诊断：滞产，头盆不称，巨大儿，宫内窘迫。立即行剖宫产术。新生儿娩出后诊断为重度窒息，新生儿颅内出血，新生儿吸入性肺炎。入院19小时后，患儿频繁呼吸暂停及抽搐，病情危重。家属于2005年11月14日21点15分签字放弃治疗。2005年11月15日8时，该患儿被发现弃于A中心卫生院，A院给予吸氧、消炎等治疗后，于晚上8点以"弃婴"转入B区医院儿科。治疗11天后由患儿亲属领走出院，出院诊断：新生儿肺炎，颅内出血，重度窒息，头颅血肿，心肌损害。以后患儿由于反复抽搐在B区医院及某儿科研究所就诊，诊断为"继发癫痫，智力低下"。患方认为：患儿现存智力低下，语言障碍和症状性癫痫与其出生时头盆不称，吸引助产及催产素使用不当导致的重度窒息，颅内出血，缺血缺氧性脑病有关，于2006年8月向法院起诉要求A中心卫生院和B区医院赔偿。

经司法鉴定，专家认为：该产妇虽为经产妇，但胎儿较大，A卫生院未做中骨盆测量，对存在头盆不称的可能性估计不足，使用催产素、胎吸助产、加腹压等处理不当，造成滞产，引起宫内窘迫，新生儿重度窒息；患儿出生后存在明确的重度窒息、颅内出血、缺血缺氧性脑病与患儿目前的智力低下、癫痫有一定关系；患方在新生儿抢救的关键时期，放弃治疗，从而丧失了对新生儿窒息的抢救机会，也与患儿目前存在的智力低下、癫痫有一定的因果关系。根据《民法典》《医疗纠纷预防和处理条例》，A中心卫生院负主要责任，B区医院不承担责任。

思考：

1. 本案中如何理解患者自主决定权与医生的特殊干预权行使？

2. 法院判决各卫生法律关系主体承担的卫生法律责任的依据是什么？

学习小结

卫生法是指由国家制定和认可并以国家强制力保障实施的，反映由特定物质生活条件所决定的国家意志，以权利和义务为内容，旨在确认、调整和保护人体生命健康活动中形成的社会关系和社会秩序为目的的行为规范体系。本章主要介绍了卫生法的概念、特征、调整对象、基本原则、卫生法的渊源、卫生法律关系、卫生法效力、卫生法的制定和实施及卫生法律责任。卫生法学既包含法学理论知识，又包括医学等专业内容；既有观念上的引导意义，又具备指导实践的功能。卫生法的主要作用是贯彻党的卫生政策，保护人民健康，推动医学科学进步与经济发展，促进国际卫生交流与合作。

（杨淑娟）

复习参考题

一、选择题

1. 下列社会关系不属于卫生法调整对象的是

   A. 卫生组织关系

   B. 卫生服务关系

   C. 卫生管理关系

   D. 卫生产品知识产权纠纷

   E. 国家卫生关系

2. 不属于卫生法规范作用的是

   A. 奖励

   B. 预测

   C. 评价

   D. 教育

   E. 强制

3. 卫生法律关系的客体包括

   （1）公民生命健康权利

   （2）卫生审批行为

   （3）化妆品、医疗器械

   （4）医疗卫生科学技术发明

（5）卫生违法行为

A.（1）（2）（3）（4）（5）

B.（1）（2）（4）（5）

C.（1）（2）（3）（5）

D.（1）（2）（3）（4）

E.（1）（2）（3）（5）

4. 卫生法区别于其他法律的最根本的特征是

A. 由国家制定或认可

B. 体现技术性

C. 社会共同性

D. 以保护人体生命健康为宗旨

E. 国家强制力保证实施

5. 下列关于卫生法理论的论述错误的是

A. 卫生法是指由国家制定或认可，并由国家强制力保证实施的，

在保护人体健康活动中具有普遍约束力的社会规范的总和

B. 卫生法的作用之一是对医药卫生技术发展所带来的消极后果的控制和防范

C. 卫生法律解释包括正式解释和非正式解释，两种解释都具有法律效力

D. 卫生行政执法又称"卫生法适用"，是卫生健康行政部门及其授权的监督机构依照法定职权和程序，将卫生法规作用于具体的任何人或事的活动

E. 卫生司法行为包括民事司法行为、行政司法行为、刑事司法行为

答案：1. D；2. A；3. A；4. C；5. C

二、简答题

1. 卫生法的定义是什么？

2. 卫生法的特征和原则有哪些？

3. 卫生单行法有哪些？

4. 卫生法效力的一般规则和特殊规则是什么？

5. 卫生法律责任的定义及特征是什么？

医疗机构管理法律制度

学习目标

知识目标
1. 掌握医疗机构登记与校验、医疗机构设置条件、医疗机构执业要求。
2. 熟悉医疗机构设置原则、医疗机构设置审批机构与审批程序、医疗机构命名规则、医疗机构监管机构及职责、医疗机构法律责任。
3. 了解医疗机构的概念、分类、立法现状、医疗广告管理、医疗机构命名和医疗机构评审。

能力目标
通过学习相关知识能够遵守医疗机构管理法律制度，协调医疗机构管理，依法依规执业。

素质目标
遵守医疗机构管理法律制度，保障患者合法权益，维护正常医疗秩序。

第一节 概述

一、医疗机构的概念和分类

（一）概念

医疗机构是指依据《医疗机构管理条例》及《医疗机构管理条例实施细则》（以下简称为《实施细则》）的规定，经登记取得《医疗机构执业许可证》的卫生机构。这一概念包含三个方面的含义：第一，医疗机构是依法设置的卫生机构。医疗机构必须按照《医疗机构管理条例》及《实施细则》的规定进行设置登记。第二，医疗机构是从事疾病诊断和治疗活动的卫生机构。医疗机构的功能是从事疾病的诊断和治疗，因此医疗机构应配备具有资质的技术人员和设备，具有提供科学的疾病诊断和治疗等医疗服务的能力。第三，医疗机构是为公众健康服务的卫生机构的总称。医疗机构是以救死扶伤、防病治病、为公民的健康服务为宗旨的卫生机构的总称。

（二）分类

1. 根据医疗机构的规模、大小和服务方向，《实施细则》第三条将医疗机构划分为：① 综合医院、中医医院、中西医结合医院、民族医院、专科医院、康复医院；② 妇幼保健院、妇幼保健计划生育服务中心；③ 社区卫生服务中心、社区卫生服务站；④ 中心卫生院、乡（镇）卫生院、街道卫生院；⑤ 疗养院；⑥ 综合门诊部、专科门诊部、中医门诊部、中西医结合门诊部、民族医门诊部；⑦ 诊所、中医诊所、民族医诊所、卫生所、医务室、卫生保健所、卫生站；⑧ 村卫生室（所）；⑨ 急救中心、急救站；⑩ 临床检验中心；⑪ 专科疾病防治院、专科疾病防治所、专科疾病防治站；⑫ 护理院、护理站；⑬ 医学检验实验室、病理诊断中心、医学影像诊断中心、血液透析中心、安宁疗护中心；⑭ 其他诊疗机构。

2. 根据经营目的，医疗机构划分为非营利性医疗机构和营利性医疗机构。非营利性医疗机构是指不以营利为目的，为社会公众利益服务而设立和运营，其收入用于弥补医疗服务成本的医疗机构。非营利性医疗机构在我国医疗服务体系中占主导地位。营利性医疗机构是指医疗服务所得收益可用于投资者经济回报的医疗机构。政府不举办营利性医疗机构，政府举办的非营利性医疗机构不得投资与其他组织合资合作设立非独立法人资格的营利性的"科室""病区""项目"。

3. 根据所有制的性质，医疗机构分为全民所有制医疗机构、集体所有制医疗机构、私人所有制医疗机构和混合所有制医疗机构。全民所有制医疗机构是指由国家出资，全部资产属于国家所有的医疗机构；集体所有制医疗机构由各种卫生团体或地方政府、福利团体、企业单位举办，卫生经费主要来自民间，国家给予一定补贴的医疗机构；私人所有制医疗机构是指资产归私人所有的医疗机构；混合所有制医疗机构是资产由不同所有制成分构成的医疗机构。

4. 根据投资主体是否具有中国国籍，医疗机构分为内资医疗机构和中外合资、合作医疗机构。内资医疗机构是指投资主体不含有外资成分，全部由中国公民或法人、国家授权的投资部门投资设立的医疗机构；中外合资、合作医疗机构是指由外国医疗机构、企业或其他组织经中国政府主管部门批准，在中国境内（香港、澳门及台湾地区除外）与中国的医疗机构、公司、企业或者其他组织以合资或合作形式设立的医疗机构。

二、医疗机构管理立法目的与历史

（一）立法目的

医疗机构是提供医疗卫生服务的基本场所，担负着疾病的诊断和治疗的重要职责。国家加强医疗机构管理的立法目的主要包括：第一，规范医疗机构的管理；第二，保障医疗服务质量与安全；第三，保障医疗卫生事业健康发展；第四，保障患者生命健康权益。

（二）立法发展历史

医疗机构是医疗卫生服务与健康促进的重要阵地，是医疗卫生事业发展的重要支撑。医疗机构管理立法是随着医疗卫生事业产生、发展和不断完善逐步形成。根据2022年我国卫生健康事业发展统计公报数据显示：截至2021年末，全国医疗卫生机构总数1 032 918个，其中医院36 976个，基层医疗卫生机构979 786个；医院中，公立医院11 746个，民营医院25 230个。

中华人民共和国成立后，党和国家就开始开展医疗机构管理立法工作。1951年1月，卫生部制定了第一个医疗机构管理方面的行政法规《医院诊所管理暂行条例》（1951）。随后一系列的有关医疗机构管理的行政法规和部门规章由国务院和卫生部陆续制定，如《县卫生院暂行组织通则》（1952）、《县属区卫生所暂行组织通则》（1952）、《医院、诊所组织编制原则（草案）》（1956）等。

十一届三中全会后，医疗机构管理立法得到进一步发展。1982年1月12日，为了提高医院医疗服务质量，卫生部制定了《全国医院工作条例》。之后又陆续出台了《医师、中医师个体开业暂行管理办法》（1988）、《中医医疗机构管理办法（试行）》（1989）等。

1994年，国务院颁布实施《医疗机构管理条例》，条例对医疗机构规划布局和设置审批、医疗机构登记、医疗机构执业等进行了规定。之后，卫生部围绕《医疗机构管理条例》还制定了一系列配套法律规定，如《医疗机构管理条例实施细则》（1994）、《医疗机构基本标准（试行）》（1994）、《中外合资、合作医疗机构管理办法》（2000）、《医疗广告管理办法》（2006）、《城市社区卫生服务机构管理办法（试行）》（2006）、《医院评审暂行办法》（2011）、《乡镇卫生院管理办法（试行）》（2011）等，这标志着我国医疗机构管理趋于体系化、规范化和科学化。

党的十八大以来，中国特色社会主义法律体系不断完善，以良法促进发展、保障善治，卫生立法工作取得新进展、新成效。主要表现包括：《中医诊所备案管理暂行办法》（2017）、《互联网医院管理办法（试行）》（2018）、《医疗联合体管理办法（试行）》（2020）、《诊所备案管理暂行办法》（2022）等部门规章或者规范性文件的制定；2016年和2022年，国务院两次对《医疗机构管理条例》进行修订，推动医疗机构管理与卫生事业发展相适应，进一步回应了人民群众对医疗健康服务的需要。

第二节　医疗机构的设置

一、医疗机构设置规划

（一）医疗机构设置规划概念

医疗机构设置规划是指以区域内居民实际医疗服务需求为依据，以合理配置、利用医疗卫生资源，公平、可及地向全体居民提供安全、有效的基本医疗服务为目的，将各级各类、不同隶属关系、不同所有制形式的医疗机构统一规划、设置和布局。医疗机构设置规划是区域卫生规划的重要组成部分，是卫生健康行政部门审批医疗机构的依据。

（二）医疗机构设置规划制定权限

县级以上地方人民政府卫生健康行政部门根据其行政区域内的人口、医疗资源、医疗需求和现有医疗机构的分布状况，按照《医疗机构设置规划指导原则》，制定本行政区域医疗机构设置规划，报同级人民政府批准后实施。医疗机构设置规划的目的是统筹规划医疗机构的数量、规模和分布，合理配置医疗卫生资源，提高卫生资源利用效率。

医疗机构设置规划分为县级、地市级和省级。省级和县级的医疗机构设置规划应当以设区的市级医疗机构设置规划为基础。县级卫生行政部门制定医疗机构设置规划的重点是100张床位以下的医疗机构的具体配置和布局；省级卫生行政部门制定医疗机构设置规划的重点是500张床位以上的医院、重点专科医院、急救中心、临床检验中心等医疗机构的配置。

（三）医疗机构设置基本原则

医疗机构设置基本原则是医疗机构设置的基本依据和基本准则。医疗机构设置应遵循坚持需求导向、区域统筹规划、科学布局、协同创新、中西医并重等原则。

1. 坚持需求导向原则　健康是人民的基本需求，是经济社会发展的基础。随着中国特色社会主义进入新时代，社会主要矛盾转化为人民日益增长的美好生活需要和不平衡不充分的发展之间的矛盾，人民的健康需求也随之发生变化。党的十九大明确提出实施健康中国战略，完善国民健康政策，为人民群众提供全方位全周期健康服务，以满足人民多层次、多元化的健康需求。坚持以人民健康为中心，以人民群众就医需求为导向，围绕新时期卫生与健康工作方针，增加医疗资源，优化卫生资源要素配比，以国家医学中心、国家和省级区域医疗中心、县级公立医院建设为重点，以临床专科能力和人才队伍建设为抓手，推进优质医疗资源扩容和区域均衡布局，优化基层医疗卫生机构布局，实现医疗机构高质量发展，满足人民群众多层次、多样化的医疗服务需求。

2. 区域统筹规划原则　各级各类医疗机构应当符合属地卫生健康事业发展需求和医疗机构设置规划。地方各级卫生健康行政部门在同级人民政府领导下负责《医疗机构设置规划》的制定和组织实施。通过统筹医疗资源总量、结构、布局，补短板、强弱项，完善城乡医疗服务体系，不断提高医疗资源整体效能，增强重大疫情应对等公共卫生服务能力。合理配置区域综合和专科医疗资源，促进康复、护理、医养结合、居家医疗等接续性医疗服务快速发展。

3. 科学布局原则　明确和落实各级各类医疗机构的功能和任务，根据人口数量、分布、年龄结构以及交通条件、诊疗需求等，实行中心控制、周边发展，合理配置各区域医疗机构数量，鼓励新增医疗机构在中心城区周边居民集中居住区设置，推动各区域医疗资源均衡布局、同质化发展。

4. 协同创新原则　合理规划发展紧密型城市医疗集团和县域医共体，充分发挥信息化的支撑作用，加强医防融合、平急结合、医养结合，推动区域医疗资源融合共享。政府对社会办医区域总量和空间不作规划限制，鼓励社会力量在康复、护理等短缺专科领域举办非营利性医疗机构，鼓励社会力量举办的医疗机构牵头成立或加入医疗联合体。大力发展互联网诊疗服务，将互联网医院纳入医疗机构设置规划，形成线上线下一体化服务模式，提高医疗服务体系整体效能。

5. 中西医并重原则　遵循新时期卫生与健康工作方针，中西医并重，促进中医药传承创新发展，保障中医、中西医结合、少数民族医疗机构的合理布局和资源配置，充分发挥中医防病治病的独特优势和作用。

二、医疗机构设置条件

（一）医疗机构设置条件

根据《医疗机构管理条例》及《实施细则》的规定，任何单位和个人申请设置医疗机构，一般应具备以下条件：① 符合区域卫生规划和所在地的医疗机构设置规划；② 一定数量具有从业资格的医务人员；③ 能够提供医疗服务的场所和设施；④ 健全的组织机构和管理制度；⑤ 法律、法规规定的其他条件。

任何单位和个人申请设置医疗机构，要按照《医疗机构管理条例》及《实施细则》规定的程序和要求向县级以上地方人民政府卫生行政机构申请办理设置审批手续。医疗机构不分类别、所有制形式、隶属关系、服务对象，其设置必须符合当地《医疗机构设置规划》。申请设置医疗机构必须提交设置申请书、设置可行性研究报告、选址报告和建筑设计平面图等，获得设置医疗机构批准书。

（二）禁止申请医疗机构情形

有下列情形之一的，不得申请设置医疗机构：① 不能独立承担民事责任的单位；② 正在服刑或者不具有完全民事行为能力的个人；③ 发生二级以上医疗事故未满5年的医务人员；④ 因违反有关法律、法规和规章，已被吊销执业证书的医务人员；⑤ 被吊销《医疗机构执业许可证》的医疗机构法定代表人或者主要负责人等；⑥ 省、自治区、直辖市卫生行政部门规定的其他情形。有前款第②、③、④、⑤项所列情形之一者，不得充任医疗机构的法定代表人或者主要负责人。

三、医疗机构设置审批

（一）审批机构

医疗机构执业必须进行登记，领取《医疗机构执业许可证》。医疗机构未取得《医疗机构执业许可证》，不得执业。

根据《医疗机构管理条例》第十一条的规定，申请设置不设床位或者床位不满100张的医疗机构的单位或者个人，应向所在地的县级人民政府卫生行政部门申请；床位在100张以上的医疗机构和专科医院按照省级人民政府卫生行政部门的规定申请，包括综合医院、中医医院、中西医结合医院、民族医院以及专科医院、疗养院、康复医院、妇幼保健院、急救中心、临床检验中心和专科疾病防治机构的设置审批权限的划分，由省、自治区、直辖市卫生行政部门规定；其他医疗机构的设置由县级卫生行政部门负责审批。

（二）审批程序

申请设置医疗机构应按照设置条件提供相应文件材料。县级以上地方人民政府卫生行政部门受理设置申请后，应在30日内依据当地医疗机构设置规划进行审查；对符合医疗机构设置规划和国家卫生行政部门制定的医疗机构基本标准的，发给设置医疗机构批准证书；对于不予批准的，要以书面形式告知理由。设置医疗机构批准书的有效期由省、自治区、直辖市卫生行政部门规定。

有下列情形之一的不予批准：① 不符合当地《医疗机构设置规划》；② 设置人不符合规定的条件；③ 不能提供满足投资的资信证明；④ 投资总额不能满足各项预算开支；⑤ 医疗机构选址不合理；⑥ 污水、污物、粪便处理方案不合理；⑦ 省、自治区、直辖市卫生行政部门规定的其他情形。批准设置的，发给设置医疗机构批准书，并向上一级卫生行政部门备案。

四、医疗机构登记

（一）执业登记

医疗机构的执业登记，由批准其设置的人民政府卫生行政部门办理；不需要办理设置医疗机构批准书的医疗机构的执业登记，由所在地的县级以上地方人民政府卫生行政部门办理。机关、企业和事业单位设置的为内部职工服务的门诊部、卫生所（室）、诊所的执业登记或者备案，由所在地的县级人民政府卫生行政部门办理。

1. 登记内容　医疗机构执业，必须进行登记，领取《医疗机构执业许可证》。医疗机构执业登记的事项包括：① 类别、名称、地址、法定代表人或者主要负责人；② 所有制形式；③ 注册资金（资本）；④ 服务方式；⑤ 诊疗科目；⑥ 房屋建筑面积、床位（牙椅）；⑦ 服务对象；⑧ 职工人数；⑨ 执业许可证登记号（医疗机构代码）；⑩ 省、自治区、直辖市卫生行政部门规定的其他登记事项。

2. 登记程序　执业登记由批准其设置的人民政府卫生行政部门办理。申请医疗机构执业登记必须填写《医疗机构申请执业登记注册书》，并依《实施细则》的规定提交材料。卫生行政部门在受理医疗机构执业登记申请后，应当按照规定的条件和时限进行审查和实地考察、核实，并对有关执业人员进行消毒、隔离和无菌操作等基本知识和技能的现场抽查考核。经审核合格的，发给《医疗机构执业许可证》；审核不合格的，将审核结果和不予批准的理由以书面形式通知申请人。《医疗机构执业许可证》上记载相关登记事项。

3. 不予登记情形　申请医疗机构执业登记有下列情形之一的，不予登记：① 不符合《设置医疗机构批准书》核准的事项；② 不符合《医疗机构基本标准》；③ 投资不到位；④ 医疗机构用房不能满足诊疗服务功能；⑤ 通信、供电、上下水道等公共设施不能满足医疗机构正常运转；⑥ 医疗机构规章制度不符合要求；⑦ 消毒、隔离和无菌操作等基本知识和技能的现场抽查考核不合格；⑧ 省、自治区、直辖市卫生行政部门规定的其他情形。

（二）变更和注销登记

医疗机构变更名称、地址、法定代表人或者主要负责人、所有制形式、服务对象、服务方式、注册资金（资本）、诊疗科目、床位（牙椅）的，必须向登记机关申请办理变更登记。

医疗机构歇业，必须向原登记机关办理注销登记或者向原备案机关备案。经登记机关核准后，收缴《医疗机构执业许可证》。医疗机构非因改建、扩建、迁建原因停业超过1年的，视为歇业。医疗机构注销登记后，不得继续开展医疗服务。

因分立或者合并而保留的医疗机构应当申请变更登记；因分立或者合并而新设置的医疗机构应当申请设置许可证和执业登记；因合并而终止的医疗机构应当申请注销登记。

五、医疗机构校验

（一）概念

医疗机构校验是指卫生行政部门依法对医疗机构的基本条件和执业状况进行检查、评估、审核，并依法作出相应结论的过程。为加强医疗机构监督管理，规范医疗机构执业行为，保障医服务质量和医疗安全，2009年，卫生部制定了《医疗机构校验管理办法（试行）》，该办法对医疗机构校验管理进行了规范。

（二）校验机构

医疗机构校验是卫生行政部门的重要职责，通过校验，可以对医疗机构的基本条件和执业状况进行全面检查和审核，实施有效的医疗机构再次准入管理，清理不符合条件的医疗机构，以保证医疗安全，维护人民群众利益。根据《医疗机构校验管理办法（试行）》第四条规定，县级以上地方人民政府卫生行政部门（登记机关）负责其核发《医疗机构执业许可证》的医疗机构校验工作。

地方卫生行政部门建立医疗机构不良执业行为记分制度，对医疗机构的不良执业行为进行记录和评分，记录和评分结果作为医疗机构校验的依据。

（三）校验期限

医疗机构经执业登记取得《医疗机构执业许可证》后，应当按照规定的期限办理校验手续。根据《医疗机构管理条例》和《医疗机构校验管理办法（试行）》的规定，床位不满100张的医疗机构，其《医疗机构执业许可证》每年校验1次；床位在100张以上的医疗机构，其《医疗机构执业许可证》每3年校验1次。校验由原登记机关办理。

（四）校验结论

医疗机构校验应建立信息登记制度和校验管理档案，与医疗机构档案合并保管。校验结束后，及时登记校验结论，并录入医疗机构联网管理系统。

医疗机构校验结论为"校验合格"和"暂缓校验"两类。登记机关作出"校验合格"结论时，应当在医疗机构执业许可证副本上加盖校验合格章。登记机关作出"暂缓校验"结论时，下达整改通知书，并根据情况，给予1~6个月的暂缓校验期。医疗机构在暂缓校验期内应当对存在的问题进行整改，同时医疗机构不得发布医疗服务信息和广告，未设床位的医疗机构不得执业；除急救外，设床位的医疗机构不得开展门诊业务、收治新患者。

医疗机构应当于暂缓校验期满后5日内向卫生行政部门提出再次校验申请，由卫生行政部门再次进行校验。再次校验合格的，允许继续执业；再次校验不合格的或暂缓校验期满后规定时间内未提出再次校验申请的，由登记机关注销其《医疗机构执业许可证》。对经校验认定不具备相应医疗服务能力的医疗机构诊疗科目，登记机关予以注销。

第三节　医疗机构执业

一、医疗机构执业要求

（一）严格按照核准登记的诊疗科目执业

医疗机构执业必须按照核准登记的诊疗科目开展诊疗活动。被吊销或者注销执业许可证后，医疗机构不得继续开展诊疗活动。医疗机构应将《医疗机构执业许可证》、诊疗科目、诊疗时间和收费标准等悬挂于明显处所。

（二）不得使用非卫生技术人员从事医疗卫生技术工作

医疗机构不得使用非卫生技术人员从事医疗卫生技术工作，工作人员上岗工作时必须佩戴载有本人姓名、职务或者职称的标牌。

（三）规范使用医疗机构名称

医疗机构的名称不得买卖、出借。未经核准机关许可，医疗机构名称不得转让。医疗机构的印章、牌匾以及医疗文件中使用的名称应当与核准登记的医疗机构名称相同。标有医疗机构标识的票据和病历本册以及处方笺、各种检查的申请单、报告单、证明文书单、药品分装袋、制剂标签等不得买卖、出借和转让。医疗机构不得冒用标有其他医疗机构标识的票据和病历本册以及处方笺、各种检查的申请单、报告单、证明文书单、药品分装袋、制剂标签等。

（四）依法保存病历

病历是指医务人员在医疗活动过程中形成的文字、符号、图表、影像、切片等资料的总和，包括门（急）诊病历和住院病历。病历管理指为准确反映医疗活动全过程，实现医疗服务行为可追溯，维护医患双方合法权益，保障医疗质量和医疗安全，对医疗文书的书写、质量控制、保存、使用等环节进行管理。为了规范病历管理，2002年，卫生部和国家中医药管理局制定了《医疗机构病历管理规定》（2013年进行修订），对医疗机构的病历建立、保管、借阅、使用等进行了详细规定。

医疗机构应当严格病历管理，严禁任何人涂改、伪造、隐匿、销毁、抢夺、窃取病历。除涉及对患者实施医疗活动的医务人员及医疗服务质量监控人员外，其他任何机构和个人不得擅自查阅该患者的病历。因科研、教学需要查阅病历的，需经患者就诊的医疗机构有关部门同意后查阅。阅后应当立即归还。不得泄露患者隐私。

医疗机构应当建立健全病历管理制度，设置病案管理部门或者配备专（兼）职人员，负责病历和病案管理工作。医疗机构保存门诊病历不得少于15年，保存住院病历不得少于30年。

电子病历是信息技术和网络技术在医疗领域的必然产物，是医院病历现代化管理的必然趋势。为规范医疗机构电子病历（含中医电子病历）应用管理，满足临床工作需要，保障医疗质量和医疗安全，保证医患双方合法权益，2017年，国家卫生和计划生育委员会办公厅和国家中医药管理局办公室出台了《电子病历应用管理规范（试行）》，确认了电子病历与纸质病历具有同等法律效力，明确了电子病历的制作要求和保管规定。

（五）加强医务人员服务质量和职业道德管理

医疗机构应加强对医务人员的"基础理论、基本知识、基本技能"训练，把"严格要求、严密组织、严谨态度"落实到医疗工作中，保障医疗服务质量。同时应加强医务人员的医德医风教育，组织医务人员学习医德规范，督促医务人员恪守职业道德。

（六）承担公共卫生服务职能

医疗机构必须承担县级以上人民政府卫生行政部门委托的支援农村、指导基层医疗卫生工作等任务。发生重大灾害、事故、疾病流行或者其他意外情况时，医疗机构及其卫生技术人员必须服从县级以上人民政府卫生行政部门的调遣。

二、医疗机构执业规则

（一）遵守有关法律、法规和医疗技术规范

医疗机构执业必须遵守有关法律、法规和医疗技术规范，制定并实施医疗质量保证方案，定期检查、考核各项规章制度和各级各类人员岗位责任制的执行和落实情况，确保医疗安全和服务质量，不断提高服务水平。

医疗机构应当严格执行无菌消毒、隔离制度，采取科学有效的措施处理污水和医疗废物，预防和减少医院感染。医疗机构必须加强药品管理，不得使用假药、劣药和违禁药。对危重患者应当立即抢救，对限于设备或者技术条件不能诊治的患者，应当及时转诊。

（二）按照规定出具医学证明文书

医学证明文书是临床医师出具给患者及家属用以证明患者所患疾病的具有法律效力的证明文书。医学证明文书常常作为户籍登记、财产继承、病休、病退、伤残鉴定、保险索赔等的重要依据。主要包括出生证明、死亡证明、诊断证明、健康证明等。

根据《医师法》第二十二条的规定，医师享有"在注册的执业范围内，按照有关规范进行医学诊查、疾病调查、医学处置、出具相应的医学证明文件，选择合理的医疗、预防、保健方案"的权利。医疗机构及医务人员应依法出具医学证明文书。未经医师（士）亲自诊查患者，医疗机构不得出具疾病诊断书、健康证明书或者死亡证明书等证明文件；未经医师（士）、助产人员亲自接产，医疗机构不得出具出生证明书或者死产报告书。医学证明书的内容应有病历记载，并与门诊病历或出院小结相符。医师不得开具与自己执业范围无关或者与执业类别不相符的医学证明书。

（三）尊重患者知情同意权

1. 知情同意权的概念　知情同意权是指医疗机构及医务人员在对患者实施医疗行为时，应该就医疗处理方案、医疗风险以及其他可以考虑采取的措施向患者作出详细的说明，并在此基础上得到患者的同意。患者知情同意权包括两项权利，即患者知情权和患者同意权。患者知情权是指患者在医疗机构接受诊断和治疗的过程中可以要求了解所有必要的相关信息的权利，包括对自己的病情、治疗方案、治疗风险、治疗预期所产生的后果、疗养中的注意事项、医疗费用等所有与其病情相关的事情。患者同意权是指患者在取得医师提供其医疗决定所必需的足够信息的基础上作出医疗同意的权利，即患者对相关医疗信息充分知晓并理解的基础上，自愿自主地作出决定，接受相关医疗行为可能带来的利益与风险。知情权是同意的前提，没有知情的同意和不能理解医师所提供的医疗信息的同意不是真正的同意。即只有当患者有能力自由行为、在对治疗行为性质、后果以及其他治疗方法的性质与后果、不进行治疗的后果等有关信息有充分把握基础上而为之时，同意才有效。

2. 医疗机构尊重患者知情同意权的要求　医疗机构应当尊重患者对自己病情、诊断、治疗的知情权利。医务人员在诊疗活动中应当向患者说明病情和医疗措施。根据2010年卫生部《医疗

卫生服务单位信息公开管理办法（试行）》的规定，医疗服务中患者使用的药品、血液及其制品、医用耗材和接受医疗服务的名称、数量、单价、金额及医疗总费用等情况，以提供查询服务或提供费用清单的形式告知患者。医疗服务中的实施重大治疗服务、主要辅助检查、自费比例较高药品等，应当事先告知患者；按照规定需要签署知情同意书的，应当及时、规范签署相应的知情同意书。

第四节　特殊医疗机构管理

一、中医医疗机构

（一）中医医疗机构概念和发展情况

中医医疗机构是指依法取得医疗机构执业许可证的中医、中西医结合的医院、门诊部、诊所及其他能够提供中医医疗服务的卫生机构。

中医药事业是我国医药卫生事业的重要组成部分。中医药作为我国独特的卫生资源、潜力巨大的经济资源、具有原创优势的科技资源、优秀的文化资源和重要的生态资源，在经济社会发展中发挥着重要作用。党和国家高度重视中医医疗机构发展，先后制定了《全国中医医院工作条例（试行）》（1982）、《全国示范中医医院建设验收标准》（编号：建标106-2021）、《中医医院评审暂行办法》（2012）、《中医诊所备案管理暂行办法》（2019）等部门规章和卫生标准，推动中医医疗机构规范发展。截至2022年末，全国医疗卫生机构中，中医类医疗卫生机构（包括中医类医院、中医类门诊部、中医类诊所及隶属于卫生部门的中医类研究机构）超80 319万个。

（二）中医医疗机构的管理

中医医疗机构发展应符合国民经济和社会发展规划。国家支持社会力量举办中医医疗机构。

1. 中医医院的设置　中医医院是运用中医中药防治疾病，保障人民健康的社会主义医疗卫生事业单位。中医医院必须贯彻执行党的卫生工作方针和中医政策，为社会主义现代化建设服务。中医医院设置条件参照《医疗机构管理条例》及《实施细则》。

2. 中医专科的设置　综合医院的中医专科和专科医院的中医科是中医医疗体系中的一个重要组成部分，也是继承和发扬中医药学不可忽视的力量。《中医药法》规定，政府举办的综合医院、妇幼保健机构和有条件的专科医院、社区卫生服务中心、乡镇卫生院，应当设置中医药科室。《关于加强中医专科建设的通知》指出，中医科的地位和作用，在医院内与其他各科室同样重要。中医科在诊断、治疗、护理、病历书写、病房管理等各个环节，要保持和发扬中医特色。中医病床一般应占医院病床总数的5%~10%。

3. 中医诊所的管理　中医诊所是指在中医药理论指导下，运用中药和针灸、拔罐、推拿等非药物疗法开展诊疗服务，以及提供中药调剂、汤剂煎煮等中药药事服务的诊所。中医诊所的中医药治疗率100%。设置中医诊所应当同时具备下列条件：① 个人举办中医诊所的，应当具有中医类别《医师资格证书》并经注册后在医疗、预防、保健机构中执业满五年，或者具有《中医（专长）医师资格证书》；法人或者其他组织举办中医诊所的，诊所主要负责人应当符合上述要求；② 符合诊所基本标准；③ 诊所名称符合《实施细则》等相关规定；④ 符合环保、消防的相关规定；⑤ 能够独立承担民事责任。2023年3月，国家中医药管理局制定了《中医诊所基本标准（2023年版）》，该标准对中医诊所的诊疗科目、人员、设备、房屋等进行了详细规定。

二、城市个体诊所

诊所是提升医疗服务整体效能，满足人民群众多层次、多样化医疗服务需求的重要组成部分，是提升基层群众就医获得感的重要抓手。

（一）设置条件

在城市申请设置诊所的个人，应同时具备下列条件：① 个人设置诊所的，须经注册后在医疗卫生机构中执业满五年；单位设置诊所的，诊所主要负责人应当符合上述要求；② 符合诊所基本标准；③ 诊所名称符合《医疗机构管理条例》及《实施细则》等法律规定；④ 能够独立承担民事责任。中外合资、合作诊所及港澳台资诊所的管理按照有关规定执行。

（二）设置备案登记

诊所设置登记经历审批制到备案制的改革过程。2021年7月，国家卫生健康委员会印发《关于印发医疗领域"证照分离"改革措施的通知》，明确了诊所设置审批和执业登记改革措施，"开办诊所不再向卫生健康行政部门申请办理设置审批，直接办理诊所执业备案""取消对诊所执业的许可准入管理，改为备案管理"。诊所备案制是我国医药卫生体制改革的成熟经验之一，从中医诊所备案逐步推广到所有诊所的备案管理，并被我国立法机关所采纳，其制度正当性先后被我国《中医药法》《基本医疗卫生与健康促进法》《医师法》所明确。

诊所备案应当提交下列材料：① 诊所备案信息表；② 诊所房屋平面布局图（指诊所使用房屋按照比例标识，注明功能分布和面积大小）；③ 诊所用房产权证件或租赁使用合同；④ 诊所法定代表人、主要负责人有效身份证明和有关资格证书、执业证书复印件；⑤ 其他卫生技术人员名录、有效身份证明和有关资格证书、执业证书复印件；⑥ 诊所规章制度；⑦ 诊所仪器设备清单；⑧ 附设药房（柜）的药品种类清单；⑨ 诊所的污水、污物、粪便处理方案，诊所周边环境情况说明；⑩ 按照法律、法规要求提供的其他相关材料。法人或其他组织设置诊所的，还应当提供法人或其他组织的资质证明、法定代表人身份证明或者其他组织代表人身份证明。

（三）设置备案程序

县级人民政府卫生健康行政部门或中医药主管部门收到备案材料后，对材料齐全且符合备案要求的予以备案，当场发放诊所备案凭证；材料不全或者不符合备案要求的，应当当场或者在收到备案材料之日起5日内一次性告知备案人需要补正的全部材料。诊所应当将诊所备案凭证、卫生技术人员执业注册信息在诊所的明显位置公示，接受社会监督。

诊所未经备案，不得开展诊疗活动。诊所的名称、地址、法定代表人或者主要负责人、所有制形式、诊疗科目、服务方式等实际设置应当与诊所备案凭证记载事项相一致，以上备案信息发生变动的，必须向原备案机关备案。

三、村卫生室（所）

村卫生室是农村三级卫生服务网的基础，承担着向农村居民提供基本医疗和基本公共卫生服务的任务，在农村防病治病中发挥着重要的作用。

（一）村卫生室（所）功能

村卫生室承担与其功能相适应的公共卫生服务、基本医疗服务和上级卫生健康行政部门交办的其他工作。

村卫生室承担行政村的健康教育、预防保健等公共卫生服务，主要包括：① 承担、参与或协助开展基本公共卫生服务；② 参与或协助专业公共卫生机构落实重大公共卫生服务；③ 县级以上卫生健康行政部门布置的其他公共卫生任务。

村卫生室提供的基本医疗服务主要包括：① 疾病的初步诊查和常见病、多发病的基本诊疗以及康复指导、护理服务；② 危急重症患者的初步现场急救和转诊服务；③ 传染病和疑似传染病患者的转诊；④ 县级以上卫生健康行政部门规定的其他基本医疗服务。除为挽救患者生命而实施的急救性外科止血、小伤口处置外，村卫生室原则上不得提供以下服务：① 手术、住院和分娩服务；② 与其功能不相适应的医疗服务；③ 县级以上地方卫生健康行政部门明确规定不得从事的其他医疗服务。

村卫生室承担卫生健康行政部门交办的卫生计生政策和知识宣传、信息收集上报、协助开展居民基本医疗保险政策宣传和筹资等工作。

（二）村卫生室（所）条件

根据《村卫生室管理办法（试行）》（2014）的规定，申请设置村卫生室（所），应当具备下列条件：① 符合当地区域卫生规划、医疗机构设置规划和新农村建设规划；② 符合《医疗机构管理条例》及《实施细则》的有关规定，达到《医疗机构基本标准》要求；③ 村卫生室登记的诊疗科目为预防保健科、全科医疗科和中医科（民族医学科），村卫生室原则上不得登记其他诊疗科目；④ 村卫生室房屋建设规模不低于60平方米，服务人口多的应当适当调增建筑面积；⑤ 省级以上卫生行政部门规定的其他条件。

单位或者个人设置诊所，县级人民政府卫生健康行政部门或中医药主管部门收到备案材料后，对材料齐全且符合备案要求的予以备案，当场发放诊所备案凭证；材料不全或者不符合备案要求的，应当当场或者在收到备案材料之日起5日内一次性告知备案人需要补正的全部材料。

四、医疗美容机构

医疗美容机构是指以开展医疗美容诊疗业务为主的医疗机构。这里医疗美容是指运用手术、药物、医疗器械以及其他具有创伤性或者侵入性的医学技术方法对人的容貌和人体各部位形态进行的修复与再塑。为了规范医疗美容行为，促进医疗美容事业的健康发展，维护就医者的合法权益，2002年卫生部颁布了《医疗美容服务管理办法》（2009年和2016年进行修订），对医疗美容机构设置、登记、执业人员等进行规定。同时卫生部还制定了医疗机构医疗美容科（室）基本标准。

根据《医疗美容服务管理办法》的规定，美容医疗机构或者增设美容科目的医疗机构登记的医疗美容科为一级诊疗科目，美容外科、美容牙科、美容皮肤科和美容中医科为二级诊疗科目。

根据《医疗美容服务管理办法》第五条的规定，申请举办美容医疗机构或医疗机构设置医疗美容科室，应当具备下列条件：① 具有承担民事责任的能力；② 有明确的医疗美容诊疗服务范围；③ 符合《医疗机构基本标准（试行）》；④ 省级以上人民政府卫生行政部门规定的其他条件。

五、医学影像诊断中心、医学检验实验室、血液净化机构、病理诊断中心

医学影像诊断中心、医学检验实验室、血液净化机构、病理诊断中心属于独立的法人机构。2016年年底，国家卫生计生委陆续印发医学影像诊断中心、医学检验实验室、血液净化机构、病理诊断中心四类独立设置医疗机构基本标准和管理规范。根据《医疗机构管理条例》及《实施细则》等法律、法规的规定，申请举办医学影像诊断中心、医学检验实验室、血液净化机构、病理诊断中心，应当具备下列条件：① 具有承担民事责任的能力；② 具备医学影像诊断中心、医学检验实验室、血液净化机构、病理诊断中心独立设置医疗机构基本标准和管理规范；③ 符合《医疗机构基本标准（试行）》；④ 省级以上人民政府卫生行政部门规定的其他条件。

六、中外合资、合作医疗机构

（一）中外合资、合作医疗机构设置条件

中外合资、合作医疗机构的设置与发展必须符合所在区域卫生规划和医疗机构设置规划，并执行国家卫生健康委员会医疗机构基本标准。申请设立中外合资、合作医疗机构的中外双方应是能够独立承担民事责任的法人，能够提供国际先进的医疗机构管理经验、管理模式和服务模式，能够提供有国际领先水平的医学技术和设备，可以补充或改善当地在医疗服务能力、医疗技术、资金和设备方面的不足。

根据《中外合资、合作医疗机构管理暂行办法》第八条的规定，设立的中外合资、合作医疗机构应符合以下条件：① 必须是独立的法人；② 投资总额不得低于2 000万元人民币；③ 合资、合作中方在中外合资、合作医疗机构中所占的股权比例或权益不得低于30%；④ 合资、合作期限不超过20年；⑤ 省级以上卫生行政部门规定的其他条件。香港特别行政区、澳门特别行政区、台湾地区的投资者在大陆投资举办合资、合作医疗机构的，参照《中外合资、合作医疗机构管理

暂行办法》。

2007年，卫生部和商务部审议通过《〈中外合资、合作医疗机构管理暂行办法〉的补充规定》，对《中外合资、合作医疗机构管理暂行办法》中有关香港和澳门服务提供者在内地设立合资、合作医疗机构投资总额修订为不得低于1 000万元人民币。

2009年，经卫生部和商务部再次审议通过《〈中外合资、合作医疗机构管理暂行办法〉的补充规定二》，对有关香港和澳门服务提供者投资在广东省境内设立门诊部的条件修订为：香港、澳门服务提供者在广东省可以独资形式设立门诊部，门诊部投资总额不作限制。对香港、澳门服务提供者在广东省与内地合资、合作设立的门诊部投资总额不作限制，双方投资比例不作限制。

（二）中外合资、合作医疗机构设置方式和程序

设置中外合资、合作医疗机构，应先向所在地设区的市级卫生行政部门提出申请，并提交以下材料：① 设置医疗机构申请书；② 合资、合作双方法人代表签署的项目建议书及中外合资、合作医疗机构设置可行性研究报告；③ 合资、合作双方各自的注册登记证明（复印件）、法定代表人身份证明（复印件）和银行资信证明；④ 国有资产管理部门对拟投入国有资产的评估报告确认文件。设区的市级卫生行政部门对申请人提交的材料进行初审，并根据区域卫生规划和医疗机构设置规划提出初审意见，并与申请材料、当地区域卫生规划和医疗机构设置规划一起报所在地省级卫生行政部门审核。省级卫生行政部门对申请材料及设区的市级卫生行政部门初审意见进行审核后报国家卫生行政部门审批。

七、互联网医疗机构

（一）互联网医疗概念和类型

互联网诊疗是指医疗机构利用在本机构注册的医师，通过互联网等信息技术开展部分常见病、慢性病复诊和"互联网+"家庭医生签约服务。为了进一步规范互联网诊疗行为，发挥远程医疗服务积极作用，提高医疗服务效率，保证医疗质量和医疗安全，国家卫生健康委员会和国家中医药管理局组织制定了《互联网诊疗管理办法（试行）》《互联网医院管理办法（试行）》和《远程医疗服务管理规范（试行）》，对互联网医疗和互联网医院设置、执业规则进行规定。

根据《互联网医院管理办法（试行）》的规定，互联网医院包括作为实体医疗机构第二名称的互联网医院，以及依托实体医疗机构独立设置的互联网医院。实体医疗机构自行或者与第三方机构合作搭建信息平台，使用在本机构和其他医疗机构注册的医师开展互联网诊疗活动的，应当申请将互联网医院作为第二名称。实体医疗机构仅使用在本机构注册的医师开展互联网诊疗活动的，可以申请将互联网医院作为第二名称。

（二）互联网医院设置条件

国家对互联网诊疗活动实行准入管理。互联网诊疗活动应当由取得《医疗机构执业许可证》的医疗机构提供。国家按照《医疗机构管理条例》《实施细则》对互联网医院实行准入管

理。申请设置互联网医院，应当向其依托的实体医疗机构执业登记机关提出设置申请，并提交以下材料：① 设置申请书；② 设置可行性研究报告，可根据情况适当简化报告内容；③ 所依托实体医疗机构的地址；④ 申请设置方与实体医疗机构共同签署的合作建立互联网医院的协议书。

申请设置互联网医院或者以互联网医院作为第二名称的，应当符合《互联网医院基本标准（试行）》的规定。具体标准包括诊疗科目、科室设置、人员、房屋、设备设施和规章制度。

（三）互联网医院执业规则

互联网医疗的本质是实体医疗的延伸，是将实体医疗变得更加方便、更加高效、更加快捷，让人民群众就医更具可及性，更好地享受到线上线下融合的诊疗与健康管理服务。但是互联网医疗也具有较大风险性，其执业规则有其特殊性，主要包括：① 执行由国家或行业学协会制定的诊疗技术规范和操作规程；② 互联网医院信息系统按照国家有关法律、法规和规定，实施第三级信息安全等级保护；③ 在互联网医院提供医疗服务的医师、护士应当能够在国家医师、护士电子注册系统中进行查询；④ 第三方机构依托实体医疗机构共同建立互联网医院的，应当为实体医疗机构提供医师、药师等专业人员服务和信息技术支持服务，通过协议、合同等方式明确各方在医疗服务、信息安全、隐私保护等方面的责任权利；⑤ 互联网医院必须对患者进行风险提示，获得患者的知情同意；⑥ 患者在实体医疗机构就诊，由接诊的医师通过互联网医院邀请其他医师进行会诊时，会诊医师可以出具诊断意见并开具处方；患者未在实体医疗机构就诊，医师只能通过互联网医院为部分常见病、慢性病患者提供复诊服务。互联网医院可以提供家庭医生签约服务。当患者病情出现变化或存在其他不适宜在线诊疗服务的，医师应当引导患者到实体医疗机构就诊。⑦ 互联网医院应当严格遵守《处方管理办法》等处方管理规定。在线开具处方前，医师应当掌握患者病历资料，确定患者在实体医疗机构明确诊断为某种或某几种常见病、慢性病后，可以针对相同诊断的疾病在线开具处方。所有在线诊断、处方必须有医师电子签名。处方经药师审核合格后方可生效，医疗机构、药品经营企业可委托符合条件的第三方机构配送。不得在互联网上开具麻醉药品、精神类药品处方以及其他用药风险较高、有其他特殊管理规定的药品处方。为低龄儿童（6岁以下）开具互联网儿童用药处方时，应当确定患儿有监护人和相关专业医师陪伴。⑧ 互联网医院开展互联网诊疗活动应当按照《医疗机构病历管理规定》和《电子病历基本规范（试行）》等相关文件要求，为患者建立电子病历，并按照规定进行管理。患者可以在线查询检查检验结果和资料、诊断治疗方案、处方和医嘱等病历资料。

第五节　医疗机构监督管理

一、医疗机构监督机构及职责

国务院卫生健康行政部门负责全国医疗机构的监督管理工作，县级以上地方人民政府卫生健康行政部门负责本行政区域内医疗机构的监督管理工作。中国人民解放军卫生健康主管部门负责对军队医疗机构的监督管理工作。

县级以上地方人民政府卫生健康行政部门监督管理工作包括：① 负责医疗机构的设置审批、执业登记和校验；② 对医疗机构的执业活动进行检查指导；③ 负责组织对医疗机构的评审；④ 对违反《医疗机构管理条例》的行为给予处罚。

对于医疗机构的执业活动，各级卫生行政部门应予以检查、指导，主要包括：① 执行国家有关法律、法规、规章和标准的情况；② 执行医疗机构内部各项规章制度和各级各类人员岗位责任者情况；③ 医德医风情况；④ 服务质量和服务水平情况；⑤ 执行医疗收费标准情况；⑥ 组织管理情况；⑦ 人员任用情况；⑧ 省、自治区、直辖市卫生行政部门规定的其他检查、指导项目。

二、医疗机构评审管理

（一）医疗机构评审的概念和目的

国家实行医疗机构评审制度。医疗机构评审是由有关专家组成的医疗机构评审委员会，依照《医疗机构评审标准》及《医疗机构基本标准》，对医疗机构的执业活动、服务质量和管理水平等进行综合评价的专业技术性活动。

医疗机构评审的目的是确保医疗机构的服务质量，提高其服务水平，健全和巩固三级医疗预防保健网，合理利用卫生资源，充分发挥医疗体系的整体功能。

（二）医疗机构评审机构及职责

县级以上地方人民政府卫生行政部门负责本行政区域医疗机构评审的组织和管理，各级医疗机构评审委员会负责医疗机构评审的具体实施。

医疗机构评审委员会由医院管理、医学教育、医疗、医技、护理和财务等有关专家组成，评审委员会成员由县级以上地方人民政府卫生行政部门聘任。

医疗机构评审包括周期性评审和不定期重点检查。县级以上地方人民政府卫生行政部门根据评审委员会的评审意见，对达到评审标准的医疗机构，发给评审合格证书；对未达到评审标准的医疗机构，提出处理意见。

（三）医疗机构评审权限划分

各级卫生行政部门根据《医疗机构设置规划指导原则》、各地《医疗机构设置规划》和各类医疗机构的功能、任务、规模，对不同级别的医疗机构实行标准化、规范化的分级管理。

三级特等医院、急救中心和省级以上临床检验中心的评审由国务院卫生行政部门组织与领导，同级医疗机构评审委员会负责具体实施。

三级医院和二、三级妇幼保健院、疗养院、省级专科疾病防治机构、市（地级）临床检验中心的评审由省级卫生行政部门组织与领导，同级医疗机构评审委员会负责具体实施。二级医院和康复医院评审的组织、领导与实施由省级卫生行政部门规定。

一级妇幼保健院、市辖区的妇幼保健所、设区的市级专科疾病防治机构、急救站、护理院的评审由设区的市级卫生行政部门组织与领导，同级医疗机构评审委员会负责具体实施。

一级医院、卫生院、县级专科疾病防治机构、门诊部、诊所、村卫生室（所）、卫生所（室）、医务室、卫生保健所、护理站、卫生站等的评审由县级卫生行政部门组织与领导，同级医疗机构评审委员会负责具体实施。

（四）医疗机构评审周期

医院、妇幼保健院、疗养院、卫生院、急救医疗机构、临床检验中心、专科疾病防治机构、护理院及床位数在20张以上的其他医疗机构的评审周期为三年；其他医疗机构的评审周期为二年。

三、医疗机构广告管理

（一）医疗广告的概念

医疗广告是指利用各种媒介或者形式直接或间接介绍医疗机构或医疗服务的广告。医疗广告的合法发布主体仅限于依法取得医疗机构执业许可证的医疗机构，不得以内部科室名义发布医疗广告，非医疗机构或个人不得发布医疗广告。医疗机构发布医疗广告，应当在发布前申请医疗广告审查。未取得《医疗广告审查证明》，不得发布医疗广告。

（二）医疗广告监管机构

医疗机构发布医疗广告，应当在发布前申请医疗广告审查，省级卫生行政部门、中医药管理部门负责医疗广告的审查，医疗机构取得《医疗广告审查证明》，方可发布医疗广告。《医疗广告审查证明》的有效期为一年，到期后仍需继续发布医疗广告的，应重新提出审查申请。医疗机构发布医疗广告必须遵守《医疗广告管理办法》和《互联网广告管理暂行办法》，市场监督管理部门负责医疗广告的监督管理。非医疗机构不得发布医疗广告，医疗机构不得以内部科室名义发布医疗广告。医疗机构在其法定控制地带标示仅含有医疗机构名称、标识、联系方式的自设性户外广告，无须申请医疗广告审查。

医疗机构发布医疗广告，应当向其所在地省级卫生行政部门申请，并提交以下材料：①《医疗广告审查申请表》；②《医疗机构执业许可证》副本原件和复印件，复印件应当加盖核发其《医疗机构执业许可证》的卫生行政部门公章；③ 医疗广告成品样件。电视、广播广告可以先提交镜头脚本和广播文稿。中医、中西医结合、民族医疗机构发布医疗广告，应当向其所在地省级中医药管理部门申请。

（三）医疗广告的内容规定

医疗行业关乎人民群众的生命健康，属于特殊行业，国家对医疗广告发布的要求远远高于其他行业，医疗广告发布受到市场监督管理和卫生行政管理的双重监管。

医疗广告内容应当符合法律规定。医疗广告内容项目：① 医疗机构第一名称；② 医疗机构地址；③ 所有制形式；④ 医疗机构类别；⑤ 诊疗科目；⑥ 床位数；⑦ 接诊时间；⑧ 联系电话。

不得含有以下情形：① 涉及医疗技术、诊疗方法、疾病名称、药物的；② 保证治愈或者隐含保证治愈的；③ 宣传治愈率、有效率等诊疗效果的；④ 淫秽、迷信、荒诞的；⑤ 贬低他人的；⑥ 利用患者、卫生技术人员、医学教育科研机构及人员以及其他社会社团、组织的名义、形象作证明的；⑦ 使用中国人民解放军和武警部队名义的；⑧ 法律、行政法规规定禁止的其他情形。

禁止利用新闻报道形式、医疗资讯服务类专题节（栏）目或以介绍健康、养生知识等形式发布或变相发布医疗广告。

四、医疗机构名称管理

（一）医疗机构名称组成

医疗机构命名应遵守法律和政策的规定。根据《实施细则》第四十条的规定，医疗机构命名的一般规则：由识别名称和通用名称依次组成。医疗机构通用的名称是医院、中心卫生院、卫生院、疗养院、妇幼保健院、门诊部、诊所、卫生所、卫生站、卫生室、医务室、卫生保健所、急救中心、急救站、临床检验中心、防治院、防治所、防治站、护理院、护理站、护理中心以及国务院卫生行政部门规定或认可的其他名称。可作为识别名称的是地名、单位名称、个人姓名、医学学科名称、医学专业和专科名称、诊疗科目名称、核准机关批准使用的其他名称。

医疗机构不得使用下列名称：① 有损于国家、社会或者公共利益的名称；② 侵犯他人利益的名称；③ 以外文字母、汉语拼音组成的名称；④ 以医疗仪器、药品、医用产品命名的名称；⑤ 含有"疑难病""专治""专家""名医"或者同类含义文字的名称以及其他宣传或者暗示诊疗效果的名称；⑥ 超出登记的诊疗科目范围的名称；⑦ 省级以上卫生行政部门规定不得使用的名称。

根据2008年卫生部对贵州省卫生厅和2009年对海南省卫生厅《〈关于医疗机构命名有关问题的请示〉批复》的规定，"女子、女性""男子""男性""男科"等词语不得作为医疗机构的识别名称。

（二）医疗机构命名的原则

医疗机构命名必须符合以下原则：① 医疗机构的通用名称以《实施细则》第四十条第二款所列的名称为限；② 名称必须名副其实；③ 名称必须与医疗机构类别或者诊疗科目相适应；④《实施细则》第四十条第三款所列的医疗机构的识别名称可以并列使用；⑤ 各级地方人民政府设置的医疗机构的识别名称中应当含有省、市、县、区、街道、乡、镇、村等行政区划名称，其他医疗机构的识别名称中不得含有行政区划名称；⑥ 国家机构、企业和事业单位、社会团体或者个人设置的医疗机构的名称中，应当含有设置单位名称或者个人的姓名。

（三）医疗机构名称的核准

含有外国国家（地区）名称及其简称、国际组织名称的，含有"中国""全国""中华""国家"等字样以及跨省地域名称的，各级地方人民政府设置的医疗机构的识别名称中不含有行政区划名称的，由国家卫生健康委员会核准；属于中医、中西医结合和民族医疗机构的，由国家中医药管理局核准；以"中心"作为医疗机构通用名称的医疗机构名称，由省级以上卫生行政部门核准；在识别名称中含有"中心"字样的医疗机构名称的核准，由省、自治区、直辖市卫生行政部门规定。含有"中心"字样的医疗机构名称必须同时含有行政区划名称或者地名。除专科疾病防治机构以外，医疗机构不得以具体疾病名称作为识别名称，确有需要的由省、自治区、直辖市卫生行政部门核准。

（四）医疗机构名称的使用

医疗机构名称经核准登记，于领取《医疗机构执业许可证》后方可使用，在核准机关管辖范围内享有专用权。医疗机构只准使用一个名称。确有需要，经核准机关核准可以使用两个或者两个以上名称，但必须确定一个第一名称。医疗机构名称不得买卖、出借。未经核准机关许可、医疗机构名称不得转让。

医疗机构的印章、牌匾以及医疗文件中使用的名称应当与核准登记的医疗机构使用两个以上名称的，应当与第一名称相同。

第六节　法律责任

一、未取得《医疗机构执业许可证》擅自执业的处罚

未取得《医疗机构执业许可证》擅自执业的，依照《基本医疗卫生与健康促进法》的规定予以处罚。《基本医疗卫生与健康促进法》第九十九条规定，未取得医疗机构执业许可证擅自执业的，由县级以上人民政府卫生健康主管部门责令停止执业活动，没收违法所得和药品、医疗器械，并处违法所得五倍以上二十倍以下的罚款，违法所得不足一万元的，按一万元计算。

违反本法规定，诊所未经备案执业的，由县级以上人民政府卫生行政部门责令其改正，没收违法所得，并处三万元以下罚款；拒不改正的，责令其停止执业活动。

二、逾期不校验《医疗机构执业许可证》仍从事诊疗活动的处罚

医疗机构逾期不校验《医疗机构执业许可证》仍从事诊疗活动的，由县级以上地方人民政府卫生行政部门责令其限期补办校验手续；拒不校验的，吊销其《医疗机构执业许可证》。

三、出卖、转让、出借《医疗机构执业许可证》的处罚

医疗机构出卖、转让、出借《医疗机构执业许可证》的，依照《基本医疗卫生与健康促进法》的规定予以处罚。根据《基本医疗卫生与健康促进法》第九十九条的规定，伪造、变造、买卖、出租、出借医疗机构执业许可证的，由县级以上人民政府卫生健康主管部门责令改正，没收违法所得，并处违法所得五倍以上十五倍以下的罚款，违法所得不足一万元的，按一万元计算；情节严重的，吊销医疗机构执业许可证。

四、诊疗活动超出登记范围的处罚

除急诊和急救外，医疗机构诊疗活动超出登记或者备案范围的，由县级以上人民政府卫生行政部门予以警告、责令其改正，没收违法所得，并可以根据情节处以一万元以上十万元以下的罚款；情节严重的，吊销其《医疗机构执业许可证》或者责令其停止执业活动。

五、使用非医疗技术人员从事医疗卫生技术工作的处罚

医疗机构使用非卫生技术人员从事医疗卫生技术工作的，由县级以上人民政府卫生行政部门责令其限期改正，并可以处以一万元以上十万元以下的罚款；情节严重的，吊销其《医疗机构执业许可证》或者责令其停止执业活动。

六、出具虚假证明文件的处罚

医疗机构出具虚假证明文件的，由县级以上人民政府卫生行政部门予以警告；对造成危害后果的，可以处以一万元以上十万元以下的罚款；对直接责任人员由所在单位或者上级机关给予行政处分。

七、违反规定发布医疗广告的处罚

医疗机构违反《医疗广告管理办法》规定发布医疗广告，县级以上地方卫生行政部门、中医药管理部门应责令其限期改正，给予警告；情节严重的，核发《医疗机构执业许可证》的卫生行政部门、中医药管理部门可以责令其停业整顿、吊销有关诊疗科目，直至吊销《医疗机构执业许可证》。医疗机构篡改《医疗广告审查证明》内容发布医疗广告的，省级卫生行政部门、中医药管理部门应当撤销《医疗广告审查证明》，并在一年内不受理该医疗机构的广告审查申请。未取得《医疗机构执业许可证》发布医疗广告的，按非法行医处罚。

案例2-1　　　　　　**某县黄某未取得《医疗机构执业许可证》擅自开展诊疗活动案**

2020年6月2日，某乡镇卫生监督执法人员在日常监督检查工作中发现一疑似无证行医点，经查看，发现该地点屋内摆放有大量口腔诊疗宣传画、口腔科药品及器械，同时还看到一名患者在接受"口腔大夫"的治疗。执法人员立即开展相关调查，"大夫"黄某表示该地点目前尚未取得《医疗机构执业许可证》但正在办理过程中，其本人没有《医师执业证书》。执法人员于现场发现有关收费记录，经询问患者，核实收费600元。执法人员随即对现场证据予以固定，并对现场发现的药品器械予以证据先行登记保存，于该场所外张贴《公告》使公众知晓该违法行为。

思考：结合教学内容，对黄某的行为应该如何处罚？

案例2-2　　　　　　**某国医堂有限公司中医诊所使用非卫生技术人员从事医疗卫生技术工作案**

2019年10月29日，某区卫生健康委员会卫生监督员对某国医堂有限公司中医诊所进行日常监督检查时发现：该诊所负责人出示了中医诊所备案证，现场执业人员苏某未能出示医师资格证书、医师执业证书或中医（专长）医师资格证书，该诊所诊断桌上放有一块"中医理疗师"字样的牌子，诊所套间内有一名男性正在接受针灸服务，现场拍照取证。当日，经批准立案调查。2019年11月19日，卫生监督员对苏某进行询问，11月29日对法定代表人张某进行询问，确认了苏某自2019年9月10日至10月29日在该公司开办的中医备案诊所内，为患者进行推拿、针灸等诊疗活动。市民杨某2019年12月23日、12月26日分别给市长热线和监督所拨打电话，投诉该诊所内执业人员薛某开展按摩、推拿活动，苏某开展针灸等诊疗活动，对其造成伤害。卫生监督员于2019年12月25日、12月27日分别对该诊所再次进行监督检查，发现该诊所已关门。12月25日，卫生监督员对杨某进行询问，并提取杨某提供的照片及视听资料，证明该诊所使用薛某在12月17日为其推拿，苏某在12月20日为其推拿和针灸。卫生监督员于12月27日再次对张某进行询问，张某承认杨某所说属实，薛某自2019年8月到该诊所从事推拿、按摩工作。

思考：结合教学内容，对诊所的行为应该如何处罚？

学习小结

医疗机构是为公众健康服务的卫生机构的总称。本章介绍的医疗机构设置条件和登记程序、医疗机构权利义务、医疗机构执业规则、医疗机构命名规则、医疗广告的管理和医疗机构法律责任，也是医师资格考试的重点内容之一。

（李海军）

复习参考题

一、选择题

1. 医疗机构执业，必须进行登记或备案，领取
   A.《医疗机构执业许可证》
   B.《卫生许可证》
   C.《医疗机构登记证》
   D.《工商营业执照》
   E.《医师执业证书》

2. 不设床位或者床位不满（　　）张的医疗机构，向所在地的（　　）人民政府卫生行政部门申请
   A. 100、县级
   B. 100、省级
   C. 200、县级
   D. 200、市级

E. 500、省级

3. 医疗机构必须按照核准登记的（　　）开展诊疗活动
   A. 诊疗科目
   B. 注册资金
   C. 医务人员
   D. 诊疗时间
   E. 诊疗地点

4. 医疗机构发布医疗广告，应当向其所在地（　　）申请
   A. 省级卫生行政部门
   B. 省级市场监督管理部门
   C. 市级卫生行政部门
   D. 市级卫生监督管理部门
   E. 县级卫生行政部门和县级市场监督管理部门

5. 门（急）诊病历由医疗机构保管的，保存时间自患者最后一次就诊之日起不少于（　　）年；住院病历保存时间自患者最后一次住院出院之日起不少于（　　）年
   A. 15，30
   B. 10，15
   C. 10，20
   D. 15，20
   E. 5，15

   答案：1. A；2. A；3. A；4. A；5. A

二、简答题

1. 申请设置一般医疗机构应具备哪些条件？
2. 医疗机构执业登记应符合哪些条件？
3. 医疗机构执业规则有哪些规定？
4. 医疗广告内容包含哪些项目？
5. 互联网医院执业规则有哪些特殊规定？

卫生技术人员管理法律制度

学习目标

知识目标	1. 掌握医师的资格考试与注册制度，医师执业活动中的权利、义务和执业规则。 2. 熟悉医师的培训和考核、违反医师法应承担的法律责任。 3. 了解我国执业药师管理、护士管理法治建设现状及主要内容。
能力目标	学习相关知识，能够运用法律武器维护执业者的合法权益。
素质目标	遵纪守法，共同维护医疗秩序的稳定，推动社会主义卫生事业健康发展。

第一节　医师管理法律制度

医师管理是医疗质量、医疗安全和医疗水平的重要保障，完善的医疗管理体制和医师管理法律、法规是保障公众身体健康权益和生命安全的重要砝码。随着医学科学的发展与进步，医师所面临的医疗环境、前沿技术以及医患关系等都发生了很大的变化，法治化的医师管理将更有利于医师个人素质的提高、医师队伍的建设以及医疗卫生事业的快速发展。

一、概述

（一）概念

1. 医师法　医师法是调整医师资格考试、执业注册和执业活动中产生的各种社会关系的法律规范的总和。实行执业医师相关制度有利于保障医师合法权益，规范医师执业行为，加强医师队伍建设，保护人民健康，推进健康中国建设。

2. 医师　医师是指依法取得医师资格，经注册在医疗卫生机构中执业的专业医务人员，包括执业医师和执业助理医师。医师应当坚持人民至上、生命至上，发扬人道主义精神，弘扬敬佑生命、救死扶伤、甘于奉献、大爱无疆的崇高职业精神，恪守职业道德，遵守执业规范，提高执业水平，履行防病治病、保护人民健康的神圣职责。

（二）医师管理的历史沿革

我国自周朝起就设有专门的行医行政管理机构对医务人员从业进行规范管理。西周时期，我国出现了最早的医官管理制度，《周礼·天官冢宰第一·医师》较为详细地记载了医师的分类、职责、疗效考核等内容；秦汉时期设太医令丞，负责中央官员的疾病诊疗，同时兼管地方郡县的医疗事务；魏晋南北朝时期首次出现了医官管理的主要机构——太医署，东晋时期《医药疾病令》的出现，标志着医官管理的法律化萌芽；唐代律法《唐律疏议》中从医师的失误、欺瞒病情和出售有毒药品三个方面对医师的执业行为进行了严格的规范，且对医官的考核、奖惩也开始趋于制度化；宋朝独创翰林医官院负责医官的人事管理，开创了医官名号和头衔等等级制度，并通过考试的方式来授予医官官职和官阶，对后世的医师管理制度影响深远；元朝在宋朝的基础上强化医人管理，通过法律规范行医资格的取得，"禁医人非选试及着籍者，毋行医药"；明清沿袭宋元制度，但对医师的管理基本集中于皇室内部；而随着封建王朝的没落，民国时期的医师管理也出现了新的局面和特点，当时的国民政府先后颁布过《管理医师暂行规定》《管理医士暂行规定》和《医师法》等法规，基本确立了以考试确认医师资格的许可证准入制度以及"医师"和"医士"为主、辅地位的"职称"结构和医疗模式。

中华人民共和国成立初期，我国颁布了《医师暂行条例》《中医师暂行条例》和《牙医师暂行条例》等一系列法律规定，对医师资格做出了相应的要求，但由于当时复杂的历史原因，《医师暂行条例》《中医师暂行条例》于1956年相继废除，医师资格考试制度也至此中断，致使医师的管理进入无法可依的状态。随着医疗卫生事业的不断发展，国家于1985年开始了起草《执业医师法》的工作，经过十余年的反复论证、修改、审议，1998年6月26日，第九届全国人民代表大会常务委员会第三次会议通过了《中华人民共和国执业医师法》，自1999年5月1日起施行，同年卫生部成立了国家医师资格考试委员会，发布了《医师资格考试暂行办法》《医师执业注册暂行办法》《关于医师执业注册中执业范围的暂行规定》等配套规章，我国的执业医师管理进入法治化轨道；2017年，国家卫生和计划生育委员会颁布了《医师执业注册管理办法》，进一步加快执业医师管理法治化进程；2021年8月20日，《中华人民共和国医师法》（以下简称《医师法》）于第十三届全国人民代表大会常务委员会第三十次会议通过，自2022年3月1日起施行。《中华人民共和国执业医师法》同时废止。

（三）医师工作的管理

国务院卫生健康主管部门负责全国的医师管理工作。国务院教育部、人力资源和社会保障部、国家中医药管理局等有关部门在各自职责范围内负责有关的医师管理工作。

县级以上地方人民政府卫生健康主管部门负责本行政区域内的医师管理工作。县级以上地方人民政府教育、人力资源和社会保障、中医药等有关部门在各自职责范围内负责有关的医师管理工作。

对在医疗卫生服务工作中做出突出贡献的医师，按照国家有关规定给予表彰、奖励。

全社会应当尊重医师。各级人民政府应当关心爱护医师，弘扬先进事迹，加强业务培训，支持开拓创新，帮助解决困难，推动在全社会广泛形成尊医重卫的良好氛围。

国家建立健全医师医学专业技术职称设置、评定和岗位聘任制度，将职业道德、专业实践能力和工作业绩作为重要条件，科学设置有关评定、聘任标准。

医师可以依法组织和参加医师协会等有关行业组织、专业学术团体。

医师协会等有关行业组织应当加强行业自律和医师执业规范，维护医师合法权益，协助卫生健康主管部门和其他有关部门开展相关工作。

（四）医师节的确立

国务院于2017年11月3日通过了国家卫生和计划生育委员会关于"设立中国医师节"的申请，同意自2018年起，将每年的8月19日设立为"中国医师节"。2021年《医师法》顺利通过表决，也将每年8月19日为中国医师节列入法律之中。中国医师节是经国务院同意设立的卫生与健康工作者的节日，体现了党和国家对卫生与健康工作者的关怀和肯定。

二、医师资格考试和注册

（一）医师资格考试

1. 医师资格考试的种类　国家实行医师资格考试制度。医师资格考试的性质是行业准入考试，是评价申请医师资格者是否具备从事医师工作所必需的专业知识与技能的考试。医师资格考试分为执业医师资格考试和执业助理医师资格考试，考试的类别分为临床、中医、口腔、公共卫生四类。中医类包括中医、民族医和中西医结合，其中民族医又包含蒙医、藏医和维医三类，其他民族医医师暂不开考。考试的方式分为实践技能考试和医学综合笔试两部分。

2. 医师资格考试的条件

（1）具有高等学校相关医学专业本科以上学历，在执业医师指导下，在医疗卫生机构中参加医学专业工作实践满一年；

（2）具有高等学校相关医学专业专科学历，取得执业助理医师执业证书后，在医疗卫生机构中执业满二年；

（3）具有高等学校相关医学专业专科以上学历，在执业医师指导下，在医疗卫生机构中参加医学专业工作实践满一年的，可以参加执业助理医师资格考试。

医师资格考试成绩合格，取得执业医师资格或者执业助理医师资格，发给医师资格证书。

（二）医师执业注册

《医师法》和2017年国家卫生和计划生育委员会颁布的《医师执业注册管理办法》均对医师执业注册进行了规定。

1. 注册的组织管理　国家实行医师执业注册制度。取得医师资格的，可以向所在地县级以上地方人民政府卫生健康主管部门申请注册。医疗卫生机构可以为本机构中的申请人集体办理注册手续。除有《医师法》规定不予注册的情形外，卫生健康主管部门应当自受理申请之日起二十个工作日内准予注册，将注册信息录入国家信息平台，并发给医师执业证书。未注册取得医师执业证书，不得从事医师执业活动。

2. 注册内容 医师执业注册内容包括执业地点、执业类别、执业范围。执业地点是指执业医师执业的医疗、预防、保健机构所在地的省级行政区划和执业助理医师执业的医疗、预防、保健机构所在地的县级行政区划。执业类别是指临床、中医（包括中医、民族医和中西医结合）、口腔、公共卫生。执业范围是指医师在医疗、预防、保健活动中从事的与其执业能力相适应的专业。

医师经注册后，可以在医疗卫生机构中按照注册的执业地点、执业类别、执业范围执业，从事相应的医疗卫生服务。

中医、中西医结合医师可以在医疗机构中的中医科、中西医结合科或者其他临床科室按照注册的执业类别、执业范围执业。

医师经相关专业培训和考核合格，可以增加执业范围。法律、行政法规对医师从事特定范围执业活动的资质条件有规定的，从其规定。

经考试取得医师资格的中医医师按照国家有关规定，经培训和考核合格，在执业活动中可以采用与其专业相关的西医药技术方法。西医医师按照国家有关规定，经培训和考核合格，在执业活动中可以采用与其专业相关的中医药技术方法。

3. 注册程序

（1）申请：拟在医疗、保健机构中执业的人员，应当向批准该机构执业的卫生健康行政部门申请注册；拟在预防机构中执业的人员，应当向该机构的同级卫生健康行政部门申请注册。

医师在二个以上医疗卫生机构定期执业的，应当以一个医疗卫生机构为主，并按照国家有关规定办理相关手续。国家鼓励医师定期定点到县级以下医疗卫生机构，包括乡镇卫生院、村卫生室、社区卫生服务中心等，提供医疗卫生服务，主执业机构应当支持并提供便利。

（2）申请医师执业注册应当提交的材料：① 医师执业注册申请审核表；② 近6个月2寸白底免冠正面半身照片；③ 医疗、预防、保健机构的聘用证明；④ 省级以上卫生健康行政部门规定的其他材料。

获得医师资格后两年内未注册者、中止医师执业活动两年以上或者依规定不予注册的情形消失的医师申请注册时，还应当提交在省级以上卫生健康行政部门指定的机构接受连续6个月以上的培训，并经考核合格的证明。

（3）审核：注册主管部门应当自收到申请之日起20日内对申请人提交的申请材料进行审核。

（4）注册：经审核合格，予以注册并发放《医师执业证书》。

4. 不予注册 有下列情形之一的，不予注册：① 无民事行为能力或者限制民事行为能力；② 受刑事处罚，刑罚执行完毕不满二年或者被依法禁止从事医师职业的期限未满；③ 被吊销医师执业证书不满二年；④ 因医师定期考核不合格被注销注册不满一年；⑤ 法律、行政法规规定不得从事医疗卫生服务的其他情形。

受理申请的卫生健康主管部门对不予注册的，应当自受理申请之日起二十个工作日内书面通知申请人和其所在医疗卫生机构，并说明理由。

5. 注销注册 医师注册后有下列情形之一的，注销注册，废止医师执业证书：

（1）死亡；

（2）受刑事处罚；

（3）被吊销医师执业证书；

（4）医师定期考核不合格，暂停执业活动期满，再次考核仍不合格的；

（5）中止医师执业活动满二年；

（6）法律、行政法规规定不得从事医疗卫生服务或者应当办理注销手续的其他情形。

有前款规定情形的，医师所在医疗卫生机构应当在三十日内报告准予注册的卫生健康主管部门；卫生健康主管部门依职权发现医师有前款规定情形的，应当及时通报准予注册的卫生健康主管部门。准予注册的卫生健康主管部门应当及时注销注册，废止医师执业证书。

6. 备案　医师注册后有下列情况之一的，其所在的医疗、预防、保健机构应当自办理相关手续之日起三十日内报注册主管部门，办理备案：

（1）调离、退休、退职；

（2）被辞退、开除；

（3）省级以上卫生健康行政部门规定的其他情形。上述备案满二年且未继续执业的予以注销。

7. 重新注册　中止医师执业活动二年以上或者《医师法》规定不予注册的情形消失，申请重新执业的，应当由县级以上人民政府卫生健康主管部门或者其委托的医疗卫生机构、行业组织考核合格，并依照《医师法》规定重新注册。

8. 变更注册　医师变更执业地点、执业类别、执业范围等注册事项的，应当依照《医师法》规定到准予注册的卫生健康主管部门办理变更注册手续。

医师从事下列活动的，可以不办理相关变更注册手续：

（1）参加规范化培训、进修、对口支援、会诊、突发事件医疗救援、慈善或者其他公益性医疗、义诊；

（2）承担国家任务或者参加政府组织的重要活动等；

（3）在医疗联合体内的医疗机构中执业。

9. 个体行医　医师个体行医应当依法办理审批或者备案手续。执业医师个体行医，须经注册后在医疗卫生机构中执业满五年；但已经取得中医医师资格的人员，按照考核内容进行执业注册后，即可在注册的执业范围内个体行医。

县级以上地方人民政府卫生健康主管部门对个体行医的医师，应当按照国家有关规定实施监督检查，发现有《医师法》规定注销注册的情形的，应当及时注销注册，废止医师执业证书。

10. 公示告知　县级以上地方人民政府卫生健康主管部门应当将准予注册和注销注册的人员名单及时予以公告，由省级人民政府卫生健康主管部门汇总，报国务院卫生健康主管部门备案，并按照规定通过网站提供医师注册信息查询服务。

三、医师的执业规则

（一）医师在执业活动中享有的权利

医师在执业中享有的权利，是指法律规定医师在执业活动中应当为一定行为或不为一定行为的自由。

1. 在注册的执业范围内，按照有关规范进行医学诊查、疾病调查、医学处置出具相应的医学证明文件，选择合理的医疗、预防、保健方案；

2. 获取劳动报酬，享受国家规定的福利待遇，按照规定参加社会保险并享受相应待遇；

3. 获得符合国家规定标准的执业基本条件和职业防护装备；

4. 从事医学教育、研究、学术交流；

5. 参加专业培训，接受继续医学教育；

6. 对所在医疗卫生机构和卫生健康主管部门的工作提出意见和建议，依法参与所在机构的民主管理；

7. 法律、法规规定的其他权利。

（二）医师在执业活动中应履行的义务

1. 树立敬业精神，恪守职业道德，履行医师职责，尽职尽责救治患者，执行疫情防控等公共卫生措施；

2. 遵循临床诊疗指南，遵守临床技术操作规范和医学伦理规范等；

3. 尊重、关心、爱护患者，依法保护患者隐私和个人信息；

4. 努力钻研业务，更新知识，提高医学专业技术能力和水平，提升医疗卫生服务质量；

5. 宣传推广与岗位相适应的健康科普知识，对患者及公众进行健康教育和健康指导；

6. 法律、法规规定的其他义务。

（三）医师的执业规则

根据《医师法》的规定，医师在执业活动中必须遵守以下执业规则：

1. 文书规则 医师实施医疗、预防、保健措施，签署有关医学证明文件，必须亲自诊查、调查，并按照规定及时填写病历等医学文书，不得隐匿、伪造、篡改或者擅自销毁病历等医学文书及有关资料。医师不得出具虚假医学证明文件以及与自己执业范围无关或者与执业类别不相符的医学证明文件。

2. 告知规则 医师在诊疗活动中应当向患者说明病情、医疗措施和其他需要告知的事项。需要实施手术、特殊检查、特殊治疗的，医师应当及时向患者具体说明医疗风险、替代医疗方案等情况，并取得其明确同意；不能或者不宜向患者说明的，应当向患者的近亲属说明，并取得其明确同意。

3. 伦理规则 医师开展药物、医疗器械临床试验和其他医学临床研究应当符合国家有关规定，遵守医学伦理规范，依法通过伦理审查，取得书面知情同意。

4. 急救规则 对需要紧急救治的患者，医师应当采取紧急措施进行诊治，不得拒绝急救处置。因抢救生命垂危的患者等紧急情况，不能取得患者或者其近亲属意见的，经医疗机构负责人或者授权的负责人批准，可以立即实施相应的医疗措施。国家鼓励医师积极参与公共交通工具等公共场所急救服务；医师因自愿实施急救造成受助人损害的，不承担民事责任。

5. 用药规则 医师应当使用经依法批准或者备案的药品、消毒药剂、医疗器械，采用合法、合规、科学的诊疗方法。除按照规范用于诊断治疗外，不得使用麻醉药品、医疗用毒性药品、精神药品、放射性药品等。

医师应当坚持安全有效、经济合理的用药原则，遵循药品临床应用指导原则、临床诊疗指南和药品说明书等合理用药。在尚无有效或者更好治疗手段等特殊情况下，医师取得患者明确知情同意后，可以采用药品说明书中未明确但具有循证医学证据的药品用法实施治疗。医疗机构应当建立管理制度，对医师处方、用药医嘱的适宜性进行审核，严格规范医师用药行为。

6. 远程医疗合作规则 执业医师按照国家有关规定，经所在医疗卫生机构同意，可以通过互联网等信息技术提供部分常见病、慢性病复诊等适宜的医疗卫生服务。国家支持医疗卫生机构之间利用互联网等信息技术开展远程医疗合作。

7. 廉政规则 医师不得利用职务之便，索要、非法收受财物或者牟取其他不正当利益；不得对患者实施不必要的检查、治疗。

8. 服从调遣规则 遇有自然灾害、事故灾难、公共卫生事件和社会安全事件等严重威胁人民生命健康的突发事件时，县级以上人民政府卫生健康主管部门根据需要组织医师参与卫生应急处置和医疗救治，医师应当服从调遣。

9. 报告规则 在执业活动中有下列情形之一的，医师应当按照有关规定及时向所在医疗卫生机构或者有关部门、机构报告：① 发现传染病、突发不明原因疾病或者异常健康事件；② 发生或者发现医疗事故；③ 发现可能与药品、医疗器械有关的不良反应或者不良事件；④ 发现假药或者劣药；⑤ 发现患者涉嫌伤害事件或者非正常死亡；⑥ 法律、法规规定的其他情形。

10. 助理医师执业规则 执业助理医师应当在执业医师的指导下，在医疗卫生机构中按照注册的执业类别、执业范围执业。

在乡、民族乡、镇和村医疗卫生机构以及艰苦边远地区县级医疗卫生机构中执业的执业助理医师，可以根据医疗卫生服务情况和本人实践经验，独立从事一般的执业活动。

11. 医学生执业规则 参加临床教学实践的医学生和尚未取得医师执业证书、在医疗卫生机构中参加医学专业工作实践的医学毕业生，应当在执业医师监督、指导下参与临床诊疗活动。医疗卫生机构应当为有关医学生、医学毕业生参与临床诊疗活动提供必要的条件。

四、医师培训与考核

（一）医师培训

1. 国家在医师培训工作中的职责 国家制定医师培养规划，建立适应行业特点和社会需求的医师培养和供需平衡机制，统筹各类医学人才需求，加强全科、儿科、精神科、老年医学等紧缺专业人才培养。

国家采取措施，加强医教协同，完善医学院校教育、毕业后教育和继续教育体系。

国家通过多种途径，加强以全科医生为重点的基层医疗卫生人才培养和配备。

国家采取措施，完善中医西医相互学习的教育制度，培养高层次中西医结合人才和能够提供中西医结合服务的全科医生。

国家建立健全住院医师规范化培训制度，健全临床带教激励机制，保障住院医师培训期间待遇，严格培训过程管理和结业考核。

国家建立健全专科医师规范化培训制度，不断提高临床医师专科诊疗水平。

2. 卫生行政部门在医师培训工作中的职责　县级以上人民政府卫生健康主管部门和其他有关部门应当制定医师培训计划，采取多种形式对医师进行分级分类培训，为医师接受继续医学教育提供条件。县级以上人民政府应当采取有力措施，优先保障基层、欠发达地区和民族地区的医疗卫生人员接受继续医学教育。

3. 医疗卫生机构在医师培训工作中的职责　医疗卫生机构应当合理调配人力资源，按照规定和计划保证本机构医师接受继续医学教育。县级以上人民政府卫生健康主管部门应当有计划地组织协调县级以上医疗卫生机构对乡镇卫生院、村卫生室、社区卫生服务中心等基层医疗卫生机构中的医疗卫生人员开展培训，提高其医学专业技术能力和水平。有关行业组织应当为医师接受继续医学教育提供服务和创造条件，加强继续医学教育的组织、管理。

4. 加大定向培养和委托培训力度加强基层医师队伍建设　国家在每年的医学专业招生计划和教育培训计划中，核定一定比例用于定向培养、委托培训，加强基层和艰苦边远地区医师队伍建设。有关部门、医疗卫生机构与接受定向培养、委托培训的人员签订协议，约定相关待遇、服务年限、违约责任等事项，有关人员应当履行协议约定的义务。县级以上人民政府有关部门应当采取措施，加强履约管理。协议各方违反约定的，应当承担违约责任。

（二）医师考核

国家实行医师定期考核制度。

县级以上人民政府卫生健康主管部门或者其委托的医疗卫生机构、行业组织应当按照医师执业标准，对医师的业务水平、工作业绩和职业道德状况进行考核，考核周期为三年。对具有较长年限执业经历、无不良行为记录的医师，可以简化考核程序。

根据2007年卫生部颁布的《医师定期考核管理办法》的规定，医师定期考核分为执业医师考核和执业助理医师考核。考核类别分为临床、中医（包括中医、民族医、中西医结合）、口腔和公共卫生。

1. 考核机构　县级以上地方人民政府卫生健康行政部门可以委托符合下列条件之一的医疗、预防、保健机构或者医疗卫生行业、学术组织（以下统称考核机构）承担医师定期考核工作：

（1）设有100张以上床位的医疗机构；

（2）医师人数在50人以上的预防、保健机构；

（3）具有健全组织机构的医疗卫生行业、学术组织。县级以上地方人民政府卫生健康行政部门应当公布受委托的考核机构名单，并逐级上报至国家卫生健康委员会备案。

考核机构负责医师定期考核的组织、实施和考核结果评定，并向委托其承担考核任务的卫生健康行政部门报告考核工作情况及医师考核结果。省级以上人民政府卫生健康主管部门负责指导、检查和监督医师考核工作。

2. 考核方式　医师定期考核包括业务水平测评、工作成绩和职业道德评定。业务水平测评由考核机构负责；工作成绩、职业道德评定由医师所在医疗、预防、保健机构负责，考核机构复核。

业务水平测评可以采用以下一种或几种形式：

（1）个人述职；

（2）有关法律、法规、专业知识的考核或考试以及技术操作的考核或考试；

（3）对本人书写的医学文书的检查；

（4）患者评价和同行评议；

（5）省级卫生健康行政部门规定的其他形式。

医疗、预防、保健机构对本机构医师进行工作成绩、职业道德评定应当与医师年度考核情况相衔接。

医疗、预防、保健机构应当按规定建立健全医德考评制度，作为对本机构医师进行职业道德评定的依据。

考核机构综合医疗、预防、保健机构的评定意见及业务水平测评结果对医师做出考核结论，在《医师定期考核表》上签署意见，并于定期考核工作结束后三十日内将医师考核结果报委托其考核的卫生行政部门备案，同时书面通知被考核医师及其所在机构。

3. 执业记录　国家实行医师行为记录制度。医师行为记录分为良好行为记录和不良行为记录。良好行为记录应当包括医师在执业过程中受到的奖励、表彰、完成政府指令性任务、取得的技术成果等；不良行为记录应当包括因违反医疗卫生管理法规和诊疗规范常规受到的行政处罚、处分，以及发生的医疗事故等。医师行为记录作为医师考核的依据之一。

4. 考核结果　考核结果分为合格和不合格。工作成绩、职业道德和业务水平中任何一项不能通过评定或测评的，即为不合格。医师在考核周期内按规定通过住院医师规范化培训或通过晋升上一级专业技术职务考试，可视为业务水平测评合格，考核时仅考核工作成绩和职业道德。

（1）法定不合格的情形主要有：① 在发生的医疗事故中负有完全或主要责任的；② 未经所在机构或者卫生行政部门批准，擅自在注册地点以外的医疗、预防、保健机构进行执业活动的；③ 跨执业类别进行执业活动的；④ 代他人参加医师资格考试的；⑤ 在医疗卫生服务活动中索要患者及其亲友财物或者牟取其他不正当利益的；⑥ 索要或者收受医疗器械、药品、试剂等生产、销售企业或其工作人员给予的回扣、提成或者谋取其他不正当利益的；⑦ 通过介绍病人到其他单位检查、治疗或者购买药品、医疗器械等收取回扣或者提成的；⑧ 出具虚假医学证明文件，参与虚假医疗广告宣传和药品医疗器械促销的；⑨ 未按照规定执行医院感染控制任务，未有效实施消毒或者无害化处置，造成疾病传播、流行的；⑩ 故意泄露传染病病人、病原携带者、疑似传染病病人、密切接触者涉及个人隐私的有关信息、资料的。

（2）考核不合格的处理：对考核不合格的医师，县级以上人民政府卫生健康主管部门应当责令其暂停执业活动三个月至六个月，并接受相关专业培训。暂停执业活动期满，再次进行考核，对考核合格的，允许其继续执业。

5. 考核结果备案　受委托的机构或者组织应当将医师考核结果报准予注册的卫生健康主管部门备案。

五、保障措施

（一）全方位加大对医师的激励力度

国家建立健全体现医师职业特点和技术劳动价值的人事、薪酬、职称、奖励制度。对从事传染病防治、放射医学和精神卫生工作以及其他特殊岗位工作的医师，应当按照国家有关规定给予适当的津贴。津贴标准应当定期调整。在基层和艰苦边远地区工作的医师，按照国家有关规定享受津贴、补贴政策，并在职称评定、职业发展、教育培训和表彰奖励等方面享受优惠待遇。

（二）加强疾病预防控制人才队伍建设

国家加强疾病预防控制人才队伍建设，建立适应现代化疾病预防控制体系的医师培养和使用机制。

疾病预防控制机构、二级以上医疗机构以及乡镇卫生院、社区卫生服务中心等基层医疗卫生机构应当配备一定数量的公共卫生医师，从事人群疾病及危害因素监测、风险评估研判、监测预警、流行病学调查、免疫规划管理、职业健康管理等公共卫生工作。医疗机构应当建立健全管理制度，严格执行院内感染防控措施。

国家建立公共卫生与临床医学相结合的人才培养机制，通过多种途径对临床医师进行疾病预防控制、突发公共卫生事件应对等方面业务培训，对公共卫生医师进行临床医学业务培训，完善医防结合和中西医协同防治的体制机制。

（三）加强基层医疗卫生队伍和服务能力建设

国家采取措施，统筹城乡资源，加强基层医疗卫生队伍和服务能力建设，对乡村医疗卫生人员建立县乡村上下贯通的职业发展机制，通过县管乡用、乡聘村用等方式，将乡村医疗卫生人员纳入县域医疗卫生人员管理。

执业医师晋升为副高级技术职称的，应当有累计一年以上在县级以下或者对口支援的医疗卫生机构提供医疗卫生服务的经历；晋升副高级技术职称后，在县级以下或者对口支援的医疗卫生机构提供医疗卫生服务，累计一年以上的，同等条件下优先晋升正高级技术职称。

国家采取措施，鼓励取得执业医师资格或者执业助理医师资格的人员依法开办村医疗卫生机构，或者在村医疗卫生机构提供医疗卫生服务。

国家鼓励在村医疗卫生机构中向村民提供预防、保健和一般医疗服务的乡村医生通过医学教育取得医学专业学历；鼓励符合条件的乡村医生参加医师资格考试，依法取得医师资格。

（四）医师的表彰和奖励

医师有下列情形之一的，按照国家有关规定给予表彰、奖励：

1. 在执业活动中，医德高尚，事迹突出；

2. 在医学研究、教育中开拓创新，对医学专业技术有重大突破，做出显著贡献；

3. 遇有突发事件时，在预防预警、救死扶伤等工作中表现突出；

4. 长期在艰苦边远地区的县级以下医疗卫生机构努力工作；

5. 在疾病预防控制、健康促进工作中做出突出贡献；

6. 法律、法规规定的其他情形。

（五）加强医疗卫生机构治安综合治理

县级以上人民政府及其有关部门应当将医疗纠纷预防和处理工作纳入社会治安综合治理体系，加强医疗卫生机构及周边治安综合治理，维护医疗卫生机构良好的执业环境，有效防范和依法打击涉医违法犯罪行为，保护医患双方合法权益。

医疗卫生机构应当完善安全保卫措施，维护良好的医疗秩序，及时主动化解医疗纠纷，保障医师执业安全。

禁止任何组织或者个人阻碍医师依法执业，干扰医师正常工作、生活；禁止通过侮辱、诽谤、威胁、殴打等方式，侵犯医师的人格尊严、人身安全。违反《医师法》规定，阻碍医师依法执业，干扰医师正常工作、生活，或者通过侮辱、诽谤、威胁、殴打等方式，侵犯医师人格尊严、人身安全，构成违反治安管理行为的，依法给予治安管理处罚。

（六）为医师提供更有效的执业卫生防护

医疗卫生机构应当为医师提供职业安全和卫生防护用品，并采取有效的卫生防护和医疗保健措施。

医师受到事故伤害或者在职业活动中因接触有毒、有害因素而引起疾病、死亡的，依照有关法律、行政法规的规定享受工伤保险待遇。

（七）完善医师休假制度及风险分担机制

医疗卫生机构应当为医师合理安排工作时间，落实带薪休假制度，定期开展健康检查。

国家建立完善医疗风险分担机制。医疗机构应当参加医疗责任保险或者建立、参加医疗风险基金。鼓励患者参加医疗意外保险。

新闻媒体应当开展医疗卫生法律、法规和医疗卫生知识的公益宣传，弘扬医师先进事迹，引导公众尊重医师、理性对待医疗卫生风险。

六、法律责任

（一）行政责任

1. 以不正当手段取得医师执业证书的行政责任　在医师资格考试中有违反考试纪律等行为，情节严重的，一年至三年内禁止参加医师资格考试。以不正当手段取得医师资格证书或者医师执业证书的，由发给证书的卫生健康主管部门予以撤销，三年内不受理其相应申请。

2. 伪造、变造、买卖、出租、出借医师执业证书的行政责任　由县级以上人民政府卫生健康主管部门责令改正，没收违法所得，并处违法所得二倍以上五倍以下的罚款，违法所得不足一万元的，按一万元计算；情节严重的，吊销医师执业证书。

3. 违反医师执业规则的行政责任 医师在执业活动中有下列行为之一的，由县级以上人民政府卫生健康主管部门责令改正，给予警告；情节严重的，责令暂停六个月以上一年以下执业活动直至吊销医师执业证书：

（1）在提供医疗卫生服务或者开展医学临床研究中，未按照规定履行告知义务或者取得知情同意；

（2）对需要紧急救治的患者，拒绝急救处置，或者由于不负责任延误诊治；

（3）遇有自然灾害、事故灾难、公共卫生事件和社会安全事件等严重威胁人民生命健康的突发事件时，不服从卫生健康主管部门调遣；

（4）未按照规定报告有关情形；

（5）违反法律、法规、规章或者执业规范，造成医疗事故或者其他严重后果。

医师在执业活动中有下列行为之一的，由县级以上人民政府卫生健康主管部门责令改正，给予警告，没收违法所得，并处一万元以上三万元以下的罚款；情节严重的，责令暂停六个月以上一年以下执业活动直至吊销医师执业证书：

（1）泄露患者隐私或者个人信息；

（2）出具虚假医学证明文件，或者未经亲自诊查、调查，签署诊断、治疗、流行病学等证明文件或者有关出生、死亡等证明文件；

（3）隐匿、伪造、篡改或者擅自销毁病历等医学文书及有关资料；

（4）未按照规定使用麻醉药品、医疗用毒性药品、精神药品、放射性药品等；

（5）利用职务之便，索要、非法收受财物或者牟取其他不正当利益，或者违反诊疗规范，对患者实施不必要的检查、治疗造成不良后果；

（6）开展禁止类医疗技术临床应用。

4. 超出执业注册范围行医的行政责任 医师未按照注册的执业地点、执业类别、执业范围执业的，由县级以上人民政府卫生健康主管部门或者中医药主管部门责令改正，给予警告，没收违法所得，并处一万元以上三万元以下的罚款；情节严重的，责令暂停六个月以上一年以下执业活动直至吊销医师执业证书。

5. 严重违反医德的行政责任 严重违反医师职业道德、医学伦理规范，造成恶劣社会影响的，由省级以上人民政府卫生健康主管部门吊销医师执业证书或者责令停止非法执业活动，五年直至终身禁止从事医疗卫生服务或者医学临床研究。

6. 非医师行医的行政责任 非医师行医的，由县级以上人民政府卫生健康主管部门责令停止非法执业活动，没收违法所得和药品、医疗器械，并处违法所得二倍以上十倍以下的罚款，违法所得不足一万元的，按一万元计算。

7. 卫生行政部门及医疗机构的行政责任 卫生健康主管部门和其他有关部门工作人员或者医疗卫生机构工作人员弄虚作假、滥用职权、玩忽职守、徇私舞弊的，依法给予处分；医疗卫生机构未履行报告职责，造成严重后果的，由县级以上人民政府卫生健康主管部门给予警告，对直接负责的主管人员和其他直接责任人员依法给予处分。

（二）民事责任

违反《医师法》规定，造成人身、财产损害的，依法承担民事责任。

（三）刑事责任

违反《中华人民共和国刑法》第三百三十五条之规定，医务人员由于严重不负责任，造成就诊人死亡或者严重损害就诊人身体健康的，构成医疗事故罪，处三年下有期徒刑或者拘役。

违反《中华人民共和国刑法》第三百三十六条之规定，未取得医生执业资格的人非法行医，情节严重的，构成非法行医罪，处三年以下有期徒刑、拘役或者管制，并处或者单处罚金；严重损害就诊人身体健康的，处三年以上十年以下有期徒刑，并处罚金；造成就诊人死亡的，处十年以上有期徒刑，并处罚金。

未取得医生执业资格的人擅自为他人进行节育复通手术、假节育手术、终止妊娠手术或者摘取宫内节育器，情节严重的，构成非法进行节育手术罪，处三年以下有期徒刑、拘役或者管制，并处或者单处罚金；严重损害就诊人身体健康的，处三年以上十年以下有期徒刑，并处罚金；造成就诊人死亡的，处十年以上有期徒刑，并处罚金。

违反《中华人民共和国刑法》第三百三十六条之一的规定，将基因编辑、克隆的人类胚胎植入人体或者动物体内，或者将基因编辑、克隆的动物胚胎植入人体内，情节严重的，构成非法植入基因编辑、克隆胚胎罪，处三年以下有期徒刑或者拘役，并处罚金；情节特别严重的，处三年以上七年以下有期徒刑，并处罚金。

相关链接 | **我国乡村医生管理的发展历程**

我国乡村医生兴起于20世纪60年代，当时被称为"赤脚医生"。当时一大批经过选拔的农村知识青年，在接受卫生部门的短期培训后，加入了赤脚医生队伍，70年代达到鼎盛。1981年国务院《批转卫生部关于合理解决赤脚医生补助问题的报告的通知》中提到，"凡经考核合格，相当于中专水平的赤脚医生，发给乡村医生证书"。1985年1月，全国卫生厅局长会议决定将"赤脚医生"改为"乡村医生"，达到医士水平的称"乡村医生"，达不到医士水平的改为"卫生员"。由于严格执行考试制度及颁发证书制度，乡村医生的数量减半。20世纪90年代乡村医生从数量稳定增加进入规范化管理阶段。1998年《执业医师法》出台，在附则第45条规定"在乡村医疗卫生机构向村民提供预防、保健和一般医疗服务的乡村医生，符合本法有关规定，可以依法取得执业医师资格或者执业助理医师资格；不具备本法规定的执业医师资格或者执业助理医师资格的乡村医生，由国务院另行制定管理办法。"以法律的形式为乡村医生管理提供依据。2003年8月5日，国务院第16次常务会议通过《乡村医生从业管理条例》（以下简称《乡医条例》），于2004年1月1日起正式施行。《乡医条例》的颁布实施标志着乡村医生的准入、教育培训和管理步入法治化的轨道。

《乡医条例》规定，国家实行乡村医生执业注册制度。县级人民政府卫生行政主管部门负责乡村医生执业注册工作。《乡医条例》通过实行乡村医生的执业注册制度，力求逐步淘汰不达标的人员。乡村医生执业证书有效期为5年。

《乡医条例》明确了乡村医生在执业活动中享有的权利和应当履行的义务，规范了乡村医生的执业规则，并以法律的形式规范了乡村医生的培训和考核制度，同时明确了乡村医生的法律责任，使乡村医生群体在执业过程中更好地推动我国医疗卫生事业的发展。

第二节　执业药师管理法律制度

一、概述

（一）概念

执业药师（licensed pharmacist）是指经全国统一考试合格，取得《中华人民共和国执业药师职业资格证书》（以下简称《执业药师职业资格证书》）并经注册，在药品生产、经营、使用和其他需要提供药学服务的单位中执业的药学技术人员。

（二）我国执业药师法治建设

1994年3月15日，国家医药管理局与人事部联合颁发了《执业药师资格制度暂行规定》，国家中医药管理局与人事部于1995年7月5日联合颁发了《执业中药师资格制度暂行规定》，这两部法律开启了我国实施执业药师资格制度的历史。1998年国务院机构改革，成立国家药品监督管理局（以下简称"国家药监局"）并赋予实施执业药师资格制度的职能，1999年国家药监局与人事部对原规定的有关内容进行了修改，并颁发了新的《执业药师资格制度暂行规定》。2009年4月7日，国务院印发的《医药卫生体制改革近期重点实施方案（2009—2011年）》中提出："完善执业药师制度，零售药店必须按规定配备执业药师为患者提供购药咨询和指导"，这为执业药师制度进一步发展指明了方向。2000年，根据人事部、国家药监局《执业药师资格制度暂行规定》，完善了对执业药师的注册管理工作，促进了执业药师队伍的健康有序发展。2019年，国家药监局、人力资源和社会保障部修订印发了《执业药师职业资格制度规定和执业药师职业资格考试实施办法的通知》，提出了要进一步完善执业药师注册管理制度，规范执业药师注册管理工作等要求，以适应新形势下执业药师队伍的建设和发展需要。同时，为强化对执业药师继续教育的监督管理，国家药监局组织修订了《执业药师注册管理办法》。为进一步规范执业药师注册及其相关监督管理工作，加强执业药师队伍建设，2021年6月18日，国家药监局组织修订了《执业药师注册管理办法》。自2017年以来，《药师法》就被列入立法计划之中，截至2023年已通过第三次征求意见稿，我国药师的法治化管理正迈向新的台阶。

二、执业药师考试与注册

国家药监局、人力资源和社会保障部关于印发执业药师职业资格制度规定和执业药师职业资格考试实施办法的通知明确规定，国家设置执业药师准入类职业资格制度，纳入国家职业资格目录。

国家药监局与人力资源和社会保障部共同负责全国执业药师资格制度的政策制定，并按照职责分工对该制度的实施进行指导、监督和检查。

（一）考试

1. 考试的组织管理　执业药师职业资格实行全国统一大纲、统一命题、统一组织的考试制度。原则上每年举行一次，日期为每年10月。国家药监局与人力资源社会保障部共同负责执业药师职业资格考试工作，日常管理工作委托国家药监局执业药师资格认证中心负责，考务工作委托人力资源社会保障部人事考试中心负责。国家药监局负责组织拟定考试科目和考试大纲、建立试题库、组织命审题工作，提出考试合格标准建议。各省、自治区、直辖市人力资源和社会保障行政主管部门会同药品监督管理部门负责本地区的考试工作，具体职责分工由各地协商确定。

2. 参加考试的条件　凡中华人民共和国公民和获准在我国境内就业的外籍人员，具备以下条件之一者，均可申请参加执业药师职业资格考试：

（1）取得药学类、中药学类专业大专学历，在药学或中药学岗位工作满5年；

（2）取得药学类、中药学类专业大学本科学历或学士学位，在药学或中药学岗位工作满3年；

（3）取得药学类、中药学类专业第二学士学位、研究生班毕业或硕士学位，在药学或中药学岗位工作满1年；

（4）取得药学类、中药学类专业博士学位；

（5）取得药学类、中药学类相关专业相应学历或学位的人员，在药学或中药学岗位工作的年限相应增加1年。

执业药师职业资格考试合格者，由各省、自治区、直辖市人力资源社会保障部门颁发《执业药师职业资格证书》。该证书由人力资源社会保障部统一印制，国家药监局与人力资源社会保障部用印，在全国范围内有效。

3. 考试内容　符合执业药师职业资格考试报考条件的人员，按照当地人事考试机构规定的程序和要求完成报名。参加考试人员凭准考证和有效身份证件在指定的日期、时间和地点参加考试。中央和国务院各部门及所属单位、中央管理企业的人员，按属地原则报名参加考试。

执业药师职业资格考试分为药学、中药学两个专业类别。药学类考试科目为药学专业知识（一）、药学专业知识（二）、药事管理与法规、药学综合知识与技能四个科目。中药学类考试科目为中药学专业知识（一）、中药学专业知识（二）、药事管理与法规、中药学综合知识与技能四个科目。

符合《执业药师职业资格制度规定》报考条件，按照国家有关规定取得药学或医学专业高级职称并在药学岗位工作的，可免试药学专业知识（一）和药学专业知识（二），只参加药事管理与法规、药学综合知识与技能两个科目的考试；取得中药学或中医学专业高级职称并在中药学岗位工作的，可免试中药学专业知识（一）和中药学专业知识（二），只参加药事管理与法规、中药学综合知识与技能两个科目的考试。

考试以四年为一个周期，参加全部科目考试的人员须在连续四个考试年度内通过全部科目的考试。免试部分科目的人员须在连续两个考试年度内通过应试科目。

（二）注册

国家实行执业药师注册制度。国家药监局于2021年6月24日发布了《关于印发执业药师注册管理办法的通知》（国药监人〔2021〕36号），规定持有《中华人民共和国执业药师职业资格证书》（以下简称《执业药师职业资格证书》）的人员，经注册取得《中华人民共和国执业药师注册证》（以下简称《执业药师注册证》）后，方可以执业药师身份执业。

1. 注册条件

（1）首次注册：执业药师注册申请人（以下简称申请人），必须具备下列条件。① 取得《执业药师职业资格证书》；② 遵纪守法，遵守执业药师职业道德；③ 身体健康，能坚持在执业药师岗位工作；④ 经执业单位同意；⑤ 按规定参加继续教育学习。

（2）不予注册：有下列情形之一的，药品监督管理部门不予注册。① 不具有完全民事行为能力的；② 甲类和乙类传染病传染期、精神疾病发病期等健康状况不适宜或者不能胜任相应业务工作的；③ 受到刑事处罚，自刑罚执行完毕之日到申请注册之日不满三年的；④ 未按规定完成继续教育学习的；⑤ 近三年有新增不良信息记录的；⑥ 国家规定不宜从事执业药师业务的其他情形。

2. 注册内容　执业药师注册内容包括执业地区、执业类别、执业范围、执业单位。执业地区为省、自治区、直辖市；执业类别为药学类、中药学类、药学与中药学类；执业范围为药品生产、药品经营、药品使用；执业单位为药品生产、经营、使用及其他需要提供药学服务的单位。

3. 注册程序　申请人通过全国执业药师注册管理信息系统向执业所在地省、自治区、直辖市药品监督管理部门申请注册。申请人申请首次注册需要提交以下材料：

（1）执业药师首次注册申请表；

（2）执业药师职业资格证书；

（3）身份证明；

（4）执业单位开业证明；

（5）继续教育学分证明。

药品监督管理部门应当自受理注册申请之日起二十个工作日内作出注册许可决定，依法作出不予注册许可决定的，应当说明理由，并告知申请人享有依法申请行政复议或者提起行政诉讼的权利。药品监督管理部门作出的准予注册许可决定，应当在全国执业药师注册管理信息系统等予以公开。

药品监督管理部门及其工作人员对申请人提交的申请材料负有保密义务。

药品监督管理部门作出注册许可决定之日起十个工作日内向申请人核发国家药监局统一样式并加盖药品监督管理部门印章的《执业药师注册证》。执业药师注册有效期为五年。

4. 注册变更和延续

（1）变更注册：申请人要求变更执业地区、执业类别、执业范围、执业单位的，应当向拟申请执业所在地的省、自治区、直辖市药品监督管理部门申请办理变更注册手续。

药品监督管理部门应当自受理变更注册申请之日起七个工作日内作出准予变更注册的决定。

（2）延续注册：需要延续注册的，申请人应当在注册有效期满之日三十日前，向执业所在地省、自治区、直辖市药品监督管理部门提出延续注册申请。

药品监督管理部门准予延续注册的，注册有效期从期满之日次日起重新计算五年。药品监督管理部门准予变更注册的，注册有效期不变，但在有效期满之日前三十日内申请变更注册，符合要求的，注册有效期自旧证期满之日次日起重新计算五年。

需要变更注册或者延续注册的，申请人提交相应执业药师注册申请表，并提供执业单位开业证明和继续教育学分证明。

申请人取得《执业药师职业资格证书》，非当年申请注册的，应当提供《执业药师职业资格证书》批准之日起第二年后的历年继续教育学分证明。申请人取得《执业药师职业资格证书》超过五年以上申请注册的，应至少提供近五年的连续继续教育学分证明。

5. 注销注册

（1）由药品监督管理部门注销的情形：① 注册有效期满未延续的；② 执业药师注册证被依法撤销或者吊销的；③ 法律、法规规定的应当注销注册的其他情形。

（2）执业药师本人或者其执业单位应当申请办理注销注册的情形：① 本人主动申请注销注册的；② 执业药师身体健康状况不适宜继续执业的；③ 执业药师无正当理由不在执业单位执业，超过一个月的；④ 执业药师死亡或者被宣告失踪的；⑤ 执业药师丧失完全民事行为能力的；⑥ 执业药师受刑事处罚的。

有上述情形的，应当自知晓或者应当知晓之日起三十个工作日内向药品监督管理部门申请办理注销注册，并填写执业药师注销注册申请表。药品监督管理部门经核实后依法注销注册。

三、执业药师的职责

（一）执业药师的权利和义务

1. 执业药师享有下列权利

（1）以执业药师的名义从事相关业务，保障公众用药安全和合法权益，保护和促进公众健康；

（2）在执业范围内，开展药品质量管理，制定和实施药品质量管理制度，提供药学服务；

（3）参加执业培训，接受继续教育；

（4）在执业活动中，人格尊严、人身安全不受侵犯；

（5）对执业单位的工作提出意见和建议；

（6）按照有关规定获得表彰和奖励；

（7）法律、法规规定的其他权利。

2. 执业药师应当履行下列义务

（1）严格遵守《药品管理法》及国家有关药品生产、经营、使用等各项法律、法规、部门规章及政策；

（2）遵守执业标准和业务规范，恪守职业道德；

（3）廉洁自律，维护执业药师职业荣誉和尊严；

（4）维护国家、公众的利益和执业单位的合法权益；

（5）按要求参加突发重大公共事件的药事管理与药学服务；

（6）法律、法规规定的其他义务。

（二）执业药师的岗位职责

1. 基本准则　执业药师应当遵守执业标准和业务规范，以保障和促进公众用药安全有效为基本准则。

2. 守法职责　执业药师必须严格遵守《药品管理法》及国家有关药品研制、生产、经营、使用的各项法规及政策。执业药师对违反《药品管理法》及有关法规、规章的行为或决定，有责任提出劝告、制止、拒绝执行，并向当地负责药品监督管理的部门报告。

3. 监管职责　执业药师在执业范围内负责对药品质量的监督和管理，参与制定和实施药品全面质量管理制度，参与单位对内部违反规定行为的处理工作。

4. 工作职责　执业药师负责处方的审核及调配，提供用药咨询与信息，指导合理用药，开展治疗药物监测及药品疗效评价等临床药学工作。

5. 公示告知职责　药品零售企业应当在醒目位置公示《执业药师注册证》，并对在岗执业的执业药师挂牌明示。执业药师不在岗时，应当以醒目方式公示，并停止销售处方药和甲类非处方药。执业药师执业时应当按照有关规定佩戴工作牌。

6. 接受继续教育职责　执业药师应当按照国家专业技术人员继续教育的有关规定接受继续教育，更新专业知识，提高业务水平。国家鼓励执业药师参加实训培养。

四、执业药师的监督管理及法律责任

（一）药品监督管理部门的监管内容

1. 药品监督管理部门按照有关法律、法规和规章的规定，对执业药师注册、执业药师继续教育实施监督检查。执业单位、执业药师和实施继续教育的机构应当对药品监督管理部门的监督检查予以协助、配合，不得拒绝、阻挠。

2. 执业药师每年应参加不少于90学时的继续教育培训，每3个学时为1学分，每年累计不少于30学分。其中，专业科目学时一般不少于总学时的三分之二。鼓励执业药师参加实训培养。承担继续教育管理职责的机构应当将执业药师的继续教育学分记入全国执业药师注册管理信息系统。

3. 执业药师应当妥善保管《执业药师注册证》，不得买卖、租借和涂改。如发生损坏，当事人应当及时持损坏证书向原发证部门申请换发。如发生遗失，当事人向原发证部门申请补发；伪造《执业药师注册证》的，药品监督管理部门发现后应当当场予以收缴并追究责任；构成犯罪的，移送相关部门依法追究刑事责任；以欺骗、贿赂等不正当手段取得《执业药师注册证》的，由发证部门撤销《执业药师注册证》，三年内不予注册；构成犯罪的，移送相关部门依法追究刑事责任。

4. 执业药师应当按照注册的执业地区、执业类别、执业范围、执业单位，从事相应的执业活动，不得擅自变更。执业药师未按本办法规定进行执业活动的，药品监督管理部门应当责令限期改正；严禁《执业药师注册证》挂靠，持证人注册单位与实际工作单位不符的，由发证部门撤销《执业药师注册证》，三年内不予注册；构成犯罪的，移送相关部门依法追究刑事责任。买卖、租借《执业药师注册证》的单位，按照相关法律、法规给予处罚。

（二）法律责任

执业药师在执业期间违反《药品管理法》及其他法律、法规构成犯罪的，由司法机关依法追究责任。

1. 有下列情形之一的，应当作为个人不良信息由药品监督管理部门及时记入全国执业药师注册管理信息系统：

（1）以欺骗、贿赂等不正当手段取得《执业药师注册证》的；

（2）持证人注册单位与实际工作单位不一致或者无工作单位的，符合《执业药师注册证》挂靠情形的；

（3）执业药师注册证被依法撤销或者吊销的；

（4）执业药师受刑事处罚的；

（5）其他违反执业药师资格管理相关规定的。

2. 省、自治区、直辖市药品监督管理部门有下列情形之一的，国家药监局有权责令其进行调查并依法依规给予处理：

（1）对不符合规定条件的申请人准予注册的；

（2）对符合规定条件的申请人不予注册或者不在法定期限内作出准予注册决定的；

（3）履行执业药师注册、继续教育监督管理职责不力，造成不良影响的。

3. 药品监督管理部门工作人员在执业药师注册及其相关监督管理工作中，弄虚作假、玩忽职守、滥用职权、徇私舞弊的，依法依规给予处理。

> **相关链接** | 2023年6月6日，国务院办公厅印发的《国务院2023年度立法工作计划》中再次将《药师法》列入预备审议项目。早在2017年3月，国家卫生和计划生育委员会就曾发布过征求《中华人民共和国药师法（草案征求意见稿）》的意见函，征求社会各界对药师法的意见，在此函中分别包含了对药师考试和注册、业务范围和权利、考核和培训等与执业药师息息相关的内容。2018年，国家卫生健康委员会正式委托清华大学法学院成立专门课题组，于2020年6月形成了《药师法（草案第二次征求意见稿）》。值得注意的是，距第二次征求意见稿仅发布半年多时间，国家卫生健康委员会就发布了《药师法（草案第三次征求意见稿）》，推进速度之快可见国家的重视程度及从业者对该法的迫切需求与期待，也意味着药师法推进进入关键及实质性阶段，《中华人民共和国药师法》呼之欲出，这将对我国药师队伍建设标准化、规范化，促进不同领域药师的流通以及提高药师水平、壮大药师队伍、促进健康中国建设起到重要的作用。

第三节 护士管理法律制度

一、概述

（一）概念

护士是指经执业注册取得护士执业证书，依照规定从事护理活动，履行保护生命、减轻痛苦、增进健康职责的卫生技术人员。护士是医疗卫生专业队伍的重要组成部分，护理工作直接关系医疗安全和人体健康，具有专业性与服务性的特点。

（二）护士管理法治建设

中华人民共和国成立后，党和政府十分重视护理人才的培养和护理质量的提高，为了加强护士管理，提高护理质量，1993年卫生部颁布了《中华人民共和国护士管理办法》，极大促进了护士管理工作。此后，护士管理相关法规建设稳步推进，2008年5月12日，中华人民共和国国务院发布的《中华人民共和国护士条例》（以下简称《护士条例》）和卫生部发布的《护士执业注册管理办法》同日施行；2010年5月10日，卫生部和人力资源和社会保障部通过了《护士执业资格考试办法》，并于2010年7月1日起施行；2020年3月27日，国务院对《护士条例》进行了修订，2021年1月8日，国家卫生健康委员会对《护士执业注册管理办法》进行了修订，促进了我国护理工作进一步规范化。

（三）《护士条例》的宗旨

《护士条例》总则中明确了条例的宗旨是维护护士的合法权益，规范护理行为，促进护理事业发展，保障医疗安全和人体健康。

护士是从事护理工作的专业技术人员，履行着保护生命、减轻痛苦、增进健康的职责。护士队伍的稳定和发展不仅是保证护理质量和推进护理事业发展的重要基础，更是保障人民群众生命安全和健康的必要条件。因此，加强护士队伍建设的目的在于保障人民群众的健康权益。

（四）政府在护士管理中应承担的职责

国务院有关部门、县级以上地方人民政府及其有关部门以及乡（镇）人民政府应当采取措施，改善护士的工作条件，保障护士待遇，加强护士队伍建设，促进护理事业健康发展。国务院有关部门和县级以上地方人民政府应当采取措施，鼓励护士到农村、基层医疗卫生机构工作。

国务院卫生主管部门负责全国的护士监督管理工作。县级以上地方人民政府卫生主管部门负责本行政区域的护士监督管理工作。

（五）护士的表彰与奖励

《护士条例》规定：国务院有关部门对在护理工作中做出杰出贡献的护士，应当授予全国卫生系统先进工作者荣誉称号或者颁发白求恩奖章，受到表彰、奖励的护士享受省部级劳动模范、先进工作者待遇；对长期从事护理工作的护士应当颁发荣誉证书。

二、护士执业资格考试制度

为规范全国护士执业资格考试工作，加强护理专业队伍建设，2010年卫生部、人力资源社会保障部联合发布了《护士执业资格考试办法》，对护士资格考试进行了具体规范。

（一）考试原则、科目与条件

1. 原则 《护士执业资格考试办法》规定，护士执业资格考试遵循公平、公开、公正的原则。护士执业资格考试实行国家统一考试制度。统一考试大纲，统一命题，统一合格标准。护士执业资格考试原则上每年举行一次，具体考试日期在举行考试3个月前向社会公布。

2. 科目 护士执业资格考试包括专业实务和实践能力两个科目。一次考试通过两个科目为考试成绩合格。

3. 条件 在中等职业学校、高等学校完成国务院教育主管部门和国务院卫生主管部门规定的普通全日制3年以上的护理、助产专业课程学习，包括在教学、综合医院完成8个月以上护理临床实习，并取得相应学历证书的，可以申请参加护士执业资格考试。

（二）考试申请

1. 申请参加护士执业资格考试的人员，应当在公告规定的期限内报名，并提交以下材料：

（1）护士执业资格考试报名申请表；

（2）本人身份证明；

（3）近6个月二寸免冠正面半身照片3张；

（4）本人毕业证书；

（5）报考所需的其他材料。

2. 申请人为在校应届毕业生的，应当持有所在学校出具的应届毕业生毕业证明，到学校所在地的考点报名。学校可以为本校应届毕业生办理集体报名手续。申请人为非应届毕业生的，可以选择到人事档案所在地报名。

3. 中国香港、澳门特别行政区和台湾地区居民符合本办法规定和《内地与香港关于建立更紧密经贸关系的安排》《内地与澳门关于建立更紧密经贸关系的安排》或者内地有关主管部门规定的，可以申请参加护士执业资格考试。

（三）考试合格证明

护士执业资格考试成绩于考试结束后45个工作日内公布。考生成绩单由报名考点发给考生。考试成绩合格者，取得考试成绩合格证明，作为申请护士执业注册的有效证明。

三、护士执业注册制度

我国实施护士执业注册制度。《护士条例》明确规定，护士经执业注册取得《护士执业证书》后，方可按照注册的执业地点从事护理工作。

2021年国家卫生健康委员会对2008年卫生部颁布施行的《护士执业注册管理办法》进行了修订，对护士执业注册进行了翔实的规范。

（一）护士执业注册的条件

1. 申请注册条件

（1）具有完全民事行为能力；

（2）在中等职业学校、高等学校完成教育主管部门和卫生健康主管部门规定的普通全日制3

年以上的护理、助产专业课程学习，包括在教学、综合医院完成8个月以上护理临床实习，并取得相应学历证书；

（3）通过国家卫生健康委员会组织的护士执业资格考试；

（4）符合《护士执业注册管理办法》所规定的健康标准。

2. 健康标准

（1）无精神病史；

（2）无色盲、色弱、双耳听力障碍；

（3）无影响履行护理职责的疾病、残疾或者功能障碍。

3. 提交材料

（1）护士执业注册申请审核表；

（2）申请人身份证明；

（3）申请人学历证书及专业学习中的临床实习证明；

（4）医疗卫生机构拟聘用的相关材料。

护士执业注册申请，应当自通过护士执业资格考试之日起3年内提出；逾期提出申请的，除应当具备规定条件外，还应当提交在省、自治区、直辖市卫生健康主管部门规定的教学、综合医院接受3个月临床护理培训并考核合格的证明。护士执业注册有效期为5年。

（二）护士执业注册机构

申请护士执业注册，应当向批准设立拟执业医疗机构或者为该医疗机构备案的卫生健康主管部门提出申请。卫生健康主管部门应当自受理申请之日起20个工作日内，对申请人提交的材料进行审核、注册，发给国家卫生健康委员会统一印制的《护士执业证书》；对不符合规定条件的，不予注册，并书面说明理由。

《护士执业证书》上应当注明护士的姓名、性别、出生日期等个人信息及证书编号、注册日期和执业地点。

（三）护士执业注册延续

1. 护士执业注册延续申请

护士执业注册有效期届满需要继续执业的，应当在有效期届满前30日，向批准设立执业医疗机构或者为该医疗机构备案的卫生健康主管部门申请延续注册。注册部门自受理延续注册申请之日起20个工作日内进行审核。审核合格的，予以延续注册；审核不合格的，不予延续注册，并书面说明理由。延续执业注册有效期为5年。

2. 应当提交的材料　护士申请延续注册，应当提交护士执业注册申请审核表和申请人的《护士执业证书》。

3. 不予延续注册

（1）不符合护士执业注册健康标准的；

（2）被处暂停执业活动处罚期限未满的。

（四）重新注册

有下列情形之一的，拟在医疗卫生机构执业时，应当重新申请注册：

（1）注册有效期届满未延续注册的；

（2）受吊销《护士执业证书》处罚，自吊销之日起满2年的。

重新申请注册的，应提交申请护士执业注册应当提交的材料；中断护理执业活动超过3年的，还应当提交在省、自治区、直辖市卫生健康主管部门规定的教学、综合医院接受3个月临床护理培训并考核合格的证明。

（五）护士执业注册变更

护士在其执业注册有效期内变更执业地点等注册项目的，应当向批准设立执业医疗机构或者为该医疗机构备案的卫生健康主管部门报告，并提交护士执业注册申请审核表和申请人的《护士执业证书》。

注册部门应当自受理之日起7个工作日内为其办理变更手续。

护士跨省、自治区、直辖市变更执业地点的，收到报告的注册部门还应当向其原执业地注册部门通报。

护士承担经注册执业机构批准的卫生支援、进修、学术交流、政府交办事项等任务和参加卫生健康主管部门批准的义诊，在签订帮扶或者托管协议的医疗卫生机构内执业，以及从事执业机构派出的上门护理服务等，不需办理执业地点变更等手续。

（六）护士执业注册注销

护士执业注册后有下列情形之一的，原注册部门办理注销执业注册：

1. 注册有效期届满未延续注册；

2. 受吊销《护士执业证书》处罚；

3. 护士死亡或者丧失民事行为能力。

四、护士的权利与义务

（一）护士的权利

1. **获得报酬和其他福利权**　护士有按照国家有关规定获取工资报酬、享受福利待遇、参加社会保险的权利。任何单位或者个人不得克扣护士工资，降低或者取消护士福利等待遇。

2. **执业条件保障权**　护士执业，有获得与其所从事的护理工作相适应的卫生防护、医疗保健服务的权利；从事直接接触有毒有害物质、有感染传染病危险工作的护士，有依照有关法律、行政法规的规定接受职业健康监护的权利；患职业病的，有依照法律、行政法规的规定获得赔偿的权利。

3. **专业研习权**　护士有按照国家有关规定获得与本人业务能力和学术水平相应的专业技术职务、职称的权利；有参加专业培训、从事学术研究和交流、参加行业协会和专业学术团体的权利。

4. **获得信息与民主管理权**　护士有获得疾病诊疗、护理相关信息的权利和其他与履行护理职责相关的权利，可以对医疗卫生机构和卫生主管部门的工作提出意见和建议。

（二）护士的义务

1. 依法执业的义务 护士应当遵守法律、法规、规章和诊疗技术规范的规定。

2. 恪尽职守的义务 护士在执业活动中，发现患者病情危急，应当立即通知医师；在紧急情况下为抢救垂危患者生命，应当先行实施必要的紧急救护；护士发现医嘱违反法律、法规、规章或者诊疗技术规范规定的，应当及时向开具医嘱的医师提出；必要时，应当向该医师所在科室的负责人或者医疗卫生机构负责医疗服务管理的人员报告。

3. 尊重患者及隐私保护的义务 护士应当尊重、关心、爱护患者，保护患者的隐私。

4. 参与公共卫生与服从调遣的义务 护士有义务参与公共卫生和疾病预防控制工作。发生自然灾害、公共卫生事件等严重威胁公众生命健康的突发事件，护士应当服从县级以上人民政府卫生主管部门或者所在医疗卫生机构的安排，参加医疗救护。

五、医疗卫生机构的职责

（一）护士配备上的职责要求

护士配备是否合理，直接关系到医院的工作质量，更直接影响到护理质量和患者安全。因此，《护士条例》规定，医疗卫生机构配备护士的数量不得低于国务院卫生主管部门规定的护士配备标准。

（二）保障护士合法权益

1. 医疗机构应当为护士提供卫生防护用品，并采取有效的卫生防护措施和医疗保健措施。

2. 医疗机构应当执行国家有关工资、福利待遇等规定，按照国家有关规定为在本机构从事护理工作的护士足额缴纳社会保险费用。

3. 对在艰苦边远地区工作，或者从事直接接触有毒有害物质、有感染传染病危险工作的护士，所在医疗卫生机构应当按照国家有关规定给予津贴。

4. 医疗机构应当制定、实施本机构护士在职培训计划，并保证护士接受培训；护士培训应当注重新知识、新技术的应用；根据临床专科护理发展和专科护理岗位的需要，开展对护士的专科护理培训。

（三）护理管理职责

医疗卫生机构应当按照国务院卫生主管部门的规定，设置专门机构或者配备专（兼）职人员负责护理管理工作，建立护士岗位责任制并进行监督检查。

护士因不履行职责或者违反职业道德受到投诉的，其所在医疗卫生机构应当进行调查。经查证属实的，医疗卫生机构应当对护士做出处理，并将调查处理情况告知投诉人。

（四）护士使用中应注意的问题

医疗卫生机构不得允许下列人员在本机构从事诊疗技术规范规定的护理活动：

1. 未取得护士执业证书的人员；

2. 未依照《护士条例》的规定办理执业地点变更手续的护士；

3. 执业注册有效期届满未延续执业注册的护士。

在教学、综合医院进行护理临床实习的人员应当在护士指导下开展有关工作。

六、法律责任

（一）卫生主管部门的法律责任

《护士条例》规定，卫生主管部门的工作人员未依照规定履行职责，在护士监督管理工作中滥用职权、徇私舞弊，或者有其他失职、渎职行为的，依法给予处分；构成犯罪的，依法追究刑事责任。

（二）医疗卫生机构的法律责任

医疗卫生机构有下列情形之一的，由县级以上地方人民政府卫生主管部门依据职责分工责令限期改正，给予警告；逾期不改正的，根据国务院卫生主管部门规定的护士配备标准和在医疗卫生机构合法执业的护士数量核减其诊疗科目，或者暂停其6个月以上1年以下执业活动；国家举办的医疗卫生机构有下列情形之一、情节严重的，还应当对负有责任的主管人员和其他直接责任人员依法给予处分：

1. 违反《护士条例》规定，护士的配备数量低于国务院卫生主管部门规定的护士配备标准的；

2. 允许未取得护士执业证书的人员或者允许未依照《护士条例》规定办理执业地点变更手续、延续执业注册有效期的护士在本机构从事诊疗技术规范规定的护理活动的。

医疗卫生机构有下列情形之一的，依照有关法律、行政法规的规定给予处罚；国家举办的医疗卫生机构有下列情形之一、情节严重的，还应当对负有责任的主管人员和其他直接责任人员依法给予处分：

1. 未执行国家有关工资、福利待遇等规定的；

2. 对在本机构从事护理工作的护士，未按照国家有关规定足额缴纳社会保险费用的；

3. 未为护士提供卫生防护用品，或者未采取有效的卫生防护措施、医疗保健措施的；

4. 对在艰苦边远地区工作，或者从事直接接触有毒有害物质、有感染传染病危险工作的护士，未按照国家有关规定给予津贴的。

医疗卫生机构有下列情形之一的，由县级以上地方人民政府卫生主管部门依据职责分工责令限期改正，给予警告：

1. 未制定、实施本机构护士在职培训计划或者未保证护士接受培训的；

2. 未依照《护士条例》规定履行护士管理职责的。

（三）护士的法律责任

护士在执业活动中有下列情形之一的，由县级以上地方人民政府卫生主管部门依据职责分工责令改正，给予警告；情节严重的，暂停其6个月以上1年以下执业活动，直至由原发证部门吊销其护士执业证书：

1. 发现患者病情危急未立即通知医师的；

2. 发现医嘱违反法律、法规、规章或者诊疗技术规范的规定，未依照条例的规定提出或者报告的；

3. 泄露患者隐私的；

4. 发生自然灾害、公共卫生事件等严重威胁公众生命健康的突发事件，不服从安排参加医疗救护的。

护士在执业活动中造成医疗事故的，依照医疗事故处理的有关规定承担法律责任。

（四）其他人的法律责任

扰乱医疗秩序，阻碍护士依法开展执业活动，侮辱、威胁、殴打护士，或者有其他侵犯护士合法权益行为的，由公安机关依照治安管理处罚法的规定给予处罚；构成犯罪的，依法追究刑事责任。

案例 3-1

非法行医案

2022年9月，被告人王某在自己家中为李某实施眼部抽脂、除皱、提眉等手术。术后李某右眼出现下直肌肿胀、压迫导致视神经萎缩、视力严重下降等症状。经鉴定李某的损伤程度为重伤二级，左眼盲目5级评定为八级伤残。被告人王某因害怕李某将其告发，于2023年1月向当地公安机关投案自首，并如实供述了上述犯罪事实。

经查证，王某并未依法取得医师资格证书，为掩人耳目，曾在其家中为数人实施面部美容手术，非法获利达35 890元。案发后，王某赔偿李某55万元，并取得被害人谅解。在案件审理过程中，被告人王某退出违法所得35 890元。当地人民法院一审认为，被告人王某在没有取得医师执业资格的情况下非法行医，情节严重，构成非法行医罪。鉴于被告人具有自首、积极赔偿并取得被害人谅解、退出违法所得等法定从轻、减轻处罚情节，依法对王某判处有期徒刑一年八个月，缓刑二年执行，并处罚金一万元，扣押在案的违法所得35 890元，予以没收，上缴国库。宣判后，被告人表示服判，未提出上诉，一审判决已发生法律效力。

思考：非法行医罪的构成需要满足哪些条件？

学习小结

本章主要介绍了卫生技术人员管理的法律制度。主要包括医师、执业药师和护士管理法律制度。

医师管理法律制度主要介绍了医师的资格考试与注册制度、医师在执业活动中的权利与义务及执业规则、医师的培训和考核、违反《医师法》应承担的法律责任。

执业药师管理法律制度主要介绍了执业药师的资格考试与注册制度、职责规范、权利义务、监督管理及违反执业药师管理相关法律、法规应承担的法律责任。

护士管理法律制度主要介绍护士的考试注册制度、护士的权利与义务、医疗机构在护士管理中应承担的职责、违反护士条例应承担的法律责任。

（王　钰）

复习参考题

一、选择题

1. 《中华人民共和国医师法》规定，具有高等学校相关医学专业本科以上学历，在执业医师指导下，在医疗卫生机构中参加医学专业工作实践满（ ），可以参加执业医师资格考试。
   - A. 三年
   - B. 二年
   - C. 一年
   - D. 四年
   - E. 五年

2. 下列可以对医师进行注册的情况是
   - A. 医生甲受刑事处罚，刑罚执行完毕一年半
   - B. 医生乙因医疗事故被吊销执业证书一年半
   - C. 医师丙因医师定期考核不合格被注销注册已 8 个月
   - D. 医生丁有精神病史，但目前处于健康状态
   - E. 医生戊在医师资格考试中参与有组织作弊行为

3. 护士执业注册的有效期是

   - A. 一年
   - B. 二年
   - C. 三年
   - D. 四年
   - E. 五年

4. 以师承方式学习中医满（ ），或者经多年实践医术确有专长的，经县级以上人民政府卫生健康主管部门委托的中医药专业组织或者医疗卫生机构考核合格并推荐，可以参加中医医师资格考试。
   - A. 一年
   - B. 二年
   - C. 三年
   - D. 四年
   - E. 五年

5. 执业药师注册内容不包括
   - A. 执业类别
   - B. 执业范围
   - C. 执业地区
   - D. 执业单位
   - E. 执业方式

   答案：1. C；2. D；3. E；4. C；5. E

二、简答题

1. 《中华人民共和国医师法》中规定的注销注册的情况有哪些？
2. 医师的权利和义务都包括哪些内容？
3. 《护士条例》对医疗机构在护士执业管理中的职责是如何规定的？
4. 我国对执业药师的考试和注册都有哪些规定？

生命健康权益保护法律制度

学习目标

知识目标	1. 掌握生命健康权的概念、母婴保健法的概念、婚前保健和孕产期保健的法律规定、人口与计划生育法的概念和生育调节、精神卫生法的概念和精神障碍的诊断和治疗。 2. 熟悉母婴保健医学技术鉴定、计划生育技术服务与法律责任及精神障碍的康复。 3. 了解母婴保健的监督和管理、违反《母婴保健法》的法律责任及人口与计划生育法治建设。
能力目标	运用所学知识，依法保护自身生命健康权益。
素质目标	提升自身法律素养，养成法律思维。

第一节　生命健康权益保护法律制度概述

一、生命健康权的概念

生命健康权（right of life and health）是公民享有的最基本的人身权利。公民的生命健康权包括生命权和健康权两个部分。生命权是指公民维护自己的生命安全不受非法剥夺、侵害的权利。健康权是维持身体、精神和社会完满状态的权利。生命健康权是公民对自己的生命安全、身体组织器官完整以及身体的生理机能和心理状态的健康所享有的权利。

二、生命健康权的特征

（一）生命健康权是基本权利

生命健康权是人生存和发展的根本需要和条件，是人类活动最重要的价值取向之一。正因为生命和健康是人类生存的基本条件，自然法学派将生命健康权视为天赋的、与生俱来的、不可剥夺的基本人权和公民社会最根本的利益所在。生命健康权作为基本权利受到法律保护在法制史上早有记载，无论是东方还是西方的古代法，都有"伤人者刑"的规定。

（二）生命健康权是普遍权利

生命健康权并不是单纯的国内法问题，而是国际社会共同关注的问题。《世界人权宣言》第25条规定：人人有权享受为维持他本人和家属的健康和福利所需的生活水准，包括食物、衣着、住房、医疗和必要的社会服务。《经济、社会以及文化国际公约》第12条规定，缔约各国承认人人有权享有能达到的最高的体质和心理健康的标准。作为普遍权利，生命健康权的国际规范以及所缔结的国际条约是普遍适用的，不应在不同的领域有所不同。但由于各国发展差异较大，在生命健康权的保护上实践中还存在一定的差别。

（三）生命健康权是社会权利

社会权利属于公民权利的一种，主要指人在社会生活中享有的那部分公民权利。生命健康权不仅是个人需要，也是一种公共需要，这无疑就决定了生命健康权的社会性。如果一个人得了传染病，受损害的不只是本人，特别是瘟疫、流行病等，影响的是公共健康，因此保护生命健康权是每一位公民应尽的责任。

三、我国生命健康权益保护的法律规定

（一）《宪法》对生命健康权的保护

《宪法》对公民生命健康权这一最为基本的权利并没有直接规定，而只是通过公民其他权利间接体现出来。《宪法》第37条规定，中华人民共和国公民的人身自由不受侵犯。任何公民非经人民检察院批准或者决定或者人民法院决定并由公安机关执行不受逮捕。禁止非法拘禁和以其他方法非法剥夺或者限制公民的人身自由，禁止非法搜查公民的身体。《宪法》第38条规定，中华人民共和国公民的人格尊严不受侵犯。禁止用任何方法对公民进行侮辱、诽谤和诬告陷害。

（二）《民法典》对于生命健康权的保护

《民法典》将人格权独立成编，其中第990条规定：人格权是民事主体享有的生命权、身体权、健康权、姓名权、名称权、肖像权、名誉权、荣誉权、隐私权等权利。《民法典》第1002条规定：自然人享有生命权。自然人的生命安全和生命尊严受法律保护。任何组织或者个人不得侵害他人的生命权。《民法典》第1004条规定：自然人享有健康权。自然人的身心健康受法律保护。任何组织或者个人不得侵害他人的健康权。《民法典》第1005条规定：自然人的生命权、身体权、健康权受到侵害或者处于其他危难情形的，负有法定救助义务的组织或者个人应当及时施救。

（三）《基本医疗卫生与健康促进法》对于生命健康权的保护

《基本医疗卫生与健康促进法》第4条规定：国家和社会尊重、保护公民的健康权。国家实施健康中国战略，普及健康生活，优化健康服务，完善健康保障，建设健康环境，发展健康产业，提升公民全生命周期健康水平。《基本医疗卫生与健康促进法》第50条规定：发生自然灾害、事故灾难、公共卫生事件和社会安全事件等严重威胁人民群众生命健康的突发事件时，医疗

卫生机构、医疗卫生人员应当服从政府部门的调遣，参与卫生应急处置和医疗救治。对致病、致残、死亡的参与人员，按照规定给予工伤或者抚恤、烈士褒扬等相关待遇。

（四）《刑法》对于生命健康权的保护

《刑法》对于侵害他人健康非法剥夺他人生命的，会处以严厉惩罚。《刑法》第232条规定：故意杀人的，处死刑、无期徒刑或者十年以上有期徒刑；情节较轻的，处三年以上十年以下有期徒刑。《刑法》第233条规定，过失致人死亡的，处三年以上七年以下有期徒刑；情节较轻的，处三年以下有期徒刑。《刑法》第234条规定：故意伤害他人身体的，处三年以下有期徒刑、拘役或者管制。犯前款罪，致人重伤的，处三年以上十年以下有期徒刑；致人死亡或者以特别残忍手段致人重伤造成严重残疾的，处十年以上有期徒刑、无期徒刑或者死刑。本法另有规定的，依照规定。

（五）《行政许可法》对于生命健康权的保护

《行政许可法》第12条第4项规定：直接关系公共安全、人身健康、生命财产安全的重要设备、设施、产品需要按照技术标准、技术规范，通过检验、检测、检疫等方式进行审定的事项，可以设定行政许可。上述规定对于生命健康权益的保障具有重要意义，拓宽了生命健康权益保障的渠道，提升了保障的水平。

（六）《产品质量法》对于生命健康权的保护

《产品质量法》直接全面地对公民的生命健康加以了保障性规定。《产品质量法》第43条规定：因产品存在缺陷造成人身、他人财产损害的，受害人可以向产品的生产者要求赔偿，也可以向产品的销售者要求赔偿。属于产品的生产者的责任，产品的销售者赔偿的，产品的销售者有权向产品的生产者追偿。属于产品的销售者的责任，产品的生产者赔偿的，产品的生产者有权向产品的销售者追偿。《产品质量法》第49条规定：生产、销售不符合保障人体健康和人身、财产安全的国家标准、行业标准的产品的，责令停止生产、销售，没收违法生产、销售的产品，并处违法生产、销售产品（包括已售出和未售出的产品）货值金额等值以上三倍以下的罚款；有违法所得的，并处没收违法所得；情节严重的，吊销营业执照；构成犯罪的，依法追究刑事责任。

（七）其他法律对生命健康权的保护

除上述法律规定外，公民生命健康权利还广泛存在于其他现行法律规定中。2023年1月1日施行的《中华人民共和国妇女权益保障法》（简称《妇女权益保障法》）对妇女生命健康权进行了专门规定，其中第21条载明：妇女的生命权、身体权、健康权不受侵犯。禁止虐待、遗弃、残害、买卖以及其他侵害女性生命健康权益的行为。2022年1月1日施行的《中华人民共和国科学技术进步法》中，第3条、第27条、第87条均对科技发展中公民生命健康权的保护作出了规定。2021年11月1日实施的《中华人民共和国个人信息保护法》第13条规定：为应对突发公共卫生事件，或者紧急情况下为保护自然人的生命健康和财产安全所必需，个人信息处理者方可处理个人信息。《中华人民共和国个人信息保护法》第18条：个人信息处理者处理个人信息，有法律、行政法规规定应当保密或者不需要告知的情形的，可以不向个人告知前条第一款规定的事项。紧急情况下为保护自然人的生命健康和财产安全无法及时向个人告知的，个人信息处理者应当在紧急情况消除后及时告知。

第二节　母婴保健法律制度

一、概述

（一）母婴保健法的概念

母婴保健法（maternal and infant health care law）是指调整母亲和婴儿健康、提高出生人口素质活动中产生的各种社会关系的法律规范的总称。

（二）母婴保健法律制度

我国宪法规定，婚姻、家庭、母亲和儿童受国家保护。为了保障母亲和婴儿健康，提高出生人口素质，我国制定了一系列有关优生保健的法律、法规。例如：《民法典》《妇女权益保障法》《未成年人保护法》等都对保护妇女和儿童的健康作出了规定。

1994年10月27日，第八届全国人民代表大会常务委员会第十次会议通过了《母婴保健法》，自1995年6月1日起实施，并于2017年最新修订。《母婴保健法》是宪法对人民健康和妇女、儿童保护原则规定的具体化规定。2001年6月，国务院颁布了《母婴保健法实施办法》，并于2022年进行修订。2016年3月28日，国家卫生和计划生育委员会、国家工商行政管理总局、国家食品药品监督管理总局颁布了《禁止非医学需要的胎儿性别鉴定和选择性别人工终止妊娠的规定》。2021年1月8日，国家卫生健康委员会颁布了《母婴保健专项技术服务许可及人员资格管理办法》。上述法律、法规等的颁布和实施，充分显示了党和政府对我国妇女和儿童健康的关怀和重视。

二、母婴保健技术服务

（一）婚前保健

1. 婚前保健服务的内容　婚前保健服务包括下列内容：① 婚前卫生指导：指关于性卫生知识、生育知识和遗传病知识的教育；② 婚前卫生咨询：指对有关婚配、生育保健等问题提供医学意见；③ 婚前医学检查：对准备结婚的男女双方可能影响结婚和生育的疾病进行医学检查。

2. 婚前医学检查　婚前医学检查包括对下列疾病的检查：① 严重遗传性疾病，指由于遗传因素先天形成，患者全部或部分丧失自主生活能力，而且后代再现风险高，医学上认为不宜生育的疾病；② 指定传染病，指《传染病防治法》中规定的艾滋病、梅毒、麻风病以及医学上认为影响结婚和生育的其他传染病在传染期内的；③ 有关精神病，指精神分裂症、躁狂抑郁性精神病以及其他重型精神病。

3. 婚前医学检查证明和医学意见　经婚前医学检查，医疗保健机构应当出具婚前医学检查证明。对患指定传染病在传染期内、精神病在发病期内，患有不宜生育的严重遗传性疾病，医师应当向当事人说明情况，提出预防、治疗以及采取相应医学措施的建议。当事人依据医生的医学意见，可以暂缓结婚，也可以自愿采用长效避孕措施或者实施结扎手术。医疗、保健机构应当为其治疗提供医学咨询和医疗服务。

（二）孕产期保健

1. 孕产期保健内容　孕产期保健是指孕前、孕时、产时、产后的保健和指导。

（1）母婴保健指导：为孕妇提供卫生、营养、心理等方面的医学指导咨询；对孕妇及家属进行生殖健康教育和科学育儿的知识讲座；对孕育健康后代以及严重遗传性疾病和碘缺乏病等地方病的发病原因、治疗和预防方法提供医学指导意见。

（2）孕妇、产妇保健：为孕妇、产妇建立孕产妇保健手册；针对高危孕妇，做好重点监护、随访和医疗保健服务；为孕妇、产妇提供安全分娩技术服务及其他孕产期保健服务等。

（3）胎儿保健：对胎儿生长发育进行监护，定期检查胎位、胎心等，发现异常应当提出医学意见，必要时及时采取措施进行处理；提供咨询和医学指导。

（4）新生儿保健：为新生儿生长发育、哺乳和护理提供医疗保健服务。按照规定建立儿童保健手册，定期进行健康检查，做好婴儿多发病、常见病防治等医疗保健服务；按照国家规定开展新生儿先天性、遗传性代谢病筛查、诊断、治疗和检测等。

2. 医学指导和医学意见　医疗保健机构在产前检查中对患严重疾病或者接触致畸物质，妊娠可能危及孕妇生命安全或者可能严重影响孕妇健康和胎儿正常发育的，应当予以医学指导；医师发现或者怀疑患严重遗传性疾病的育龄夫妇，应当提出医学意见；育龄夫妇应当根据医师的医学意见采取相应的措施。医师发现或者怀疑胎儿异常的，应当对孕妇进行产前诊断。诊断时发现有下列情形之一的，医师应当向孕妇及家属说明情况，并提出终止妊娠的医学意见：

（1）胎儿患有严重遗传性疾病的；

（2）胎儿有严重缺陷的；

（3）因患严重疾病，继续妊娠可能危及孕妇生命安全或者严重危害孕妇健康的。

3. 实施终止妊娠或者结扎手术的原则　实施终止妊娠或者结扎手术，要采取本人自愿的原则。医师进行手术时，要征求本人同意，并签署意见；本人无行为能力的，应征得监护人的同意，并签署意见。

三、母婴保健医学技术鉴定

母婴保健医学技术鉴定是指母婴保健医学技术鉴定组织，依法受理接受母婴保健服务的公民的申请，对婚前医学检查、遗传病诊断和产前诊断有异议，所进行的医学技术鉴定。

（一）技术鉴定组织和鉴定人员

母婴保健医学技术鉴定委员会分为省、市、县三级。母婴保健医学技术鉴定委员会成员应当符合下列任职条件：① 县级母婴保健医学技术鉴定委员会成员应当具有主治医师以上专业技术职务；② 设区的市级和省级母婴保健医学技术鉴定委员会成员应当具有副主任医师以上专业技术职务。

医学技术鉴定委员会，由卫生行政部门提名，同级人民政府聘任，其名单应当报上级卫生行政部门备案。医学技术鉴定委员会应由妇产科、儿科、妇女保健、儿童保健、生殖保健、医学遗传、神经病学、精神病学、传染病学等医学专家组成。因医学技术鉴定需要，医学技术鉴定委员会可以临时聘请有关专家参加鉴定工作，所聘人员有发表医学诊断意见的权利，但无表决权。

（二）鉴定程序

母婴保健医学技术鉴定委员会进行医学鉴定时须有5名以上相关专业医学技术鉴定委员会成

员参加。鉴定委员会成员应当在鉴定结论上署名；不同意见应当如实记录。鉴定委员会根据鉴定结论向当事人出具鉴定意见书。鉴定实行回避制度，凡与当事人有利害关系，可能影响公正鉴定的人员，应当回避。

四、母婴保健的监督和管理

（一）政府领导母婴保健工作

《母婴保健法》规定，各级人民政府应当采取措施，加强母婴保健工作，提高医疗保健服务水平，积极防治由环境因素所致严重危害母亲和婴儿健康的地方性高发性疾病，促进母婴保健事业的发展。县级以上地方人民政府卫生行政部门管理本行政区域内的母婴保健工作。

（二）母婴保健工作管理机构及其职责

1. 国务院卫生行政部门及其职责 国务院卫生行政部门主管全国母婴保健工作，履行下列职责：

（1）制定《母婴保健法》及《母婴保健法实施办法》的配套规章和技术规范；

（2）按照分级分类指导的原则，制定全国母婴保健工作发展规划和实施步骤；

（3）组织推广母婴保健及其他生殖健康的适宜技术；

（4）对母婴保健工作实施监督。

2. 县级以上卫生行政部门及其职责

《母婴保健法实施办法》规定，各级人民政府应当将母婴保健工作纳入本级国民经济和社会发展计划，为母婴保健事业的发展提供必要的经济、技术和物质条件，并对少数民族地区、贫困地区的母婴保健事业给予特殊支持。

县级以上地方人民政府根据本地区的实际情况和需要，可以设立母婴保健事业发展专项资金。县级以上地方人民政府卫生行政部门负责本行政区域内的母婴保健监督管理工作，履行下列监督管理职责：

（1）依照《母婴保健法》和《母婴保健法实施办法》以及国务院卫生行政部门规定的条件和技术标准，对从事母婴保健工作的机构和人员实施许可，并核发相应的许可证书；

（2）对《母婴保健法》和《母婴保健法实施办法》的执行情况进行监督检查；

（3）对违反《母婴保健法》和《母婴保健法实施办法》的行为，依法给予行政处罚；

（4）负责母婴保健工作监督管理的其他事项。

五、法律责任

（一）行政责任

未取得国家颁发的有关合格证书的，有下列行为之一，县级以上地方人民政府卫生行政部门应当予以制止，并可以根据情节给予警告或者处以罚款：

（1）从事婚前医学检查、遗传病诊断、产前诊断或者医学技术鉴定的；

（2）施行终止妊娠手术的；

（3）出具《母婴保健法实施办法》规定的有关医学证明的。

上款第（3）项出具的有关医学证明无效。

从事母婴保健工作的人员违反《母婴保健法实施办法》规定，出具有关虚假医学证明或者进行胎儿性别鉴定的，由医疗保健机构或者卫生行政部门根据情节给予行政处分；情节严重的，依法取消执业资格。

医疗、保健机构或者人员未取得母婴保健技术许可，擅自从事婚前医学检查、遗传病诊断、产前诊断、终止妊娠手术和医学技术鉴定或者出具有关医学证明的，由卫生行政部门给予警告，责令停止违法行为，没收违法所得；违法所得5 000元以上的，并处违法所得3倍以上5倍以下的罚款；没有违法所得或者违法所得不足5 000元的，并处5 000元以上2万元以下的罚款。

从事母婴保健技术服务的人员出具虚假医学证明文件的，依法给予行政处分；有下列情形之一的，由原发证部门撤销相应的母婴保健技术执业资格或者医师执业证书：

（1）因延误诊治，造成严重后果的；

（2）给当事人身心健康造成严重后果的；

（3）造成其他严重后果的。

违反母婴保健法规定进行胎儿性别鉴定的，由卫生行政部门给予警告，责令停止违法行为；对医疗、保健机构直接负责的主管人员和其他直接责任人员，依法给予行政处分。进行胎儿性别鉴定两次以上的或者以营利为目的进行胎儿性别鉴定的，并由原发证机关撤销相应的母婴保健技术执业资格或者医师执业证书。

（二）民事责任

母婴保健工作人员在诊疗护理过程中，因诊疗护理过失，造成病员死亡、残废、组织器官损伤导致功能障碍的，应根据《医疗事故处理条例》和《民法典》的有关规定，承担相应的民事责任。

（三）刑事责任

未取得国家颁发的有关合格证书，施行终止妊娠手术或者采取其他方法终止妊娠，致人死亡、残疾、丧失或者基本丧失劳动能力的，依照《刑法》有关规定追究刑事责任。

根据法律规定取得相应合格证书，从事母婴保健工作的人员由于严重不负责任，造成就诊人死亡或者严重损害就诊人身体健康的，依照《刑法》规定追究刑事责任。

第三节　人口与生育规划法律制度

一、概述

（一）人口与生育规划法律制度的概念

人口与生育规划法律制度（legal system of population and family planning）是调整人口与经济、社会、资源、环境的协调发展，保障公民生育规划的合法权益，促进家庭幸福，民族繁荣与社会进步活动中产生的各种社会关系的法律规范的总称。

（二）人口与生育规划法治建设

1962年，中共中央、国务院发出《关于认真提倡计划生育的指示》。1971年，国务院转发了卫生部、商业部等《关于做好计划生育工作的报告》。1973年，国务院和各省级都成立了计划生育领导小组，同年第一次将人口增长指标纳入国民经济计划。1978年，我国《宪法》第一次规定："国家提倡和推行计划生育"，确立了计划生育工作在中国经济和社会发展全局中的重要地位。1982年中国共产党第十二次全国代表大会明确提出"实行计划生育是我国的一项基本国策"，同年第五届全国人民代表大会第五次会议通过的《宪法》，规定"国家推行计划生育，使人口的增长同经济和社会发展计划相适应""夫妻双方有实行计划生育的义务"。1991年，政府在《关于加强计划生育工作严格控制人口增长的决定》中，对计划生育政策做出全面而完整的阐述。1995年底，政府制定了《中国计划生育工作纲要（1995—2000年）》。2001年12月29日，全国人民代表大会常务委员会颁布了《中华人民共和国人口与计划生育法》（以下简称《人口与计划生育法》），自2002年9月1日起实施，该法在2021年进行了修改，自2021年8月20日起施行。

《人口与计划生育法》是中国第一次以人口与生育规划工作为主要内容的基本法律，标志着我国人口与生育规划法治建设进入了一个新的阶段，是中国人口与生育规划事业发展史上的一个重要的里程碑。

二、生育调节

生育调节是以经济、行政、法律、医学等手段调整人类的生育行为。《人口与计划生育法》规定了计划生育的基本生育政策，同时规定了公民实行计划生育、落实避孕节育措施的义务以及实行计划生育的育龄夫妻享有免费服务的权利。

（一）公民的生育权利和义务

公民的生育权利：① 公民有生育的权利，男女在实行计划生育上享有平等的权利，夫妻双方在实行计划生育中负有共同的责任；② 获得计划生育信息、手段和教育，知情选择的权利；③ 健康与安全保障的权利；④ 公民的生育权益受法律保护。

公民的生育义务：① 公民有依法实行计划生育的义务；② 育龄夫妻应当自觉落实计划生育避孕节育措施，接受计划生育技术服务指导；③ 公民有协助人民政府开展人口与计划生育工作的义务。

（二）现行的政策

国家提倡适龄婚育、优生优育。一对夫妻可以生育三个子女。

符合法律、法规规定条件的，可以要求安排再生育子女。具体办法由省、自治区、直辖市人民代表大会或者其常务委员会规定。

少数民族也要实行计划生育，具体办法由省、自治区、直辖市人民代表大会或者其常务委员会规定。

夫妻双方户籍所在地的省、自治区、直辖市之间关于再生育子女的规定不一致的，按照有利于当事人的原则适用。

（三）措施与保障

国家创造条件，保障公民知情选择安全、有效、适宜的避孕节育措施。实施避孕节育手术，应当保证受术者的安全。

育龄夫妻应当自主选择计划生育避孕节育措施，预防和减少非意愿妊娠。

实行计划生育的育龄夫妻免费享受国家规定的基本项目的计划生育技术服务，所需经费，按照国家有关规定列入财政预算或者由社会保险予以保障。

禁止歧视、虐待生育女婴的妇女和不育的妇女，禁止歧视、虐待、遗弃女婴。

三、奖励与社会保障

（一）国家建立奖励与社会保障制度

国家对实行计划生育的夫妻，按照规定给予奖励，建立、健全基本养老保险、基本医疗保险、生育保险和社会福利等社会保障制度，促进计划生育。国家鼓励保险公司举办有利于计划生育的保险项目。符合法律、法规规定生育子女的夫妻，可以获得延长生育假的奖励或者其他福利待遇。国家支持有条件的地方设立父母育儿假。

妇女怀孕、生育和哺乳期间，按照国家有关规定享受特殊劳动保护并可以获得帮助和补偿。国家保障妇女就业合法权益，为因生育影响就业的妇女提供就业服务。公民实行计划生育手术，享受国家规定的休假。国家采取财政、税收、保险、教育、住房、就业等支持措施，减轻家庭生育、养育、教育负担。

县级以上各级人民政府综合采取规划、土地、住房、财政、金融、人才等措施，推动建立普惠托育服务体系，提高婴幼儿家庭获得服务的可及性和公平性。

国家鼓励和引导社会力量兴办托育机构，支持幼儿园和机关、企业事业单位、社区提供托育服务。

（二）独生子女奖励制度

在国家提倡一对夫妻生育一个子女期间，自愿终身只生育一个子女的夫妻，国家发给《独生子女父母光荣证》。

获得《独生子女父母光荣证》的夫妻，按照国家和省、自治区、直辖市有关规定享受独生子女父母奖励。

法律、法规或者规章规定给予获得《独生子女父母光荣证》的夫妻奖励的措施中由其所在单位落实的，有关单位应当执行。

在国家提倡一对夫妻生育一个子女期间，按照规定应当享受计划生育家庭老年人奖励扶助的，继续享受相关奖励扶助，并在老年人福利、养老服务等方面给予必要的优先和照顾。

获得《独生子女父母光荣证》的夫妻，独生子女发生意外伤残、死亡的，按照规定获得扶助。县级以上各级人民政府建立、健全对上述人群的生活、养老、医疗、精神慰藉等全方位帮扶保障制度。

（三）政府保障措施

地方各级人民政府对农村实行计划生育的家庭发展经济，给予资金、技术、培训等方面的支持、优惠；对实行计划生育的贫困家庭，在扶贫贷款、以工代赈、扶贫项目和社会救济等方面给予优先照顾。省、自治区、直辖市和较大的市的人民代表大会及其常务委员会或者人民政府可以依据《人口与计划生育法》和有关法律、行政法规规定的奖励措施，结合当地实际情况，制定具体实施办法。

四、生育规划技术服务

（一）概念

生育规划技术服务（family planning technical service）是指生育规划技术指导、咨询以及生育规划有关的临床医疗服务。生育规划技术服务是生育规划工作的重要环节，加强生育规划技术服务工作，对控制人口，实行生育规划目标，提高人口素质，保障公民的生殖健康权利，保护妇女的身体健康，都具有重要的意义。

（二）政府职责

国家建立婚前保健、孕产期保健制度，防止或者减少出生缺陷，提高出生婴儿健康水平。各级人民政府应当采取措施，保障公民享有生育规划技术服务，提高公民的生殖健康水平；合理配置、综合利用卫生资源，建立、健全由生育规划技术服务机构和从事生育规划技术服务的医疗、保健机构组成的生育规划技术服务网络，改善技术服务设施和条件，提高技术服务水平。

（三）生育规划机构职责及技术服务内容

医疗卫生机构应当针对育龄人群开展优生优育知识宣传教育，对育龄妇女开展围孕期、孕产期保健服务，承担计划生育、优生优育、生殖保健的咨询、指导和技术服务，规范开展不孕不育症诊疗。

生育规划技术服务人员应当指导实行生育规划的公民选择安全、有效、适宜的避孕措施。国家鼓励生育规划新技术、新药具的研究、应用和推广。

（四）禁止性别鉴定

严禁利用超声技术和其他技术手段进行非医学需要的胎儿性别鉴定；严禁非医学需要的选择性别的人工终止妊娠。

五、法律责任

（一）行政责任

违反《人口与计划生育法》规定，有下列行为之一的，由卫生健康主管部门责令改正，给予警告，没收违法所得；违法所得一万元以上的，处违法所得二倍以上六倍以下的罚款；没有违法所得或者违法所得不足一万元的，处一万元以上三万元以下的罚款；情节严重的，由原发证机关吊销执业证书：

（1）非法为他人施行计划生育手术的；

（2）利用超声技术和其他技术手段为他人进行非医学需要的胎儿性别鉴定或者选择性别的人工终止妊娠的。

托育机构违反托育服务相关标准和规范的，由卫生健康主管部门责令改正，给予警告；拒不改正的，处五千元以上五万元以下的罚款；情节严重的，责令停止托育服务，并处五万元以上十万元以下的罚款。

生育规划技术服务人员违章操作或者延误抢救、诊治，造成严重后果的，依照有关法律、行政法规的规定承担相应的法律责任。

国家机关工作人员在生育规划工作中，有下列行为之一，尚不构成犯罪的，依法给予处分；有违法所得的，没收违法所得：

（1）侵犯公民人身权、财产权和其他合法权益的；

（2）滥用职权、玩忽职守、徇私舞弊的；

（3）索取、收受贿赂的；

（4）截留、克扣、挪用、贪污计划生育经费的；

（5）虚报、瞒报、伪造、篡改或者拒报人口与计划生育统计数据的。

违反《人口与计划生育法》规定，不履行协助计划生育管理义务的，由有关地方人民政府责令改正，并给予通报批评；对直接负责的主管人员和其他直接责任人员依法给予处分。

拒绝、阻碍卫生健康主管部门及其工作人员依法执行公务的，由卫生健康主管部门给予批评教育并予以制止；构成违反治安管理行为的，依法给予治安管理处罚。

（二）民事责任

生育规划技术服务人员违章操作或延误抢救、诊治，造成严重后果的，依据《医师法》《医疗纠纷预防和处理条例》《母婴保健法》《民法典》等有关法律规定承担相应的民事责任。

（三）刑事责任

违反《人口与计划生育法》规定，有下列行为之一的，构成犯罪的，依法追究刑事责任：

（1）非法为他人施行计划生育手术的；

（2）利用超声技术和其他技术手段为他人进行非医学需要的胎儿性别鉴定或者选择性别的人工终止妊娠的。

托育机构有虐待婴幼儿行为的，构成犯罪的，依法追究刑事责任。

国家机关工作人员在生育规划工作中，有下列行为之一，构成犯罪的，依法追究刑事责任：

（1）侵犯公民人身权、财产权和其他合法权益的；

（2）滥用职权、玩忽职守、徇私舞弊的；

（3）索取、收受贿赂的；

（4）截留、克扣、挪用、贪污计划生育经费的；

（5）虚报、瞒报、伪造、篡改或者拒报人口与计划生育统计数据的。

拒绝、阻碍卫生健康主管部门及其工作人员依法执行公务的，构成犯罪的，依法追究刑事责任。

第四节　精神卫生法律制度

一、概述

（一）精神卫生的概念

精神卫生（mental health）是指开展精神障碍的预防、治疗和康复，促进公民心理健康的各项活动。精神卫生有广义和狭义之分。

狭义的精神卫生是指精神障碍的预防、医疗和康复工作，即对精神障碍患者早期发现，及时治疗，有效康复，最终使其回归社会。广义的精神卫生，除了上述内容外，还包括促进全体公民心理健康的内容，通过政府及其有关部门、用人单位、学校、新闻媒体等的工作，促进公民了解精神卫生知识，提高社会公众的心理健康水平。《精神卫生法》所使用的是广义的精神卫生的概念。

（二）精神障碍的概念

精神障碍（mental disorders）是一种精神疾病，是指由各种原因引起的感知、情感和思维等精神活动紊乱或者异常，导致患者明显的心理痛苦或者社会适应等功能损害。精神障碍按照病情的严重程度，分为一般的精神障碍和严重的精神障碍。严重的精神障碍，是指疾病症状严重，导致患者社会适应等功能严重损害，对自身健康状况或者客观现实不能完整认识，或者不能处理自身事务的精神障碍，主要包括精神分裂症、偏执性精神病、分裂情感障碍、双相情感障碍、癫痫所致精神障碍、精神发育迟滞等六种精神疾病。

（三）精神卫生法治建设

精神卫生是社会的窗口，更是社会发展和文明的标志。精神卫生立法体现着一个国家或地区的政治、经济、文化、公共卫生和人权保障等多方面状况。因此，国际社会一直相当重视这一问题，世界上许多国家和地区进行了精神卫生立法。2012年10月26日，第十一届全国人民代表大会常务委员会第二十九次会议审议通过了《精神卫生法》，于2013年5月1日起正式施行，并于2018年进行了修订。《精神卫生法》的颁布实施填补了我国精神卫生领域的法律空白，是我国精神卫生领域具有里程碑意义的立法。

二、精神障碍者权利保护

（一）人格尊严权

人格尊严权是人格权中最为核心的权利，是民事主体作为人应当受到整个社会和其他人最基本的尊重的权利。精神障碍者由于自身生理缺陷，自我控制和认知能力差，容易做出一些常人所无法理解的动作和行为，而遭到耻笑和歧视。我国《精神卫生法》第4条、第5条规定，精神障碍患者的人格尊严不受侵犯，全社会应当尊重、理解、关爱精神障碍患者。

（二）人身自由权

人身自由权是一项重要的人格权，分为身体自由权和精神自由权两类，是指自然人的人身自由不受外界的侵犯和干扰。精神障碍者最容易受到侵犯的是身体自由权。《精神卫生法》第5条规定，不得非法限制精神障碍患者的人身自由。然而社会上经常曝光精神障碍者家人为了防止精神障碍者走丢或肇事肇祸，将其囚禁在家中；有的精神障碍者经过医疗机构治疗后完全可以回归到家庭，在社区中进行后续的治疗，但是监护人或者亲属基于麻烦以及社区居民对精神障碍者的恐惧心理而不签字，他们被继续留滞在精神卫生诊疗机构，难以回归社会和家庭。这些案件的发生都是对精神障碍者自由的一种剥夺，侵犯了精神障碍者人身自由权。

（三）隐私权

隐私权是自然人应该享有的个人信息、私人活动和私有领域不得受到侵犯的一项人格权利。隐私权是任何人非经法律途径不能干涉的权利。我国《精神卫生法》规定，有关单位和个人应当对精神障碍者的姓名、肖像、住址、工作单位、病历资料以及其他可能推断出其身份的信息予以保密。精神障碍者由于生理、心理的特殊性，无法完全自主地保护自己的隐私权。如果侵犯了精神障碍者的隐私权，公开了他们的有关信息不仅容易在社会上引起不必要的恐慌，而且容易让精神障碍者排斥医院治疗，不利于精神障碍者的康复。所以，医护人员在诊疗的过程中尤其应该注意对精神障碍者隐私权的保护。

（四）就医权

就医权是民事主体寻求医生要求看病和治疗的权利。就医权是指自然人因患病或自我感觉不适，依法享有的获得诊疗服务的权利和与获得诊疗服务有关的各项权利。我国《精神卫生法》有关精神障碍的诊断和治疗的规定就是就医权的一种体现，要求精神卫生机构必须具备一定的资质及诊疗条件，诊疗过程中要维护精神障碍者权利，不得因就诊的患者是精神障碍者而不提供本院能够治疗的其他疾病诊疗条件。

（五）社会保障权

社会保障权是人的基本权利之一，是公民应该享有的基本权利，主要内容包括社会救助、社会保险、社会福利等。关注精神障碍者的基本生活、医疗、就业、社区保障问题，加大对精神障碍者的帮扶，解决精神障碍者的基本生存和发展问题，提高精神障碍者的救治水平，使精神障碍者能够平等地参与到社会生活中来，才能体现对弱势群体的权利保护，才能符合和谐社会的基本要求。

三、精神障碍的诊断和治疗

（一）设立精神障碍诊疗机构的条件

开展精神障碍诊断、治疗活动，应当具备下列条件，并依照医疗机构的管理规定办理有关手续：

（1）有与从事的精神障碍诊断、治疗相适应的精神科执业医师、护士；

（2）有满足开展精神障碍诊断、治疗需要的设施和设备；

（3）有完善的精神障碍诊断、治疗管理制度和质量监控制度。

从事精神障碍诊断、治疗的专科医疗机构还应当配备从事心理治疗的人员。

（二）精神障碍的诊断

1. 诊断原则　精神障碍的诊断，应当遵循维护患者合法权益、尊重患者人格尊严的原则，保障患者在现有条件下获得良好的精神卫生服务。

2. 诊断医师和诊断依据 精神障碍的诊断应当以精神健康状况为依据；除法律另有规定外，不得违背本人意志进行确定其是否患有精神障碍的医学检查；并且诊断应当由精神科执业医师作出。

3. 对疑似精神障碍患者的诊断 除个人自行到医疗机构进行精神障碍诊断外，疑似精神障碍患者的近亲属可以将其送往医疗机构进行精神障碍诊断。对查找不到近亲属的流浪乞讨疑似精神障碍患者，由当地民政等有关部门按照职责分工，帮助送往医疗机构进行精神障碍诊断。疑似精神障碍患者发生伤害自身、危害他人安全的行为，或者有伤害自身、危害他人安全的危险的，其近亲属、所在单位、当地公安机关应当立即采取措施予以制止，并将其送往医疗机构进行精神障碍诊断。医疗机构接到送诊的疑似精神障碍患者，不得拒绝为其作出诊断。

4. 再次诊断和鉴定

（1）对于"已经发生危害他人安全的行为，或者有危害他人安全的危险"的精神障碍患者，患者或者其监护人对需要住院治疗的诊断结论有异议，不同意对患者实施住院治疗的，可以要求再次诊断和鉴定。

（2）患者或监护人要求再次诊断的，应当自收到诊断结论之日起三日内向原医疗机构或者其他具有合法资质的医疗机构提出。承担再次诊断的医疗机构应当在接到再次诊断要求后，指派二名初次诊断医师以外的精神科执业医师进行再次诊断，并及时出具再次诊断结论。承担再次诊断的执业医师应当到收治患者的医疗机构面见、询问患者，该医疗机构应当予以配合。对再次诊断结论有异议的，可以自主委托依法取得执业资质的鉴定机构进行精神障碍医学鉴定；医疗机构应当公示经公告的鉴定机构名单和联系方式。接受委托的鉴定机构应当指定本机构具有该鉴定事项执业资格的二名以上鉴定人共同进行鉴定，并及时出具鉴定报告。

（3）鉴定人应当到收治精神障碍患者的医疗机构面见、询问患者，该医疗机构应当予以配合。鉴定人本人或者其近亲属与鉴定事项有利害关系，可能影响其独立、客观、公正进行鉴定的，应当回避。鉴定机构、鉴定人应当遵守有关法律、法规、规章的规定，尊重科学，恪守职业道德，按照精神障碍鉴定的实施程序、技术方法和操作规范，依法独立进行鉴定，出具客观、公正的鉴定报告。鉴定人应当对鉴定过程进行实时记录并签名。

（4）再次诊断结论或者鉴定报告表明，不能确定就诊者为严重精神障碍患者，或者患者不需要住院治疗的，医疗机构不得对其实施住院治疗。再次诊断结论或者鉴定报告表明，精神障碍患者有"已经发生危害他人安全的行为，或者有危害他人安全的危险的"的情形的，其监护人应当同意对患者实施住院治疗。监护人阻碍实施住院治疗或者患者擅自脱离住院治疗的，可以由公安机关协助医疗机构采取措施对患者实施住院治疗。在相关机构出具再次诊断结论、鉴定报告前，收治精神障碍患者的医疗机构应当按照诊疗规范的要求对患者实施住院治疗。

（三）精神障碍的治疗

1. 精神障碍患者住院治疗的原则 精神障碍的住院治疗实行自愿原则。诊断结论、病情评估表明，就诊者为严重精神障碍患者并有下列情形之一的，应当对其实施住院治疗：① 已经发生伤害自身的行为，或者有伤害自身的危险的；② 已经发生危害他人安全的行为，或者有危害他人安全的危险的。

2. 对医疗机构的要求

（1）医疗机构及其医务人员应当将精神障碍患者在诊断、治疗过程中享有的权利，告知患者或者其监护人。

（2）医疗机构应当配备适宜的设施、设备，保护就诊和住院治疗的精神障碍患者的人身安全，防止其受到伤害，并为住院患者创造尽可能接近正常生活的环境和条件。

（3）医疗机构及其医务人员应当遵循精神障碍诊断标准和治疗规范，制定治疗方案，并向精神障碍患者或者其监护人告知治疗方案和治疗方法、目的以及可能产生的后果。

（4）对精神障碍患者使用药物，应当以诊断和治疗为目的，使用安全、有效的药物，不得为诊断或者治疗以外的目的使用药物。

（5）精神障碍患者在医疗机构内发生或者将要发生伤害自身、危害他人安全、扰乱医疗秩序的行为，医疗机构及其医务人员在没有其他可替代措施的情况下，可以实施约束、隔离等保护性医疗措施。实施保护性医疗措施应当遵循诊断标准和治疗规范，并在实施后告知患者的监护人。禁止利用约束、隔离等保护性医疗措施惩罚精神障碍患者。

（6）医疗机构不得强迫精神障碍患者从事生产劳动；禁止对精神障碍患者实施与治疗其精神障碍无关的实验性临床医疗。

（7）医疗机构对精神障碍患者实施下列治疗措施，应当向患者或者其监护人告知医疗风险、替代医疗方案等情况，并取得患者的书面同意；无法取得患者意见的，应当取得其监护人的书面同意，并经本医疗机构伦理委员会批准：① 导致人体器官丧失功能的外科手术；② 与精神障碍治疗有关的实验性临床医疗。

（8）医疗机构及其医务人员应当尊重住院精神障碍患者的通信和会见探访者等权利。除在急性发病期或者为了避免妨碍治疗可以暂时性限制外，不得限制患者的通信和会见探访者等权利。

（9）医疗机构及其医务人员应当在病历资料中如实记录精神障碍患者的病情、治疗措施、用药情况、实施约束、隔离措施等内容，并如实告知患者或者其监护人。患者及其监护人可以查阅、复制病历资料；但是，患者查阅、复制病历资料可能对其治疗产生不利影响的除外。病历资料保存期限不得少于三十年。

（10）医疗机构不得因就诊者是精神障碍患者，推诿或者拒绝为其治疗属于本医疗机构诊疗范围的其他疾病。

四、精神障碍的康复
（一）社区康复机构在康复方面的义务
社区康复机构应当为需要康复的精神障碍患者提供场所和条件，对患者进行生活自理能力和社会适应能力等方面的康复训练。

（二）医疗机构在康复方面的义务

医疗机构应当为在家居住的严重精神障碍患者提供精神科基本药物维持治疗，并为社区康复机构提供有关精神障碍康复的技术指导和支持。

（三）基层群众性自治组织在康复方面的义务

村民委员会、居民委员会应当为生活困难的精神障碍患者家庭提供帮助，并向所在地乡镇人民政府或者街道办事处以及县级人民政府有关部门反映患者及其家庭的情况和要求，帮助其解决实际困难，为患者融入社会创造条件。

（四）残疾人组织在康复方面的义务

残疾人组织或者残疾人康复机构应当根据精神障碍患者康复的需要，组织患者参加康复活动。

（五）用人单位在康复方面的义务

用人单位应当根据精神障碍患者的实际情况，安排患者从事力所能及的工作，保障患者享有同等待遇，安排患者参加必要的职业技能培训，提高患者的就业能力，为患者创造适宜的工作环境，对患者在工作中取得的成绩予以鼓励。

（六）监护人在康复方面的义务

精神障碍患者的监护人应当协助患者进行生活自理能力和社会适应能力等方面的康复训练。精神障碍患者的监护人在看护患者过程中需要技术指导的，社区卫生服务机构或者乡镇卫生院、村卫生室、社区康复机构应当提供。

五、精神卫生工作的保障措施

（一）政府保障

1. 县级以上人民政府卫生行政部门会同有关部门依据国民经济和社会发展规划的要求，制定精神卫生工作规划并组织实施。精神卫生监测和专题调查结果应当作为制定精神卫生工作规划的依据。

2. 省、自治区、直辖市人民政府根据本行政区域的实际情况，统筹规划，整合资源，建设和完善精神卫生服务体系，加强精神障碍预防、治疗和康复服务能力建设。

3. 县级人民政府根据本行政区域的实际情况，统筹规划，建立精神障碍患者社区康复机构。县级以上地方人民政府应当采取措施，鼓励和支持社会力量举办从事精神障碍诊断、治疗的医疗机构和精神障碍患者康复机构。

（二）经费保障

国家加强基层精神卫生服务体系建设，扶持贫困地区、边远地区的精神卫生工作，保障城市社区、农村基层精神卫生工作所需经费。各级人民政府应当根据精神卫生工作需要，加大财政投入力度，保障精神卫生工作所需经费，将精神卫生工作经费列入本级财政预算。

（三）人才保障

医学院校应当加强精神医学的教学和研究，按照精神卫生工作的实际需要培养精神医学专门人才，为精神卫生工作提供人才保障；综合性医疗机构应当按照国务院卫生行政部门的规定开设精神科门诊或者心理治疗门诊，提高精神障碍预防、诊断、治疗能力；医疗机构应当组织医务人员学习精神卫生知识和相关法律、法规、政策。从事精神障碍诊断、治疗、康复的机构应当定期组织医务人员、工作人员进行在岗培训，更新精神卫生知识等。

（四）医疗保障

县级以上人民政府卫生行政部门应当组织医疗机构为严重精神障碍患者免费提供基本公共卫生服务。精神障碍患者的医疗费用按照国家有关社会保险的规定由基本医疗保险基金支付。医疗保险经办机构应当按照国家有关规定将精神障碍患者纳入城镇职工基本医疗保险、城镇居民基本医疗保险或者新型农村合作医疗的保障范围。县级人民政府应当按照国家有关规定对家庭经济困难的严重精神障碍患者参加基本医疗保险给予资助。人力资源和社会保障、卫生、民政、财政等部门应当加强协调，简化程序，实现属于基本医疗保险基金支付的医疗费用由医疗机构与医疗保险经办机构直接结算。

（五）对贫困严重精神障碍患者的社会救助

精神障碍患者通过基本医疗保险支付医疗费用后仍有困难，或者不能通过基本医疗保险支付医疗费用的，民政部门应当优先给予医疗救助。对符合城乡最低生活保障条件的严重精神障碍患者，民政部门应当会同有关部门及时将其纳入最低生活保障。对属于农村五保供养对象的严重精神障碍患者，以及城市中无劳动能力、无生活来源且无法定赡养、抚养、扶养义务人，或者其法定赡养、抚养、扶养义务人无赡养、抚养、扶养能力的严重精神障碍患者，民政部门应当按照国家有关规定予以供养、救助。

（六）精神障碍患者教育就业权利的保障

县级以上地方人民政府及其有关部门应当采取有效措施，保证患有精神障碍的适龄儿童、少年接受义务教育，扶持有劳动能力的精神障碍患者从事力所能及的劳动，并为已经康复的人员提供就业服务。国家对安排精神障碍患者就业的用人单位依法给予税收优惠，并在生产、经营、技术、资金、物资、场地等方面给予扶持。

（七）对精神卫生工作人员的保障

县级以上人民政府及其有关部门、医疗机构、康复机构应当采取措施，加强对精神卫生工作人员的职业保护，提高精神卫生工作人员的待遇水平，并按照规定给予适当的津贴。精神卫生工作人员因工致伤、致残、死亡的，其工伤待遇以及抚恤按照国家有关规定执行。

六、法律责任

（一）行政责任

1. 县级以上人民政府卫生行政部门和其他有关部门未依照《精神卫生法》规定履行精神卫生工作职责，或者滥用职权、玩忽职守、徇私舞弊的，由本级人民政府或者上一级人民政府有关部门责令改正，通报批评，对直接负责的主管人员和其他直接责任人员依法给予警告、记过或者记大过的处分；造成严重后果的，给予降级、撤职或者开除的处分。

2. 不符合《精神卫生法》规定条件的医疗机构擅自从事精神障碍诊断、治疗的，由县级以上人民政府卫生行政部门责令停止相关诊疗活动，给予警告，并处五千元以上一万元以下罚款，有违法所得的，没收违法所得；对直接负责的主管人员和其他直接责任人员依法给予或者责令给予降低岗位等级或者撤职、开除的处分；对有关医务人员，吊销其执业证书。

3. 医疗机构及其工作人员有下列行为之一的，由县级以上人民政府卫生行政部门责令改正，给予警告；情节严重的，对直接负责的主管人员和其他直接责任人员依法给予或者责令给予降低岗位等级或者撤职、开除的处分，并可以责令有关医务人员暂停一个月以上六个月以下执业活动：

（1）拒绝对送诊的疑似精神障碍患者作出诊断的；

（2）对"已经发生危害他人安全的行为，或者有危害他人安全的危险的"的住院治疗的患者未及时进行检查评估或者未根据评估结果作出处理的。

4. 医疗机构及其工作人员有下列行为之一的，由县级以上人民政府卫生行政部门责令改正，对直接负责的主管人员和其他直接责任人员依法给予或者责令给予降低岗位等级或者撤职的处分；对有关医务人员，暂停六个月以上一年以下执业活动；情节严重的，给予或者责令给予开除的处分，并吊销有关医务人员的执业证书：

（1）违反《精神卫生法》规定，实施约束、隔离等保护性医疗措施的；

（2）违反《精神卫生法》规定，强迫精神障碍患者劳动的；

（3）违反《精神卫生法》规定，对精神障碍患者实施外科手术或者实验性临床医疗的；

（4）违反《精神卫生法》规定，侵害精神障碍患者的通信和会见探访者等权利的；

（5）违反精神障碍诊断标准，将非精神障碍患者诊断为精神障碍患者的。

5. 有下列情形之一的，由县级以上人民政府卫生行政部门、工商行政管理部门依据各自职责责令改正，给予警告，并处五千元以上一万元以下罚款，有违法所得的，没收违法所得；造成严重后果的，责令暂停六个月以上一年以下执业活动，直至吊销执业证书或者营业执照：

（1）心理咨询人员从事心理治疗或者精神障碍的诊断、治疗的；

（2）从事心理治疗的人员在医疗机构以外开展心理治疗活动的；

（3）专门从事心理治疗的人员从事精神障碍的诊断的；

（4）专门从事心理治疗的人员为精神障碍患者开具处方或者提供外科治疗的。

6. 精神障碍的诊断、治疗、鉴定过程中，寻衅滋事，阻挠有关工作人员依照《精神卫生法》的规定履行职责，扰乱医疗机构、鉴定机构工作秩序的，依法给予治安管理处罚。

（二）民事责任

1. 心理咨询人员、专门从事心理治疗的人员在心理咨询、心理治疗活动中造成他人人身、财产或者其他损害的，依法承担民事责任。

2. 有下列情形之一，给精神障碍患者或者其他公民造成人身、财产或者其他损害的，依法承担赔偿责任：

（1）将非精神障碍患者故意作为精神障碍患者送入医疗机构治疗的；

（2）精神障碍患者的监护人遗弃患者，或者有不履行监护职责的其他情形的；

（3）歧视、侮辱、虐待精神障碍患者，侵害患者的人格尊严、人身安全的；

（4）非法限制精神障碍患者人身自由的；

（5）其他侵害精神障碍患者合法权益的情形。

3. 医疗机构出具的诊断结论表明精神障碍患者应当住院治疗而其监护人拒绝，致使患者造成他人人身、财产损害的，或者患者有其他造成他人人身、财产损害情形的，其监护人依法承担民事责任。

（三）刑事责任

违反《精神卫生法》的规定，构成犯罪的，依法追究刑事责任。

相关链接 | 日本、英国、加拿大等国家都确立了法律体系清晰、内容明确的精神障碍患者权益保护法。其中日本先后颁布《精神障碍患者越狱和保护法》《精神病院法》《精神卫生法》和《新精神保障法》等一系列法律、法规，其主要特点是在日常生活中加强对精神障碍患者权益的保护。加拿大则注重从精神障碍司法鉴定的层面设立明确的法律规定。英国则注重在刑事辩护领域对精神障碍患者权益的保护，特别是针对精神障碍患者犯罪的法庭辩护极具英美法系特色。

案例 4-1　　　　　　　　　　**曾某、江某与甲妇幼保健中心医疗损害责任纠纷案**

曾某和江某系母子关系，江某系曾某母亲。2018年1月22日，江某怀孕约23周零6天，在甲妇幼保健中心进行四维彩超检查，超声提示：宫内妊娠、单活胎、臀位、脐绕颈一周；脐动脉血流频谱测值正常范围；超声估测体重为654g；建议产前咨询及定期复查，检查告知：本次超声检查主要对胎儿大小进行评估及六大严重畸形进行筛查。2018年3月15日，江某前往甲妇幼保健中心进行彩色超声检查，超声提示：宫内妊娠、单活胎、头位；脐动脉血流频谱测值正常范围。2018年5月3日，江某生育一女即曾某。2018年5月29日，曾某在市人民医院检查治疗时诊断出室间隔缺损（膜部型）；房间隔缺损（中央型）；彩色血流示：心室水平左向右分流，心房水平左向右分流；多普勒显示：肺动脉瓣上血流流速增高。2018年6月12日，曾某经某医科大学总医院诊断为：先天性心脏病、室间隔缺损（膜部）、卵圆孔未闭，肺动脉高压（中-重度），建议住院手术治疗。2018年8月13日，曾某在某医科大学附属医院进行住院治疗，经诊断为：室间隔缺损；先天性主动脉瓣下隔膜；右心室流出道异常肌束；卵圆孔未闭；心功能Ⅱ级。后行室间隔缺损修补术、主动脉瓣下隔膜切除术、右心室流出道疏通术、卵圆孔未闭修补术。2018年8月21日，因病情好转曾某出院，医嘱建议：门诊复查，不适随诊。曾某因治疗病情花费医疗费共计50 605.58元，其中医疗费经统筹报销已报销13 000元。2019年4月23日，某司法鉴定中心鉴定意见为：甲妇幼保健中心向江某提供的医疗服务行为存在过错，存在因果关系，参与度为次要原因。曾某为八级伤残。曾某护理期为

90~120日，营养期为60~90日，亦可按临床治疗情况确定。曾某后续治疗费用评定应在15 000~18 000元之间。当然，此费用为后续治疗前的评估费用，若要准确计算，应根据临床治疗情况确定。

法院审理时争议焦点是：甲妇幼保健中心对江某进行产前诊疗的过程是否存在过错。关于妇幼保健中心对江某进行产前诊疗的过程是否存在过错的问题，根据《母婴保健法》第14条"医疗保健机构应当为育龄妇女和孕产妇提供孕产期保健服务。孕产期保健服务包括下列内容：（三）胎儿保健：为胎儿生长发育进行监护，提供咨询和医学指导"之规定，结合本案，甲妇幼保健中心作为医疗机构，应将诊断及诊断意见明确告知孕妇。司法鉴定意见书中主要分析说明：甲妇幼保健中心具有超声检查Ⅱ级资质，仅能对Ⅱ级资质以内诊断内容做出B超检查结论，超出Ⅱ级资质的检查内容在自身不具备能力和条件的情况下，应主动提出或建议孕妇在有条件和能力的三级医院进一步检查，在所出具的材料中无医方对患者的建议和指导性意见。甲妇幼保健中心2018年1月22日超声检查报告单中在胎儿胸部检查内容和提示中均未注明心脏有异常记录。从事超声检查的妇幼保健中心医生宋某无超声执业医师资质。据此，结合鉴定意见妇幼保健中心向江某提供的医疗服务行为存在过错，存在因果关系，参与度为次要原因，甲妇幼保健中心应当承担侵权责任，综合案件情况酌定甲妇幼保健中心承担30%的赔偿责任。最后法院判决：甲妇幼保健中心于判决生效后十日内赔偿江某各项经济损失共计108 914.97元；驳回江某、曾某的其他诉讼请求。后双方均不服一审判决，均上诉至上级法院，二审法院维持原判。

思考：

1. 结合本案，谈一下《母婴保健法》规定的孕产期保健的内容？

2. 结合本案中司法鉴定机构的鉴定意见，请对甲妇幼保健中心对于江某的产前诊疗过程中存在的过错进行分析？

学习小结

生命健康权利是人类最基本的、重要的权利，其保护和发展与社会文明的进步密不可分。我国在《宪法》以及其他形式的法律规范中，建立起了较为完整的生命健康权益法律保护体系。本章重点介绍了母婴保健法律制度、人口与生育规划法律制度、精神卫生法律制度。通过本章学习，学生掌握和熟悉生命健康权的概念、母婴保健法的概念、婚前保健和孕产期保健的法律规定、母婴保健医学技术鉴定、生育规划技术服务与法律责任、生育调节、精神障碍的康复、精神障碍的诊断和治疗等内容。

（张　雪）

复习参考题

一、选择题

1. 根据《母婴保健法》，医疗保健机构可以开展以下活动，除了
   A. 婚前医学检查
   B. 遗传病诊断
   C. 非医学需要的胎儿性别鉴定
   D. 产前诊断
   E. 施行结扎手术

2. 开展精神障碍诊断、治疗活动，应当具备（　　）条件，并依照医疗机构的管理规定办理有关手续。
   A. 有与从事的精神障碍诊断、治疗相适应的精神科执业医师、护士
   B. 有满足开展精神障碍诊断、治疗需要的设施和设备
   C. 有完善的精神障碍诊断、治疗管理制度
   D. 有完善的质量监控制度
   E. 以上都是

3. 精神障碍的诊断应当以（　　）为依据
   A. 精神健康状况
   B. 疾病类型
   C. 发病频次

   D. 以上都是
   E. 以上都不是

4. 医疗保健机构应当为公民提供婚前保健服务，婚前保健服务包括
   A. 婚前卫生指导、婚前健康咨询、婚前医学检查
   B. 婚前卫生指导、婚前卫生咨询、婚前医学检查
   C. 婚前遗传指导、婚前卫生咨询、婚前医学检查
   D. 婚前卫生指导、婚前卫生咨询、婚前遗传检查
   E. 婚前卫生指导、婚前健康咨询、婚前遗传检查

5. 国家提倡适龄婚育、优生优育，一对夫妻可以生育（　　）个子女
   A. 1
   B. 2
   C. 3
   D. 4
   E. 5

   参考答案：1. C；2. E；3. A；4. B；5. C

二、简答题

1. 婚前保健和孕产期保健的法律规定有哪些？
2. 《人口与计划生育法》规定的生育调节有哪些内容？
3. 《精神卫生法》关于精神障碍的诊断和治疗有哪些法律规定？

医疗纠纷处理法律制度

学习目标

知识目标
1. 掌握医疗纠纷的概念和特征、医疗事故的概念和构成要件、医疗损害责任的概念和类型、医疗损害责任法律关系的构成要件、医学会医疗损害鉴定的概念及医疗损害司法鉴定的概念和程序。
2. 熟悉医疗事故的分级、医疗事故的预防与处置。
3. 了解医疗纠纷处理法治建设、医疗事故的行政处理与监督及医疗损害赔偿。

能力目标 能够运用所学知识初步处理医疗纠纷。

素质目标 尊重医师、患者合法权利，提升应对医疗纠纷能力。

第一节 医疗纠纷法律制度概述

一、医疗纠纷的概念和特征

（一）医疗纠纷的概念

医疗纠纷（medical dispute）是指发生在医疗机构与患者或患者家属之间，基于医疗关系而产生的争议。医疗纠纷通常是由医疗过失行为引起的。医疗过失是医务人员在诊疗护理过程中未充分履行应尽的注意义务，从而导致患者人身或财产利益受损。这些过失往往导致患者的不满意或造成对患者的伤害，从而引起医疗纠纷。除此之外，有时医方在医疗活动中并没有任何过失，但由于患者缺乏基本的医学知识，对正确的医疗处理、疾病的自然转归和难以避免的并发症以及医疗中的意外事故等不理解，也会引起医疗纠纷。

（二）医疗纠纷的特征

1. 当事人的特定性 在医疗纠纷中，双方当事人是特定的，一方当事人是医疗服务的提供者即医疗机构及其医务人员，另一方当事人是在医疗机构接受医疗服务的患者及其家属。根据《医疗机构管理条例》第二条的规定，医疗机构是从事疾病诊断、治疗活动的医院、卫生院、疗养院、门诊部、诊所、卫生所（室）以及急救站等。患者是指接受医疗服务的自然人，随着医学科学技术的发展，现在很多人不仅是因为治疗疾病而前往医疗机构就医，还有出于预防疾病、保健及美容的需求而前往医疗机构接受服务的。因此，医疗服务的对象也在不断扩展，不仅仅包括患者，还包括因为预防疾病或求学、求职而进行体检的人员以及为了保健、美容等就诊的人员。

2. 医疗纠纷具有专业性和技术性　大多数医疗纠纷是由诊疗方式或诊疗技术、医疗用品或药物的使用等引起的，这些都具有很强的专业性和技术性。非医学专业人员很难确定其是否存在过错及因果关系，通常需要通过医疗事故鉴定或司法鉴定才能确定。

3. 医疗纠纷诉讼请求的多样性　医疗纠纷因医患之间的医疗关系而产生，纠纷的原因主要是医疗服务合同没有完全履行或医疗侵权损害而产生，由此产生的法律责任属于民事责任。医疗纠纷的民事诉讼请求也表现为多样性，可以以侵犯隐私权、侵权知情同意权等提起诉讼。

4. 医疗纠纷解决途径的多样性　我国法律、法规认可的解决医疗纠纷的方式有医患双方协商解决、申请卫生行政部门调解、第三方调解或直接向人民法院提起民事诉讼等多种途径。

二、医疗纠纷处理法治建设

由于疾病性质的特异性、患者体质的个体差异性、医疗行为的专业性、医学科学发展的局限性与医疗技术水平所处的阶段性等因素影响，医疗行为具有一定的风险性，疗效具有不确定性。再加上部分患者对医疗效果的期望值过高，医疗纠纷容易产生。处理医疗纠纷的法律和制度建设亟待纳入日程。

20世纪70年代末期，随着我国改革开放的不断推进，医疗纠纷的处理也走上了卫生行政处理与司法处理相结合的道路。1978年5月和1980年9月，卫生部先后发布了《关于预防和处理医疗事故的暂行规定》和《关于坚决防止医疗责任事故的通知》两个规范性文件。各省、市、自治区也相应地制定了本行政区预防医疗事故和处理医疗纠纷的法规，这些部门规章和地方法规的制定，对预防医疗事故的发生和规范医疗纠纷的处理发挥了重要的作用，也为我国医疗纠纷法治建设打下了良好的基础。1987年6月，国务院发布实施了《医疗事故处理办法》（以下简称《办法》），对医疗事故的概念、构成、分类、等级、鉴定、处理等作出了明确规定。依据该《办法》的授权，卫生部发布了《医疗事故分级标准》和《关于〈医疗事故处理办法〉若干问题的说明》，各省、市、自治区根据国务院发布的《办法》制定了《〈办法〉实施细则》，为规范处理医疗事故和纠纷提供了政策依据，确立了经医疗事故鉴定委员会鉴定后进行行政处理和通过司法诉讼处理这两条纠纷处理途径，医疗纠纷处理逐步走向规范化和法治化的道路。

随着我国市场经济体制发展，医患关系也发生了深刻的变化，该办法已不适应新时代的需求。在《办法》颁布施行十多年后，国务院于2002年2月通过并公布了《医疗事故处理条例》（以下简称《条例》）。《条例》重新定义了医疗事故的概念，规定了医疗事故预防、处置、认定、鉴定、赔偿和处罚等内容，明确了医疗事故赔偿等民事责任纠纷可通过医患协商、行政调解或司法诉讼等途径解决。此后又出台一系列医疗事故处理条例的配套规定，如颁布了《医疗事故技术鉴定暂行办法》（2002年7月31日），关于印发《医疗事故争议中尸检机构及专业技术人员资格认定办法》的通知（2002年8月2日），卫生部、国家中医药管理局关于做好实施《医疗事故处理条例》有关工作的通知（2002年8月2日），国家中医药管理局关于印发《医疗机构病历管理规定》的通知（2002年8月2日），《医疗事故分级标准（试行）》（2002年7月19日）等。2003年12月，最高人民法院公布了《关于审理人身损害赔偿案件适用法律若干问题的解释》（法释〔2003〕20号），明确了人身损害赔偿项目，提高了人身损害赔偿标准。2009年12月，全国人民代表大会常务委员会第十二次会议审议通过了《侵权责任法》，并于2010年7月1日正式实施。《侵权责任法》单独设立"医疗损害责任"章节，从法律层面明确了医疗损害责任的内涵与归责原则，为界定医疗损害责任提供了法律依据，后因《民法典》的实施被废止。

2018年10月1日，《医疗纠纷预防和处理条例》正式实施，将医疗纠纷预防和处理工作全面纳入法治化轨道，保护医患双方合法权益，维护医疗秩序、保障患者安全。2017年最高人民法院发布《最高人民法院关于审理医疗损害责任纠纷案件适用法律若干问题的解释》，对医疗损害案件审理作出更加详细的规定，该解释于2021年进行了修正。2020年6月1日，全国人民代表大会常务委员会发布的《基本医疗卫生与健康促进法》施行，规定国家建立医疗纠纷预防和处理机制，妥善处理医疗纠纷，维护医疗秩序。2021年1月1日，《民法典》正式施行，在第七篇侵权责任中专门规定了医疗损害责任。2022年3月1日，正式实施的《中华人民共和国医师法》规定了人民政府及其有关部门应当将医疗纠纷预防和处理工作纳入社会治安综合治理体系，至此，我国医疗纠纷处理的法律体系进一步得到完善和发展。

第二节　医疗事故处理法律制度

一、医疗事故的概念和构成要件

（一）医疗事故的概念

医疗事故（malpractice）是指医疗机构及其医务人员在医疗活动中，违反医疗卫生管理法律、行政法规、部门规章和诊疗护理规范、常规，过失造成患者人身损害的事故。

（二）医疗事故的构成要件

1. 主体是医疗机构及其医务人员　医疗事故发生在医疗机构及其医务人员的医疗活动中，这指明了医疗事故发生的场所和活动范围，即依法取得执业许可，或者执业资格的医疗机构和医务人员在其合法的医疗活动中发生的事故。

2. 行为的违法性　医疗事故是医疗机构及其医务人员因违反医疗卫生管理法律、行政法规、部门规章和诊疗护理规范、常规而发生的事故。目前我国颁布的医疗卫生管理方面的法律、行政法规主要包括《医师法》《传染病防治法》《母婴保健法》《献血法》《职业病防治法》《药品管理法》《精神药品管理办法》《医疗纠纷预防和处理条例》等。卫生部门以及相关部门还制定了一大批部门规章和诊疗护理规范、常规。医疗机构和医务人员在自己的有关业务活动中应当掌握相应的规定，并遵循规定，以确保其行为的合法。

3. 过失造成患者人身损害　医务人员因疏忽大意或过于自信的过失行为，造成患者人身损害。疏忽大意的过失是指行为人应当预见自己的行为可能发生危害社会的结果，因为疏忽大意而没有预见，以致发生这种结果的行为。过于自信的过失是指行为人已经预见自己的行为可能发生危害社会的结果但轻信能够避免，以致发生这种结果的行为。

4. 过失行为和损害后果之间存在因果关系　过失行为和损害后果之间存在的因果关系是判定医疗事故成立的重要因素。如果医疗机构及医务人员虽然存在着过失行为，但是并没有给患者造成损害后果，或者损害后果产生，但医疗机构及医务人员并没有过失行为，则不能称为医疗事故。只有查明过失行为与损害后果之间存在因果关系时，才能确定为医疗事故。

二、医疗事故的分级

根据对患者人身造成的损害程度，医疗事故分为四级：

1. 一级医疗事故　造成患者死亡，重度残疾的；

2. 二级医疗事故　造成患者中度残疾，器官组织损伤导致严重功能障碍的；

3. 三级医疗事故　造成患者轻度残疾，器官组织损伤导致一般功能障碍的；

4. 四级医疗事故　造成患者明显人身损害的其他后果的。

医疗事故的分级涉及对患者的赔偿，以及卫生行政部门对医疗事故的行政处理和监督，因此，医疗事故的分级正确与否是公正处理医疗事故的关键。

三、医疗事故的预防

医疗事故对社会及医患双方都造成不良影响，任何方面都不希望其发生。完全杜绝医疗事故是不现实的，但是医疗事故可以预防，这就需要做好以下几方面工作：

1. 医疗机构及其医务人员在医疗活动中，必须严格遵守医疗管理法律、行政法规、部门规章和诊疗护理规范、常规，恪守医疗服务职业道德；

2. 医疗机构应当对其医务人员进行医疗卫生管理法律、行政法规、部门规章和诊疗护理规范、常规的培训和医疗服务职业道德教育；

3. 医疗机构应当设置医疗服务质量监控部门或者配备专（兼）职人员，具体负责监督本医疗机构的医务人员的医疗服务工作，检查医务人员执业情况，接受患者对医疗服务的投诉，向其提供咨询服务；

4. 医疗机构应当按照国务院卫生行政部门规定的要求，书写并妥善保管病历资料，允许患者复印或者复制病历资料，并提供相应证明；

5. 医疗机构及其医务人员应向患者履行如实告知的义务；

6. 医疗机构应当制定防范、处理医疗事故的预案，预防医疗事故的发生，减轻医疗事故的损害。

四、医疗事故的处置

（一）报告

医务人员在医疗活动中发生或者发现医疗事故或者可能发生医疗事故的，应当立即向所在科室负责人报告，科室负责人应当及时向本医疗机构负责医疗服务质量监控的部门或专（兼）职人员报告；负责医疗服务质量监控的部门或专（兼）职人员接到报告后，应当立即进行调查、核实，将有关情况如实向本医疗机构的负责人报告，并向患者通报、解释。发生医疗事故的医疗机构应当按照规定向所在地卫生行政部门报告。发生或者发现医疗过失行为，医疗机构及医务人员应当立即采取有效措施，避免或减轻对患者身体健康的损害，防止损害扩大。

（二）病历资料和现场实物的封存

1. 医疗机构应当妥善保管病历资料，发生医疗事故争议时，死亡病例讨论记录、疑难病例讨论记录、上级医师查房记录、会诊意见、病程记录等，应当在医患双方在场的情况下封存和启封，封存的病历资料可以是复印件，由医疗机构保管。

2. 疑似输液、输血、注射、药物等引起不良后果的，医患双方应当共同对现场实物进行封存和启封，封存的现场实物由医疗机构保管；需要检验的，应当由双方共同指定的依法具有资格的检验机构进行检验；双方无法共同指定时，由卫生行政部门指定。

3. 疑似输血引起不良后果，需要对血液进行封存保留的，医疗机构应当通知提供该血液的采、供血机构派人员到现场。

（三）尸检

1. 患者死亡，医患双方当事人不能确定死因，或者对死因有异议的应当在患者死亡后48小时内进行尸检；具备尸体冻存条件的，可以延长至7日。尸检应当经死者近亲属同意并签字。

2. 尸检应当由按国家有关规定取得相应资格的机构和病理解剖专业技术人员进行。

3. 医疗事故争议双方当事人可以请法医病理学人员参加尸检，也可以委派代表观察尸检过程。拒绝或者拖延尸检，超过规定时间，影响对死因判定的，由拒绝或者拖延的一方承担责任。

五、医疗事故的行政处理与监督

（一）医疗事故的行政处理

卫生行政部门接到医疗机构关于重大医疗过失行为的报告后，除责令医疗机构及时采取必要的医疗救治措施，防止损害后果扩大外，还应当组织调查，判定是否属于医疗事故；对不能判定是否属于医疗事故的，应当依照有关规定交由负责医疗事故技术鉴定工作的医学会组织鉴定。

发生医疗事故争议后，医患双方不愿协商解决或者自主协商解决不成时，可以向卫生行政部门提出书面申请。申请书应当载明申请人的基本情况、有关事实、具体请求及理由等。

当事人自知道或应当知道其身体健康受到损害之日起3年内，可以向卫生行政部门提出医疗事故争议处理申请。当事人申请卫生行政部门处理的，由医疗机构所在地的县级人民政府卫生行政部门受理，医疗机构所在地是直辖市的，由医疗机构所在地的区、县人民政府卫生行政部门受理。

有下列情形之一的，县级人民政府卫生行政部门应当自接到医疗机构的报告或者当事人提出医疗事故争议处理申请之日起7日内移送上一级人民政府卫生行政部门处理：① 患者死亡；

② 可能成为二级以上医疗事故；③ 国务院卫生行政部门和省、自治区、直辖市人民政府卫生行政部门规定的其他情形。

卫生行政部门应当自收到医疗事故争议处理申请之日起10日内进行审查，作出是否受理的决定。对符合规定，予以受理，需要进行医疗事故技术鉴定的，应当自作出受理决定之日起5日内将有关材料交由负责医疗事故技术鉴定工作的医学会组织鉴定，并书面通知申请人，对不符合规定，不予受理的，应当书面通知申请人并说明理由。当事人既向卫生行政部门提出医疗事故争议处理申请，又向人民法院提起诉讼的，卫生行政部门不予受理；卫生行政部门已经受理的，应当终止受理。

（二）监督

卫生行政部门收到负责组织医疗事故技术鉴定工作的医学会出具的医疗事故技术鉴定书后，应当对参加鉴定的人员资格和专业类别，鉴定程序进行审核，必要时，可以组织调查，听取医疗事故争议双方当事人的意见。

卫生行政部门经审核，对符合规定做出的医疗事故鉴定意见，应当作为对发生医疗事故的医疗机构和医务人员作出行政处理以及进行医疗事故赔偿调解的依据；经审核，发现医疗事故技术鉴定不符合规定的，应当要求重新鉴定。

医疗事故争议由双方当事人自行协商解决的，医疗机构应当自协商解决之日起7日内向所在地卫生行政部门做出书面报告，并附具协议书。

医疗事故争议经人民法院调解或判决解决的，医疗机构应当自收到生效的人民法院的调解书或者判决书之日起7日内向所在地卫生行政部门做书面报告，并附具调解书或者判决书。

县级以上地方人民政府卫生行政部门应当按照规定逐级将当地发生的医疗事故以及依法对发生医疗事故的医疗机构和医务人员作出行政处理的情况，上报国务院卫生行政部门。

六、法律责任

（一）行政责任

1. 对卫生行政部门及其人员的行政处分　卫生行政部门违反规定，有下列情形之一的，由上级卫生行政部门给予警告并责令限期改正；情节严重的，对负有责任的主管人员和其他直接责任人员依法给予行政处分。

（1）接到医疗机构关于重大医疗过失行为的报告后，未及时组织调查的；

（2）接到医疗事故争议处理申请后，未在规定时间内审查或者移送上一级人民政府卫生行政部门处理的；

（3）未将应当进行医疗事故技术鉴定的重大医疗过失行为或者医疗事故争议移交医学会组织鉴定的；

（4）未按照规定逐级将当地发生的医疗事故以及依法对发生医疗事故的医疗机构和医务人员的行政处理情况上报的；

（5）未依照本条例规定审核医疗事故技术鉴定书的。卫生行政部门的工作人员在处理医疗事故过程中违反规定，利用职务上的便利收受他人财物或者其他利益，滥用职权，玩忽职守，或者发现违法行为不予查处，造成严重后果，尚不够刑事处罚的，依法给予降级或者撤职的行政处分。

2. 对医疗机构及医务人员的行政处分

（1）医疗机构发生医疗事故的，由卫生行政部门根据医疗事故等级和情节，给予警告；情节严重的，责令限期停业整顿直至由原发证部门吊销执业许可证，对负有责任的医务人员，尚不够刑事处罚的，依法给予行政处分或者纪律处分。

（2）对发生医疗事故的有关医务人员除依照前款处罚外，卫生行政部门并可以责令暂停6个月以上1年以下执业活动；情节严重的，吊销其执业证书。

（3）医疗机构违反本条例的规定，有下列情形之一的，由卫生行政部门责令改正；情节严重的，对负有责任的主管人员和其他直接责任人员依法给予行政处分或者纪律处分：① 未如实告知患者病情、医疗措施和医疗风险的；② 没有正当理由，拒绝为患者提供复印或者复制病历资料服务的；③ 未按照国务院卫生行政部门规定的要求书写和妥善保管病历资料的；④ 未在规定时间内补记抢救工作病历内容的；⑤ 未按照本条例的规定封存保管和启封病历资料和实物的；⑥ 未设置医疗服务质量监控部门或者配备专（兼）职人员的；⑦ 未制定有关医疗事故防范和处理预案的；⑧ 未在规定时间内向卫生行政部门报告重大医疗过失行为的；⑨ 未按照《医疗纠纷预防和处理条例》的规定向卫生行政部门报告医疗事故的；⑩ 未按照规定进行尸检和保存、处理尸体的。

（4）医疗机构或者其他有关机构违反《医疗纠纷预防和处理条例》的规定，有下列情形之一的，由卫生行政部门责令改正，给予警告；对负有责任的主管人员和其他直接责任人员依法给予行政处分或者纪律处分；情节严重的，由原发证部门吊销其执业证书或者资格证书：① 承担尸检任务的机构没有正当理由，拒绝进行尸检的；② 涂改、伪造、隐匿、销毁病历资料的。

3. 对扰乱医疗秩序人员的处罚　以医疗事故为由，寻衅滋事、抢夺病历资料，扰乱医疗机构正常医疗秩序和医疗事故技术鉴定工作，尚不够刑事处罚的，依法给予治安管理处罚。

（二）民事责任

医疗事故案侵犯的客体是公民的生命权和健康权，承担民事侵权的法律责任，应进行赔偿。

（三）刑事责任

1. 对卫生行政部门工作人员的刑事处罚　卫生行政部门的工作人员在处理医疗事故过程中违反本条例的规定，利用职务上的便利收受他人财物或者其他利益，滥用职权，玩忽职守，或者发现违法行为不予查处，造成严重后果的，依照《刑法》关于受贿罪、滥用职权罪、玩忽职守罪或者其他有关罪的规定，依法追究刑事责任。

2. 对医务人员的处罚　《刑法》第335条规定，医务人员由于严重不负责任，造成就诊人死亡或者严重损害就诊人身体健康的，处三年以下有期徒刑或者拘役。

3. 对严重扰乱医疗工作正常秩序人员的处罚　以医疗事故为由，寻衅滋事、抢夺病历资料，扰乱医疗机构正常医疗秩序和医疗事故技术鉴定工作，依法追究刑事责任。

第三节　医疗损害法律制度

一、医疗损害责任的概念

医疗损害责任（medical damage liability）是指医疗机构及医务人员在医疗过程中因过失或推定过失，或者在法律规定的情况下无论有无过失，造成患者人身损害或者其他损害，应当承担的以损害赔偿为主要方式的侵权责任。

二、医疗损害责任法律关系的构成要件

医疗损害责任法律关系是医疗机构及医务人员在诊疗过程中给患者造成人身或财产损害，从而形成的双方之间的权利与义务关系。

（一）医疗损害责任法律关系的主体

医疗损害责任法律关系的主体包括两方面：一是医疗机构；二是患者及近亲属。患者到医院就医，是直接通过医务人员进行，但是在一般情况下，患者与医务人员之间并不形成一定的法律关系，具体的法律关系是在患者和医疗机构之间建立的。因为医务人员是执行职务的行为，因执行职务行为所造成的损害由医疗机构承担。

（二）医疗损害责任法律关系的客体

医疗损害责任法律关系的客体是医疗损害责任法律关系主体的权利和义务所指向的对象，即患者的生命权、健康权、身体权受到侵害后，所产生的赔偿费用的给付。医疗机构在提供医疗服务时，因为过失侵害了患者的生命权、健康权、身体权等，不仅给患者带来身体上的痛苦，也会进一步带来医疗费用、误工费用等损失，对于这些损失的赔偿给付，就是医疗损害责任法律关系的客体。

（三）医疗损害责任法律关系的内容

医疗损害责任法律关系的内容就是医疗损害责任法律关系中双方当事人的权利和义务。患者的权利包括求偿权、医疗文件复制权、监督权、请求回避权等。患者承担的义务包括提供相关资料的义务，配合医疗侵权调查的义务等。医疗机构应当承担及时赔偿、防止损害扩大、提交病历资料等义务。

三、医疗损害责任类型

（一）医疗技术损害责任

医疗技术损害责任是指医疗机构及其医务人员运用医学知识、技术及设备，为患者诊断病情并实施治疗的过程中，违反医疗技术的高度注意义务，未尽到与当时的医疗水平相应的诊疗义务，对患者造成的损害应承担的法律责任。医疗技术损害责任包括：

1. **诊断过失损害责任**　最为典型的诊断过失损害是误诊。一般认为医疗机构从业人员的诊断行为中，针对某种疾病，经治医生根本未进行相应的检查诊断程序；或是在已经作出初始诊断，但在之后的进一步治疗过程中，未对初始诊断的正确性进行审查或未发现初始诊断的错误，从而

导致患者人身损害的，即为诊断过失损害。

2. 治疗过失损害责任 主要是指医疗机构从业人员在为患者施行的治疗行为中，违反了相关的法律、法规、规章和诊疗技术规范，并且因为此等行为导致了患者的人身损害，即构成治疗过失损害责任。

3. 护理过失损害责任 主要指医疗机构护理从业人员在为患者施行的护理行为中，违反了相关的法律、法规、规章和诊疗技术规范，并且因为此等行为导致了患者的人身损害，即构成护理过失损害责任。

4. 感染传染损害责任 主要是指医疗机构从业人员在施行诊疗行为中，违反有关院内感染的法律、法规、规章和诊疗技术规范，并且因为此等行为导致了患者的人身损害，即构成感染传染损害责任。

5. 孕检损害责任 孕检损害责任指负责产前检查的医疗机构，违反国家产前筛查、产前诊断相关法律、法规、规章和诊疗技术规范，并且因为此等行为导致了产妇产下具有先天缺陷的婴儿所产生的医疗损害。

6. 生产损害责任 在产妇生产过程中，医疗机构及其从业人员违反相关法律、法规、规章和诊疗技术规范，并且因为此等行为导致了产妇或胎儿在生产过程中发生医疗损害，称为生产损害责任。

（二）医疗伦理损害责任

医疗伦理损害责任是指医疗机构及医务人员从事各种医疗行为时，未对患者充分告知或者说明其病情，未对患者提供及时有用的医疗建议，未保守与病情有关的各种秘密，或未取得患者同意即采取某种医疗措施或停止继续治疗等，而违反医疗职业良知或职业伦理上应遵守的规则的过失行为给患者造成损失的损害责任。医疗伦理损害责任包括：

1. 违反信息告知损害责任 是指医疗机构未对患者充分告知或说明其病情，未对患者提供及时有用的医疗建议，侵害患者知情权的医疗损害责任。

2. 违反患者同意损害责任 是指医疗机构及其医务人员违反其应当尊重患者自主决定意愿的义务，未经患者同意，即积极采取某种医疗措施或消极停止继续治疗，侵害患者自我决定权的医疗损害责任。

3. 违反保密义务损害责任 是指医疗机构及其医务人员违反保密义务，未经患者同意，泄露或披露其隐私的医疗损害责任。

（三）医疗产品损害责任

医疗产品损害责任是指医疗机构在诊疗过程中使用有缺陷的药品、消毒产品、医疗器械以及血液及血液制品等医疗产品，因此造成患者人身损害的损害责任。

《民法典》第1223条规定，因药品、消毒产品、医疗器械的缺陷，或者输入不合格的血液造成患者损害的，患者可以向药品上市许可持有人、生产者、血液提供机构请求赔偿，也可以向医疗机构请求赔偿。

（四）医疗管理损害责任

医疗管理损害责任是指医疗机构和医务人员违背医疗管理规范，具有医疗管理过失，造成患者人身损害和财产损害，应当承担侵权损害赔偿的医疗损害责任。医疗管理包括医疗机构管理、医疗技术应用管理、医疗质量安全管理、医疗服务管理、药品管理、医疗器械管理、采供血机构管理、临床实验室管理等。医疗管理损害责任在《民法典》中没有直接明确列出，但在第1222条规定中有涉及。

四、医疗损害赔偿责任的承担

（一）赔偿项目和标准

医疗机构及其工作人员的医疗过错行为造成患者人身损害的，应当赔偿医疗费、护理费、交通费等为治疗和康复支出的合理费用，以及因误工减少的收入。造成残疾的，还应当赔偿残疾生活辅助器具费和残疾赔偿金。造成死亡的，还应当赔偿丧葬费和死亡赔偿金。同时，医疗损害在造成患者生理上、机体上的严重损害后，造成他人严重精神损害的，被侵权人还可以请求精神损害赔偿。

1. 医疗费 医疗费根据医疗机构出具的医药费、住院费等收款凭证，结合病历和诊断证明等相关证据确定。赔偿义务人对治疗的必要性和合理性有异议的，应当承担相应的举证责任。医疗费的赔偿数额，按照一审法庭辩论终结前实际发生的数额确定。器官功能恢复训练所必要的康复费、适当的整容费以及其他后续治疗费，赔偿权利人可以待实际发生后另行起诉。但根据医疗证明或者鉴定意见确定必然发生的费用，可以与已经发生的医疗费一并予以赔偿。

2. 误工费 根据受害人的误工时间和收入状况确定。误工时间根据受害人接受治疗的医疗机构出具的证明确定。受害人因伤致残持续误工的，误工时间可以计算至定残日前一天。受害人有固定收入的，误工费按照实际减少的收入计算。受害人无固定收入的，按照其最近三年的平均收入计算；受害人不能举证证明其最近三年的平均收入状况的，可以参照受诉法院所在地相同或者相近行业上一年度职工的平均工资计算。

3. 护理费 根据护理人员的收入状况和护理人数、护理期限确定。护理人员有收入的，参照误工费的规定计算；护理人员没有收入或者雇用护工的，参照当地护工从事同等级别护理的劳务报酬标准计算。护理人员原则上为一人，但医疗机构或者鉴定机构有明确意见的，可以参照确定护理人员人数。护理期限应计算至受害人恢复生活自理能力时止。受害人因残疾不能恢复生活自理能力的，可以根据其年龄、健康状况等因素确定合理的护理期限，但最长不超过二十年。受害人定残后的护理，应当根据其护理依赖程度并结合配制残疾辅助器具的情况确定护理级别。

4. 交通费 根据受害人及其必要的陪护人员因就医或者转院治疗实际发生的费用计算。交通费应当以正式票据为凭；有关凭据应当与就医地点、时间、人数、次数相符合。

5. 住院伙食补助费 可以参照当地国家机关一般工作人员的出差伙食补助标准予以确定。受害人确有必要到外地治疗，因客观原因不能住院，受害人本人及其陪护人员实际发生的住宿费和伙食费，其合理部分应予赔偿。

6. 营养费 根据受害人伤残情况参照医疗机构的意见确定。

7. 残疾赔偿金 残疾赔偿金根据受害人丧失劳动能力程度或者伤残等级，按照受诉法院所在地上一年度城镇居民人均可支配收入标准，自定残之日起按二十年计算。但六十周岁以上的，年龄每增加一岁减少一年；七十五周岁以上的，按五年计算。受害人因伤致残但实际收入没有减少，或者伤残等级较轻但造成职业妨害严重影响其劳动就业的，可以对残疾赔偿金作相应调整。

8. **残疾辅助器具费**　按照普通适用器具的合理费用标准计算。伤情有特殊需要的，可以参照辅助器具配制机构的意见确定相应的合理费用标准。辅助器具的更换周期和赔偿期限参照配制机构的意见确定。

9. **丧葬费**　按照受诉法院所在地上一年度职工月平均工资标准，以六个月总额计算。

10. **被扶养人生活费**　根据扶养人丧失劳动能力程度，按照受诉法院所在地上一年度城镇居民人均消费性支出和农村居民人均年生活消费支出标准计算。被扶养人为未成年人的，计算至十八周岁；被扶养人无劳动能力又无其他生活来源的，计算二十年。但六十周岁以上的，年龄每增加一岁减少一年；七十五周岁以上的，按五年计算。

被扶养人是指受害人依法应当承担扶养义务的未成年人或者丧失劳动能力又无其他生活来源的成年近亲属。被扶养人还有其他扶养人的，赔偿义务人只赔偿受害人依法应当负担的部分。被扶养人有数人的，年赔偿总额累计不超过上一年度城镇居民人均消费性支出额或者农村居民人均年生活消费支出额。

11. **死亡赔偿金**　按照受诉法院所在地上一年度城镇居民人均可支配收入或者农村居民人均纯收入标准，按二十年计算。但六十周岁以上的，年龄每增加一岁减少一年；七十五周岁以上的，按五年计算。被扶养人生活费计入残疾赔偿金或者死亡赔偿金。

12. **精神损害抚慰金**　医疗机构及其工作人员的医疗过错行为侵害他人人身权益，造成他人严重精神损害的，被侵权人可以请求精神损害赔偿，适用《最高人民法院关于确定民事侵权精神损害赔偿责任若干问题的解释》予以确定。

（二）损害赔偿的支付方式

损害发生后，当事人可以协商赔偿费用的支付方式。协商不一致的，赔偿费用当一次性支付；一次性支付确有困难的，可以分期支付，但是被侵权人有权请求提供相应的担保。

第四节　医疗纠纷技术鉴定制度

一、医疗纠纷技术鉴定的概念

医疗纠纷技术鉴定是指在解决医疗纠纷的过程中，鉴定人受人民法院、卫生健康主管部门、当事人或代理人的指派或委托，运用专门的知识和技能，依法对医患双方所争议的某些专门性问题作出鉴别和意见的活动。我国现有两种医疗纠纷技术鉴定模式，分别为医学会的医疗损害鉴定和司法鉴定机构的医疗损害司法鉴定，前者由各地医学会负责，而后者是由各司法鉴定机构负责。2021年2月，中华医学会发布了《医学会医疗损害鉴定规则（试行）》，同年11月，司法部发布了《医疗损害司法鉴定指南》。

二、医学会医疗损害鉴定制度

（一）概念

医学会医疗损害鉴定制度是指由医学会组织鉴定专家对医疗机构或者其医务人员的诊疗行为有无过错、过错行为与患者损害结果之间是否存在因果关系、损害后果及程度、过错行为在损害后果中的责任程度（原因力大小），以及因医疗损害发生的护理期、休息期、营养期等专门性问题进行专业技术鉴别和判断并提供鉴定意见的活动。

医学会开展医疗损害鉴定工作应当按照程序进行，坚持科学、公正的原则，实行同行评议，并对出具的医疗损害鉴定意见负责。

（二）专家库

医学会应当结合医疗损害鉴定工作需要建立专家库。卫生专业技术人员成为专家库候选人应具备下列条件：① 有良好的业务素质和执业品德；② 受聘于医疗卫生机构或者医学教学、科研机构，并担任相应高级专业技术职务三年以上；③ 健康状况能够胜任医疗损害鉴定工作。

法医和其他专业人员成为专家库候选人应符合①③项规定的条件，并具备高级技术职务任职资格，或者具备中级技术任职资格后有5年以上相关工作经历。聘请专家进入专家库，可以不受行政区域的限制。受聘进入专家库的专家，医学会应颁发中华医学会统一格式的聘书。

专家库成员聘用期一般为4年，在聘用期间发现下列情形之一的，医学会应根据实际情况及时进行调整：① 因健康原因不能胜任鉴定工作的；② 变更受聘单位或者被解聘的；③ 不具备完全民事行为能力的；④ 因严重医疗过错受到行政处罚的；⑤ 受刑事处罚的；⑥ 医学会认为需要调整的其他情形。聘用期满需继续聘用的，由医学会重新审核、聘用。医学会根据当地实际情况，对应医疗损害鉴定学科专业组名录设置专家库中的学科专业组。中华医学会负责医疗损害鉴定学科专业组名录的制定和维护。

（三）程序

1. 委托与受理 省级医学会、设区的市级和直辖市直接管辖的区（县）医学会可以接受医患双方共同委托以及医疗纠纷人民调解委员会、人民法院等单位的委托，开展医疗损害鉴定。医学会一般接受本省、自治区直辖市区域内的鉴定委托。医学会收到医疗损害鉴定委托，应当要求委托人出具医疗损害鉴定委托书，并提供与委托鉴定事项相关的合法、真实、完整、充分的鉴定材料。医疗损害鉴定材料包括：① 医患双方的陈述材料；② 门（急）诊病历、住院病历；③ 依法作出的有关检查、检验、鉴定、调查等报告；④ 与医疗损害鉴定有关的其他材料。

医学会收到医疗损害鉴定委托书和鉴定材料后，应当在7个工作日内对委托鉴定事项和鉴定材料进行审查。符合受理条件的，医学会应当在决定受理后3个工作日内发出受理通知书。遇有委托事项不明确、鉴定材料明显不能满足鉴定需要等情形，医学会应当书面通知委托人进一步确认、补充。对鉴定事项、时间、程序、标准等方面有合理要求，不违反鉴定基本原则的，医学会可与委托人协商确定。已经出具医疗损害鉴定意见的，原医学会一般不再受理医疗损害的重新鉴定。医学会不予受理的，应当书面通知委托人，并说明理由，退还鉴定材料。医学会受理鉴定后认为需要补充鉴定材料的，应当通知委托人按照要求提供。医患双方提供的材料，经委托人确认后可以作为鉴定材料。

2. 鉴定的实施 医学会应当组织具备相应鉴定能力、符合鉴定要求的专家组成的鉴定专家组进行医疗损害鉴定，并根据鉴定事项所涉及的学科专业和具体情况，确定鉴定专家组的构成。医学会组织医患双方在专家中抽取产生鉴定专家组，同时可以抽取一定数量的候补专家。专家库中专家不足的，可以从本地设区的市级以上人民政府卫生健康、司法行政部门共同设立的医疗损害鉴定专家库中抽取补充。

医学会应当在受理鉴定之日起30个工作日内完成鉴定并出具鉴定意见书。鉴定事项涉及复杂、疑难或者其他特殊问题的，完成鉴定的时间可以延长，延长时间一般不超过30个工作日。延长鉴定时间应当书面告知委托人。医疗损害鉴定应当召开鉴定会。医学会应当在医疗损害鉴定会3个工作日前，将会议的时间、地点和要求等书面通知委托人和鉴定专家组，并将鉴定材料送达鉴定专家。鉴定专家组成员接到医学会通知后认为自己应当回避，或者有其他原因无法参加鉴定的，应当及时通知医学会，并说明理由。鉴定专家组成员无法参加鉴定的，可以在专家库中补充抽取相应学科专业的专家。鉴定专家组成员因不可抗力等因素未能及时向医学会说明不能参加鉴定会，或者虽说明但医学会无法按规定组成鉴定专家组的，鉴定会可以延期进行；也可以经委托人和医患双方同意，由不能到场的专家以书面、视频等形式参加现场调查及合议，以保证鉴定会如期进行。

鉴定会由医学会组织，分为现场调查阶段和鉴定专家组合议阶段。医患双方应当参加鉴定会的现场调查阶段。鉴定会一般按照以下程序进行：① 医学会工作人员宣布会场纪律，核实参会人员身份，介绍鉴定过程和鉴定专家组基本情况；② 患方、医方在规定的时间内依次陈述意见和理由；③ 鉴定专家组成员根据需要进行提问；④ 必要时，可以对患者进行现场医学检查；⑤ 医患双方、委托单位人员退场；⑥ 鉴定专家组合议。当事人无故缺席、自行退席或者拒绝参加鉴定会的，不影响鉴定会继续进行。组织鉴定的工作人员，应当如实记录鉴定会过程和专家的意见。除组织鉴定的工作人员外，其他人员不得在鉴定会中录音、摄像、拍照。鉴定专家组根据鉴定材料，结合医患双方陈述、现场调查，依据有关法律、法规、规章和诊疗护理规范、常规，运用专业理论知识和经验，针对委托鉴定事项综合分析，经合议，根据半数以上鉴定专家组成员的意见形成鉴定意见。当日无法形成鉴定意见的，医学会可以择期组织鉴定专家组成员合议。鉴定专家对鉴定意见有不同意见的，应当注明。

医学会应当根据鉴定专家组的合议意见制作医疗损害鉴定意见书。鉴定意见书一般包括：① 委托人及委托意见的要求；② 医患双方的基本情况；③ 鉴定相关材料；④ 对鉴定过程的说明；⑤ 诊断、治疗的基本情况；⑥ 围绕委托鉴定事项对是否存在损害后果以及损害程度、是否存在医疗过错行为、医疗过错行为与损害后果是否存在因果关系、医疗过错行为在医疗损害中的原因力大小等内容的详细论述；⑦ 鉴定意见。鉴定意见书由鉴定专家组成员签名或者盖章，载明其学科专业和职称，并加盖医疗损害鉴定专用章。医疗损害鉴定意见书格式及书写要求由中华医学会统一制定。医疗损害鉴定意见书一式多份，委托单位、患方和医方各一份，一份由医学会存档。医学会应当及时将鉴定意见书送达委托人。医学会应当制作并保存医疗损害鉴定档案，档案保存期限不少于20年。地方医学会出具鉴定意见书后30个工作日内通过中华医学会建立的信息系统上报有关鉴定信息。

三、医疗损害司法鉴定制度

（一）概念

医疗损害司法鉴定制度是指人民法院在审理医疗损害赔偿民事诉讼案件中，依职权或应医患纠纷任何一方当事人的请求，委托具有专门知识的鉴定机构或者鉴定人对医方有无医疗过错以及患方所诉医疗损害结果与医疗过错有无因果关系等专门性问题进行分析、判断并提供鉴定意见的活动。

医疗损害司法鉴定的委托事项包括：医疗机构实施诊疗行为有无过错；医疗过错行为与损害后果之间是否存在因果关系以及原因力大小；医疗机构是否尽到了说明义务、取得患者或者患者近亲属知情同意的义务；其他有关的专门性问题等。

（二）特点

医疗损害鉴定作为一种典型的司法鉴定具有以下特点：其一，司法鉴定只能对诉讼过程中涉及的医疗损害专门事实问题进行鉴定，不能进行法律评价。通常，鉴定机构只就医方是否存在过错以及医疗过错与损害后果之间是否存在因果关系进行鉴别和评判，而不能就是否存在医疗损害进行法律认定。其二，司法鉴定机构具有中立性，各鉴定机构之间没有隶属关系，鉴定机构接受委托，依法在业务范围内从事司法鉴定业务，不受地域限制。其三，司法鉴定实行鉴定人负责制，鉴定人应当独立进行鉴定，对鉴定意见负责并在鉴定书上签名或者盖章。多人参加的鉴定，对鉴定意见有不同意见的，应当注明。

（三）程序

1. 鉴定材料预审　委托人提出医疗损害司法鉴定委托后，向司法鉴定机构提供鉴定材料供鉴定人审核，司法鉴定机构在规定期限内给予是否符合受理条件以及本机构是否具备鉴定能力的答复。鉴定材料不能满足审核要求的，鉴定机构宜及时提出补充提供的要求。提供的鉴定材料根据案件所处阶段，一般包括但不限于：鉴定申请书、医患各方的书面陈述材料、病历及医学影像学资料、民事起诉状和民事答辩状。

2. 听取医患各方陈述意见　鉴定材料预审后拟受理鉴定的，司法鉴定机构确定鉴定人并通知委托人，共同协商组织听取医患当事各方（代表）的意见陈述。当事各方或一方拒绝到场的，视为放弃陈述的权利；鉴定人经与委托人协商，委托人认为有必要的，则继续鉴定。

3. 鉴定的受理与检验　经确认鉴定材料，并符合受理条件的，由司法鉴定机构与委托人签订办理受理确认手续。受理鉴定后，鉴定人宜按照《法医临床检验规范》或《法医学尸体检验技术总则》的规定，对被鉴定人（患者）进行必要的检验（包括尸体解剖、组织病理学检验、活体检验以及其他必要的辅助检查）。

4. 咨询专家意见　鉴定人就鉴定中涉及的专门性问题咨询相关医学专家。专家意见宜内部存档并供鉴定人参考，但不作为鉴定意见书的一部分或其附件。

5. 制作鉴定意见书 鉴定人综合所提供的鉴定材料、医患各方陈述意见、检验结果和专家意见，根据医学科学原理、临床诊疗规范及鉴定原则，完成鉴定意见书的制作，并对鉴定意见负责。

（四）医疗损害司法鉴定基本内容

1. 医疗过错

（1）违反具体规定的过错：医疗机构及其医务人员在诊疗过程中违反法律、行政法规、规章以及相应诊疗、护理规范的具体规定，或者有违反该专业领域多数专家认可的原则和方法，则视为存在医疗过错。

（2）违反注意义务的过错：以医疗纠纷发生当时相应专业领域多数医务人员的认识能力和操作水平衡量，医疗机构及其医务人员有责任、也有能力对可能出现的损害加以注意，但因疏忽大意或过度自信而未能注意，则认定存在医疗过错。在判定时适当注意把握合理性、时限性和地域性原则。

（3）违反告知义务的过错：医疗机构及其医务人员在诊疗过程中宜对患者的病情及拟采取的诊疗措施作出必要的告知，并取得患方的知情与对诊疗措施的同意。未尽到告知义务，则视为存在医疗过错。

2. 损害后果

（1）死亡：死亡是最严重的损害后果，指被鉴定人（患者）作为自然人的生命终结。需行尸体检验明确死亡原因的，按照《法医学尸体检验技术总则》的规定执行。

（2）残疾：残疾是较严重的损害后果，指患者的肢体、器官和组织结构破坏或者不能发挥正常的生理功能，工作、学习乃至社会适应、日常生活因此而受到影响，有时需他人适当给予帮助，甚至存在医疗依赖、护理依赖和营养依赖的情形。需确定致残程度等级的，宜按照《法医临床检验规范》和《法医临床影像学检验实施规范》的规定进行活体检验。

（3）病程延长：病程延长是指患者的病程或其疾病诊疗的临床过程较通常情况延长。

（4）病情加重或者其他损害：是指患者的肢体、器官和组织虽有部分损害，例如：程度较诊疗前并无任何改善或者反有加重，但仍然能够发挥基本正常的生理功能，能基本正常地从事工作和学习，社会适应和日常生活也无明显受限，尚不至于构成残疾的情形。

（5）错误受孕、错误生产、错误生命：错误受孕是指因医方建议或应用避孕措施不当，导致妇女意外受孕；错误生产也称错误分娩，是就新生儿的父母而言，孕妇妊娠期间虽经产前检查但未避免分娩缺陷胎儿；错误生命（也称"错误出生"），是由新生儿本人主张其母亲在妊娠期间虽经产前检查但未发现异常或者未作出必要提示，导致自己出生时即带有缺陷。

（6）丧失生存机会：相对于死亡后果而言，丧失生存机会属中间损害，并非最终损害后果。丧失生存机会是指患者自身疾病存在短期内致死的较大可能性，或者疾病严重、期望生存期有限，但发生医疗损害致使死亡未能得以避免或者缩短了生存期。

（7）丧失康复机会：相对于残疾后果而言，丧失康复机会属中间损害，并非最终损害后果。丧失康复机会是指患者自身疾病具有导致残疾或功能障碍的较大可能性，但发生医疗损害致使残疾或功能障碍未能得以有效避免。

3. 因果关系及原因力大小

（1）医疗行为与患者的损害后果之间无因果关系。不良后果几乎完全是由于患者病情本身的特点、自身健康状况、体质的特殊性或者限于当时医疗水平等因素造成，与医疗行为不存在本质上的关联。

（2）医疗行为与患者的损害后果之间存在一定的因果关系，过错系轻微原因。损害后果本质上而言是由于患者病情本身的特点、自身健康状况、体质的特殊性或者限于当时医疗水平等因素造成，医疗过错行为仅在损害后果的发生或进展过程中起到了一定的诱发或轻微的促进和加重作用，即使没有发生医疗过错，损害后果通常情况下仍然难以避免。

（3）医疗行为与患者的损害后果之间存在一定的因果关系，过错系次要原因。损害后果主要是由于患者病情本身的特点、自身健康状况、体质的特殊性或者限于当时医疗水平等因素造成，医疗过错行为仅在损害后果的发生或进展过程中起到了促进或加重作用，即使没有发生医疗过错，损害后果仍然有较大的可能会发生。

（4）医疗行为与患者的损害后果之间存在一定的因果关系，过错系同等原因。损害后果与医疗过错行为以及患者病情本身的特点、自身健康状况、体质的特殊性或者限于当时医疗水平等因素均密切相关，若没有发生医疗过错，或者没有患者的自身因素，损害后果通常情况下都不发生。

（5）医疗行为与患者的损害后果之间存在因果关系，过错系主要原因。医疗过错行为是导致患者损害后果的主要原因，患者病情本身的特点、自身健康状况、体质的特殊性或者限于当时医疗水平等因素只起次要作用，若没有医疗过错，损害后果一般不会发生。

（6）医疗行为与患者的损害后果之间存在因果关系，过错系全部原因。医疗过错行为是导致患者损害后果的直接原因，若没有医疗过错，损害后果必然不会发生。

相关链接 | 医疗伦理过失的判断标准中关于违反说明、告知义务的标准，学术界说法不一，主要有合理医师说、具体患者说、折中说。大多数学者认为应当采取折中说，即将合理医师说和具体患者说结合。医疗伦理损害责任中，违反保密等义务的判断标准较简单，即医方是否将患者的隐私泄露而使其隐私权遭受侵害，如泄露某患者整容的信息，未经患者同意而公布其整容前后的照片等，只要证明医疗机构和医务人员违反保密义务，使患者的隐私遭到损害，即具有违法性。

案例5-1　　　　　　　　　　　　　**孙某医疗损害责任纠纷案**

2019年4月1日，孙某因腹部胀痛不适4天到甲医院住院治疗，并于2019年4月4日出院，出院诊断为急性肠梗阻和子宫切除术后。医嘱出院后前往其他医院继续治疗，不适随诊。2019年4月5日，孙某到乙医院外科门诊就诊，并开具注射单，给予输液治疗，注射单中记载：诊断肠梗阻。治疗中未书写病历。次日，孙某到乙医院复诊，出现虚弱、呕吐，脉搏摸不清，测血压数次不清，建议转上级医院，医生未书写病历。

当日孙某被救护车送往甲医院急诊治疗，入院时情况为病危。入院诊断为：肠梗阻、急性肾损伤、窦性心动过速、代谢性酸中毒、休克等。住院23天，于2019年4月30日出院。出院后，孙某向医疗纠纷人民调解委员会提出申请，双方未达成调解意见，2019年6月11日，医调委出具《医疗损害责任评估报告》，报告记载：根据医患双方提供的现有病历资料及专家咨询意见分析：患者粘连性肠梗阻出院后继续胃肠减压，未继续治疗就诊。医方接诊后，未书写病历，不能举证询问了解患者病史，进行了查体，未根据患者的出入量及进食情况制定补液计划，存在不当。次日患者复诊时医方仍未书写病历，未判断患者的脱水情况，即让患者转院，违反诊疗常规。转院后患者因血容量不足发生急性肾损伤。医方违反诊疗常规的过错与患者急性肾损伤的损害后果存在直接的因果关系，医方应当承担肾损伤治疗的主要责任。后案件诉讼至法院，孙某提出鉴定申请，要求对乙医院的医疗行为是否存在过错、过错与损害后果是否存在因果关系以及过错的参与度进行鉴定，经法院三次委托医疗损害司法鉴定，鉴定机构均作出不予受理通知书。

思考：

1. 医疗损害司法鉴定应由哪一主体提出和启动？

2. 如果你是法官，在本案无法形成鉴定意见的情形下，你如何审理？

学习小结

医疗纠纷处理法律制度是医疗纠纷处理实践中的重要法律依据，主要包括《民法典》《基本医疗卫生与健康促进法》《医疗纠纷预防和处理条例》《医疗事故处理条例》《医疗事故技术鉴定暂行办法》《最高人民法院关于审理人身损害赔偿案件适用法律若干问题的解释》《最高人民法院关于审理医疗损害责任纠纷案件适用法律若干问题的解释》等法律、法规和司法解释等。本章重点介绍了医疗事故处理法律制度、医疗损害法律制度、医疗纠纷技术鉴定制度。通过本章的学习，学生应掌握和熟悉医疗纠纷的概念和特征、医疗事故的分级和构成要件、医疗损害责任的概念和类型、医疗纠纷技术鉴定等内容。

（张　雪）

复习参考题

一、选择题

1. 患者在诊疗活动中受到损害，不能推定医疗机构有过错的情形是
   A. 违反法律、行政法规、规章以及其他有关诊疗规范的规定
   B. 隐匿或者拒绝提供与纠纷有关的病历资料
   C. 遗失病历资料
   D. 销毁病历资料
   E. 伪造、篡改病历资料

2. 患者在诊疗活动中受到损害，医疗机构不承担赔偿责任的情形是
   A. 患者不配合医疗机构进行符合诊疗规范的诊疗
   B. 患者的近亲属不配合医疗机构进行符合诊疗规范的诊疗
   C. 医务人员在抢救生命垂危的患者等紧急情况下已经尽到合理诊疗义务
   D. 限于当时的医疗水平难以诊疗
   E. 以上都是

3. 患者死亡，医患双方当事人不能确定死因，或者对死因有异议的应当在患者死亡后（　　）小时内进行尸检
   A. 12
   B. 24
   C. 48
   D. 72
   E. 96

4. 下列关于医疗事故分级说法错误的是
   A. 医疗事故共分为四级
   B. 一级医疗事故，是指造成患者死亡，重度残疾的
   C. 二级医疗事故是指造成患者中度残疾，器官组织损伤导致严重功能障碍的
   D. 三级医疗事故是指造成患者轻度残疾，器官组织损伤导致一般功能障碍的。
   E. 四级医疗事故是指造成患者人身损害的其他后果的

5. 残疾赔偿金根据受害人丧失劳动能力程度或者伤残等级，按照受诉法院所在地上一年度城镇居民人均可支配收入标准，自（　　）之日起按（　　）年计算
   A. 伤残；20
   B. 定残；20
   C. 伤残；15
   D. 定残；15
   E. 受伤；15

参考答案：1. D；2. E；3. C；4. E；5. B

二、简答题

1. 医疗事故的概念和构成要件？
2. 医疗损害责任的概念和类型？
3. 医疗损害司法鉴定的程序？

第六章 **疾病预防与控制法律制度**

学习目标

知识目标	1. 掌握传染病的预防和报告制度，艾滋病的预防和控制，结核病防治检测、治疗与控制，国境卫生检疫及疫苗管理法律制度。 2. 熟悉法定传染病的种类与分类管理，传染病防治法律责任，艾滋病的治疗与救助措施，艾滋病病人的权利，结核病防治机构与职责，预防接种制度，国境卫生检疫传染病监测、卫生监督、卫生处理制度，疫苗接种管理制度及疫苗接种异常反应处理。 3. 了解传染病监督、监测和法律责任、艾滋病防治法律责任、结核病防治法律责任、违反国境卫生检疫法律责任及违反疫苗流通和预防接种的法律责任。
能力目标	能够根据传染病防治法律制度、艾滋病防治法律制度、结核病防治法律制度、国境卫生防疫制度和疫苗管理法律制度履行相应的义务和职责。
素质目标	能够具有传染病防治法律意识，具有传染病防治的法律素养。

第一节 传染病防治法律制度

一、概述

传染病是危害人类身体健康、威胁人民生命的最严重疾病之一，传染病对人类社会的发展产生重要影响。中华人民共和国成立后，党和人民政府高度重视传染病的防治工作。1989年2月，第七届全国人民代表大会常务委员会第六次会议通过《传染病防治法》，并于同年9月1日起施行。2004年8月28日，第十届全国人民代表大会常务委员会第十一次会议对《传染病防治法》进行了修订，并于2004年12月1日起施行。2013年6月，第十二届全国人民代表大会常务委员会第三次会议通过对《传染病防治法》的修正。《传染病防治法》的实施，对有效防治传染病、保障人民群众生命健康发挥了重要作用。

（一）传染病防治相关概念

传染病防治法是指调整在预防、控制和消除传染病的发生与流行，保障人体健康活动中产生的各种社会关系的法律规范的总称。

传染病是指由于致病性微生物，如细菌、病毒、立克次体、衣原体、支原体、寄生虫等侵入人体，发生使人体健康受到某种损害以致危及生命的一种疾病。它可以通过各种不同的途径和方式进行传播，一般具有传染性、流行性、地方性、季节性、反复性、有免疫性等几方面的特征。

相关链接 | 在人类的历史上，传染病的暴发和流行，给人类造成了巨大的灾难和伤痛。从1347—1351年，鼠疫在欧洲流行，造成了欧洲1/3的人口（2 400万人）的死亡。20世纪20年代开始流行的肾综合征出血热，其疫源地遍布五大洲70多个国家，死亡率高达30%。而烈性传染病天花，在长达数个世纪的反复流行中，使无数的感染者死亡。

（二）防治原则

国家对传染病防治实行预防为主的方针，坚持防治结合、分类管理、依靠科学、依靠群众的原则。

相关链接 | 2020年10月2日，国家卫生健康委员会法规司发布新修订版《中华人民共和国传染病防治法》（修订草案征求意见稿），其中第二条规定了传染病防治的原则是：传染病防控工作坚持预防为主、防治结合的方针，坚持政府主导、依法防控、科学防控、联防联控、群防群控的原则。

（三）传染病的分类管理

我国的传染病分为甲类、乙类和丙类进行管理。甲类传染病是指鼠疫、霍乱。乙类传染病是指传染性非典型肺炎、新型冠状病毒感染、猴痘、艾滋病、病毒性肝炎、脊髓灰质炎、人感染高致病性禽流感、麻疹、流行性出血热、狂犬病、流行性乙型脑炎、登革热、炭疽、细菌性和阿米巴性痢疾、肺结核、伤寒和副伤寒、流行性脑脊髓膜炎、百日咳、白喉、新生儿破伤风、猩红热、布鲁菌病、淋病、梅毒、钩端螺旋体病、血吸虫病、疟疾。2022年12月26日，国家卫生健康委员会发布公告，将新型冠状病毒肺炎更名为新型冠状病毒感染。经国务院批准，自2023年1月8日起，解除对新型冠状病毒感染采取的《传染病防治法》规定的甲类传染病预防、控制措施；新型冠状病毒感染不再纳入《国境卫生检疫法》规定的检疫传染病管理。2023年9月15日，国家卫生健康委员会发布公告称，根据《传染病防治法》相关规定，自2023年9月20日起将猴痘纳入乙类传染病进行管理，采取乙类传染病的预防、控制措施。

丙类传染病是指流行性感冒、流行性腮腺炎、风疹、急性出血性结膜炎、麻风病、流行性和地方性斑疹伤寒、黑热病、包虫病、丝虫病，除霍乱、细菌性和阿米巴性痢疾、伤寒和副伤寒以外的感染性腹泻病。

对乙类传染病中传染性非典型肺炎、炭疽中的肺炭疽采取甲类传染病的预防、控制措施。其他乙类传染病和突发原因不明的传染病需要采取甲类传染病的预防、控制措施的，由国务院卫生健康行政部门及时报经国务院批准后予以公布、实施。国务院卫生健康行政部门根据传染病暴发、流行情况和危害程度，可以决定增加、减少或者调整乙类、丙类传染病病种并予以公布。需要解除甲类传染病预防、控制措施的，由国务院卫生健康行政部门报经国务院批准后予以公布。

二、传染病的预防

采取切实可行的预防措施做好预防工作，切断传播途径，保护易感人群，控制传染源，对防止传染病的发生和流行具有重要的意义。对此，《传染病防治法》规定了下列几项预防措施。

（一）开展群众性卫生活动，进行健康教育

各级人民政府组织开展群众性卫生活动，进行预防传染病的健康教育，倡导文明健康的生活方式，提高公众对传染病的防治意识和应对能力，加强环境卫生建设，消除鼠害和蚊、蝇等病媒生物的危害。

（二）国家实行有计划的预防接种制度

国家对儿童实行预防接种证制度。国家免疫规划项目的预防接种实行免费。医疗机构、疾病预防控制机构与儿童的监护人应当相互配合，保证儿童及时接受预防接种，具体办法由国务院制定。

（三）国家建立传染病监测制度

国务院卫生健康行政部门制定国家传染病监测规划和方案。各级疾病预防控制机构对传染病的发生、流行以及影响其发生、流行的因素，进行监测；对国外发生、国内尚未发生的传染病或者国内新发生的传染病，进行监测。

（四）国家建立传染病预警制度

国务院卫生健康行政部门和省、自治区、直辖市人民政府根据传染病发生、流行趋势的预测，及时发出传染病预警，根据情况予以公布。

（五）制定传染病预防、控制预案制度

县级以上地方人民政府应当制定传染病预防、控制预案，报上一级人民政府备案。

（六）国家建立传染病菌种、毒种库

对传染病菌种、毒种和传染病检测样本的采集、保藏、携带、运输和使用实行分类管理，建立健全严格的管理制度。

（七）采取各种预防控制措施

1.控制传染源 传染病病人、病原携带者和疑似传染病病人，在治愈前或者在排除传染病嫌疑前，不得从事法律、行政法规和国务院卫生健康行政部门规定禁止从事的易使该传染病扩散的工作。与人畜共患传染病有关的野生动物、家畜家禽，经检疫合格后，方可出售、运输。

采供血机构、生物制品生产单位、疾病预防控制机构、医疗机构必须严格遵守国家有关规定，保证血液、血液制品的质量，防止因输入血液、使用血液制品引起经血液传播疾病的发生。禁止非法采集血液或者组织他人出卖血液。

2. 消毒管理　对被传染病病原体污染的污水、污物、场所和物品，有关单位和个人必须在疾病预防控制机构的指导下或者按照其提出的卫生要求，进行严格消毒处理；拒绝消毒处理的，由当地卫生健康行政部门或者疾病预防控制机构进行强制消毒处理。

3. 疾病预防控制机构的控制措施　各级疾病预防控制机构在传染病预防控制中履行下列职责：实施传染病预防控制规划、计划和方案；收集、分析和报告传染病监测信息，预测传染病的发生、流行趋势；开展对传染病疫情和突发公共卫生事件的流行病学调查、现场处理及其效果评价；开展传染病实验室检测、诊断、病原学鉴定；实施免疫规划，负责预防性生物制品的使用管理；开展健康教育、咨询，普及传染病防治知识；指导、培训下级疾病预防控制机构及其工作人员开展传染病监测工作；开展传染病防治应用性研究和卫生评价，提供技术咨询。

4. 医疗机构的预防控制措施　医疗机构必须严格执行国务院卫生健康行政部门规定的管理制度、操作规范，防止传染病的医源性感染和医院感染。医疗机构应当确定专门的部门或者人员，承担传染病疫情报告、本单位的传染病预防、控制以及责任区域内的传染病预防工作；承担医疗活动中与医院感染有关的危险因素监测、安全防护、消毒、隔离和医疗废物处置工作。

（八）建设项目的预防性监督

在国家确认的自然疫源地计划兴建水利、交通、旅游、能源等大型建设项目的，应当事先由省级以上疾病预防控制机构对施工环境进行卫生调查。建设单位应当根据疾病预防控制机构的意见，采取必要的传染病预防、控制措施。施工期间，建设单位应当设专人负责工地上的卫生防疫工作。工程竣工后，疾病预防控制机构应当对可能发生的传染病进行监测。

三、传染病的疫情报告、通报和公布

（一）疫情报告

传染病的疫情报告主体可以分为责任报告单位、责任报告人和义务报告人。各级各类医疗卫生机构为责任报告单位（疾病预防控制机构、医疗机构和采供血机构）；其执行职务的人员和乡村医生、个体开业医生均为责任疫情报告人。任何单位和个人为义务报告人。责任报告人一旦发现传染病疫情或者发现其他传染病暴发、流行以及突发原因不明的传染病时，应当遵循疫情报告属地管理原则，按照国务院规定的或者国务院卫生健康行政部门规定的内容、程序、方式和时限报告。义务报告人发现传染病病人或者疑似传染病病人时，应当及时向附近的疾病预防控制机构或者医疗机构报告，两者的区别在于违反报告义务时承担的法律责任不同。

（二）疫情通报

《传染病防治法》规定了自下而上、自上而下以及横向三种疫情通报渠道，目的是做到报告疫情信息通畅，及时应对和治疗。

1. 自下而上通报　港口、机场、铁路疾病预防控制机构以及国境卫生检疫机关发现甲类传染病病人、病原携带者、疑似传染病病人时，应当按照国家有关规定立即向国境口岸所在地的疾病预防控制机构或者所在地县级以上地方人民政府卫生健康行政部门报告并互相通报。疾病预防控制机构应当主动收集、分析、调查、核实传染病疫情信息。接到甲类、乙类传染病疫情报告或者

发现传染病暴发、流行时，应当立即报告当地卫生健康行政部门，由当地卫生健康行政部门立即报告当地人民政府，同时报告上级卫生健康行政部门和国务院卫生健康行政部门。

2. 自上而下通报　国务院卫生健康行政部门应当及时向国务院其他有关部门和各省、自治区、直辖市人民政府卫生健康行政部门通报全国传染病疫情以及监测、预警的相关信息。县级以上地方人民政府卫生健康行政部门应当及时向本行政区域内的疾病预防控制机构和医疗机构通报传染病疫情以及监测、预警的相关信息。接到通报的疾病预防控制机构和医疗机构应当及时告知本单位的有关人员。疾病预防控制机构应当设立或者指定专门的部门、人员负责传染病疫情信息管理工作，及时对疫情报告进行核实、分析。

3. 横向通报　毗邻的以及相关的地方人民政府卫生健康行政部门，应当及时互相通报本行政区域的传染病疫情以及监测、预警的相关信息。

县级以上人民政府有关部门发现传染病疫情时，应当及时向同级人民政府卫生健康行政部门通报。中国人民解放军卫生主管部门发现传染病疫情时，应当向国务院卫生健康行政部门通报。

4. 疫情报告时限　责任报告单位和责任疫情报告人发现甲类传染病和乙类传染病中的肺炭疽、传染性非典型肺炎等按照甲类管理的传染病病人或疑似病人时，或发现其他传染病和不明原因疾病暴发时，应于2小时内将传染病报告卡通过网络报告。

对其他乙类和丙类传染病病人、疑似病人和规定报告的传染病病原携带者在诊断后，应于24小时内进行网络报告。

不具备网络直报条件的医疗机构及时向属地乡镇卫生院、城市社区卫生服务中心或县级疾病预防控制机构报告，并于24小时内寄送出传染病报告卡至代报单位。

传染病暴发、流行时，责任疫情报告人应当在2小时内向所在地县级人民政府卫生健康行政部门报告；接到报告的卫生健康行政部门应当在2小时内向本级人民政府报告，并同时向上级人民政府卫生健康行政部门和国务院卫生健康行政部门报告。县级人民政府应当在接到报告后2小时内向设区的市级人民政府或者上级人民政府报告；设区的市级人民政府应当在接到报告后2小时内向省、自治区、直辖市人民政府报告。省、自治区、直辖市人民政府应当在接到报告1小时内，向国务院卫生健康行政部门报告。国务院卫生健康行政部门对可能造成重大社会影响的突发事件，应当立即向国务院报告。

（三）疫情公布

国家建立传染病疫情信息公布制度。国务院卫生健康行政部门定期公布全国传染病疫情信息。省、自治区、直辖市人民政府卫生健康行政部门定期公布本行政区域的传染病疫情信息。公布传染病疫情信息应当及时、准确。

四、传染病疫情的控制

传染病的控制是指国家有关行政机关、医疗保健机构和卫生防疫机构，为及时有效地控制疫情，消除传染病在人群中传播和流行，对发现的传染病或暴发、流行的传染病，采取的各种必要的控制措施，包括一般性控制措施、紧急措施、宣布疫区、实施疫区封锁等。

（一）一般情况下的控制措施

1. 医疗机构的控制措施　医疗机构发现甲类传染病时，应当及时采取下列措施：对病人、病原携带者，予以隔离治疗，隔离期限根据医学检查结果确定；对疑似病人，确诊前在指定场所单独隔离治疗；对医疗机构内的病人、病原携带者、疑似病人的密切接触者，在指定场所进行医学观察和采取其他必要的预防措施。

拒绝隔离治疗或者隔离期未满擅自脱离隔离治疗的，可以由公安机关协助医疗机构采取强制隔离治疗措施。医疗机构发现乙类或者丙类传染病病人，应当根据病情采取必要的治疗和控制传播措施。医疗机构对本单位内被传染病病原体污染的场所、物品以及医疗废物，必须依照法律、法规的规定实施消毒和无害化处置。

2. 疾病控制机构的控制措施　发现传染病疫情或者接到传染病疫情报告时，应当及时采取下列措施：对传染病疫情进行流行病学调查，根据调查情况提出划定疫点、疫区的建议，对被污染的场所进行卫生处理，对密切接触者，在指定场所进行医学观察和采取其他必要的预防措施，并向卫生健康行政部门提出疫情控制方案；传染病暴发、流行时，对疫点、疫区进行卫生处理，向卫生健康行政部门提出疫情控制方案，并按照卫生健康行政部门的要求采取措施；指导下级疾病预防控制机构实施传染病预防、控制措施，组织、指导有关单位对传染病疫情的处理。

（二）传染病暴发、流行时的控制措施

1. 紧急控制措施　紧急控制措施是指在传染病暴发、流行时，县级以上地方人民政府组织力量，按照预防、控制预案进行防治，采取的切断传染病的传播途径的控制措施，必要时，需报经上级人民政府决定。包括：限制或者停止集市、影剧院演出或者其他人群聚集的活动；停工、停业、停课；封闭或者封存被传染病病原体污染的公共饮用水源、食品以及相关物品；控制或者捕杀染疫野生动物、家畜家禽；封闭可能造成传染病扩散的场所。紧急措施的解除，由原决定机关决定并宣布。

2. 宣布疫区　甲类、乙类传染病暴发、流行时，县级以上地方人民政府报经上级人民政府决定，可以宣布本行政区域部分或者全部为疫区；国务院可以决定并宣布跨省、自治区、直辖市的疫区。县级以上地方人民政府可以在疫区内采取紧急措施，并可以对出入疫区的人员、物资和交通工具实施卫生检疫。

3. 疫区封锁　省、自治区、直辖市人民政府可以决定对本行政区域内的甲类传染病疫区实施封锁；但是，封锁大、中城市的疫区或者封锁跨省、自治区、直辖市的疫区，以及封锁疫区导致中断干线交通或者封锁国境的，由国务院决定。疫区封锁的解除，由原决定机关决定并宣布。

4. 卫生检疫　发生甲类传染病时，为了防止该传染病通过交通工具及其乘运的人员、物资传播，可以实施交通卫生检疫。具体办法由国务院制定。

五、传染病的医疗救治

（一）医疗救治的机构和标准

县级以上人民政府应当加强和完善传染病医疗救治服务网络的建设，指定具备传染病救治条

件和能力的医疗机构承担传染病救治任务，或者根据传染病救治需要设置传染病医院。

医疗机构的基本标准、建筑设计和服务流程，应当符合预防传染病医院感染的要求。医疗机构应当按照规定对使用的医疗器械进行消毒；对按照规定一次使用的医疗器具，应当在使用后予以销毁。医疗机构应当按照国务院卫生健康行政部门规定的传染病诊断标准和治疗要求，采取相应措施，提高传染病医疗救治能力。

（二）医疗机构的救治措施

医疗机构应当对传染病病人或者疑似传染病病人提供医疗救护、现场救援和接诊治疗，书写病历记录以及其他有关资料，并妥善保管。医疗机构应当实行传染病预检、分诊制度；对传染病病人、疑似传染病病人，应当引导至相对隔离的分诊点进行初诊。不具备相应救治能力的医疗机构，应当将患者及其病历记录复印件一并转至具备相应救治能力的医疗机构。具体办法由国务院卫生健康行政部门规定。

六、传染病的监督管理、保障措施和法律责任

（一）监督管理

县级以上人民政府卫生健康行政部门对传染病防治工作履行下列监督检查职责：① 对下级人民政府卫生健康行政部门履行本法规定的传染病防治职责进行监督检查；② 对疾病预防控制机构、医疗机构的传染病防治工作进行监督检查；③ 对采供血机构的采供血活动进行监督检查；④ 对用于传染病防治的消毒产品及其生产单位进行监督检查，并对饮用水供水单位从事生产或者供应活动以及涉及饮用水卫生安全的产品进行监督检查；⑤ 对传染病菌种、毒种和传染病检测样本的采集、保藏、携带、运输、使用进行监督检查；⑥ 对公共场所和有关单位的卫生条件和传染病预防、控制措施进行监督检查。

（二）保障措施

国家将传染病防治工作纳入国民经济和社会发展计划，县级以上地方人民政府将传染病防治工作纳入本行政区域的国民经济和社会发展计划。县级以上地方人民政府按照本级政府职责负责本行政区域内传染病预防、控制、监督工作的日常经费。国家加强基层传染病防治体系建设，扶持贫困地区和少数民族地区的传染病防治工作。国家对患有特定传染病的困难人群实行医疗救助，减免医疗费用。

（三）法律责任

1. 按照主体承担法律责任　根据承担的责任主体，传染病防治法的法律责任可以分为地方各级人民政府、县级以上各级卫生健康行政部门及负责人员、疾病预防控制机构、医疗机构、采供血机构、国境卫生检疫机关、动物防疫机构、铁路、交通、民用航空经营单位、有关单位和个人的法律责任。

2. 按照类别承担法律责任　传染病防治的法律责任可以分为民事责任、行政责任和刑事责任。例如：单位和个人违反传染病防治法规定，导致传染病传播、流行，给他人人身、财产造成损害的，应当依法承担民事责任；疾病预防控制机构有下列情形之一的，由县级以上人民政府卫生

生健康行政部门责令限期改正，通报批评，给予警告；对负有责任的主管人员和其他直接责任人员，依法给予降级、撤职、开除的处分，并可以依法吊销有关责任人员的执业证书；构成犯罪的，依法追究刑事责任：① 未依法履行传染病监测职责的；② 未依法履行传染病疫情报告、通报职责，或者隐瞒、谎报、缓报传染病疫情的；③ 未主动收集传染病疫情信息，或者对传染病疫情信息和疫情报告未及时进行分析、调查、核实的；④ 发现传染病疫情时，未依据职责及时采取法律规定的措施的；⑤ 故意泄露传染病病人、病原携带者、疑似传染病病人、密切接触者涉及个人隐私的有关信息、资料等。

第二节　艾滋病防治法律制度

一、概述

为了预防、控制艾滋病的发生与流行，保障人体健康和公共卫生，根据《传染病防治法》，制定《艾滋病防治条例》。2019年3月2日，国务院第709号国务院令修改《艾滋病防治条例》。

（一）艾滋病的概念

艾滋病即获得性免疫缺陷综合征，其致病病原是人类免疫缺陷病毒，潜伏期5至10年。

相关链接　　1981年，在美国的同性恋者中发现特殊的免疫系统失常的病例；美国报道的艾滋病死亡人数为121人。1983年，法国科学家分离出艾滋病病毒。1986年，国际微生物学会及病毒分类学会将人体免疫缺陷病毒正式命名为艾滋病病毒。1987年，世界卫生组织启动全球艾滋病防治计划。1988年，世界卫生组织首次将每年的12月1日定为世界艾滋病日，当年的艾滋病日口号是"全球共讨，征服有期"。1999年，世界卫生组织报道，全球3 300万人携带艾滋病病毒或患艾滋病。艾滋病成为全球范围第四大死亡因素。2003年7月13日，联合国艾滋病规划署报告显示，全球目前有3 900万艾滋病病毒感染者，2022年有130万艾滋病病毒新发感染者，63万人死于艾滋病相关疾病。

（二）防治原则

艾滋病防治工作坚持预防为主、防治结合的方针，建立政府组织领导、部门各负其责、全社会共同参与的机制，加强宣传教育，采取行为干预和关怀救助等措施，实行综合防治。

（三）管理机关

县级以上人民政府统一领导艾滋病防治工作，建立健全艾滋病防治工作协调机制和工作责任制，对有关部门承担的艾滋病防治工作进行考核、监督。县级以上人民政府有关部门按照职责分工负责艾滋病防治及其监督管理工作。

二、艾滋病的宣传教育

地方各级人民政府和政府有关部门应当组织开展艾滋病防治以及关怀和不歧视艾滋病病毒感染者、艾滋病病人及其家属的宣传教育，提倡健康文明的生活方式，营造良好的艾滋病防治的社会环境。应当在车站、码头、机场、公园等公共场所以及旅客列车和从事旅客运输的船舶等公共交通工具显著位置，设置固定的艾滋病防治广告牌或者张贴艾滋病防治公益广告，组织发放艾滋病防治宣传材料。

县级以上人民政府教育主管部门应当指导、督促高等院校、中等职业学校和普通中学将艾滋病防治知识纳入有关课程，开展有关课外教育活动。高等院校、中等职业学校和普通中学应当组织学生学习艾滋病防治知识。

县级以上人民政府卫生主管部门应当利用计划生育宣传和技术服务网络，组织开展艾滋病防治的宣传教育。计划生育技术服务机构向育龄人群提供计划生育技术服务和生殖健康服务时，应当开展艾滋病防治的宣传教育。

县级以上人民政府有关部门和从事劳务中介服务的机构，应当对进城务工人员加强艾滋病防治的宣传教育。进境、出境检验检疫机构应当在进境、出境口岸加强艾滋病防治的宣传教育工作，对进境、出境人员有针对性地提供艾滋病防治咨询和指导。

国家鼓励和支持妇女联合会、红十字会开展艾滋病防治的宣传教育，将艾滋病防治的宣传教育纳入妇女儿童工作内容，提高妇女预防艾滋病的意识和能力，组织红十字会会员和红十字会志愿者开展艾滋病防治的宣传教育。

地方各级人民政府和政府有关部门应当采取措施，鼓励和支持有关组织和个人对有易感染艾滋病病毒危险行为的人群开展艾滋病防治的咨询、指导和宣传教育。广播、电视、报刊、互联网等新闻媒体应当开展艾滋病防治的公益宣传。

机关、团体、企业事业单位、个体经济组织应当组织本单位从业人员学习有关艾滋病防治的法律、法规、政策和知识，支持本单位从业人员参与艾滋病防治的宣传教育活动。县级以上地方人民政府应当在医疗卫生机构开通艾滋病防治咨询服务电话，向公众提供艾滋病防治咨询服务和指导。

县级以上人民政府卫生健康主管部门应当加强艾滋病防治的宣传教育工作，对有关部门、组织和个人开展艾滋病防治的宣传教育工作提供技术支持。

医疗卫生机构应当组织工作人员学习有关艾滋病防治的法律、法规、政策和知识；医务人员在开展艾滋病、性病等相关疾病咨询、诊断和治疗过程中，应当对就诊者进行艾滋病防治的宣传教育。

三、艾滋病的预防和控制

（一）艾滋病的监测管理

国家建立健全艾滋病监测网络。国务院卫生主管部门制定国家艾滋病监测规划和方案。省、自治区、直辖市人民政府卫生主管部门根据国家艾滋病监测规划和方案，制定本行政区域的艾滋病监测计划和工作方案，组织开展艾滋病监测和专题调查，掌握艾滋病疫情变化情况和流行趋势。疾病预防控制机构负责对艾滋病发生、流行以及影响其发生、流行的因素开展监测活动。进境、出境检验检疫机构负责对出入境人员进行艾滋病监测，并将监测结果及时向卫生健康主管部门报告。

（二）采取干预措施

县级以上地方人民政府和政府有关部门应当依照《艾滋病防治条例》规定，根据本行政区域艾滋病的流行情况，制定措施，鼓励和支持居民委员会、村民委员会以及其他有关组织和个人推广预防艾滋病的行为干预措施，帮助有易感染艾滋病病毒危险行为的人群改变行为。有关组织和个人对有易感染艾滋病病毒危险行为的人群实施行为干预措施，应当符合本条例的规定以及国家艾滋病防治规划和艾滋病防治行动计划的要求。

（三）艾滋病自愿咨询和自愿检测制度

国家实行艾滋病自愿咨询和自愿检测制度。县级以上地方人民政府卫生健康主管部门指定的医疗卫生机构，应当按照国务院卫生健康主管部门会同国务院其他有关部门制定的艾滋病自愿咨询和检测办法，为自愿接受艾滋病咨询、检测的人员免费提供咨询和初筛检测。

（四）健康检查预防艾滋病

《艾滋病防治条例》第三十条规定：公共场所的服务人员应当依照《公共场所卫生管理条例》的规定，定期进行相关健康检查，取得健康合格证明；经营者应当查验其健康合格证明，不得允许未取得健康合格证明的人员从事服务工作。

（五）血液采集与检测

血站、单采血浆站应当对采集的人体血液、血浆进行艾滋病检测；不得向医疗机构和血液制品生产单位供应未经艾滋病检测或者艾滋病检测阳性的人体血液、血浆。血液制品生产单位应当在原料血浆投料生产前对每一份血浆进行艾滋病检测；未经艾滋病检测或者艾滋病检测阳性的血浆，不得作为原料血浆投料生产。医疗机构应当对因应急用血而临时采集的血液进行艾滋病检测，对临床用血艾滋病检测结果进行核查；对未经艾滋病检测、核查或者艾滋病检测阳性的血液，不得采集或者使用。

采集或者使用人体组织、器官、细胞、骨髓等的，应当进行艾滋病检测；未经艾滋病检测或者艾滋病检测阳性的，不得采集或者使用。但是，用于艾滋病防治科研、教学的除外。

四、艾滋病病人的权利与义务

（一）艾滋病病人的权利

1. 有获得咨询、诊断、治疗服务的权利　医疗机构应当为艾滋病病毒感染者和艾滋病病人提供艾滋病防治咨询、诊断和治疗服务。医疗机构不得因就诊的病人是艾滋病病毒感染者或者艾滋病病人，推诿或者拒绝对其他疾病进行治疗。

2. 不受歧视的权利　任何单位和个人不得歧视艾滋病病毒感染者、艾滋病病人及其家属。

3. 各项社会权利　艾滋病病毒感染者、艾滋病病人及其家属享有的婚姻、就业、就医、入学等合法权益受法律保护。

4. 隐私权　未经本人或其监护人同意，任何单位或者个人不得公开艾滋病病毒感染者、艾滋病病人及其家属的姓名、住址、工作单位、肖像、病史资料以及其他可能推断出其具体身份的信息。

5. **知情权** 对确诊的艾滋病病毒感染者和艾滋病病人，医疗卫生机构的工作人员应当将其感染或者发病的事实告知本人；本人为无行为能力人或者限制行为能力人的，应当告知其监护人。

（二）艾滋病病毒感染者和艾滋病病人的义务

1. 接受疾病预防控制机构或者进境、出境检验检疫机构的流行病学调查和指导；

2. 将感染或者发病的事实及时告知与其有性关系者；

3. 就医时，将感染或者发病的事实如实告知接诊医生；

4. 采取必要的防护措施，防止感染他人。

艾滋病病毒感染者和艾滋病病人不得以任何方式故意传播艾滋病。

五、艾滋病的治疗与救助

（一）艾滋病的治疗

医疗机构应当为艾滋病病毒感染者和艾滋病病人提供艾滋病防治咨询、诊断和治疗服务。不得推诿或者拒绝对艾滋病病毒感染者或者艾滋病病人的其他疾病进行治疗。

医疗卫生机构应当按照国务院卫生健康主管部门制定的预防艾滋病母婴传播技术指导方案的规定，对孕产妇提供艾滋病防治咨询和检测，对感染艾滋病病毒的孕产妇及其婴儿，提供预防艾滋病母婴传播的咨询、产前指导、阻断、治疗、产后访视、婴儿随访和检测等服务。

（二）艾滋病的救助

县级以上人民政府应当采取下列艾滋病防治关怀、救助措施：① 向农村艾滋病病人和城镇经济困难的艾滋病病人免费提供抗艾滋病病毒治疗药品；② 对农村和城镇经济困难的艾滋病病毒感染者、艾滋病病人适当减免抗机会性感染治疗药品的费用；③ 向接受艾滋病咨询、检测的人员免费提供咨询和初筛检测；④ 向感染艾滋病病毒的孕产妇免费提供预防艾滋病母婴传播的治疗和咨询。生活困难的艾滋病病人遗留的孤儿和感染艾滋病病毒的未成年人接受义务教育的，应当免收杂费、书本费；⑤ 接受学前教育和高中阶段教育的，应当减免学费等相关费用。县级以上地方人民政府有关部门应当创造条件，扶持有劳动能力的艾滋病病毒感染者和艾滋病病人，从事力所能及的生产和工作。县级以上地方人民政府应当对生活困难并符合社会救助条件的艾滋病病毒感染者、艾滋病病人及其家属给予生活救助。

六、保障措施与法律责任

（一）保障措施

县级以上人民政府应当将艾滋病防治工作纳入国民经济和社会发展规划，加强和完善艾滋病预防、检测、控制、治疗和救助服务网络的建设，建立健全艾滋病防治专业队伍。各级人民政府应当根据艾滋病防治工作需要，将艾滋病防治经费列入本级财政预算。县级以上地方人民政府按照本级政府的职责，负责艾滋病预防、控制、监督工作所需经费。

（二）法律责任

医疗卫生机构未依照《艾滋病防治条例》规定履行职责，有下列情形之一的，由县级以上人民政府卫生主管部门责令限期改正，通报批评，给予警告；造成艾滋病传播、流行或者其他严重后果的，对负有责任的主管人员和其他直接责任人员依法给予降级、撤职、开除的处分，并可以依法吊销有关机构或者责任人员的执业许可证件；构成犯罪的，依法追究刑事责任：① 未履行艾滋病监测职责的；② 未按照规定免费提供咨询和初筛检测的；③ 对临时应急采集的血液未进行艾滋病检测，对临床用血艾滋病检测结果未进行核查，或者将艾滋病检测阳性的血液用于临床的；④ 未遵守标准防护原则，或者未执行操作规程和消毒管理制度，发生艾滋病医院感染或者医源性感染的；⑤ 未采取有效的卫生防护措施和医疗保健措施的；⑥ 推诿、拒绝治疗艾滋病病毒感染者或者艾滋病病人的其他疾病，或者对艾滋病病毒感染者、艾滋病病人未提供咨询、诊断和治疗服务的；⑦ 未对艾滋病病毒感染者或者艾滋病病人进行医学随访的；⑧ 未按照规定对感染艾滋病病毒的孕产妇及其婴儿提供预防艾滋病母婴传播技术指导的。

第三节　结核病防治法律制度

一、概述

为预防、控制结核病的传播和流行，保障人体健康和公共卫生安全，根据《传染病防治法》及有关法律、法规，2013年1月9日卫生部部务会审议通过《结核病防治管理办法》，自2013年3月24日起施行。1991年9月12日卫生部公布的《结核病防治管理办法》予以废止。

（一）概念

1. 肺结核可疑症状者　咳嗽、咳痰2周以上以及咯血或者血痰是肺结核的主要症状，具有以上任何一项症状者为肺结核可疑症状者。

2. 疑似肺结核患者　凡符合下列条件之一者为疑似病例：① 有肺结核可疑症状的5岁以下儿童，同时伴有与传染性肺结核患者密切接触史或者结核菌素试验强阳性；② 仅胸部影像学检查显示与活动性肺结核相符的病变。

3. 传染性肺结核　指痰涂片检测阳性的肺结核。

知识链接 ｜ **结核病的发展现状**

结核病是一种古老的疾病，也许有了人类不久就已有了它的存在。1973年，湖南长沙马王堆汉墓出土的2100年前的女尸身上发现左上肺门均有结核病灶。1965年，法国学者Sylvius根据解剖了死于所谓"消耗病"或"痨病"人的尸体，发现肺脏及其他器官有颗粒状的病变，根据其形态特征称之为"结核"。因而，结核的名称就此而被应用至今。据世界卫生组织报道，目前全球有近1/4的人已感染结核分枝杆菌，也就是20亿人口感染了结核分枝杆菌。全球有活动性肺结核患者约2 000万，每年新发结核患者800万~1 000万，每年约有300万人死于结核病。结核病已成为全世界成人因传染病而死亡的主要疾病之一。我国是全球22个结核病高负担国家之一，活动性肺结核患者数居世界第二位。

（二）结核病防治方针

坚持预防为主、防治结合的方针，建立政府组织领导、部门各负其责、全社会共同参与的结核病防治机制。加强宣传教育，实行以及时发现患者、规范治疗管理和关怀救助为重点的防治策略。

（三）管理机关

卫生健康行政部门负责全国结核病防治及其监督管理工作，县级以上地方卫生健康行政部门负责本辖区内的结核病防治及其监督管理工作。

二、防治机构与职责

（一）防治机构

国家卫生健康行政部门组织制定全国结核病防治规划、技术规范和标准；统筹医疗卫生资源，建设和管理全国结核病防治服务体系；对全国结核病防治工作进行监督检查及评价。县级以上地方卫生健康行政部门负责拟订本辖区内结核病防治规划并组织实施；组织协调辖区内结核病防治服务体系的建设和管理，指定结核病定点医疗机构；统筹规划辖区内结核病防治资源，对结核病防治服务体系给予必要的政策和经费支持；组织开展结核病防治工作的监督、检查和绩效评估。

各级各类医疗卫生机构应当按照有关法律、法规和卫生健康行政部门的规定，在职责范围内做好结核病防治的疫情监测和报告、诊断治疗、感染控制、转诊服务、患者管理、宣传教育等工作。

（二）职责

1. **疾病预防控制机构职责**　主要包括以下职责：协助卫生健康行政部门开展规划管理及评估工作；收集、分析信息，监测肺结核疫情；及时准确报告、通报疫情及相关信息；开展流行病学调查、疫情处置等工作；组织落实肺结核患者治疗期间的规范管理；组织开展肺结核或者疑似肺结核患者及密切接触者的追踪工作；组织开展结核病高发和重点行业人群的防治工作；开展结核病实验室检测，对辖区内的结核病实验室进行质量控制；组织开展结核病防治培训，提供防治技术指导；组织开展结核病防治健康教育工作；开展结核病防治应用性研究。

2. **结核病定点医疗机构职责**　主要包括以下职责：负责肺结核患者诊断治疗，落实治疗期间的随访检查；负责肺结核患者报告、登记和相关信息的录入工作；对传染性肺结核患者的密切接触者进行检查；对患者及其家属进行健康教育。

3. **非结核病定点医疗机构职责**　主要包括以下职责：指定内设职能科室和人员负责结核病疫情的报告；负责结核病患者和疑似患者的转诊工作；开展结核病防治培训工作；开展结核病防治健康教育工作。

4. **基层医疗卫生机构职责**　主要包括以下职责：负责肺结核患者居家治疗期间的督导管理；负责转诊、追踪肺结核或者疑似肺结核患者及有可疑症状的密切接触者；对辖区内居民开展结核病防治知识宣传。

三、结核病的预防和控制

（一）宣传教育

各级各类医疗卫生机构应当开展结核病防治的宣传教育，对就诊的肺结核患者及家属进行健康教育，宣传结核病防治政策和知识。基层医疗卫生机构定期对辖区内居民进行健康教育和宣传。疾病预防控制机构对易患结核病重点人群和重点场所进行有针对性的健康教育和宣传工作。

（二）预防接种

根据国家免疫规划对适龄儿童开展卡介苗预防接种工作。承担预防接种工作的医疗卫生机构应当按照《疫苗管理法》和预防接种工作规范的要求，规范提供预防接种服务。

（三）重点筛查

医疗卫生机构在组织开展健康体检和预防性健康检查时，应当重点做好以下人群的肺结核筛查工作：① 从事结核病防治的医疗卫生人员；② 食品、药品、化妆品从业人员；③《公共场所卫生管理条例》中规定的从业人员；④ 各级各类学校、托幼机构的教职员工及学校入学新生；⑤ 接触粉尘或者有害气体的人员；⑥ 乳牛饲养业从业人员；⑦ 其他易使肺结核扩散的人员。

（四）预防与控制措施

医疗卫生机构要制定结核病感染预防与控制计划，健全规章制度和工作规范，开展结核病感染预防与控制相关工作，落实各项结核病感染防控措施，防止医源性感染和传播。重点包括：① 结核病门诊、病房设置应当符合国家有关规定；② 严格执行环境卫生及消毒隔离制度，注意环境通风；③ 对于被结核分枝杆菌污染的痰液等排泄物和污物、污水以及医疗废物，应当按照医疗废物管理的相关规定进行分类收集、暂存及处置；④ 为肺结核可疑症状者或者肺结核患者采取必要的防护措施，避免交叉感染发生。医务人员在工作中严格遵守个人防护的基本原则，接触传染性肺结核患者或者疑似肺结核患者时，应当采取必要的防护措施。

另外，《传染病防治法》规定：医疗机构和其他有关单位应当开展结核病的防治工作，包括加强结核病的诊断、治疗和管理。发现结核病病例，应当及时报告，不得隐瞒、谎报或者拖延报告。未经治疗的活动性结核病患者不得从事可能传播结核病的活动，医疗机构和其他有关单位应当对活动性结核病患者进行教育、劝告和管理。食品生产、经营、餐饮服务等单位应当加强卫生管理，防止结核病的传播。学校、托幼机构等单位应当开展结核病的防治宣传教育，并采取必要的卫生措施。通过食品、水、污染的环境等途径可能传播结核病的，应当采取控制措施，防止结核病的传播。

总之，预防和控制结核病是全社会的责任，需要医疗机构、其他有关单位和个人共同参与。

四、结核病患者报告、诊断与登记

（一）发现与报告

各级各类医疗机构应当对肺结核可疑症状者及时进行检查，对发现的确诊和疑似肺结核患者应当按照有关规定进行疫情报告，并将其转诊到患者居住地或者就诊医疗机构所在地的结核病定点医疗机构。

（二）诊断

卫生健康行政部门指定的医疗卫生机构应当按照有关工作规范，对艾滋病病毒感染者和艾滋病患者进行结核病筛查和确诊。

基层医疗卫生机构协助县级疾病预防控制机构，对已进行疫情报告但未到结核病定点医疗机构就诊的肺结核患者和疑似肺结核患者进行追踪，督促其到结核病定点医疗机构进行诊断。结核病定点医疗机构应当对肺结核患者进行诊断，并对其中的传染性肺结核患者的密切接触者进行结核病筛查。

（三）登记

结核病定点医疗机构对肺结核患者进行管理登记。登记内容包括患者诊断、治疗及管理等相关信息。结核病定点医疗机构应当根据患者治疗管理等情况，及时更新患者管理登记内容。

五、肺结核患者的治疗与管理

（一）规范化治疗

结核病定点医疗机构应当为肺结核患者制定合理的治疗方案，提供规范化的治疗服务。设区的市级以上结核病定点医疗机构严格按照实验室检测结果，为多耐药肺结核患者制定治疗方案，并提供规范治疗。

各级各类医疗机构对危、急、重症肺结核患者负有救治的责任，应当及时对患者进行医学处置，不得以任何理由推诿，不得因就诊的患者是结核病人拒绝对其他疾病进行治疗。

（二）督导管理

1. 督导机构 疾病预防控制机构应当及时掌握肺结核患者的相关信息，督促辖区内医疗卫生机构落实肺结核患者的治疗和管理工作。

2. 督导管理 卫生健康行政部门指定的医疗机构应当按照有关工作规范对结核菌/艾滋病病毒双重感染患者进行抗结核和抗艾滋病病毒治疗、随访复查和管理。基层医疗卫生机构应当对居家治疗的肺结核患者进行定期访视、督导服药等管理。

3. 属地管理 医疗卫生机构对流动人口肺结核患者实行属地化管理，提供与当地居民同等的服务。转出地和转入地结核病定点医疗机构应当及时交换流动人口肺结核患者的信息，确保落实患者的治疗和管理措施。

六、监督管理与法律责任

（一）监督管理

县级以上地方卫生健康行政部门对结核病防治工作行使下列监管职责：

（1）对结核病的预防、患者发现、治疗管理、疫情报告及监测等管理措施落实情况进行监管；

（2）对违反《结核病防治管理办法》的行为责令被检查单位或者个人限期进行改进，依法查处；

（3）负责预防与控制结核病的其他监管事项。其中重点监管：① 结核病定点医疗机构的诊断、治疗、管理和信息录入等工作；② 疾病预防控制机构的结核病疫情监测与处置、流行病学调查、高发和重点行业人群防治、实验室检测和质量控制、实验室生物安全、督导、培训和健康促进等工作；③ 基层医疗卫生机构的转诊、追踪、患者督导管理和健康教育等工作；④ 非结核病定点医疗机构的结核病疫情报告、转诊、培训、健康教育等工作。

（二）法律责任

1. 县级以上地方卫生健康行政部门的责任 有下列情形之一的，由上级卫生健康行政部门责令改正，通报批评；造成肺结核传播、流行或者其他严重后果的，对负有责任的主管人员和其他直接责任人员，依法给予行政处分；构成犯罪的，依法追究刑事责任：① 未履行肺结核疫情报告职责，或者瞒报、谎报、缓报肺结核疫情的；② 未及时采取预防、控制措施导致发生或者可能发生肺结核传播的；③ 未履行监管职责，或者发现违法行为不及时查处的。

2. 疾病预防机构的责任 有下列情形之一的，由县级以上卫生健康行政部门责令限期改正，通报批评，给予警告；对负有责任的主管人员和其他直接责任人员，依法给予处分；构成犯罪的，依法追究刑事责任：① 未依法履行肺结核疫情监测、报告职责，或者隐瞒、谎报、缓报肺结核疫情的；② 发现肺结核疫情时，未依据职责及时采取措施的；③ 故意泄露涉及肺结核患者、疑似肺结核患者、密切接触者个人隐私的有关信息和资料的；④ 未履行对辖区实验室质量控制、培训等防治职责的。

3. 医疗机构的责任 有下列情形之一的，由县级以上卫生健康行政部门责令改正，通报批评，给予警告；造成肺结核传播、流行或者其他严重后果的，对负有责任的主管人员和其他直接责任人员，依法给予处分；构成犯罪的，依法追究刑事责任：① 未按照规定报告肺结核疫情，或者隐瞒、谎报、缓报肺结核疫情的；② 非结核病定点医疗机构发现确诊或者疑似肺结核患者，未按照规定进行转诊的；③ 结核病定点医疗机构未按照规定对肺结核患者或者疑似肺结核患者诊断治疗的，或者拒绝接诊的；④ 未按照有关规定严格执行隔离消毒制度，对结核菌污染的痰液、污物和污水未进行卫生处理的；⑤ 故意泄露涉及肺结核患者、疑似肺结核患者、密切接触者个人隐私的有关信息和资料的。

4. 其他单位和个人的责任 违反本办法规定，任何单位和个人导致肺结核传播或者流行，给他人人身、财产造成损害的，应当依法承担民事责任；构成犯罪的，依法追究刑事责任。

第四节　国境卫生检疫法律制度

一、概述

为了加强国境卫生检疫工作，防止传染病跨境传播，保障公众生命安全和身体健康，防范和化解公共卫生风险，根据宪法，制定《国境卫生检疫法》。1986年12月2日第六届全国人民代表大会常务委员会第十八次会议通过《国境卫生检疫法》，2007年12月29日第十届全国人民代表大会常务委员会第三十一次会议第一次修正，2009年8月27日第十一届全国人民代表大会常务委员会第十次会议第二次修正，2018年4月27日第十三届全国人民代表大会常务委员会第二次会议第三次修正，2024年6月28日第十四届全国人民代表大会常务委员会第十次会议修订，自2025年1月1日起施行。

（一）概念

国境卫生检疫法是指调整因防止传染病从国外传入或者由国内传出，实施国境卫生检疫、传染病监测和卫生监督的过程中所产生的各种社会关系的法律规范的总和。

国境卫生检疫是由国境卫生检疫机关在中华人民共和国国际通航的港口、机场以及陆地边境和国界江河的口岸（以下简称"国境口岸"），依法对进境、出境的人员、交通运输工具，集装箱等运输设备、货物、行李、邮包等物品及外包装履行检疫查验、传染病监测、卫生监督和应急处置等国境卫生检疫职责。

> **相关链接** ｜ 国境卫生检疫起源于15世纪，至今已有500多年的历史。早在14世纪中叶，随着航海贸易的发展，鼠疫由东方传入地中海沿岸的国家和地区，造成人员的大量死亡。为此，1445年意大利在威尼斯港建立了世界上第一个检疫站，实施严格的海港检疫措施来防止鼠疫的传入。它规定，来自国外的商船一律先要在港口外海面上停留40天，如果不发生疫情，才允许进港。自此以后，欧洲各国相继成立了自己的检疫机构。

（二）管理机关

海关总署统一管理全国国境卫生检疫工作。国务院卫生健康主管部门、国务院疾病预防控制部门和其他有关部门依据各自职责做好国境卫生检疫相关工作。

（三）报告制度

各地海关发现传染病，应当采取相应的控制措施，并及时向海关总署报告，同时向口岸所在地县级以上地方人民政府疾病预防控制部门以及移民管理机构通报。县级以上地方人民政府疾病预防控制部门发现传染病，应当及时向当地海关、移民管理机构通报。

任何单位和个人发现口岸或者进境、出境的人员、交通运输工具、货物、物品等存在传播传染病风险的，应当及时向就近的海关或者口岸所在地疾病预防控制机构报告。

二、卫生检疫法律规定

（一）进境、出境检疫

进境、出境的人员、交通运输工具、货物、物品，应当分别在最先到达的口岸和最后离开的口岸接受检疫查验；货物、物品也可以在海关指定的其他地点接受检疫查验。进境、出境交通运输工具负责人应当按照规定向海关如实申报与检疫查验有关的事项。

（二）非口岸检疫

来自境外的交通运输工具因不可抗力或者其他紧急原因停靠、降落在境内口岸以外地区的，交通运输工具负责人应当立即向就近的海关报告，接到报告的海关应当立即派人员到场处理，必要时可以请求当地人民政府疾病预防控制部门予以协助；除避险等紧急情况外，未经海关准许，该交通运输工具不得装卸货物、物品，不得上下引航员以外的人员。

（三）临时检疫

已经实施检疫查验的交通运输工具在口岸停留期间，发现检疫传染病染疫人、疑似染疫人或者有人非因意外伤害死亡且死因不明的，交通运输工具负责人应当立即向海关报告，海关应当依照规定采取相应的措施。

海关对过境的交通运输工具不实施检疫查验，但有证据表明该交通运输工具存在传播检疫传染病风险的除外。

（四）电讯卫生检疫

电讯卫生检疫是指进出境交通工具通过无线通讯或其他便捷通讯方式，按要求向海关申报规定内容。经海关进行风险评估，认为其符合卫生检疫要求，准予其无疫通行，不实施登交通工具检疫。

（五）对检疫传染病的处理

海关依据检疫医师提供的检疫查验结果，对判定为检疫传染病染疫人、疑似染疫人的，应当立即采取有效的现场防控措施，并及时通知口岸所在地县级以上地方人民政府疾病预防控制部门。接到通知的疾病预防控制部门应当及时组织将检疫传染病染疫人、疑似染疫人接送至县级以上地方人民政府指定的医疗机构或者其他场所实施隔离治疗或者医学观察。有关医疗机构和场所应当及时接收。

托运尸体、骸骨进境、出境的，托运人或者其代理人应当按照规定向海关如实申报，经检疫查验合格后，方可进境出境。因患检疫传染病死亡的，尸体应当就近火化。

三、传染病监测

对进境、出境人员，海关可以要求如实申报健康状况及相关信息，进行体温检测、医学巡查，必要时可以查阅旅行证件。

对可能患有监测传染病的人员，海关应当发给就诊方便卡，并及时通知口岸所在地县级以上地方人民政府疾病预防控制部门。对持有就诊方便卡的人员，医疗机构应当优先诊治。

四、卫生监督

（一）监督主体

海关实施卫生监督，发现口岸或者进境、出境交通运输工具的卫生状况不符合法律、行政法规和国家规定的卫生标准要求的，有权要求有关单位和个人进行整改，必要时要求其实施卫生处理。

（二）卫生监督内容

海关依照有关法律、行政法规和国家规定的卫生标准，对口岸和停留在口岸的进境、出境交通运输工具的卫生状况实施卫生监督，履行下列职责：

1. 开展病媒生物监测，监督和指导有关单位和人员对病媒生物的防除；

2. 监督食品生产经营、饮用水供应、公共场所的卫生状况以及从业人员健康状况；

3. 监督固体、液体废弃物和船舶压舱水的处理；

4. 法律、行政法规规定的其他卫生监督职责。

五、法律责任

进境、出境人员不如实申报健康状况、相关信息或者拒绝接受检疫查验的，由海关责令改正，可以给予警告或者处一万元以下的罚款；情节严重的，处一万元以上五万元以下的罚款。

有下列情形之一的，对交通运输工具负责人，由海关责令改正，给予警告，可以并处五万元以下的罚款；情节严重的，并处五万元以上三十万元以下的罚款：

1. 未按照规定向海关申报与检疫查验有关的事项或者不如实申报有关事项；

2. 拒绝接受对交通运输工具的检疫查验或者拒绝实施卫生处理；

3. 未取得进境检疫证或者出境检疫证，交通运输工具擅自进境或者出境；

4. 未经海关准许，交通运输工具驶离指定的检疫查验地点，装卸货物、物品或者上下人员；

5. 已经实施检疫查验的交通运输工具在口岸停留期间，发现检疫传染病染疫人、疑似染疫人或者有人非因意外伤害死亡且死因不明的，未立即向海关报告；

6. 过境的交通运输工具在中国境内装卸货物、物品或者上下人员，或者添加燃料、饮用水、食品和供应品不接受海关监督。

海关等有关部门、地方人民政府及其工作人员在国境卫生检疫工作中玩忽职守、滥用职权、徇私舞弊的，由上级机关或者所在单位责令改正，对负有责任的领导人员和直接责任人员依法给予处分。构成违反治安管理行为的，由公安机关依法给予治安管理处罚；构成犯罪的，依法追究刑事责任。

第五节 疫苗管理法律制度

一、概述

为了加强疫苗管理，保证疫苗质量和供应，规范预防接种，促进疫苗行业发展，保障公众健康，维护公共卫生安全，制定《中华人民共和国疫苗管理法》（以下简称《疫苗管理法》）。2019年6月29日第十三届全国人民代表大会常务委员会第十一次会议通过《疫苗管理法》，自2019年12月1日起施行。

（一）概念与分类

1. **概念** 疫苗是指为预防、控制疾病的发生、流行，用于人体免疫接种的预防性生物制品，包括免疫规划疫苗和非免疫规划疫苗。

2. **分类** 疫苗分为两类。第一类是免疫规划疫苗，是指政府免费向公民提供，公民应当依照政府的规定受种的疫苗，包括国家免疫规划确定的疫苗，省、自治区、直辖市人民政府在执行国家免疫规划时增加的疫苗，以及县级以上人民政府或者其卫生主管部门组织的应急接种或者群体性预防接种所使用的疫苗；第二类非免疫规划疫苗，是指由公民自费并且自愿受种的其他疫苗。接种第一类疫苗由政府承担费用。接种第二类疫苗由受种者或者其监护人承担费用。

（二）管理原则

1. 国家对疫苗实行最严格的管理制度，坚持安全第一、风险管理、全程管控、科学监管、社会共治的原则。

2. 战略性和公益性原则　国家支持疫苗基础研究和应用研究，促进疫苗研制和创新，将预防、控制重大疾病的疫苗研制、生产和储备纳入国家战略。

国家制定疫苗行业发展规划和产业政策，支持疫苗产业发展和结构优化，鼓励疫苗生产规模化、集约化，不断提升疫苗生产工艺和质量水平。

（三）管理机关

国务院和省、自治区、直辖市人民政府建立部门协调机制，统筹协调疫苗监督管理有关工作，定期分析疫苗安全形势，加强疫苗监督管理，保障疫苗供应。

国务院药品监督管理部门负责全国疫苗监督管理工作。国务院卫生健康主管部门负责全国预防接种监督管理工作。国务院其他有关部门在各自职责范围内负责与疫苗有关的监督管理工作。

省、自治区、直辖市人民政府药品监督管理部门负责本行政区域疫苗监督管理工作。设区的市级、县级人民政府承担药品监督管理职责的部门（以下称药品监督管理部门）负责本行政区域疫苗监督管理工作。县级以上地方人民政府卫生健康主管部门负责本行政区域预防接种监督管理工作。县级以上地方人民政府其他有关部门在各自职责范围内负责与疫苗有关的监督管理工作。

二、疫苗管理制度

1. **免疫规划制度**　国家实行免疫规划制度。居住在中国境内的居民，依法享有接种免疫规划疫苗的权利，履行接种免疫规划疫苗的义务。政府免费向居民提供免疫规划疫苗。县级以上人民政府及其有关部门应当保障适龄儿童接种免疫规划疫苗。监护人应当依法保证适龄儿童按时接种免疫规划疫苗。

2. **国家实行疫苗全程电子追溯制度**　国务院药品监督管理部门会同国务院卫生健康主管部门制定统一的疫苗追溯标准和规范，建立全国疫苗电子追溯协同平台，整合疫苗生产、流通和预防接种全过程追溯信息，实现疫苗可追溯。疫苗上市许可持有人应当建立疫苗电子追溯系统，与全国疫苗电子追溯协同平台相衔接，实现生产、流通和预防接种全过程最小包装单位疫苗可追溯、可核查。

疾病预防控制机构、接种单位应当依法如实记录疫苗流通、预防接种等情况，并按照规定向全国疫苗电子追溯协同平台提供追溯信息。

3. **生物安全管理制度**　疫苗研制、生产、检验等过程中应当建立健全生物安全管理制度，严格控制生物安全风险，加强菌毒株等病原微生物的生物安全管理，保护操作人员和公众的健康，保证菌毒株等病原微生物用途合法、正当。

疫苗研制、生产、检验等使用的菌毒株和细胞株，应当明确历史、生物学特征、代次，建立详细档案，保证来源合法、清晰、可追溯；来源不明的，不得使用。

4. 宣传教育制度　各级人民政府及其有关部门、疾病预防控制机构、接种单位、疫苗上市许可持有人和疫苗行业协会等应当通过全国儿童预防接种日等活动定期开展疫苗安全法律、法规以及预防接种知识等的宣传教育、普及工作。

新闻媒体应当开展疫苗安全法律、法规以及预防接种知识等的公益宣传，并对疫苗违法行为进行舆论监督。有关疫苗的宣传报道应当全面、科学、客观、公正。

5. 定期检查制度　疾病预防控制机构、接种单位应当建立疫苗定期检查制度，对存在包装无法识别、储存温度不符合要求、超过有效期等问题的疫苗，采取隔离存放、设置警示标志等措施，并按照国务院药品监督管理部门、卫生健康主管部门、生态环境主管部门的规定处置。疾病预防控制机构、接种单位应当如实记录处置情况，处置记录应当保存至疫苗有效期满后不少于五年备查。

6. 预防接种证制度　国家对儿童实行预防接种证制度。在儿童出生后一个月内，其监护人应当到儿童居住地承担预防接种工作的接种单位或者出生医院为其办理预防接种证。接种单位或者出生医院不得拒绝办理。监护人应当妥善保管预防接种证。预防接种实行居住地管理，儿童离开原居住地期间，由现居住地承担预防接种工作的接种单位负责对其实施接种。预防接种证的格式由国务院卫生健康主管部门规定。

7. 异常反应检测制度

（1）概念：预防接种异常反应是指合格的疫苗在实施规范接种过程中或者实施规范接种后造成受种者机体组织器官、功能损害，相关各方均无过错的药品不良反应。

（2）不属于预防接种异常反应的情形

1）因疫苗本身特性引起的接种后一般反应；

2）因疫苗质量问题给受种者造成的损害；

3）因接种单位违反预防接种工作规范、免疫程序、疫苗使用指导原则、接种方案给受种者造成的损害；

4）受种者在接种时正处于某种疾病的潜伏期或者前驱期，接种后偶合发病；

5）受种者有疫苗说明书规定的接种禁忌，在接种前受种者或者其监护人未如实提供受种者的健康状况和接种禁忌等情况，接种后受种者原有疾病急性复发或者病情加重；

6）因心理因素发生的个体或者群体的心因性反应。

（3）预防接种异常反应的报告与处理：国家加强预防接种异常反应监测。接种单位、医疗机构等发现疑似预防接种异常反应的，应当按照规定向疾病预防控制机构报告。疫苗上市许可持有人应当设立专门机构，配备专职人员，主动收集、跟踪分析疑似预防接种异常反应，及时采取风险控制措施，将疑似预防接种异常反应向疾病预防控制机构报告，将质量分析报告提交省、自治区、直辖市人民政府药品监督管理部门。对疑似预防接种异常反应，疾病预防控制机构应当按照规定及时报告，组织调查、诊断，并将调查、诊断结论告知受种者或者其监护人。对调查、诊断结论有争议的，可以根据国务院卫生健康主管部门制定的鉴定办法申请鉴定。

8. 预防接种异常反应补偿制度　国家实行预防接种异常反应补偿制度。因预防接种导致受种者死亡、严重残疾，或者群体性疑似预防接种异常反应等对社会有重大影响的疑似预防接种异常反应，由设区的市级以上人民政府卫生健康主管部门、药品监督管理部门按照各自职责组织调查、处理。实施接种过程中或者实施接种后出现受种者死亡、严重残疾、器官组织损伤等损害，属于预防接种异常反应或者不能排除的，应当给予补偿。补偿范围实行目录管理，并根据实际情况进行动态调整。

接种免疫规划疫苗所需的补偿费用，由省、自治区、直辖市人民政府财政部门在预防接种经费中安排；接种非免疫规划疫苗所需的补偿费用，由相关疫苗上市许可持有人承担。国家鼓励通过商业保险等多种形式对预防接种异常反应受种者予以补偿。预防接种异常反应补偿应当及时、便民、合理。预防接种异常反应补偿范围、标准、程序由国务院规定，省、自治区、直辖市制定具体实施办法。

9. 疫苗上市后管理制度　疫苗上市许可持有人应当加强疫苗全生命周期质量管理，对疫苗的安全性、有效性和质量可控性负责。从事疫苗研制、生产、流通和预防接种活动的单位和个人，应当遵守法律、法规、规章、标准和规范，保证全过程信息真实、准确、完整和可追溯，依法承担责任，接受社会监督。

10. 国家实行疫苗责任强制保险制度　疫苗上市许可持有人应当按照规定投保疫苗责任强制保险。因疫苗质量问题造成受种者损害的，保险公司在承保的责任限额内予以赔付。疫苗责任强制保险制度的具体实施办法，由国务院药品监督管理部门会同国务院卫生健康主管部门、保险监督管理机构等制定。

11. 疫苗安全信息统一公布制度　国家实行疫苗安全信息统一公布制度。疫苗安全风险警示信息、重大疫苗安全事故及其调查处理信息和国务院确定需要统一公布的其他疫苗安全信息，由国务院药品监督管理部门会同有关部门公布。全国预防接种异常反应报告情况，由国务院卫生健康主管部门会同国务院药品监督管理部门统一公布。未经授权不得发布上述信息。公布重大疫苗安全信息，应当及时、准确、全面，并按照规定进行科学评估，作出必要的解释说明。

三、疫苗研制和注册

1. 疫苗的研制和临床试验　国家根据疾病流行情况、人群免疫状况等因素，制定相关研制规划，安排必要资金，支持多联多价等新型疫苗的研制。国家组织疫苗上市许可持有人、科研单位、医疗卫生机构联合攻关，研制疾病预防、控制急需的疫苗。

国家鼓励符合条件的医疗机构、疾病预防控制机构等依法开展疫苗临床试验。开展疫苗临床试验，应当经国务院药品监督管理部门依法批准；应当由符合国务院药品监督管理部门和国务院卫生健康主管部门规定条件的三级医疗机构或者省级以上疾病预防控制机构实施或者组织实施。

开展疫苗临床试验，应当取得受试者的书面知情同意；受试者为无民事行为能力人的，应当取得其监护人的书面知情同意；受试者为限制民事行为能力人的，应当取得本人及其监护人的书面知情同意。

2. 疫苗的注册　在中国境内上市的疫苗应当经国务院药品监督管理部门批准，取得药品注册证书；申请疫苗注册，应当提供真实、充分、可靠的数据、资料和样品。对疾病预防、控制急需的疫苗和创新疫苗，国务院药品监督管理部门应当予以优先审评审批。

3. 疫苗的审批　国务院药品监督管理部门在批准疫苗注册申请时，对疫苗的生产工艺、质量控制标准和说明书、标签予以核准。国务院药品监督管理部门应当在其网站上及时公布疫苗说明书、标签内容。

4. 疫苗的紧急使用与批准　应对重大突发公共卫生事件急需的疫苗或者国务院卫生健康主管部门认定急需的其他疫苗，经评估获益大于风险的，国务院药品监督管理部门可以附条件批准疫苗注册申请。出现特别重大突发公共卫生事件或者其他严重威胁公众健康的紧急事件，国务院卫生健康主管部门根据传染病预防、控制需要提出紧急使用疫苗的建议，经国务院药品监督管理部门组织论证同意后可以在一定范围和期限内紧急使用。

四、疫苗生产和批签发

（一）疫苗的生产准入制度

国家对疫苗生产实行严格准入制度。

1. 批准机关　从事疫苗生产活动，应当经省级以上人民政府药品监督管理部门批准，取得药品生产许可证。

2. 疫苗生产条件　从事疫苗生产活动，除符合《药品管理法》规定的从事药品生产活动的条件外，还应当具备下列条件：① 具备适度规模和足够的产能储备；② 具有保证生物安全的制度和设施、设备；③ 符合疾病预防、控制需要。

疫苗上市许可持有人应当具备疫苗生产能力；超出疫苗生产能力确需委托生产的，应当经国务院药品监督管理部门批准。接受委托生产的，应当遵守法律、法规和国家有关规定，保证疫苗质量。

（二）疫苗批签发制度

国家实行疫苗批签发制度。每批疫苗销售前或者进口时，应当经国务院药品监督管理部门指定的批签发机构按照相关技术要求进行审核、检验。符合要求的，发给批签发证明；不符合要求的，发给不予批签发通知书。不予批签发的疫苗不得销售，并应当由省、自治区、直辖市人民政府药品监督管理部门监督销毁；不予批签发的进口疫苗应当由口岸所在地药品监督管理部门监督销毁或者依法进行其他处理。国务院药品监督管理部门、批签发机构应当及时公布上市疫苗批签发结果，供公众查询。

预防、控制传染病疫情或者应对突发事件急需的疫苗，经国务院药品监督管理部门批准，免予批签发。

五、疫苗的流通

（一）疫苗的采购

国家免疫规划疫苗由国务院卫生健康主管部门会同国务院财政部门等组织集中招标或者统一谈判，形成并公布中标价格或者成交价格，各省、自治区、直辖市实行统一采购。国家免疫规划疫苗以外的其他免疫规划疫苗、非免疫规划疫苗由各省、自治区、直辖市通过省级公共资源交易平台组织采购。

省级疾病预防控制机构应当根据国家免疫规划和本行政区域疾病预防、控制需要，制定本行政区域免疫规划疫苗使用计划，并按照国家有关规定向组织采购疫苗的部门报告，同时报省、自治区、直辖市人民政府卫生健康主管部门备案。

（二）疫苗的供应

疫苗上市许可持有人应当按照采购合同约定，向疾病预防控制机构供应疫苗。疾病预防控制机构应当按照规定向接种单位供应疫苗。疾病预防控制机构以外的单位和个人不得向接种单位供应疫苗，接种单位不得接收该疫苗。

（三）疫苗的储存、运输

疾病预防控制机构、接种单位、疫苗上市许可持有人、疫苗配送单位应当遵守疫苗储存、运输管理规范，保证疫苗质量。疫苗在储存、运输全过程中应当处于规定的温度环境，冷链储存、运输应当符合要求，并定时监测、记录温度。疫苗储存、运输管理规范由国务院药品监督管理部门、国务院卫生健康主管部门共同制定。

（四）疫苗的销售

疫苗上市许可持有人在销售疫苗时，应当提供加盖其印章的批签发证明复印件或者电子文件；销售进口疫苗的，还应当提供加盖其印章的进口药品通关单复印件或者电子文件。疾病预防控制机构、接种单位在接收或者购进疫苗时，应当索取上述证明文件，并保存至疫苗有效期满后不少于五年备查。疫苗上市许可持有人应当按照规定，建立真实、准确、完整的销售记录，并保存至疫苗有效期满后不少于五年备查。

六、疫苗的预防接种

（一）疫苗接种管理

国务院卫生健康主管部门制定国家免疫规划；国家免疫规划疫苗种类由国务院卫生健康主管部门会同国务院财政部门拟订，报国务院批准后公布。国务院卫生健康主管部门建立国家免疫规划专家咨询委员会，并会同国务院财政部门建立国家免疫规划疫苗种类动态调整机制。

省、自治区、直辖市人民政府在执行国家免疫规划时，可以根据本行政区域疾病预防、控制需要，增加免疫规划疫苗种类，报国务院卫生健康主管部门备案并公布。

（二）接种疫苗单位的条件

接种单位应当具备下列条件：① 取得医疗机构执业许可证；② 具有经过县级人民政府卫生健康主管部门组织的预防接种专业培训并考核合格的医师、护士或者乡村医生；③ 具有符合疫苗储存、运输管理规范的冷藏设施、设备和冷藏保管制度。

（三）疫苗接种规范

国务院卫生健康主管部门应当制定、公布预防接种工作规范，强化预防接种规范化管理。国务院卫生健康主管部门应当制定、公布国家免疫规划疫苗的免疫程序和非免疫规划疫苗的使用指导原则。省、自治区、直辖市人民政府卫生健康主管部门应当结合本行政区域实际情况制定接种方案，并报国务院卫生健康主管部门备案。

各级疾病预防控制机构应当按照各自职责，开展与预防接种相关的宣传、培训、技术指导、监测、评价、流行病学调查、应急处置等工作。

接种单位应当加强内部管理，开展预防接种工作应当遵守预防接种工作规范、免疫程序、疫苗使用指导原则和接种方案。各级疾病预防控制机构应当加强对接种单位预防接种工作的技术指导和疫苗使用的管理。

医疗卫生人员实施接种，应当告知受种者或者其监护人所接种疫苗的品种、作用、禁忌、不良反应以及现场留观等注意事项，询问受种者的健康状况以及是否有接种禁忌等情况，并如实记录告知和询问情况。受种者或者其监护人应当如实提供受种者的健康状况和接种禁忌等情况。有接种禁忌不能接种的，医疗卫生人员应当向受种者或者其监护人提出医学建议，并如实记录提出医学建议情况。

医疗卫生人员在实施接种前，应当按照预防接种工作规范的要求，检查受种者健康状况、核查接种禁忌，查对预防接种证，检查疫苗、注射器的外观、批号、有效期，核对受种者的姓名、年龄和疫苗的品名、规格、剂量、接种部位、接种途径，做到受种者、预防接种证和疫苗信息相一致，确认无误后方可实施接种。

医疗卫生人员应当对符合接种条件的受种者实施接种。受种者在现场留观期间出现不良反应的，医疗卫生人员应当按照预防接种工作规范的要求，及时采取救治等措施。

医疗卫生人员应当按照国务院卫生健康主管部门的规定，真实、准确、完整记录疫苗的品种、上市许可持有人、最小包装单位的识别信息、有效期、接种时间、实施接种的医疗卫生人员、受种者等接种信息，确保接种信息可追溯、可查询。接种记录应当保存至疫苗有效期满后不少于五年备查。

（四）保障措施

县级以上地方人民政府卫生健康主管部门根据传染病监测和预警信息，为预防、控制传染病暴发、流行，报经本级人民政府决定，并报省级以上人民政府卫生健康主管部门备案，可以在本行政区域进行群体性预防接种。

需要在全国范围或者跨省、自治区、直辖市范围内进行群体性预防接种的，应当由国务院卫生健康主管部门决定。作出群体性预防接种决定的县级以上地方人民政府或者国务院卫生健康主管部门应当组织有关部门做好人员培训、宣传教育、物资调用等工作。任何单位和个人不得擅自进行群体性预防接种。

七、保障措施、监督管理和法律责任

（一）保障措施

县级以上人民政府应当将疫苗安全工作、购买免疫规划疫苗和预防接种工作以及信息化建设等所需经费纳入本级政府预算，保证免疫规划制度的实施。县级人民政府按照国家有关规定对从事预防接种工作的乡村医生和其他基层医疗卫生人员给予补助。国家根据需要对经济欠发达地区的预防接种工作给予支持。省、自治区、直辖市人民政府和设区的市级人民政府应当对经济欠发达地区的县级人民政府开展与预防接种相关的工作给予必要的经费补助。

国家将疫苗纳入战略物资储备，实行中央和省级两级储备。国务院工业和信息化主管部门、财政部门会同国务院卫生健康主管部门、公安部门、市场监督管理部门和药品监督管理部门，根据疾病预防、控制和公共卫生应急准备的需要，加强储备疫苗的产能、产品管理，建立动态调整机制。各级财政安排用于预防接种的经费应当专款专用，任何单位和个人不得挪用、挤占。有关单位和个人使用预防接种的经费应当依法接受审计机关的审计监督。

传染病暴发、流行时，相关疫苗上市许可持有人应当及时生产和供应预防、控制传染病的疫苗。交通运输单位应当优先运输预防、控制传染病的疫苗。县级以上人民政府及其有关部门应当做好组织、协调、保障工作。

（二）监督管理

药品监督管理部门、卫生健康主管部门按照各自职责对疫苗研制、生产、流通和预防接种全过程进行监督管理，监督疫苗上市许可持有人、疾病预防控制机构、接种单位等依法履行义务。药品监督管理部门依法对疫苗研制、生产、储存、运输以及预防接种中的疫苗质量进行监督检查。卫生健康主管部门依法对免疫规划制度的实施、预防接种活动进行监督检查。

药品监督管理部门应当加强对疫苗上市许可持有人的现场检查；必要时，可以对为疫苗研制、生产、流通等活动提供产品或者服务的单位和个人进行延伸检查；有关单位和个人应当予以配合，不得拒绝和隐瞒。

疫苗质量管理存在安全隐患，疫苗上市许可持有人等未及时采取措施消除的，药品监督管理部门可以采取责任约谈、限期整改等措施。严重违反药品相关质量管理规范的，药品监督管理部门应当责令暂停疫苗生产、销售、配送，立即整改；整改完成后，经药品监督管理部门检查符合要求的，方可恢复生产、销售、配送。

药品监督管理部门应当建立疫苗上市许可持有人及其相关人员信用记录制度，纳入全国信用信息共享平台，按照规定公示其严重失信信息，实施联合惩戒。

（三）法律责任

生产、销售的疫苗属于假药的，由省级以上人民政府药品监督管理部门没收违法所得和违法生产、销售的疫苗以及专门用于违法生产疫苗的原料、辅料、包装材料、设备等物品，责令停产停业整顿，吊销药品注册证书，直至吊销药品生产许可证等，并处违法生产、销售疫苗货值金额十五倍以上五十倍以下的罚款，货值金额不足五十万元的，按五十万元计算。

生产、销售的疫苗属于劣药的，由省级以上人民政府药品监督管理部门没收违法所得和违法

生产、销售的疫苗以及专门用于违法生产疫苗的原料、辅料、包装材料、设备等物品，责令停产停业整顿，并处违法生产、销售疫苗货值金额十倍以上三十倍以下的罚款，货值金额不足五十万元的，按五十万元计算；情节严重的，吊销药品注册证书，直至吊销药品生产许可证等。

生产、销售的疫苗属于假药，或者生产、销售的疫苗属于劣药且情节严重的，由省级以上人民政府药品监督管理部门对法定代表人、主要负责人、直接负责的主管人员和关键岗位人员以及其他责任人员，没收违法行为发生期间自本单位所获收入，并处所获收入一倍以上十倍以下的罚款，终身禁止从事药品生产经营活动，由公安机关处五日以上十五日以下拘留。构成犯罪的，依法从重追究刑事责任。

案例6-1　　　　　　　　　　　　　　　　**案例分析**

张某，男，高中毕业，等待上大学期间，通过交友软件结识了一个与其年龄相仿的同城男生，并约了线下见面，俩人在没有采取任何安全措施情况下发生了多次性行为。

张某大学开学后又在网上结识了一个新朋友，约线下见面时，通过艾滋病抗体检测试纸检测，试纸出现了"两道杠"，后又经市疾病控制中心的人类免疫缺陷病毒咨询检测门诊检测，确诊为感染了人类免疫缺陷病毒。

思考：

1. 张某确诊为艾滋患者以后，应该如何治疗？

2. 张某诊断为人类免疫缺陷病毒阳性之后，他有哪些权利和义务？

3. 传染病防治过程中，作为一个公民应当履行哪些法律义务？

学习小结

本章主要是疾病预防和控制法律制度，主要包括传染病防治法律制度、艾滋病防治法律制度、结核病防治法律制度、国境卫生检疫法律制度以及疫苗管理法律制度。主要涉及传染病的分类管理、传染病的预防和控制措施、传染病的法律责任；艾滋病的预防和控制措施、艾滋患者和病毒携带者的权利和义务；结核病的防治措施；国境卫生检疫措施；疫苗管理相关规定等内容。

（沈秀芹　辛佳锶）

一、选择题

1. 属于传染病责任报告人的是
   A. 城乡居民
   B. 个体开业医生
   C. 公共场所服务人员
   D. 国家机关工作人员
   E. 医疗机构退休医生

2. 下列传染病采取甲类预防、控制措施，除了
   A. 传染性非典型肺炎
   B. 猴痘
   C. 鼠疫
   D. 炭疽中的肺炭疽
   E. 霍乱

3. 传染病暴发流行时，责任疫情报告人应当在（　　）小时内以最快的通信方式向当地卫生防疫机构报告疫情
   A. 2
   B. 3
   C. 4
   D. 5
   E. 6

4. 艾滋病病毒携带者的义务不包括
   A. 接受疾病预防控制机构或者进境、出境检验检疫机构的流行病学调查和指导
   B. 将感染或者发病的事实及时告知其家人
   C. 就医时，将感染或者发病的事实如实告知接诊医生
   D. 采取必要的防护措施，防止感染他人
   E. 艾滋病病毒感染者和艾滋病病人不得以任何方式故意传播艾滋病

5. 疫苗上市许可持有人应当按照规定，建立真实、准确、完整的销售记录，并保存至疫苗有效期满后不少于（　　）年备查
   A. 2
   B. 3
   C. 4
   D. 5
   E. 6

   答案：1. B；2. B；3. A；4. B；5. D

二、简答题

1. 传染病防治分哪几类进行管理？有什么区别？
2. 传染病防治的预防和控制措施主要有哪些？
3. 艾滋病病毒携带者和艾滋病病人有哪些权利和义务？
4. 疫苗管理法中有哪些疫苗管理措施？

第七章 血液管理法律制度

07章

学习目标

知识目标
1. 掌握无偿献血的规定、血站的概念和分类、临床用血的管理。
2. 熟悉血液及血液制品的概念、血站的设置及职责、临床用血的程序、单采血浆站的管理。
3. 了解血液及血液制品的相关立法、无偿献血的制度及意义、献血者的权利。

能力目标
运用所学知识做好血液管理工作，提高临床合理用血水平，保证输血治疗质量。

素质目标
培养具有保障献血者和用血者身体健康的意识，培育无私奉献、救死扶伤的崇高行为。

第一节 血液管理法律制度概述

血液是生命之源，其在生理和临床上的功能和作用是药物所不可替代的。血液及血液制品在临床救治上早已被广泛应用，随着输血安全及血液制品的质量越来越受到人们的关注，依法加强和完善血液和血液制品的管理也势在必行。只有按相应法律、法规和技术规范采集、储存和使用血液及血液制品，才能保证血液和血液制品的质量，保障献血者和用血者的健康和生命安全。

一、血液及血液管理法的概念

血液（blood）是流动在人的血管和心脏中的一种红色不透明的黏稠液体，由不同血细胞和血浆组成。血液管理法是调整国家在献采供临床用血以及血液制品等进行管理过程中形成的各种社会关系的法律规范的总称。血液管理法律、法规关系到公民的身体健康和生命安全，也关系到社会的公共健康安全，它是我国卫生法律体系的重要组成部分。

二、血液管理的相关立法

在血液的采集、储存、使用以及血液制品的生产、流通、使用过程中，必须加强管理，以保证医疗临床用血需要和安全，保障献血者和用血者身体健康；保证血液制品的质量，预防和控制经血液途径传播的疾病。因此，我国对于血液和血液制品进行了一系列相关立法。

我国最早的一批血液管理规章是卫生部自1979年相继颁发的《全国血站工作条例》（1979年）、《无偿志愿献血奖励办法（试行）》（1987年）、《关于加强输血工作管理的若干规定》《采供血机构和血液管理办法》（1990年）、《血站基本标准》（1993年，2000年修订）、《单采血浆站基本标准》（1994年，历经2000年、2021年二次修订）、《血站管理办法（暂行）》（1998年）等部门规章，这标志着我国血液管理法律制度的初步确定。1996年12月，国务院发布了《血液制品管理条例》（2016年修订），这是我国第一部有关血液制品管理的行政法规。1997年12月29日，第八届全国人民代表大会常务委员会第二十九次会议通过了《中华人民共和国献血法》，这是目前我国关于血液管理立法中效力等级最高的一部法律，它对于我国血液管理法律制度的建设具有里程碑式的意义，是其他有关血液与血液制品立法的基础和依据。随后卫生部发布了《医疗机构临床用血管理办法（试行）》《脐带血造血干细胞库管理办法（试行）》（1999年）、《临床输血技术规范》（2000年）等一系列血液管理规章、技术标准和规范。2005年11月，卫生部颁布了《血站管理办法》（历经2009年、2016年和2017年三次修正）。2007年10月，卫生部颁布了《单采血浆站管理办法》（历经2015年、2016年二次修订）。2012年6月，卫生部颁布了《医疗机构临床用血管理办法》（2019年修订）。

经过了四十多年的发展，血液管理法律体系基本健全，采供血机构基础建设进一步加强，设置规划较为合理，全国采供血服务体系初步建立。血液全面质量管理体系得到了完善，临床科学合理用血水平有了较大提高。

第二节　献血管理法律制度

一、献血法的概念

献血法是调整保证医疗临床用血需要和安全，保障献血者和用血者身体健康活动中产生的各种社会关系的法律规范的总称。

为了保障临床用血的需要和安全，保障献血者和用血者的健康，促进社会主义物质文明和精神文明的建设，1997年12月29日第八届全国人民代表大会常务委员会第二十九次会议通过了《中华人民共和国献血法》（以下简称《献血法》）并于1998年10月1日起正式生效施行，标志着我国血液管理进入到无偿献血的新时期。

二、无偿献血发展的历史

献血活动经历了一个从有偿到无偿的过程。

人道主义的无偿献血是由国际红十字组织首先提出，1946年在英国牛津召开的第十九次国际红十字会与红新月会协会理事会第40号决议中，第一次以正式文件形式提出了"对供血者提供的血液不应支付报酬"的无偿献血原则。1948年红十字会国际委员会提出了医疗用血应来自无偿献血者，患者也应是无偿使用血液，即无偿献血、免费输血的原则。由于无偿献血需要政府的支持，1959年第二十五次国际红十字会与红新月会协会理事会要求与政府密切合作，取缔血液事业中的营利组织，将献血作为一种人道主义义务向全民宣传。1973年在德黑兰举行的第二十二次红十字会国际委员会进一步规范了无偿献血：出于人道主义动机的自愿献血，不领取任何报酬的无偿献血，才是解决血液需求最有效的方式，无偿献血是发展血液事业的根本。1991年红十字会与红新月会在布达佩斯召开的国际联合会第八届大会第34号决议中，将自愿无偿献血者定义为："出于自愿提供自身血液、血浆或其他血液成分而不取任何报酬的人，无论是金钱或礼品都可视为金钱的替代，包括休假和旅游等；而小型纪念品和茶点以及支付交通费则是合理的。"为了广泛地引起人们对自愿无偿献血重要性的认识，鼓励更多的人成为无偿献血者，宣传和促进全球血液安全规划的实施，世界卫生组织、红十字会、红新月会国际联合会、国际献血组织联合会和国际输血学会于2004年宣布了每年6月14日为"世界献血日"。

我国的献血管理制度，与世界上许多国家一样，也是从有偿献血逐步向无偿献血过渡，最终实现了公民自愿无偿献血的过程。经过了二十余年的努力，公民自愿无偿献血意识不断增强，献血人次越来越多，已经从1998年的32.8万人次上升到2022年的1 603.5万人次，增长了48倍，目前我国无偿献血率为1.15%。虽然，我们国家无偿献血事业发展取得了显著进展，但与部分中高收入国家相比仍存在差距，特别是随着"健康中国"战略实施，医疗需求进一步释放和人均寿命的延长，临床用血的需求会进一步增加，因此，我国的无偿献血事业任重而道远。

三、无偿献血制度的意义

1. **无偿献血有利于保证医疗和临床用血需要**　医疗临床用血范围广、用量大、现阶段人造血液价格昂贵不能广泛应用，因此，医疗临床用血只能靠公民献血来解决。由于传统观念的影响，而且缺乏法律的推动，我国开展无偿献血虽经努力，但远远不能满足实际需要。医疗临床用血若大部分依赖有偿的供血或卖血，不仅血源不足且质量难以保证，直接影响医疗临床用血的安全。通过立法确立无偿献血制度，有利于促进无偿献血事业的发展，保证医疗临床用血的需要。

2. **无偿献血有利于保障献血者和用血者的身体健康**　为保障输血安全，我国对血液的采集、检验、监控、储存和运输均制定有严格的规定。但是，仍然有不法分子组织卖血甚至强迫他人卖血从中牟取暴利。有的医疗机构非法自采自供血液，甚至允许供血者违章重复登记，频繁抽血，不仅严重破坏血液工作的管理、影响供血者的身体健康，也为血源性疾病的传播提供了温床，对用血者的身体健康构成了严重威胁。因此，只有依法实行公民无偿献血制度，禁止血液买卖，才能杜绝经血液途径传播疾病的隐患，保证医疗临床用血安全。为了确保血液质量，保证献血者和用血者的身体健康，《献血法》对输血的各个环节规定了严格的管理措施。

3. 无偿献血有利于促进社会主义物质文明和精神文明建设　实行无偿献血，不仅能保障医疗临床用血的需要，保证输血安全，达到治病救人的目的，它还是一种"我为人人，人人为我"的社会共济行为，是一种无私的奉献，是人道主义精神的重要体现。献血事业的发展程度，是社会文明程度的标志之一。实行无偿献血，有助于弘扬中华民族团结、友爱、互助的传统美德，是建设社会主义精神文明的具体表现。因此，《献血法》规定实行无偿献血制度，也是促进精神文明建设的一项具体措施，每个公民都应当积极参与。

四、无偿献血的法律规定

《献血法》规定，我国实行无偿献血制度，无偿献血是指达到一定年龄的健康公民向血站自愿地提供自身血液或某种血液成分用于临床，而不索取任何报酬的制度。

（一）无偿献血的主体

关于无偿献血的主体，世界各国规定的并不一致。我国《献血法》规定，国家提倡18~55周岁的健康公民自愿献血。这是根据我国公民的身体素质和满足用血的需要等因素来确立的。无偿献血是公民自愿的行为，也是公民自由处分自身身体权利的行为，需要具备完全民事行为能力的人来决定。《献血法》规定18周岁为无偿献血的最低年龄，与我国《民法典》的对成年人的规定相一致。关于无偿献血的终止年龄，《献血法》规定为55周岁，这是考虑到我国公民的身体状况。但这是法律的一般性规定，并不是完全禁止超过55周岁的健康公民献血。2012年卫生部和国家标准化管理委员会发布新版《献血者健康检查要求》（GB18467—2011）（自2012年7月1日实施），其中规定"国家提倡献血年龄为18~55周岁；既往无献血反应、复核健康检查要求的多次献血者主动要求再次献血的，年龄可延长至60周岁"。近年来，随着人民健康水平的提高及无偿献血工作走向法治化管理轨道，《献血法》修订的声音不绝于耳，2012年国家卫生计生委启动了修法调研工作，2022年已经被纳入第十三届全国人民代表大会常务委员会强化公共卫生法治保障立法修法工作计划。地方率先进行了法规修订：2017年7月江苏省率先调整地方性法规，明确将自愿献血的年龄延长至60岁，同年重庆市也进行了调整，紧接着2018年黑龙江省、2021年江苏省和上海市、2022年北京市和吉林省纷纷进行调整，有些省份所属地市也出台了本地的地方性法规，对无偿献血的年龄延长进行了修订。

《献血法》第七条规定，"国家鼓励国家工作人员、现役军人和高等学校在校学生率先献血，为树立社会新风尚做表率"。这也是考虑到这部分人普遍具有较高的思想觉悟和文化素质，身体条件较好。实践证明，现役军人和高等学校在校学生确实成为目前我国无偿献血的主力军。

（二）无偿献血的采血量、时间及用途规定

无偿献血的献血量和献血间隔直接影响献血者的健康和血液质量，目前，世界各国对于献血量和献血间隔的规定也略有差异。

我国《献血法》规定，献血者每次采集血液量一般为200ml，最多不超过400ml，两次采集间隔不少于6个月。血站每次采集血液在数量上的规定，主要是参照我国过去长期以来的实际情

况，在不影响人体健康的前提下一个健康公民所能献出的血液量，同时参考了国际上多数国家的采血数量。根据我国的情况，法律还规定了两次采集血液间隔期。这是根据人体的生理规律，红细胞的寿命有一定时限，也有不断衰老和死亡的过程。一般情况下，血液中每天有40ml的红细胞衰老和死亡，而同时又有相应数量的红细胞得到新生。红细胞的平均寿命为120天，因此，两次献血间隔期在3个月以上就是可以的，规定献血间隔期不得少于6个月，完全是从保护献血公民的健康和保证血液质量考虑的。为了保护献血者的健康安全，保证血液事业的蓬勃发展，血站如果违反规定，超量、频繁采集血液便构成违法，应承担相应的法律责任。同时，无偿献血的血液必须用于临床，不得买卖，血站、医疗机构不得将无偿献血的血液出售给单采血浆站或者血液制品生产单位。

（三）无偿献血的机构和组织

1. 地方各级人民政府的领导职责　《献血法》第三条规定，"地方各级人民政府领导本行政区域内的献血工作，统一规划并负责组织、协调有关部门共同做好献血工作"。各级人民政府还应采取措施广泛宣传献血的意义，普及献血的科学知识，开展预防和控制经血液途径传播的疾病的教育。

2. 卫生健康行政部门的职责　献血工作是整个医疗卫生事业中的一个重要组成部分。作为医疗卫生事业的主管部门的各级卫生健康行政部门，对献血工作进行监督管理是其应尽的职责。《献血法》规定县级以上各级人民政府卫生健康行政部门监督管理献血工作。

3. 各级红十字会的职责　无偿献血最初是由国际红十字组织倡导的。长期以来，国际红十字组织一直积极地参与推动无偿献血工作。《献血法》第四条规定"各级红十字会依法参与、推动献血工作"。《中华人民共和国红十字会法》进一步规定红十字会参与输血、献血工作，配合政府和卫生健康行政部门进行无偿献血的宣传、动员和组织工作，推动无偿献血。

4. 其他机关和社会组织的组织和宣传职责　国家机关、军队、社会团体、企事业组织、居民委员会、村民委员会，应当动员和组织本单位或者本居住区的适龄公民参加献血。新闻媒介应当开展献血的社会公益性宣传。

（四）无偿献血证书

对无偿献血者，由血站发给经国务院卫生健康行政部门制作的无偿献血证书。无偿献血证书既是献血者的荣誉证书，又是享受法定用血优惠的凭证。为提升无偿献血管理能力和服务质量，2020年6月14日，启动全国统一电子《无偿献血证》，电子《无偿献血证》与纸质版《无偿献血证》并行使用，具有同等效力。

五、无偿献血者的权利

1. 知情同意权　无偿献血者对献血相关内容有知情的权利。血站工作人员应在献血前对献血者履行书面告知义务，并取得献血者签字的知情同意书。告知包括献血动机、安全献血者的重要性、具有高危行为者故意献血的责任、实名制献血、献血反应等内容。

2. 健康检查权　无偿献血者献血时可享受免费体检、化验等待遇，但是献血者不要为化验而献血。根据相关规定，献血前血站应进行健康征询和一般检查，献血者填写健康状况征询表。对身体状况不符合献血条件的，应向其说明情况，不得采集血液。献血后血站将遵照国家的规定对血液进行经血液传播疾病的检测，检测合格的血液将用于临床，不合格的血液将按照国家规定处置。

3. 表彰奖励权 无偿献血者，有获得各级人民政府、红十字会和军队有关单位表彰奖励的权利。为发扬人道主义精神，推动我国无偿献血事业的进一步发展，对积极参加献血和献血工作中做出显著成绩的单位和个人，国家给予表彰奖励。根据《全国无偿献血表彰奖励办法（2022年版）》，各级人民政府、红十字会和军队有关单位给予献血者"无偿献血奉献奖"，用以奖励多次自愿无偿献血者。

4. 免费用血权 无偿献血者本人及其直系亲属医疗用血时，可免费使用其无偿献血等量或数倍的血液。无偿献血者临床需要用血时，免交血液的采集、储存、分离、检验等费用；无偿献血者的配偶和直系亲属临床需要用血时，可以按照省、自治区、直辖市人民政府规定免交或者减交血液的采集、储存、分离、检验等费用。如果无偿献血者因病在其他省用血，临床用血的费用先垫付然后向献血所在地献血办公室结算。

5. 人格隐私权 献血者的人格应受到尊重，献血者的个人信息、血液检测结果等作为个人隐私应受到保护，采供血机构应确保献血者的相关信息不被泄露。

第三节　血站管理法律制度

一、血站的概念及立法现状

血站（blood station）是指不以营利为目的，采集、提供临床用血的公益性卫生机构。血站作为社会公益机构，必须为公民临床用血服务，在地方各级政府的支持和管理下做好采集、提供临床用血的工作。各级政府应当把血站的事业和人员经费纳入政府的财政预算，保证其正常运转。

血站分为一般血站和特殊血站。一般血站包括血液中心、中心血站和中心血库。特殊血站包括脐带血造血干细胞库和国家卫生健康委员会根据医学发展需要批准、设置的其他类型血库。

为了确保血液安全，规范血站执业行为，促进血站的建设与发展，卫生部根据《献血法》于2006年3月1日颁布实施了《血站管理办法》（以下简称《办法》），并历经了2009年、2016年和2017年三次修正，对血站的设置、执业、监督管理及法律责任作出了较为详细、科学的规定。根据《办法》国家实行血液质量监测、鉴定制度。为此，卫生部制定了《血站质量管理规范》（2006年制定，2010年修订）和《血站实验室质量管理规范》（2006年）。

二、血站的设置和审批
（一）血站的设置
各级人民政府卫生健康行政部门根据本行政区域人口、医疗资源、临床用血需要等实际情况和当地区域卫生发展规划，制定本行政区域血站设置规划。

1. 一般血站的设置 一般血站的设置应当由省、自治区、直辖市人民政府卫生健康行政部门依据采供血机构设置规划批准设置血站，并报国家卫生健康委员会备案。

血液中心、中心血站和中心血库由地方人民政府设立。血液中心应当设置在直辖市、省会市、自治区首府市；中心血站应当设置在设区的市。直辖市、省会市、自治区首府市已经设置血液中心的，不再设置中心血站；尚未设置血液中心的，可以在已经设置的中心血站基础上加强能力建设，履行血液中心的职责。中心血库应当设置在中心血站服务覆盖不到的县级综合医院内。同一行政区域内不得重复设置血液中心、中心血站。血站与单采血浆站不得在同一县级行政区域内设置。

2. 特殊血站的设置 申请设置脐带血造血干细胞库等特殊血站的，应当按照国家卫生健康委员会规定的条件向所在地省级人民政府卫生健康行政部门申请。省级人民政府卫生健康行政部门组织初审后报国家卫生健康委员会。国家卫生健康委员会对脐带血造血干细胞库等特殊血站设置审批按照申请的先后次序进行。国家不批准设置以营利为目的的脐带血造血干细胞库等特殊血站。

（二）血站的审批

设立血站向公民采集血液，必须经国务院卫生健康行政部门或者省、自治区、直辖市人民政府卫生健康行政部门批准。其中，血液中心的设置，必须经国务院卫生健康行政部门批准，中心血站或中心血库的设置，必须经省、自治区、直辖市人民政府卫生健康行政部门批准。为保证辖区内临床用血需要，血站可以设置储血点储存血液，储血点应当具备必要的储存条件，并由省级卫生健康行政部门批准。在规定的服务区域设置分支机构的，应当报所在省、自治区、直辖市人民政府卫生健康行政部门批准；设置固定采血点（室）或者流动采血车的，应当报省、自治区、直辖市人民政府卫生健康行政部门备案。

三、血站的职责
（一）血液中心的主要职责

1. 按照省级人民政府卫生健康行政部门的要求，在规定的范围内开展无偿献血者的招募、血液的采集与制备、临床用血供应以及医疗用血的业务指导等工作；

2. 承担所在省、自治区、直辖市血站的质量控制与评价；

3. 承担所在省、自治区、直辖市血站的业务培训与技术指导；

4. 承担所在省、自治区、直辖市血液的集中化检测任务；

5. 开展血液相关的科研工作；

6. 承担卫生健康行政部门交办的任务。

（二）中心血站的主要职责

1. 按照省级人民政府卫生健康行政部门的要求，在规定的范围内开展无偿献血者的招募、血液的采集与制备、临床用血供应以及医疗用血的业务指导等工作；

2. 承担供血区域范围内血液储存的质量控制；

3. 对所在行政区域内的中心血库进行质量控制；

4. 承担卫生健康行政部门交办的任务。

（三）中心血库的主要职责

按照省级人民政府卫生健康行政部门的要求，在规定的范围内开展无偿献血者的招募、血液的采集与制备、临床用血供应以及医疗用血的业务指导等工作。

四、血站的执业登记

（一）一般血站的执业登记

血站开展采供血活动，应当向所在省、自治区、直辖市人民政府卫生健康行政部门申请办理执业登记，取得《血站执业许可证》，否则不得开展采供血活动。

1. **执业登记** 申请血站要开展采供血活动，首先应当填写《血站执业登记申请书》，向所在省、自治区、直辖市人民政府卫生健康行政部门申请办理执业登记。

2. **审核** 省级人民政府卫生健康行政部门在受理血站执业登记申请后，应当组织有关专家或者委托技术部门，根据《血站质量管理规范》和《血站实验室质量管理规范》，对申请单位进行技术审查，并提交技术审查报告。省级人民政府卫生健康行政部门应当在接到专家或者技术部门的技术审查报告后20日内对申请事项进行审核。

3. **取得执业登记** 省级人民政府卫生健康行政部门审核合格的，予以执业登记，发给国家卫生健康委员会统一样式的《血站执业许可证》及其副本。《血站执业许可证》有效期为三年。

4. **不予登记的情形** 有下列情形之一的，不予执业登记：①《血站质量管理规范》技术审查不合格的；②《血站实验室质量管理规范》技术审查不合格的；③血液质量检测结果不合格的。

执业登记机关对审核不合格、不予执业登记的，将结果和理由以书面形式通知申请人。

5. **血站的再次执业登记** 《血站执业许可证》有效期满前3个月，血站应当办理再次执业登记，并提交《血站再次执业登记申请书》及《血站执业许可证》。省级人民政府卫生健康行政部门应当根据血站业务开展和监督检查情况进行审核，审核合格的，予以继续执业。未通过审核的，责令其限期整改；经整改仍审核不合格的，注销其《血站执业许可证》。未办理再次执业登记手续或者被注销《血站执业许可证》的血站，不得继续执业。

（二）特殊血站的执业登记

脐带血造血干细胞库等特殊血站执业，应当向所在地省级人民政府卫生健康行政部门申请办理执业登记。省级卫生健康行政部门应当组织有关专家和技术部门，按照《血站管理办法》和国家卫生健康委员会制定的脐带血造血干细胞库等特殊血站的基本标准、技术规范，对申请单位进行技术审查及执业验收。审查合格的，发给《血站执业许可证》，并注明开展的业务。

《血站执业许可证》有效期为三年。未取得《血站执业许可证》的，不得开展采供脐带血造血干细胞等业务。特殊血站在《血站执业许可证》有效期满后继续执业的，应当在《血站执业许可证》有效期满前3个月向原执业登记的省级人民政府卫生健康行政部门申请办理再次执业登记手续。

（三）注销登记

一般血站和特殊血站的《血站执业许可证》有效期届满未办理再次执业登记的或取得《血站执业许可证》后一年内未开展采供血工作的，由省级人民政府卫生健康行政部门注销其《血站执业许可证》。

血站应当对血站工作人员进行岗位培训与考核。血站工作人员应当符合岗位执业资格的规定，并经岗位培训与考核合格后方可上岗。血站工作人员每人每年应当接受不少于75学时的岗位继续教育。省级人民政府卫生健康行政部门应当制定血站工作人员培训标准或指南，并对血站开展的岗位培训、考核工作进行指导和监督。

五、血站的采供血管理

采供血是血站的主要职责。血站应当根据医疗机构临床用血需求，制定血液采集、制备、供应计划，保障临床用血安全、及时、有效。血站必须按照执业登记采血项目及采血范围开展采供血服务，并为献血者提供各种安全、卫生、便利的条件。

（一）采血要求

血站应当按照国家卫生健康委员会制定的《献血者健康检查标准》和《献血者健康检查要求》对献血者进行免费健康检查和血液采集。血站采血前应当对献血者身份进行核对并进行登记，了解其献血的次数、上次献血的时间等相关情况。并遵循自愿和知情同意的原则，对献血者履行规定的告知义务。血站应当建立献血者信息保密制度，为献血者保密。

血站开展采供血业务应当实行全面质量管理，严格遵守《中国输血技术操作规程》《血站质量管理规范》和《血站实验室质量管理规范》等技术规范和标准。血站工作人员应当符合岗位执业资格的规定，并接受血液安全和业务岗位培训与考核，领取岗位培训合格证书后方可上岗。

血站使用的药品、体外诊断试剂、一次性卫生器材应当符合国家有关规定。血站应当保证所采集的血液由具有血液检测实验室资格的实验室进行检测。对检测不合格或者报废的血液，血站应当严格按照有关规定处理。

血液标本的保存期为全血或成分血使用后两年。献血、检测和供血的原始记录应当至少保存十年。

（二）供血要求

血液的包装、储存、运输应当符合《血站质量管理规范》规定的要求。血液包装袋上应当标明：① 血站的名称及其许可证号；② 献血编号或者条形码；③ 血型；④ 血液品种；⑤ 采血日期及时间或者制备日期及时间；⑥ 有效日期及时间；⑦ 储存条件。血站应当保证发出的血液质量符合国家有关标准，其品种、规格、数量、活性、血型无差错；未经检测或者检测不合格的血液，不得向医疗机构提供。

无偿献血的血液必须用于临床，不得买卖。血站剩余成分血浆由省、自治区、直辖市人民政府卫生健康行政部门协调血液制品生产单位解决。血站剩余成分血浆以及因科研或者特殊需要用血而进行的调配所得的收入，全部用于无偿献血者用血返还费用，血站不得挪作他用。

因临床、科研或者特殊需要，需要从外省、自治区、直辖市调配血液的，由省级人民政府卫生健康行政部门组织实施。出于人道主义、救死扶伤的目的，需要向中国境外医疗机构提供血液及特殊血液成分的，应当严格按照有关规定办理手续。

六、血站监督管理

血站的监督管理由县级以上人民政府卫生健康行政部门负责。国家卫生健康委员会负责全国血站的监督管理工作，各级人民政府卫生健康行政部门应当对无偿献血者的招募、采血、供血活动予以支持、指导。省级人民政府卫生健康行政部门应当对本辖区内的血站执行有关情况和无偿献血比例、采供血服务质量、业务指导、人员培训、综合质量评价技术能力等情况进行评价及监督检查，按照国家卫生健康委员会的有关规定将结果上报，同时向社会公布。

国家卫生健康委员会定期对血液中心执行有关情况和无偿献血比例、采供血服务质量、业务指导、人员培训、综合质量评价技术能力等情况以及脐带血造血干细胞库等特殊血站的质量管理状况进行评价及监督检查，并将结果向社会公布，接受社会的监督。

七、血站管理法律责任

（一）《献血法》规定的法律责任

非法采集血液，血站、医疗机构出售无偿献血血液的，非法组织他人出卖血液的，由县级以上地方人民政府卫生健康行政部门予以取缔，没收违法所得，可以并处十万元以下的罚款。非法采集血液行为表现为：① 未经批准，擅自设置血站，开展采供血活动；② 已被注销的血站，仍开展采供血活动；③ 已取得设置批准但尚未取得《血站执业许可证》即开展采供血活动，或者《血站执业许可证》有效期满未再次登记仍开展采供血活动；④ 租用、借用、出租、出借、变造、伪造《血站执业许可证》开展采供血活动。

（二）《传染病防治法》规定的法律责任

采供血机构未按照规定报告传染病疫情，或者隐瞒、谎报、缓报传染病疫情，或者未执行国家有关规定，导致因输入血液引起经血液传播疾病发生的，依照《传染病防治法》第70条规定处罚。血站造成经血液传播疾病发生或者其他严重后果的，卫生健康行政部门在行政处罚的同时，可以注销其《血站执业许可证》。

（三）《血站管理办法》规定的法律责任

1. 血站有十五种行为之一的，由县级以上地方人民政府卫生健康行政部门予以警告、责令改正；逾期不改正，或者造成经血液传播疾病发生，或者其他严重后果的，对负有责任的主管人员和其他直接负责人员，依法给予行政处分；构成犯罪的依法追究刑事责任。

2. 血站违反规定，向医疗机构提供不符合国家规定标准的血液的，由县级以上人民政府卫生健康行政部门责令改正；情节严重，造成经血液途径传播的疾病传播或者有传播严重危险的，限期整顿，对直接负责的主管人员和其他责任人员，依法给予行政处分；构成犯罪的，依法追究刑事责任。

3. 临床用血的包装、储存、运输，不符合国家规定的卫生标准和要求的，由县级以上地方人民政府卫生健康行政部门责令改正，给予警告。

第四节　血液制品管理法律制度

一、血液制品的概念

血液制品（blood products）特指各种人血浆蛋白制品，是一种宝贵的人源性生物药品。血液制品的原料是血浆，即原料血浆（raw plasma）。所谓原料血浆，是指由单采血浆站采集、专用作血液制品生产原料的血浆。血液制品作为一种特殊的治疗产品，因其具有纯度高、稳定好、安全性好、疗效明显、副作用小和适用方便等特点，在救死扶伤和防病治病中发挥着不可替代的重要作用，是国家安全战略中的防范屏障和重要组成部分。

二、单采血浆站的设立与管理

（一）单采血浆站的概念

单采血浆站（plasmapheresis center）是指根据地区血源资源，按照有关标准和要求并经严格审批设立，采集供应血液制品生产原料血浆的单位。单采血浆站由血液制品生产单位设置或者由县级人民政府卫生健康行政部门设置，专门从事单采血浆活动，具有独立法人资格。其他任何单位和个人不得从事单采血浆活动。

（二）单采血浆站的规划

国家实行单采血浆站统一规划、设置的制度。国务院卫生健康行政部门根据核准的全国生产用原料血的需求，对单采血浆站的布局、数量和规模制定总体规划。省、自治区、直辖市人民政府卫生健康行政部门根据总体规划，制定本行政区域内单采血浆设置规划和采集血浆的区域规划，并报国务院卫生健康行政部门备案。

（三）单采血浆站的设置

1. 申请设置与行政审批　申请设置单采血浆站，应当向单采血浆站设置地的县级人民政府卫生健康行政部门提交《设置单采血浆站申请书》，并提交相关材料。县级人民政府卫生健康行政部门在收到全部申请材料后进行初审，经设区的市人民政府卫生健康行政部门审查同意后，必须报省、自治区、直辖市人民政府卫生健康行政部门审批，经审查符合设置条件的，核发《单采血浆许可证》，并在设置审批后10日内报国务院卫生健康行政部门备案。《单采血浆许可证》有效期为二年。

设置单采血浆站，必须具备下列条件：① 符合单采血浆站布局、数量、规模的规划；② 具有与所采集原料血浆相适应的卫生专业技术人员；③ 具有与所采集原料血浆相适应的场所及卫生环境；④ 具有识别供血浆者的身份识别系统；⑤ 具有与所采集原料血浆相适应的单采血浆机械及其他设施；⑥ 具有对所采集原料血浆进行质量检验的技术人员以及必要的仪器设备；⑦ 符合国家生物安全管理相关规定。

2. 范围与权限 血站不得进行单采血浆活动，血站与单采血浆站分开。单采血浆站只能对省、自治区、直辖市人民政府卫生健康行政部门划定区域内的供血浆者进行筛查和采集血浆。在一个采血浆区域内，只能设置一个单采血浆站。严禁单采血浆站采集非划定区域内的供血浆者和其他人员的血浆。严禁单采血浆站将所采集的原料血浆用于临床或出口。

（四）单采血浆站的执业

1. 健康检查要求 单采血浆站应当按照《中华人民共和国药典》血液制品原料血浆规程对申请供血浆者进行健康状况征询、健康检查和血样化验，并按照卫生部发布的供血浆者须知对供血浆者履行告知义务。对符合条件的申请供血浆者，由县级人民政府卫生健康行政部门发给《供血浆证》。采集血浆前，单采血浆站必须对供血浆者进行身份确认和《供血浆证》的核实。确认无误，方可按照规定程序对其进行健康检查和血液化验。对检查、化验合格的，按照有关技术操作标准及程序采集血浆，并建立供血浆者健康检查及供血浆记录档案；对检查、化验不合格的，由单采血浆站收缴其《供血浆证》，并由所在地县级人民政府卫生健康行政部门监督销毁。严禁采集无《供血浆证》者的血浆。

2. 血浆采集要求 血浆采集必须严格按照国务院卫生健康行政部门制定的技术操作标准和程序进行。在每次采集血浆前，必须对供血浆者进行身份核实，确认无误的，方可采集血浆。采集血浆必须使用单采血浆机械，严禁手工采集血浆。每次采集供血浆者的血浆量不得超过580ml（含抗凝剂溶液，以容积比换算质量比不超过600g）。两次供血浆时间间隔不得少于14天。严禁频繁采集血液。严禁采集非划定采血浆区域内供血浆者的血液。严禁采集冒名顶替者及无《供血浆证》者的血浆。严禁采集血液或者将所采集的原料血浆用于临床。

3. 血浆检测、包装、储存、运输要求 单采血浆站应当保证所采集的血浆均进行严格的检测。采集的血浆必须按单人份冰冻保存，不得混浆。血浆采集、检测和供浆的原始记录应当至少保存10年。单采血浆站所采集的每袋血浆必须留存血浆标本，保存期应不少于血液制品生产投料后2年。单采血浆站应当加强消毒、隔离工作管理，预防和控制感染性疾病的传播。原料血浆包装袋标签上必须标明：① 单采血浆站的名称；② 供血浆者姓名、编号或者条形码；③ 血浆重量、血浆类型、采集日期、血浆编号、有效期；④ 储存条件。原料血浆储存、运输装箱时，每箱内均应有装箱单，并附有化验合格单以及血浆复检标本。

4. 血浆供应要求 单采血浆站只能向设置其的血液制品生产单位供应原料血浆，严禁向其他任何单位供应原料血浆。单采血浆站应当保证发出的原料血浆质量符合国家有关标准，其品种、规格、数量无差错，血浆的生物活性保存完好。

单采血浆站必须使用有产品批准文号并经国家药品、生物制品检定机构逐批检定合格的体外诊断试剂以及合格的一次性采血浆器材。采血器材等一次性采血浆器材使用后，必须严格按照国家有关规定予以销毁，并作记录。必须依照《传染病防治法》及其《实施办法》等有关规定，严格执行消毒管理及疫情上报制度。单采血浆站必须使用计算机系统管理供血浆者信息、采供血浆和相关工作过程。建立血浆标识的管理程序，确保所有血浆可以追溯到相应的供血浆者和供血浆过程，确保所有使用的物料批号以及所有制备、检验、运输记录完成。血浆标识应当采用条形码技术。同一血浆条形码至少50年不重复。

三、血液制品生产经营单位管理

（一）血液制品生产单位管理

血液制品生产单位必须达到《药品生产质量管理规范》规定的标准，经国务院卫生健康行政部门审查合格，并依法向工商行政管理部门申领营业执照后，方可从事血液制品的生产活动。

血液制品生产单位不得出让、出租、出借以及与他人共用《药品生产企业许可证》和产品批准文号；不得向无《单采血浆许可证》的单采血浆站或者未与其签订质量责任书的单采血浆站及其他任何单位收集原料血浆；不得向其他任何单位供应原料血浆。

血液制品生产单位在原料血浆投料生产前，必须使用有产品批准文号并经国家药品生物制品检定机构逐批检定合格的体外诊断试剂，对每一人份血浆进行全面复检，并作检测记录。

原料血浆经复检不合格的，不得投料生产，并必须在省级药品监督员监督下按照规定程序和方法予以销毁，并作记录。原料血浆经复检发现有经血液途径传播的疾病的，必须通知供应血浆的单采血浆站，并及时上报所在地省、自治区、直辖市人民政府卫生健康行政部门。血液制品出厂前，必须经过质量检验；经检验不符合国家标准的，严禁出厂。

（二）血液制品经营单位管理

开办血液制品经营单位，由省、自治区、直辖市人民政府卫生健康行政部门审核批准。血液制品经营单位应当具备与所经营的产品相适应的冷藏条件和熟悉所经营品种的业务人员；生产、包装、储存、运输、经营血液制品，应当符合国家规定的卫生标准和要求。

国务院卫生健康行政部门负责全国进出口血液制品的审批及监督管理。县级以上人民政府卫生健康行政部门依法负责本行政区域内的单采血浆站、供血浆者、原料血浆的采集及血液制品经营单位的监督管理。

四、血液制品管理法律责任

（一）行政责任

1. 违反《血液制品管理条例》规定，未取得省、自治区、直辖市人民政府卫生健康行政部门核发的《单采血浆许可证》，非法从事组织、采集、供应、倒卖原料血浆活动的，由县级以上地方人民政府卫生健康行政部门予以取缔，没收违法所得和从事违法活动的器材、设备，并处违法所得5倍以上10倍以下的罚款，没有违法所得的，并处5万元以上10万元以下的罚款。

2. 单采血浆站有《血液制品管理条例》规定的十一种行为的，由县级以上地方人民政府卫生健康行政部门责令限期改正，处5万元以上10万元以下的罚款；有对国家规定检测项目检测结果呈阳性的血浆不清除、不及时上报行为的，或者有其他十种行为并且情节严重的，由省、自治区、直辖市人民政府卫生健康行政部门吊销《单采血浆许可证》。

3. 单采血浆站已知其采集的血浆检测结果呈阳性，仍向血液制品生产单位供应的，由省、自治区、直辖市人民政府卫生健康行政部门吊销《单采血浆许可证》，由县级以上地方人民政府卫生健康行政部门没收违法所得，并处10万元以上30万元以下的罚款。

4. 涂改、伪造、转让《供血浆证》的，由县级人民政府卫生健康行政部门收缴《供血浆证》，没收违法所得，并处违法所得3倍以上5倍以下的罚款，没有违法所得的，并处1万元以下的罚款。

5. 血液制品检验人员虚报、瞒报、涂改、伪造检验报告及有关资料的，依法给予行政处分。

6. 卫生健康行政部门工作人员滥用职权、玩忽职守、徇私舞弊、索贿受贿，构成犯罪的，依法追究刑事责任；尚不构成犯罪的，依法给予行政处分。

（二）民事责任

单采血浆站、血液制品生产经营单位在执业过程中，给他人健康造成人身损害的，应当依法给予民事赔偿。

（三）刑事责任

1. 非法采集、供应血液或者制作、供应血液制品罪 《中华人民共和国刑法》第三百三十四条第一款规定，非法采集、供应血液或者制作、供应血液制品，不符合国家规定的标准，足以危害人体健康的，处五年以下有期徒刑或者拘役，并处罚金；对人体健康造成严重危害的，处五年以上十年以下有期徒刑，并处罚金；造成特别严重后果的，处十年以上有期徒刑或者无期徒刑，并处罚金或者没收财产。

2. 采集、供应血液或者制作、供应血液制品事故罪 《中华人民共和国刑法》第三百三十四条第二款规定，经国家主管部门批准采集、供应血液或者制作、供应血液制品的部门，不依照规定进行检测或者违背其他操作规定，造成危害他人身体健康后果的，对单位判处罚金，并对其直接负责的主管人员和其他直接责任人员，处五年以下有期徒刑或者拘役。

第五节　临床用血管理法律制度

临床用血（clinical use of blood）是指医疗机构将依法采集的供血者的全血或成分血输注给患者进行抢救、治疗而形成的医疗行为的总称，是一种重要医疗措施。2000年6月1日卫生部制定的《临床输血技术规范》以及2012年8月1日卫生部施行的《医疗机构临床用血管理办法》（2019年修订）为加强医疗机构临床用血管理，推进临床科学合理用血，保护血液资源，保障临床用血安全和医疗质量提供了法律依据和技术规范。

一、临床用血的组织与职责

（一）卫生健康行政部门及其职责

国家卫生健康委员会成立临床用血专家委员会，并建立协调机制，做好临床用血管理工作，提高临床合理用血水平，保证输血治疗质量。

各省、自治区、直辖市人民政府卫生健康行政部门成立省级临床用血质量控制中心，负责辖区内医疗机构临床用血管理的指导、评价和培训等工作。各省、自治区、直辖市人民政府卫生健康行政部门制定临床用血保障措施和应急预案，保证自然灾害、突发事件等大量伤员和特殊病例、稀缺血型等应急用血的供应和安全；加强边远地区医疗机构临床用血保障工作，科学规划和建设中心血库与储血点。

县级以上地方人民政府卫生健康行政部门负责对本行政区域内医疗机构临床用血情况的督导检查；建立医疗机构临床用血评价制度，定期对医疗机构临床用血工作进行评价；建立临床合理用血情况排名、公布制度，并将医疗机构临床用血情况纳入医疗机构考核指标体系，作为医疗机构评审、评价重要指标。

（二）医疗机构及其职责

1. 设立临床用血相关组织　二级以上医院和妇幼保健院应当设立临床用血管理委员会，负责本机构临床合理用血管理工作。其他医疗机构应当设立临床用血管理工作组，并指定专（兼）职人员负责日常管理工作。医疗机构应当根据有关规定和临床用血需求设置输血科或者血库。不具备条件设置输血科或者血库的医疗机构，应当安排专（兼）职人员负责临床用血工作。

2. 推行临床用血相关技术　医疗机构负责无偿献血知识的宣传教育工作，规范开展互助献血工作；积极推行成分输血和节约用血的新型医疗技术；动员符合条件的患者接受自体输血技术，提高输血治疗效果和安全性。

3. 建立临床用血相关制度　医疗机构应当根据国家有关法律、法规和规范建立临床用血申请管理制度；临床用血不良事件监测报告制度；临床用血医学文书管理制度；临床用血相关知识培训制度；临床合理用血评价及公示制度；配合血站建立血液库存动态预警机制等相关制度。

二、临床用血的管理

（一）血液的接收与储存

医疗机构应当使用卫生健康行政部门指定血站提供的血液。医疗机构接收血站发送的血液后，应当对血袋标签进行核对。符合国家有关标准和要求的血液入库，做好登记；并按不同品种、血型和采血日期（或有效期），分别有序存放于专用储藏设施内。血袋标签核对的主要内容有：① 血站的名称；② 献血编号或者条形码、血型；③ 血液品种；④ 采血日期及时间或者制备日期及时间；⑤ 有效期及时间；⑥ 储存条件。禁止将血袋标签不合格的血液入库。

医疗机构的储血设施应当保证运行有效，全血、红细胞的储藏温度应当控制在2~6℃，血小板的储藏温度应当控制在20~24℃。储血保管人员应当做好血液储藏温度的24小时监测记录。储血环境应当符合卫生标准和要求。

（二）备血的条件

医疗机构应当建立临床用血申请管理制度。① 同一患者一天申请备血量少于800ml的，由具有中级以上专业技术职务任职资格的医师提出申请，上级医师核准签发后，方可备血；② 同一患者一天申请备血量在800~1 600ml的，由具有中级以上专业技术职务任职资格的医师提出申请，经上级医师审核，科室主任核准签发后，方可备血；③同一患者一天申请备血量达到或超过1 600ml的，由具有中级以上专业技术职务任职资格的医师提出申请，科室主任核准签发后，报医务部门批准，方可备血。以上情况不适用于急救用血。

（三）应急用血

1. 自身储血　《献血法》规定，为保障公民急救用血，国家提倡并指导择期手术的患者自身储血，动员家庭、亲友、所在单位以及社会互助献血。为保证应急用血，医疗机构可以采集血液，但应当依照规定，确保采血用血安全。

2. 调剂血液　《医疗机构临床用血管理办法》规定，因应急用血或者避免血液浪费，在保证血液安全的前提下，经省、自治区、直辖市人民政府卫生健康行政部门核准，医疗机构之间可以调剂血液。具体方案由省级卫生健康行政部门制定。

3. 临时采集血液　为保证应急用血，医疗机构可以临时采集血液，但必须同时符合以下条件：① 危及患者生命，急需输血；② 所在地血站无法及时提供血液，且无法及时从其他医疗机构调剂血液，而其他医疗措施不能替代输血治疗；③ 具备开展交叉配血及乙型肝炎病毒表面抗原、丙型肝炎病毒抗体、艾滋病病毒抗体和梅毒螺旋体抗体的检测能力；④ 遵守采供血相关操作规程和技术标准。医疗机构应当在临时采集血液后10日内将情况报告县级以上人民政府卫生健康行政部门。

三、临床用血的程序

（一）临床用血的申请

在输血治疗前，经治医师应当向患者或者其近亲属说明输血目的、方式和风险，并签署临床输血治疗知情同意书。因抢救生命垂危的患者需要紧急输血，且不能取得患者或者其近亲属意见的，经医疗机构负责人或者授权的负责人批准后，可以立即实施输血治疗。患者或家属在《输血治疗同意书》上签字后，由经治医师填写《临床输血申请单》，主治医师核准签字，连同受血者血样于预定输血日期前送交输血科（血库）备血。《输血治疗同意书》记入病历。

术前自身贮血的，由输血科（血库）负责采血和贮血，经治医师负责输血过程的医疗监护。需要亲友互相献血的，由经治医师等对患者家属进行动员，在输血科（血库）填写登记表，到血站或卫生健康行政部门批准的采血点（室）无偿献血，由血站进行初、复检，并负责调配合格血液。对于Rh（D）阴性和其他稀有血型患者，应采用自身输血、同型输血或配合型输血。

（二）血样采集与送检

确定输血后，医护人员持输血申请单和贴好标签的试管，当面核对患者姓名、性别、年龄、病案号、病室/门急诊、床号、血型和诊断，采集血样。由医护人员或专门人员将受血者血样与输血申请单送交输血科（血库），双方进行逐项核对。

（三）交叉配血

交叉配血是确定能否输血的重要依据，将献血人的红细胞和血清分别与受血人的血清和红细胞混合，观察有无凝集反应，两者均不凝集可输血。输血科（血库）核对输血申请单、受血者和供血者血样，复查受血者和供血者ABO血型，并检查患者Rh（D）血型（急诊抢救患者紧急输血时Rh（D）检查可除外），正确无误时可进行交叉配血。凡遇有交叉配血不合时或对有输血史、妊娠史或短期内需要接收多次输血者，按《全国临床检验操作规程》有关规定作抗体筛选试验。两人值班时，交叉配血试验由两人互相核对；一人值班时，操作完毕后自己复核，并填写配血试验结果。受血者配血试验的血标本必须是输血前3天之内的。

（四）发血与输血

配血合格后，由医护人员到输血科（血库）取血。取血与发血的双方必须共同查对患者信息及配血试验结果，以及保存血的外观等，准确无误时，双方共同签字后方可发出。血液发出后，受血者和供血者的血样保存于2~6℃冰箱，至少保存7天，以便对输血不良反应追查原因。

输血前，由两名医护人员核对交叉配血报告单及血袋标签各项内容，检查血袋有无破损渗漏，血液颜色是否正常。准确无误方可输血。输血时，由两名医护人员带病历共同到患者床旁核对患者信息，确认与配血报告相符后进行输血。输血过程中应严密观察受血者有无输血不良反应，如出现异常情况应及时处理。

输血完毕，医护人员对有输血反应的应逐项填写患者输血反应回报单，并返还输血科（血库）保存。输血科（血库）每月统计上报医务处（科）。医护人员将输血记录单（交叉配血报告单）贴在病历中，并将血袋送回输血科（血库）至少保存一天。

四、临床用血管理法律责任

临床用血是重要的治疗手段之一，但也存在一定风险。《献血法》对医疗机构临床用血的法律责任作了严格规定。医疗机构对临床用血必须进行核查，不得将不符合国家规定标准的血液用于临床。

1. 临床用血的包装、储存、运输，不符合国家规定的卫生标准和要求的，由县级以上地方人民政府卫生健康行政部门责令改正，给予警告，可以并处一万元以下的罚款。

2. 医疗机构的医务人员违反《献血法》规定，将不符合国家规定标准的血液用于患者的，由县级以上地方人民政府卫生健康行政部门责令改正；给患者健康造成损害的，应当依法赔偿，对直接负责的主管人员和其他直接责任人员，依法给予行政处分；构成犯罪的，依法追究刑事责任。严重不负责任造成患者死亡或者严重损害患者身体健康的，依照《刑法》第335条医疗事故罪追究刑事责任。

3. 因输入不合格的血液造成患者损害的，患者可以依据《民法典》第1223条向生产者或者血液提供机构请求赔偿，也可以向医疗机构请求赔偿。患者向医疗机构请求赔偿的，医疗机构赔偿后，有权向负有责任的生产者或者血液提供机构追偿。这种赔偿主要是一种财产责任，即应承担赔偿患者及家属医疗费、陪护费、交通费、住宿费等为治疗和康复支出的合理费用，以及因误工减少的收入；造成患者残疾的，还应当赔偿残疾生活辅助用具费和残疾赔偿金；造成患者死亡的，还应当赔偿丧葬费和死亡赔偿金和被抚养人生活费；造成患者及家属严重精神损害的，患者或家属可以请求精神损害赔偿。

案例7-1　　　　　　　　　　某省儿童心脏手术输血染梅毒，医院是否应承担赔偿责任？

患儿莫某，男，2006年生。2010年8月31日，因发现心脏杂音1周曾在某省儿童医院就诊进行先天性心脏病（房间隔缺损、三尖瓣少量反流）的手术治疗，于2010年9月9日，某省儿童医院对其实施了全麻气管插管体外循环下房间隔缺损修补术，并在手术过程中输入1.5U红细胞、100ml血浆以及50ml人血白蛋白。术后抗炎、止血及对症治疗后，莫某于2010年9月17日出院。2015年7月31日，因隐匿性阴茎到某省人民医院住院治疗，治疗过程中，化验检查显示梅毒螺旋体抗体阳性，经进一步检查提示既往曾受感染可能。原告莫某认为其在某省儿童医院接受成分血的输注才感染梅毒，而这些血液制品均来自某市血液中心，两者存在过错，于2019年7月5日对某省儿童医院和某市血液中心进行起诉。

经排查莫某是2010年手术输血感染，某省儿童医院输注的红细胞及血浆均来自被告某市血液中心。根据某市血液中心提供的无偿献血者档案显示，其中一位为应急献血者，另一位为定期献血者，同时，定期献血者的献血档案处"可以献血""暂缓献血"以及"不宜献血"的审核结果并未标注。同时，献血者编码与梅毒检测结果注明的编码并不一致。经审查，某省儿童医院并未提供证据证明所使用的人血白蛋白为合格产品，且在涉案血液使用过程中并未尽到谨慎注意义务。某市血液中心对检测条码不一致未作出合理说明，且在采集无偿献血者血液审核过程中存在疏忽，操作不规范，无法确保涉案血液为合格血液。莫某主张：某省儿童医院和某市血液中心应当赔偿治疗费、精神损害抚慰金及诉讼费。

思考：

1. 案例中的某省儿童医院及某市血液中心是否应在此次事件中承担法律责任？

2. 理由是什么？

案件出处：中国裁判文书网

学习小结

目前，输血安全及血液制品的质量受到人们的广泛关注，所以依法加强和完善血液和血液制品的管理对保障人民群众健康和生命安全有重要意义。本章主要阐述了血液管理法律制度、献血管理法律制度、血站管理法律制度、血液制品管理法律制度和临床用血管理法律制度的相关规定及违反血液管理法律、法规将要承担的法律责任。按相应法律、法规和技术规范采集、储存和使用血液及血液制品，保证血液和血液制品的质量，有助于保障献血者和用血者的健康和生命安全。

（卫学莉）

复习参考题

一、选择题

1.《医疗机构临床用血管理办法》规定，需要中级以上资格医师提出申请，上级医师核准签发的用血量限定范围是（　　）；需要中级以上资格医师提出申请，科室主任核准签发，且医务部门批准的用血量限定范围是（　　）

A. ≤500ml，<1 000ml

B. ≤500ml，≥1 600ml

C. <800ml，≥1 600ml

D. <800ml，≤1 600ml

E. <800ml，≤2 000ml

2.《中华人民共和国献血法》规定，我国实行

A. 有偿献血制度

B. 义务献血制度

C. 无偿献血制度

D. 自愿献血制度

E. 卖血制度

3. 国家鼓励（　　）、（　　）和（　　）率先献血，为树立社会新风尚作表率

A. 国家工作人员、现役军人、高等学校在校学生

B. 国家工作人员、现役军人、高等学校在校师生

C. 国家工作人员、现役军人、卫生医务工作人员

D. 国家公务员、现役官兵、高等学校在校学生

E. 国家公务员、现役军人、卫生医务工作人员

4. 血站是采集、提供临床用血的机构，是不以（　　）为目的的公益性组织

A. 赢利

B. 营利

C. 净利

D. 让利

E. 盈利

5. 血站对献血者每次采集血液量一般为200ml，最多不得超过400ml，两次采集间隔期不少于六个月。（　　）血站违反前款规定对献血者超量、频繁采集血液

A. 禁止

B. 防止

C. 不允许

D. 严格禁止

E. 明令禁止

　　答案：1. C；2. C；3. A；4. B；5. D

二、简答题

1. 无偿献血的法律规定有哪些？

2. 无偿献血者的权利有哪些？

3. 血站采供血要求是什么？

4. 单采血浆站的执业要求有哪些？

5. 临床用血管理有哪些规定？

食品安全法律制度

学习目标

知识目标	1. 掌握食品安全法律制度中的主要概念、《食品安全法》的适用范围、食品安全标准的内容和种类、食品生产经营的要求、食品生产经营过程控制、食品召回制度以及食品安全事故的处置。 2. 熟悉食品安全监督管理主体、食品生产经营许可制度、食品安全全程追溯制度、特殊食品的法律规定以及进出口食品的监管。 3. 了解食品安全风险监测和评估制度，食品标签、说明书和广告的规定，食品检验，食品安全信用档案制度，食品安全信息统一公布制度，违反食品安全法律、法规应当承担的法律责任。
能力目标	运用食品安全法律知识识别、分析和解决食品安全法律问题。
素质目标	将人民群众对美好生活的向往放在首位，在食品安全活动中具有生命至上、健康至上、安全至上的基本理念。

第一节 食品安全法律制度概述

一、我国食品安全法律体系

民以食为天，食以安为先。食品安全涉及人类的基本生存权利，是每个家庭、每个人的重大基本民生问题，关乎人民群众身体健康和生命安全，关乎人民日益增长的对美好生活的向往。党的十八大以来，以习近平同志为核心的党中央将食品安全工作上升为国家战略，坚持用最严谨的标准、最严格的监管、最严厉的处罚、最严肃的问责，确保人民群众"舌尖上的安全"。法律是保障食品安全，维护公众身体健康的重要手段。当前，我国已经形成了以《食品安全法》为核心，以行政法规、地方性法规、行政规章和技术性规范为配套补充的食品安全法律体系，为食品安全监管提供了全方位的法律制度保障。

二、我国食品安全法治建设

食品安全法治建设体现了党和政府对食品安全的高度重视。建国初期，食品安全问题的核心是食品数量安全问题，即温饱问题，而食品质量安全问题主要是食品卫生问题。

1965年，国务院批准了由卫生部、商业部、第一轻工业部、中央工商行政管理局、全国供销合作总社联合制定的《食品卫生管理试行条例》，这是中华人民共和国成立后第一部中央层面的综合性食品卫生管理规范性法律文件。随着国家经济社会的重大改革和发展，食品生产经营领域出现了大量新的问题，人民迫切需要改善食品卫生环境。1979年8月28日，国务院颁布了《中华人民共和国食品卫生管理条例》，1965年批准的《食品卫生管理试行条例》废止。1982年11月19日，全国人民代表大会常务委员会通过了《中华人民共和国食品卫生法（试行）》，该法自1983年7月1日起试行。自该法试行之日起，《中华人民共和国食品卫生管理条例》即行废止。1995年10月30日，《中华人民共和国食品卫生法》（以下简称《食品卫生法》）正式公布施行，旨在保证食品卫生，防止食品污染和有害因素对人体的危害，保障人民身体健康，增强人民体质。《食品卫生法》确立的体制中，食品安全监管以卫生部门为主导，实行分段监管模式。但是随着后续的政府机构改革，食品安全监管逐渐由卫生部门主导发展为卫生部门、质监部门、工商部门、农业部门等多部门共同监管的格局。

进入21世纪，食品工业迅猛发展，生活水平迅速提升，人们对食品安全问题日益关注，一些食品安全事故的暴发突显出了《食品卫生法》的不足。2006年，修订食品卫生法被列入年度立法计划。此后，将修订《食品卫生法》改为制定《食品安全法》。2009年2月28日，第十一届全国人民代表大会常务委员会第七次会议通过了《食品安全法》，自2009年6月1日起施行，取代《食品卫生法》成为我国现行食品安全法律体系的基本法。为配合食品安全法的施行，2009年7月20日，国务院颁布实施《中华人民共和国食品安全法实施条例》，进一步落实了企业作为食品安全第一责任人的责任，强化了各部门在食品安全监管方面的责任，增强了制度的可操作性。

2015年4月24日，《食品安全法》由第十二届全国人民代表大会常务委员会第十四次会议修订通过，修订后于2015年10月1日起施行。2015年修订的《食品安全法》对原法70%的条款都进行了适时性修改，修改后的《食品安全法》加强了食品安全制度机制建设，强化了食品安全责任落实，统一了食品安全监管机构，建立了最严格的食品安全监管制度和法律责任制度。此后《食品安全法》又在2018年12月29日和2021年4月29日进行了两次修正。

三、食品安全法律制度中的主要概念

（一）食品的概念

食品（food）指各种供人食用或者饮用的成品和原料以及按照传统既是食品又是中药材的物品，但是不包括以治疗为目的的物品。

首先，我国法律、法规监管中食品的概念不仅包括了经过加工制作后能够直接食用的物品，还拓展到了未经过加工制作的原料，从而全面覆盖了食品从原料到成品的全过程，囊括了整个食品在加工制作中的所有形态。

其次，食品的概念还包括了按照传统既是食品又是中药材的物品，排除了按照传统不是食品的中药材，以及以治疗为目的的物品。

（二）食品安全的概念

食品安全（food safety）指食品无毒、无害，符合应当有的营养要求，对人体健康不造成任何

急性、亚急性或者慢性危害。

食品安全包括三个方面的含义：一是无毒、无害，主要指食品在正常人的正常食用过程中，不会对人体造成危害。虽然不是绝对排除有毒、有害物质或因素的加入，但必须严格遵守国家规定的限量标准。二是符合应当有的营养要求，这里不仅要求食品应当具备人体代谢所必需的营养素的含量，还要求该食品具有其同类食品应当对人体组织功能应当发挥的营养作用。三是不会造成人体健康的不良影响，即保证人体按正常剂量和以正确方式摄入食品时不会受到急性、亚急性或者慢性的危害，这种危害包括对摄入者本人及其后代的不良影响。

在现代社会的生产条件中，食品总会受到生物性的（如沙门菌）、化学性的（如农药残留）、物理性的（如放射性核素）等不良因素的影响，绝对地做到无毒、无害是不可能的。食品安全的关键在于食品中的有毒、有害物质的性质和数量应当依据科学和法律受到严格的限制，使之控制在人体可以接受的范围内，不会对人体健康造成损害。

（三）食品安全事故的概念

食品安全事故（food safety incidents）指食源性疾病、食品污染等源于食品，对人体健康有危害或者可能有危害的事故。

（四）其他相关概念

1. 预包装食品　指预先定量包装或者制作在包装材料、容器中的食品。

2. 食品添加剂　指为改善食品品质和色、香、味以及为防腐、保鲜和加工工艺的需要而加入食品中的人工合成或者天然物质，包括营养强化剂。

3. 食品相关产品　包括以下三类：① 用于食品的包装材料和容器，指包装、盛放食品或者食品添加剂用的纸、竹、木、金属、搪瓷、陶瓷、塑料、橡胶、天然纤维、化学纤维、玻璃等制品和直接接触食品或者食品添加剂的涂料；② 用于食品生产经营的工具、设备，指在食品或者食品添加剂生产、销售、使用过程中直接接触食品或者食品添加剂的机械、管道、传送带、容器、用具、餐具等；③ 用于食品的洗涤剂、消毒剂，指直接用于洗涤或者消毒食品、餐具、饮具以及直接接触食品的工具、设备或者食品包装材料和容器的物质。

4. 食品保质期　指食品在标明的贮存条件下保持品质的期限。

四、《食品安全法》的适用范围

在中华人民共和国境内从事下列活动，应当遵守《食品安全法》：① 食品生产和加工（以下称食品生产），食品销售和餐饮服务（以下称食品经营）；② 食品添加剂的生产经营；③ 用于食品的包装材料、容器、洗涤剂、消毒剂和用于食品生产经营的工具、设备（以下称食品相关产品）的生产经营；④ 食品生产经营者使用食品添加剂、食品相关产品；⑤ 食品的贮存和运输；⑥ 对食品、食品添加剂、食品相关产品的安全管理。

供食用的源于农业的初级产品（以下称食用农产品）的质量安全管理，遵守《中华人民共和国农产品质量安全法》的规定。但是，食用农产品的市场销售、有关质量安全标准的制定、有关安全信息的公布和《食品安全法》对农业投入品作出规定的，应当遵守《食品安全法》的规定。

转基因食品和食盐的食品安全管理，《食品安全法》未作规定的，适用其他法律、行政法规的规定。铁路、民航运营中食品安全的管理办法由国务院食品安全监督管理部门会同国务院有关部门依照《食品安全法》制定。保健食品的具体管理办法、食品相关产品生产活动的具体管理办法、军队专用食品和自供食品的食品安全管理办法分别由国务院食品安全监督管理部门、中央军事委员会依照《食品安全法》制定。国境口岸食品的监督管理由进境、出境检验检疫机构依照《食品安全法》以及有关法律、行政法规的规定实施。

五、食品安全监管体制

我国食品安全工作实行预防为主、风险管理、全程控制、社会共治，建立科学、严格的监督管理制度。

（一）国务院

1. 国家市场监督管理总局　国家市场监督管理总局对食品生产经营活动实施监督管理，主要职责包括：① 起草食品安全监督管理有关法律、法规草案，制定有关规章、政策、标准，组织实施食品安全战略，拟订并组织实施有关规划；② 食品安全监督管理综合协调；③ 组织制定食品安全重大政策并组织实施；④ 食品安全应急体系建设，组织指导重大食品安全事件应急处置和调查处理工作；⑤ 建立健全食品安全重要信息直报制度；⑥ 食品安全监督管理；⑦ 建立覆盖食品生产、流通、消费全过程的监督检查制度和隐患排查治理机制并组织实施，防范区域性、系统性食品安全风险；⑧ 推动建立食品生产经营者落实主体责任的机制，健全食品安全追溯体系；⑨ 组织开展食品安全监督抽检、风险监测、核查处置和风险预警、风险交流工作；⑩组织实施特殊食品注册、备案和监督管理。

2. 国家卫生健康委员会　国家卫生健康委员会负责组织开展食品安全风险监测评估；依法制定并公布食品安全标准；会同国家市场监督管理总局等部门制定、实施食品安全风险监测计划。

3. 农业农村部　农业农村部主管种植和养殖过程的食品安全，负责农田和屠宰场的监控以及相关法规的起草和实施工作；制定食品中农药残留、兽药残留的限量规定及其检验方法与规程；食用动植物产品中使用的农业化学物质（农药、兽药、鱼药、饲料及饲料添加剂、肥料）等农业投入品的监督管理和指导，建立健全农业投入品安全使用制度；境内动植物及其产品的检验检疫工作。

4. 商务部　商务部主管流通领域食品安全的监管，负责整顿和规范食品流通秩序，打击制售假冒伪劣、过期变质、有毒有害食品行为；建立完善食品安全的市场信用监管机制；建立健全食品安全检测体系。

5. 海关总署　海关总署是我国进境、出境检验检疫部门，对进出口食品安全实施监督管理，负责检验进口的食品、食品添加剂；对境外发生的食品安全事件可能对我国境内造成影响，或者在进口食品、食品添加剂、食品相关产品中发现严重食品安全问题的采取风险预警或者控制措施；对出口食品的境外食品生产企业进行注册，对出口商或者代理商、进口商、出口食品生产企业和出口食品原料种植、养殖场进行备案；收集、汇总进出口食品安全信息，并及时通报；对进出口食品的进口商、出口商和出口食品生产企业实施信用管理，建立信用记录；对向我国境内出口食品的国家（地区）的食品安全管理体系和食品安全状况进行评估和审查，并确定相应检验检疫要求。

（二）地方人民政府

县级以上地方人民政府对本行政区域的食品安全监督管理工作负责，统一领导、组织、协调本行政区域的食品安全监督管理工作以及食品安全突发事件应对工作，建立健全食品安全全程监督管理工作机制和信息共享机制。县级以上地方人民政府依照《食品安全法》和国务院的规定，确定本级食品安全监督管理、卫生健康行政部门和其他有关部门的职责。有关部门在各自职责范围内负责本行政区域的食品安全监督管理工作。县级人民政府食品安全监督管理部门可以在乡镇或者特定区域设立派出机构。

（三）社会力量

在食品安全的监督管理工作中，还应当发挥行业组织、新闻媒体及其他社会团体的作用。食品行业协会应当加强行业自律，引导和督促食品生产经营者依法生产经营，推动行业诚信建设，宣传、普及食品安全知识。新闻媒体应当开展食品安全法律、法规以及食品安全标准和知识的公益宣传，并对违法行为进行舆论监督。任何组织或者个人有权举报食品生产经营中的违法行为，有权向有关部门了解食品安全信息，对食品安全监督管理工作提出意见和建议。

第二节　食品安全风险监测和评估制度

一、食品安全风险监测制度

（一）食品安全风险监测的概念

食品安全风险监测（food safety risk monitoring）是指通过系统和持续地收集食源性疾病、食品污染以及食品中的有害因素的监测数据及相关信息，并进行综合分析和及时通报的活动。

《食品安全法》规定，国家建立食品安全风险监测制度，对食源性疾病、食品污染以及食品中的有害因素进行监测。开展食品安全风险监测能够及时获取有关食品安全风险的信息，对食品中的有害因素，做到早发现、早评估、早预防、早控制，减少食品污染和食源性疾病的危害。

（二）食品安全风险监测的内容

1. 食源性疾病（food-borne diseases）　指食品中致病因素进入人体引起的感染性、中毒性等疾病，包括食物中毒。

2. 食品污染（food pollution）　指根据国际食品安全管理的一般规则，在食品生产、加工或流通等过程中因非故意原因进入食品的外来污染物，一般包括金属污染物、农药残留、兽药残留、超范围或超剂量使用的食品添加剂、真菌毒素以及致病微生物、寄生虫等。

3. 食品中的有害因素　指在食品生产、流通、餐饮服务等环节，除了食品污染以外的其他可能途径进入食品的有害因素，包括自然存在的有害物、违法添加的非食用物质以及被作为食品添加剂使用的对人体健康有害的物质。

二、食品安全风险评估制度

（一）食品安全风险评估的概念

食品安全风险评估（food safety risk assessment），指对食品、食品添加剂、食品相关产品中生物性、化学性和物理性危害因素对人体健康可能造成的不良影响所进行的科学评定活动，包括危害识别、危害特征描述、暴露评估、风险特征描述等。《食品安全法》规定，国家建立食品安全风险评估制度，运用科学方法，根据食品安全风险监测信息、科学数据以及有关信息，对食品、食品添加剂、食品相关产品中生物性、化学性和物理性危害因素进行风险评估。

（二）食品安全风险评估主体

国务院卫生健康行政部门负责组织食品安全风险评估工作，成立由医学、农业、食品、营养、生物、环境等方面的专家组成的食品安全风险评估专家委员会进行食品安全风险评估。对农药、肥料、兽药、饲料和饲料添加剂等的安全性评估，应当有食品安全风险评估专家委员会的专家参加。

（三）食品安全风险评估的要求

食品安全风险评估是一个科学、客观的过程，为保证评估结果的权威、专业，食品安全风险评估应当运用科学方法，根据食品安全风险监测信息、科学数据以及其他有关信息进行。

食品安全风险评估不得向生产经营者收取费用，采集样品应当按照市场价格支付费用。

（四）食品安全风险评估结果

食品安全风险评估结果是制定、修订食品安全标准和实施食品安全监督管理的科学依据。

经食品安全风险评估，得出食品、食品添加剂、食品相关产品不安全结论的，国务院食品安全监督管理等部门应当依据各自职责立即向社会公告，告知消费者停止食用或者使用，并采取相应措施，确保该食品、食品添加剂、食品相关产品停止生产经营；需要制定、修订相关食品安全国家标准的，国务院卫生健康行政部门应当会同国务院食品安全监督管理部门立即制定、修订。

国务院食品安全监督管理部门应当会同国务院有关部门，根据食品安全风险评估结果、食品安全监督管理信息，对食品安全状况进行综合分析。对经综合分析表明可能具有较高程度安全风险的食品，国务院食品安全监督管理部门应当及时提出食品安全风险警示，并向社会公布。

第三节 食品安全标准

一、食品安全标准的概念

食品安全标准（food safety standard）指食品生产经营者应当遵守的有关食品安全的强制性技术要求。制定食品安全标准，应当以保障公众身体健康为宗旨，做到科学合理、安全可靠。

食品安全标准是强制执行的标准。除食品安全标准外，不得制定其他食品强制性标准。

二、食品安全标准的内容

根据《食品安全法》的规定，食品安全标准应当包括：① 食品、食品添加剂、食品相关产品中的致病性微生物，农药残留、兽药残留、生物毒素、重金属等污染物质以及其他危害人体健康物质的限量规定；② 食品添加剂的品种、使用范围、用量；③ 专供婴幼儿和其他特定人群的主辅食品的营养成分要求；④ 对与卫生、营养等食品安全要求有关的标签、标志、说明书的要求；⑤ 食品生产经营过程的卫生要求；⑥ 与食品安全有关的质量要求；⑦ 与食品安全有关的食品检验方法与规程；⑧ 其他需要制定为食品安全标准的内容。

三、食品安全标准的种类

我国食品安全标准按照级别可以分为三类：食品安全国家标准、食品安全地方标准、食品安全企业标准，形成一个覆盖全国又层次分明的食品标准体系。

（一）食品安全国家标准

食品安全国家标准是指由国家主管机构制定、发布，且在全国范围内统一实施的食品安全标准。食品安全国家标准由国务院卫生健康行政部门会同国务院食品安全监督管理部门制定、公布，国务院标准化行政部门提供国家标准编号。食品中农药残留、兽药残留的限量规定及其检验方法与规程由国务院卫生健康行政部门、国务院农业行政部门会同国务院食品安全监督管理部门制定。屠宰畜、禽的检验规程由国务院农业行政部门会同国务院卫生健康行政部门制定。

食品安全国家标准应当经国务院卫生健康行政部门组织的食品安全国家标准审评委员会审查通过。食品安全国家标准审评委员会由医学、农业、食品、营养、生物、环境等方面的专家以及国务院有关部门、食品行业协会、消费者协会的代表组成，对食品安全国家标准草案的科学性和实用性等进行审查。

（二）食品安全地方标准

食品安全地方标准是指由省、自治区、直辖市人民政府卫生健康行政部门制定的，在省、自治区、直辖市范围内统一实施的食品安全标准。对地方特色食品，没有食品安全国家标准的，省、自治区、直辖市人民政府卫生健康行政部门可以制定并公布食品安全地方标准，报国务院卫生健康行政部门备案。保健食品、特殊医学用途配方食品、婴幼儿配方食品等特殊食品不属于地方特色食品，不得对其制定食品安全地方标准。食品安全国家标准制定后，该地方标准即行废止。

（三）食品安全企业标准

食品安全企业标准是食品生产经营企业制定的，对企业内部食品生产经营活动所采取的统一的食品安全标准。食品生产企业不得制定低于食品安全国家标准或者地方标准要求的企业标准。国家鼓励食品生产企业制定严于食品安全国家标准或者地方标准的企业标准，在本企业适用，并报省、自治区、直辖市人民政府卫生健康行政部门备案。

第四节　食品生产经营

一、食品生产经营的一般要求

（一）食品生产经营中的卫生要求

依照我国《食品安全法》，食品生产经营应当符合食品安全标准，并符合下列要求：① 具有与生产经营的食品品种、数量相适应的食品原料处理和食品加工、包装、贮存等场所，保持该场所环境整洁，并与有毒、有害场所以及其他污染源保持规定的距离；② 具有与生产经营的食品品种、数量相适应的生产经营设备或者设施，有相应的消毒、更衣、盥洗、采光、照明、通风、防腐、防尘、防蝇、防鼠、防虫、洗涤以及处理废水、存放垃圾和废弃物的设备或者设施；③ 有专职或者兼职的食品安全专业技术人员、食品安全管理人员和保证食品安全的规章制度；④ 具有合理的设备布局和工艺流程，防止待加工食品与直接入口食品、原料与成品交叉污染，避免食品接触有毒物、不洁物；⑤ 餐具、饮具和盛放直接入口食品的容器，使用前应当洗净、消毒，炊具、用具用后应当洗净，保持清洁；⑥ 贮存、运输和装卸食品的容器、工具和设备应当安全、无害，保持清洁，防止食品污染，并符合保证食品安全所需的温度、湿度等特殊要求，不得将食品与有毒、有害物品一同贮存、运输；⑦ 直接入口的食品应当使用无毒、清洁的包装材料、餐具、饮具和容器；⑧ 食品生产经营人员应当保持个人卫生，生产经营食品时，应当将手洗净，穿戴清洁的工作衣、帽等；销售无包装的直接入口食品时，应当使用无毒、清洁的容器、售货工具和设备；⑨ 用水应当符合国家规定的生活饮用水卫生标准；⑩ 使用的洗涤剂、消毒剂应当对人体安全、无害；⑪ 法律、法规规定的其他要求。非食品生产经营者从事食品贮存、运输和装卸的，应当符合以上第⑥项的规定。

（二）禁止生产经营的食品、食品添加剂、食品相关产品

禁止生产经营下列食品、食品添加剂、食品相关产品：① 用非食品原料生产的食品或者添加食品添加剂以外的化学物质和其他可能危害人体健康物质的食品，或者用回收食品作为原料生产的食品；② 致病性微生物，农药残留、兽药残留、生物毒素、重金属等污染物质以及其他危害人体健康的物质含量超过食品安全标准限量的食品、食品添加剂、食品相关产品；③ 用超过保质期的食品原料、食品添加剂生产的食品、食品添加剂；④ 超范围、超限量使用食品添加剂的食品；⑤ 营养成分不符合食品安全标准的专供婴幼儿和其他特定人群的主辅食品；⑥ 腐败变质、油脂酸败、霉变生虫、污秽不洁、混有异物、掺假掺杂或者感官性状异常的食品、食品添加剂；⑦ 病死、毒死或者死因不明的禽、畜、兽、水产动物肉类及其制品；⑧ 未按规定进行检疫或者检疫不合格的肉类，或者未经检验或者检验不合格的肉类制品；⑨ 被包装材料、容器、运输工具等污染的食品、食品添加剂；⑩ 标注虚假生产日期、保质期或者超过保质期的食品、食品添加剂；⑪ 无标签的预包装食品、食品添加剂；⑫ 国家为防病等特殊需要明令禁止生产经营的食品；⑬ 其他不符合法律、法规或者食品安全标准的食品、食品添加剂、食品相关产品。

二、食品生产经营许可制度

国家对食品生产经营实行许可制度。从事食品生产、食品销售、餐饮服务，应当依法取得许

可。但是，销售食用农产品和仅销售预包装食品的，不需要取得许可。仅销售预包装食品的，应当报所在地县级以上地方人民政府食品安全监督管理部门备案。食品生产经营许可的有效期为5年。食品生产经营者的生产经营条件发生变化，不再符合食品生产经营要求的，食品生产经营者应当立即采取整改措施；需要重新办理许可手续的，应当依法办理。

食品生产加工小作坊和食品摊贩等从事食品生产经营活动，应当符合《食品安全法》规定的与其生产经营规模、条件相适应的食品安全要求，保证所生产经营的食品卫生、无毒、无害，食品安全监督管理部门应当对其加强监督管理。

利用新的食品原料生产食品，或者生产食品添加剂新品种、食品相关产品新品种，应当向国务院卫生健康行政部门提交相关产品的安全性评估材料。国务院卫生健康行政部门组织审查，对符合食品安全要求的，准予许可并公布；对不符合食品安全要求的，不予许可并书面说明理由。

生产经营的食品中不得添加药品，但是可以添加按照传统既是食品又是中药材的物质目录中所列的食品。国务院卫生健康行政部门应当及时公布新的食品原料、食品添加剂新品种和食品相关产品新品种目录以及所适用的食品安全国家标准。对按照传统既是食品又是中药材的物质目录，国务院卫生健康行政部门会同国务院食品安全监督管理部门应当及时更新。

从事食品添加剂生产，应当具有与所生产食品添加剂品种相适应的场所、生产设备或者设施、专业技术人员和管理制度，并依照《食品安全法》规定的程序，取得食品添加剂生产许可。生产食品添加剂应当符合法律、法规和食品安全国家标准。食品生产经营者应当按照食品安全国家标准使用食品添加剂。

生产食品相关产品应当符合法律、法规和食品安全国家标准。对直接接触食品的包装材料等具有较高风险的食品相关产品，按照国家有关工业产品生产许可证管理的规定实施生产许可。

三、食品安全全程追溯制度

国家建立食品安全全程追溯制度。食品生产经营者应当依照《食品安全法》的规定，建立食品安全追溯体系，保证食品可追溯。国家鼓励食品生产经营者采用信息化手段采集、留存生产经营信息，建立食品安全追溯体系。

国务院食品安全监督管理部门会同国务院农业行政等有关部门建立食品安全全程追溯协作机制。食品安全监督管理等部门应当将婴幼儿配方食品等针对特定人群的食品以及其他食品安全风险较高或者销售量大的食品的追溯体系建设作为监督检查的重点。

四、生产经营过程控制

（一）对食品生产经营者的过程控制

1. 食品生产经营企业的食品安全管理制度 食品生产经营企业应当建立健全食品安全管理制度，对职工进行食品安全知识培训，加强食品检验工作，依法从事生产经营活动。

2. 食品生产经营者从业人员健康管理制度 食品生产经营者应当建立并执行从业人员健康管理制度。患有国务院卫生健康行政部门规定的有碍食品安全疾病的人员，不得从事接触直接入口食品的工作。从事接触直接入口食品工作的食品生产经营人员应当每年进行健康检查，取得健康证明后方可上岗工作。

3. 食品生产企业控制要求 食品生产企业应当就下列事项制定并实施控制要求，保证所生产的食品符合食品安全标准：① 原料采购、原料验收、投料等原料控制；② 生产工序、设备、贮存、包装等生产关键环节控制；③ 原料检验、半成品检验、成品出厂检验等检验控制；④ 运输和交付控制。

4. 食品安全自查制度 食品生产经营者应当建立食品安全自查制度，定期对食品安全状况进行检查评价。生产经营条件发生变化，不再符合食品安全要求的，食品生产经营者应当立即采取整改措施；有发生食品安全事故潜在风险的，应当立即停止食品生产经营活动，并向所在地县级人民政府食品安全监督管理部门报告。

5. 食品生产经营企业认证制度 国家鼓励食品生产经营企业符合良好生产规范要求，实施危害分析与关键控制点体系，提高食品安全管理水平。对通过良好生产规范、危害分析与关键控制点体系认证的食品生产经营企业，认证机构应当依法实施跟踪调查；对不再符合认证要求的企业，应当依法撤销认证，及时向县级以上人民政府食品安全监督管理部门通报，并向社会公布。认证机构实施跟踪调查不得收取费用。

6. 食品生产企业进货查验记录制度 食品生产企业应当建立食品原料、食品添加剂、食品相关产品进货查验记录制度，查验供货者的许可证和产品合格证明（对无法提供合格证明的食品原料，应当按照食品安全标准进行检验），如实记录食品原料、食品添加剂、食品相关产品的名称、规格、数量、生产日期或者生产批号、保质期、进货日期以及供货者名称、地址、联系方式等内容，并保存相关凭证。不得采购或者使用不符合食品安全标准的食品原料、食品添加剂、食品相关产品。不得采购或者使用不符合食品安全标准的食品原料、食品添加剂、食品相关产品。记录和凭证保存期限不得少于产品保质期满后六个月；没有明确保质期的，保存期限不得少于二年。

7. 食品生产企业、食品添加剂生产者出厂检验记录制度 食品生产企业和食品添加剂生产者应当建立食品出厂检验记录制度，查验出厂食品的检验合格证和安全状况，如实记录食品的名称、规格、数量、生产日期或者生产批号、保质期、检验合格证号、销售日期以及购货者名称、地址、联系方式等内容，并保存相关凭证。记录和凭证保存期限不得少于产品保质期满后六个月；没有明确保质期的，保存期限不得少于二年。

8. 从事食品批发业务经营企业销售记录制度 从事食品批发业务的经营企业应当建立食品销售记录制度，如实记录批发食品的名称、规格、数量、生产日期或者生产批号、保质期、销售日期以及购货者名称、地址、联系方式等内容，并保存相关凭证。

9. 食品经营者食品贮存要求 食品经营者应当按照保证食品安全的要求贮存食品，定期检查库存食品，及时清理变质或者超过保质期的食品。食品经营者贮存散装食品，应当在贮存位置标明食品的名称、生产日期或者生产批号、保质期、生产者名称及联系方式等内容。

（二）对其他主体的过程控制

1. 对餐饮服务提供者的要求 餐饮服务提供者应当制定并实施原料控制要求，不得采购不符合食品安全标准的食品原料。餐饮服务提供者在加工过程中应当检查待加工的食品及原料，发现有腐败变质、油脂酸败、霉变生虫、污秽不洁、混有异物、掺假掺杂或者感官性状异常的食品、食品添加剂的，不得加工或者使用。餐饮服务提供者应当定期维护食品加工、贮存、陈列等设施、设备；定期清洗、校验保温设施及冷藏、冷冻设施；按照要求对餐具、饮具进行清洗消毒，委托清洗消毒餐具、饮具的，应当委托符合《食品安全法》规定条件的餐具、饮具集中消毒服务单位。

2. 对集中用餐单位的食堂的要求　学校、托幼机构、养老机构、建筑工地等集中用餐单位的食堂应当严格遵守法律、法规和食品安全标准；应当执行原料控制、餐具和饮具清洗消毒、食品留样等制度；从供餐单位订餐的，应当从取得食品生产经营许可的企业订购，并按照要求对订购的食品进行查验。供餐单位应当严格遵守法律、法规和食品安全标准，当餐加工，确保食品安全。

3. 对餐具、饮具集中消毒服务单位的要求　餐具、饮具集中消毒服务单位应当具备相应的作业场所、清洗消毒设备或者设施，用水和使用的洗涤剂、消毒剂应当符合相关食品安全国家标准和其他国家标准、卫生规范。餐具、饮具集中消毒服务单位应当对消毒餐具、饮具进行逐批检验，检验合格后方可出厂，并应当随附消毒合格证明。消毒后的餐具、饮具应当在独立包装上标注单位名称、地址、联系方式、消毒日期以及使用期限等内容。

4. 对集中交易市场的开办者、柜台出租者和展销会举办者的要求　集中交易市场的开办者、柜台出租者和展销会举办者，应当依法审查入场食品经营者的许可证，明确其食品安全管理责任，定期对其经营环境和条件进行检查，发现其有违反《食品安全法》规定行为的，应当及时制止并立即报告所在地县级人民政府食品安全监督管理部门。

5. 对网络食品交易第三方平台提供者的要求　网络食品交易第三方平台提供者应当对入网食品经营者进行实名登记，明确其食品安全管理责任；依法应当取得许可证的，还应当审查其许可证。网络食品交易第三方平台提供者发现入网食品经营者有违反《食品安全法》规定行为的，应当及时制止并立即报告所在地县级人民政府食品安全监督管理部门；发现严重违法行为的，应当立即停止提供网络交易平台服务。

6. 食用农产品农业投入品使用记录制度　食用农产品生产者应当按照食品安全标准和国家有关规定使用农药、肥料、兽药、饲料和饲料添加剂等农业投入品，严格执行农业投入品使用安全间隔期或者休药期的规定，不得使用国家明令禁止的农业投入品。禁止将剧毒、高毒农药用于蔬菜、瓜果、茶叶和中草药材等国家规定的农作物。食用农产品的生产企业和农民专业合作经济组织应当建立农业投入品使用记录制度。县级以上人民政府农业行政部门应当加强对农业投入品使用的监督管理和指导，建立健全农业投入品安全使用制度。

7. 食用农产品销售要求　食用农产品批发市场应当配备检验设备和检验人员或者委托符合《食品安全法》规定的食品检验机构，对进入该批发市场销售的食用农产品进行抽样检验；发现不符合食品安全标准的，应当要求销售者立即停止销售，并向食品安全监督管理部门报告。

8. 食用农产品进货查验记录制度　食用农产品销售者应当建立食用农产品进货查验记录制度，如实记录食用农产品的名称、数量、进货日期以及供货者名称、地址、联系方式等内容，并保存相关凭证。记录和凭证保存期限不得少于六个月。

9. 食用农产品使用食品添加剂、食品相关产品的要求 进入市场销售的食用农产品在包装、保鲜、贮存、运输中使用保鲜剂、防腐剂等食品添加剂和包装材料等食品相关产品，应当符合食品安全国家标准。

五、食品召回制度

（一）食品召回制度的概念

食品召回制度（food recall systems）是指食品生产经营者在发现其生产经营的食品不符合食品安全标准或者有证据证明可能危害人体健康时，按照法定程序，停止生产或经营该食品，并告知相关生产经营者和消费者，及时无偿收回有问题的食品，消除或减少食品安全风险的活动。我国通过《食品安全法》建立了食品召回制度。

（二）食品召回的对象

食品召回的对象是不安全食品。不安全食品是指食品安全法律、法规规定禁止生产经营的食品以及其他有证据证明可能危害人体健康的食品，也包括食品添加剂和保健食品。《食品安全法》所称回收食品，是指已经售出，因违反法律、法规、食品安全标准或者超过保质期等原因，被召回或者退回的食品，不包括"对因标签、标志或者说明书不符合食品安全标准而被召回的食品，食品生产者在采取补救措施且能保证食品安全的情况下可以继续销售"的食品。

（三）食品召回等级

根据食品安全风险的严重和紧急程度，食品召回分为三级：

1. 一级召回 食用后已经或者可能导致严重健康损害甚至死亡的，食品生产者应当在知悉食品安全风险后24小时内启动召回，并向县级以上地方食品安全监督管理部门报告召回计划。

2. 二级召回 食用后已经或者可能导致一般健康损害，食品生产者应当在知悉食品安全风险后48小时内启动召回，并向县级以上地方食品安全监督管理部门报告召回计划。

3. 三级召回 标签、标识存在虚假标注的食品，食品生产者应当在知悉食品安全风险后72小时内启动召回，并向县级以上地方食品安全监督管理部门报告召回计划。标签、标识存在瑕疵，食用后不会造成健康损害的食品，食品生产者应当改正，可以自愿召回。

（四）食品召回后的处置

食品生产经营者应当对召回的食品采取无害化处理、销毁等措施，防止其再次流入市场。对违法添加非食用物质、腐败变质、病死畜禽等严重危害人体健康和生命安全的不安全食品，食品生产经营者应当立即就地销毁。不具备就地销毁条件的，可由不安全食品生产经营者集中销毁处理。但是，对因标签、标志或者说明书不符合食品安全标准而被召回的食品，食品生产者在采取补救措施且能保证食品安全的情况下可以继续销售；销售时应当向消费者明示补救措施。

食品生产经营者应当将食品召回和处理情况向所在地县级人民政府食品安全监督管理部门报告；需要对召回的食品进行无害化处理、销毁的，应当提前报告时间、地点。食品安全监督管理部门认为必要的，可以实施现场监督。

食品生产经营者未依法处置不安全食品的，县级以上地方食品安全监督管理部门可以责令其依法处置不安全食品。

食品生产经营者应当如实记录停止生产经营、召回和处置不安全食品的名称、商标、规格、生产日期、批次、数量等内容。记录保存期限不得少于2年。

六、标签、说明书和广告

（一）标签和说明书

1. 预包装食品　预包装食品的包装上应当有标签。标签应当标明下列事项：① 名称、规格、净含量、生产日期；② 成分或者配料表；③ 生产者的名称、地址、联系方式；④ 保质期；⑤ 产品标准代号；⑥ 贮存条件；⑦ 所使用的食品添加剂在国家标准中的通用名称；⑧ 生产许可证编号；⑨ 法律、法规或者食品安全标准规定应当标明的其他事项。专供婴幼儿和其他特定人群的主辅食品，其标签还应当标明主要营养成分及其含量。

2. 散装食品　食品经营者销售散装食品，应当在散装食品的容器、外包装上标明食品的名称、生产日期或者生产批号、保质期以及生产经营者名称、地址、联系方式等内容。

3. 转基因食品　生产经营转基因食品应当按照规定显著标示。

4. 食品添加剂　食品添加剂应当有标签、说明书和包装。标签、说明书应当载明的事项与预包装食品相同（第⑦项除外），还应当载明食品添加剂的使用范围、用量、使用方法，并在标签上载明"食品添加剂"字样。

食品和食品添加剂的标签、说明书，不得含有虚假内容，不得涉及疾病预防、治疗功能，应当清楚、明显，生产日期、保质期等事项应当显著标注，容易辨识。食品和食品添加剂与其标签、说明书的内容不符的，不得上市销售。

食品经营者应当按照食品标签标示的警示标志、警示说明或者注意事项的要求销售食品。

（二）广告

食品广告的内容应当真实合法，不得含有虚假内容，不得涉及疾病预防、治疗功能。食品生产经营者对食品广告内容的真实性、合法性负责。

县级以上人民政府食品安全监督管理部门和其他有关部门以及食品检验机构、食品行业协会不得以广告或者其他形式向消费者推荐食品。消费者组织不得以收取费用或者其他牟取利益的方式向消费者推荐食品。禁止利用包括会议、讲座、健康咨询在内的任何方式对食品进行虚假宣传。食品安全监督管理部门发现虚假宣传行为的，应当依法及时处理。

七、特殊食品

国家实行严格监督管理的特殊食品包括保健食品、特殊医学用途配方食品和婴幼儿配方食品等。保健食品、特殊医学用途配方食品、婴幼儿配方乳粉生产企业应当按照注册或者备案的产品配方、生产工艺等技术要求组织生产。

（一）保健食品

保健食品声称保健功能，应当具有科学依据，不得对人体产生急性、亚急性或者慢性危害。

保健食品原料目录和允许保健食品声称的保健功能目录，由国务院食品安全监督管理部门会同国务院卫生健康行政部门、国家中医药管理部门制定、调整并公布。保健食品原料目录应当包括原料名称、用量及其对应的功效；列入保健食品原料目录的原料只能用于保健食品生产，不得用于其他食品生产。

保健食品的标签、说明书不得涉及疾病预防、治疗功能，内容应当真实，与注册或者备案的内容相一致，载明适宜人群、不适宜人群、功效成分或者标志性成分及其含量等，并声明"本品不能代替药物"。保健食品的功能和成分应当与标签、说明书相一致。

保健食品广告除应当符合食品广告的一般规定外，还应当声明"本品不能代替药物"；其内容应当经生产企业所在地省、自治区、直辖市人民政府食品安全监督管理部门审查批准，取得保健食品广告批准文件。对保健食品之外的其他食品，不得声称具有保健功能。

（二）特殊医学用途配方食品

特殊医学用途配方食品应当经国务院食品安全监督管理部门注册。注册时，应当提交产品配方、生产工艺、标签、说明书以及表明产品安全性、营养充足性和特殊医学用途临床效果的材料。

特殊医学用途配方食品广告适用《中华人民共和国广告法》和其他法律、行政法规关于药品广告管理的规定。

（三）婴幼儿配方食品

婴幼儿配方食品生产企业应当实施从原料进厂到成品出厂的全过程质量控制，对出厂的婴幼儿配方食品实施逐批检验，保证食品安全。

生产婴幼儿配方食品使用的生鲜乳、辅料等食品原料、食品添加剂等，应当符合法律、行政法规的规定和食品安全国家标准，保证婴幼儿生长发育所需的营养成分。

不得以分装方式生产婴幼儿配方乳粉，同一企业不得用同一配方生产不同品牌的婴幼儿配方乳粉。对添加食品安全国家标准规定的选择性添加物质的婴幼儿配方食品，不得以选择性添加物质命名。

第五节　食品检验

一、食品检验的概念

食品检验（food inspection）是指食品检验机构根据有关国家标准，对食品原料、辅助材料、成本的质量和安全性进行的检验，包括对食品理化指标、卫生指标、外观特性以及外包装、内包装、标志等进行的检验。食品检验是食品质量安全监管的重要辅助手段，也是世界通行的做法。

二、食品检验机构与食品检验人

食品检验机构是依法履行对食品的质量和安全性进行检验的组织。食品检验机构按照国家有关认证认可的规定取得资质认定后，方可从事食品检验活动。食品检验由食品检验机构指定的检验人独立进行。检验人应当依照有关法律、法规的规定，并按照食品安全标准和检验规范对食品进行检验，尊重科学，恪守职业道德，保证出具的检验数据和结论客观、公正，不得出具虚假检验报告。

食品检验实行食品检验机构与检验人负责制。食品检验报告应当加盖食品检验机构公章，并有检验人的签名或者盖章。食品检验机构和检验人对出具的食品检验报告负责。

三、食品检验要求

《食品安全法》规定，县级以上人民政府食品安全监督管理部门应当对食品进行定期或者不定期的抽样检验，并依据有关规定公布检验结果，不得免检。进行抽样检验，应当购买抽取的样品，委托符合《食品安全法》规定的食品检验机构进行检验，并支付相关费用；不得向食品生产经营者收取检验费和其他费用。

食品生产企业可以自行对所生产的食品进行检验，也可以委托符合《食品安全法》规定的食品检验机构进行检验。食品行业协会和消费者协会等组织、消费者需要委托食品检验机构对食品进行检验的，应当委托符合《食品安全法》规定的食品检验机构进行。

食品添加剂的检验，适用有关食品检验的规定。

第六节　食品进出口

一、国家进境、出境检验检疫部门

国家进境、出境检验检疫部门对进出口食品安全实施监督管理。国家市场监督管理总局主管全国进出口食品安全监督管理工作。海关总署设在各地的进境、出境检验检疫机构（以下简称"检验检疫机构"）在海关总署的统一领导下，依法做好进出口食品安全监督管理工作。

海关总署对进口食品境外生产企业实施注册管理，对向中国境内出口食品的出口商或者代理商实施备案管理，对进口食品实施检验，对出口食品生产企业实施备案管理，对出口食品原料种植、养殖场实施备案管理，对出口食品实施监督、抽检，对进出口食品实施分类管理、对进出口食品生产经营者实施诚信管理。

二、食品进出口的监督管理

（一）进口食品安全的一般要求

进口的食品、食品添加剂、食品相关产品应当符合我国食品安全国家标准。进口的食品、食品添加剂应当经进境、出境检验检疫机构依照进出口商品检验相关法律、行政法规的规定检验合格，并应当按照国家进境、出境检验检疫部门的要求随附合格证明材料。

进口尚无食品安全国家标准的食品，由境外出口商、境外生产企业或者其委托的进口商向国务院卫生健康行政部门提交所执行的相关国家（地区）标准或者国际标准。国务院卫生健康行政部门对相关标准进行审查，认为符合食品安全要求的，决定暂予适用，并及时制定相应的食品安全国家标准。进口利用新的食品原料生产的食品或者进口食品添加剂新品种、食品相关产品新品种，应当向国务院卫生健康行政部门提交相关产品的安全性评估材料。

（二）境外出口商、境外生产企业、进口商的义务

境外出口商、境外生产企业应当保证向我国出口的食品、食品添加剂、食品相关产品符合《食品安全法》以及我国其他有关法律、行政法规的规定和食品安全国家标准的要求，并对标签、说明书的内容负责。

进口商应当建立境外出口商、境外生产企业审核制度，重点审核上述规定的内容；审核不合格的，不得进口。进口商如果发现进口食品不符合我国食品安全国家标准或者有证据证明可能危害人体健康的，应当立即停止进口，并按照我国《食品安全法》的规定召回。

（三）境外出口商、代理商、进口商和境外食品生产企业的备案与注册

向我国境内出口食品的境外出口商或者代理商、进口食品的进口商应当向国家进境、出境检验检疫部门备案。向我国境内出口食品的境外食品生产企业应当经国家进境、出境检验检疫部门注册。已经注册的境外食品生产企业提供虚假材料，或者因其自身的原因致使进口食品发生重大食品安全事故的，国家进境、出境检验检疫部门应当撤销注册并公告。

（四）进口预包装食品、食品添加剂的标签、说明书

进口的预包装食品、食品添加剂应当有中文标签；依法应当有说明书的，还应当有中文说明书。标签、说明书应当符合《食品安全法》以及我国其他有关法律、行政法规的规定和食品安全国家标准的要求，并载明食品的原产地以及境内代理商的名称、地址、联系方式。预包装食品没有中文标签、中文说明书或者标签、说明书不符合规定的，不得进口。

（五）食品、食品添加剂的进口和销售记录制度

进口商应当建立食品、食品添加剂进口和销售记录制度，如实记录食品、食品添加剂的名称、规格、数量、生产日期、生产或者进口批号、保质期、境外出口商和购货者名称、地址及联系方式、交货日期等内容，并保存相关凭证。

（六）出口食品的监督管理

出口食品生产企业应当保证其出口食品符合进口国（地区）的标准或者合同要求。出口食品生产企业和出口食品原料种植、养殖场应当向国家进境、出境检验检疫部门备案。

（七）进出口食品安全信息及信用管理

国家进境、出境检验检疫部门应当收集、汇总进出口食品安全信息，并及时通报相关部门、机构和企业。国家进境、出境检验检疫部门应当对进出口食品的进口商、出口商和出口食品生产企业实施信用管理，建立信用记录，并依法向社会公布。对有不良记录的进口商、出口商和出口食品生产企业，应当加强对其进出口食品的检验检疫。

（八）国家进境、出境检验检疫部门的评估和审查职责

国家进境、出境检验检疫部门可以对向我国境内出口食品的国家（地区）的食品安全管理体系和食品安全状况进行评估和审查，并根据评估和审查结果，确定相应检验检疫要求。

第七节 食品安全事故处置

一、食品安全事故的等级

根据食品安全事故的性质、危害程度和涉及范围，食品安全事故共分四级，即特别重大食品安全事故、重大食品安全事故、较大食品安全事故和一般食品安全事故。事故等级的评估核定，由卫生健康行政部门会同有关部门依照有关规定进行。

二、食品安全事故应急预案

（一）食品安全事故应急预案的概念

食品安全事故应急预案是指经过一定程序制定的开展食品安全事故应急处理工作的事先指导方案。

食品安全事故应急预案的目的是建立健全应对食品安全事故救助体系和运行机制，规范和指导应急处理工作，及时控制食品安全事故，最大限度减少食品安全事故的危害。

（二）食品安全事故应急预案的制定主体

国务院组织制定国家食品安全事故应急预案。

县级以上地方人民政府应当根据有关法律、法规的规定和上级人民政府的食品安全事故应急预案以及本行政区域的实际情况，制定本行政区域的食品安全事故应急预案，并报上级人民政府备案。

（三）食品安全事故应急预案的内容

食品安全事故应急预案应当对食品安全事故分级、事故处置组织指挥体系与职责、预防预警机制、处置程序、应急保障措施等作出规定。

三、食品安全事故的报告和通报

报告是指食品安全监管部门将食品安全事故信息向本级人民政府或者上级人民政府主管部门报告。通报是指同级食品安全监管部门之间相互告知食品安全事故信息。

任何单位和个人不得对食品安全事故隐瞒、谎报、缓报，不得隐匿、伪造、毁灭有关证据。及时报告、通报食品安全事故，有利于对食品安全事故早发现、早处置，避免事故危害的扩大，保障公众健康与生命安全。

发生食品安全事故的单位应当立即采取措施，防止事故扩大。事故单位和接收病人进行治疗的单位应当及时向事故发生地县级人民政府食品安全监督管理、卫生健康行政部门报告。

县级以上人民政府农业行政等部门在日常监督管理中发现食品安全事故或者接到事故举报，应当立即向同级食品安全监督管理部门通报。

发生食品安全事故，接到报告的县级人民政府食品安全监督管理部门应当按照应急预案的规定向本级人民政府和上级人民政府食品安全监督管理部门报告。县级人民政府和上级人民政府食品安全监督管理部门应当按照应急预案的规定上报。

医疗机构发现其接收的病人属于食源性疾病病人或者疑似病人的，应当按照规定及时将相关信息向所在地县级人民政府卫生健康行政部门报告。县级人民政府卫生健康行政部门认为与食品安全有关的，应当及时通报同级食品安全监督管理部门。

县级以上人民政府卫生健康行政部门在调查处理传染病或者其他突发公共卫生事件中发现与食品安全相关的信息，应当及时通报同级食品安全监督管理部门。

四、食品安全事故的调查处理

县级以上人民政府食品安全监督管理部门接到食品安全事故的报告后，应当立即会同同级卫生行政、农业行政等部门进行调查处理，并采取下列措施，防止或者减轻社会危害：① 开展应急救援工作，组织救治因食品安全事故导致人身伤害的人员；② 封存可能导致食品安全事故的食品及其原料，并立即进行检验；对确认属于被污染的食品及其原料，责令食品生产经营者依照《食品安全法》的规定召回或者停止经营；③ 封存被污染的食品相关产品，并责令进行清洗消毒；④ 做好信息发布工作，依法对食品安全事故及其处理情况进行发布，并对可能产生的危害加以解释、说明。

发生食品安全事故需要启动应急预案的，县级以上人民政府应当立即成立事故处置指挥机构，启动应急预案，依照前述措施和应急预案的规定进行处置。

发生食品安全事故，县级以上疾病预防控制机构应当对事故现场进行卫生处理，并对与事故有关的因素开展流行病学调查，有关部门应当予以协助。县级以上疾病预防控制机构应当向同级食品安全监督管理、卫生健康行政部门提交流行病学调查报告。

五、食品安全事故的责任调查

食品安全事故的责任调查的目的是查清事故原因，分清责任，防止再次发生类似的事故。调查食品安全事故，应当坚持实事求是、尊重科学的原则，及时、准确查清事故性质和原因，认定事故责任，提出整改措施。

（一）食品安全事故责任的调查主体

发生食品安全事故，设区的市级以上人民政府食品安全监督管理部门应当立即会同有关部门进行事故责任调查，督促有关部门履行职责，向本级人民政府和上级人民政府食品安全监督管理部门提出事故责任调查处理报告。涉及两个以上省、自治区、直辖市的重大食品安全事故由国务院食品安全监督管理部门也照此程序组织事故责任调查。

（二）食品安全事故责任的调查内容

调查食品安全事故责任，包括两个方面的内容：一是查明事故单位的责任；二是查明有关监督管理部门、食品检验机构、认证机构及其工作人员的责任。

第八节　监督管理制度

一、食品安全风险分级管理

风险分级管理是指食品安全监督管理部门以风险分析为基础，结合食品生产经营者的食品类别、经营业态及生产经营规模、食品安全管理能力和监督管理记录情况，按照风险评价指标，划分食品生产经营者风险等级，并结合当地监管资源和监管能力，对食品生产经营者实施的不同程度的监督管理。

县级以上人民政府食品安全监督管理部门根据食品安全风险监测、风险评估结果和食品安全状况等，确定监督管理的重点、方式和频次，实施风险分级管理。

食品安全监督管理部门结合食品生产经营企业风险特点，从生产经营食品类别、经营规模、消费对象等静态风险因素和生产经营条件保持、生产经营过程控制、管理制度建立及运行等动态风险因素，确定食品生产经营者风险等级，并根据对食品生产经营者监督检查、监督抽检、投诉举报、案件查处、产品召回等监督管理记录实施动态调整。食品生产经营者的风险等级从低到高分为A级风险、B级风险、C级风险、D级风险四个等级。

二、食品安全监督检查制度

县级以上人民政府食品安全监督管理部门履行食品安全监督管理职责，有权采取下列措施，对生产经营者遵守《食品安全法》的情况进行监督检查：① 进入生产经营场所实施现场检查；② 对生产经营的食品、食品添加剂、食品相关产品进行抽样检验；③ 查阅、复制有关合同、票据、账簿以及其他有关资料；④ 查封、扣押有证据证明不符合食品安全标准或者有证据证明存在安全隐患以及用于违法生产经营的食品、食品添加剂、食品相关产品；⑤ 查封违法从事生产经营活动的场所。

三、食品安全信用档案制度

县级以上人民政府食品安全监督管理部门应当建立食品生产经营者食品安全信用档案，记录许可颁发、日常监督检查结果、违法行为查处等情况，依法向社会公布并实时更新；对有不良信用记录的食品生产经营者增加监督检查频次，对违法行为情节严重的食品生产经营者，可以通报投资主管部门、证券监督管理机构和有关的金融机构。

四、食品安全责任约谈制度

对食品生产经营者的责任约谈：食品生产经营过程中存在食品安全隐患，未及时采取措施消除的，县级以上人民政府食品安全监督管理部门可以对食品生产经营者的法定代表人或者主要负责人进行责任约谈。食品生产经营者应当立即采取措施，进行整改，消除隐患。责任约谈情况和整改情况应当纳入食品生产经营者食品安全信用档案。

对食品安全监督管理等部门、地方人民政府的责任约谈：县级以上人民政府食品安全监督管理等部门未及时发现食品安全系统性风险，未及时消除监督管理区域内的食品安全隐患的，本级人民政府可以对其主要负责人进行责任约谈。地方人民政府未履行食品安全职责，未及时消除区域性重大食品安全隐患的，上级人民政府可以对其主要负责人进行责任约谈。被约谈的食品安全监督管理等部门、地方人民政府应当立即采取措施，对食品安全监督管理工作进行整改。责任约谈情况和整改情况应当纳入地方人民政府和有关部门食品安全监督管理工作评议、考核记录。

五、食品安全信息统一公布制度

国家建立统一的食品安全信息平台，实行食品安全信息统一公布制度。国家食品安全总体情况、食品安全风险警示信息、重大食品安全事故及其调查处理信息和国务院确定需要统一公布的其他信息由国务院食品安全监督管理部门统一公布。食品安全风险警示信息和重大食品安全事故及其调查处理信息的影响限于特定区域的，也可以由有关省、自治区、直辖市人民政府食品安全监督管理部门公布。未经授权不得发布上述信息。县级以上人民政府食品安全监督管理、农业行政部门依据各自职责公布食品安全日常监督管理信息，并应当相互通报获知的食品安全信息。

公布食品安全信息，应当做到准确、及时，并进行必要的解释说明，避免误导消费者和社会舆论。任何单位和个人不得编造、散布虚假食品安全信息。县级以上人民政府食品安全监督管理部门发现可能误导消费者和社会舆论的食品安全信息，应当立即组织有关部门、专业机构、相关食品生产经营者等进行核实、分析，并及时公布结果。

第九节　法律责任

一、行政责任

1. **行政处罚责任**　行政相对人因违反食品安全法律、法规，尚不构成犯罪的，所应当承担的由行政主体施加的、制裁性法律后果。

2. **行政处分责任**　国家工作人员因违反食品安全法律、法规或不当行使职权，尚不构成犯罪的，所应当承担的由所隶属的行政机关施加的、惩戒性法律后果。

二、民事责任

民事主体在从事与食品安全相关的民事活动中，因违反民事义务或侵犯他人民事权利，所应当承担的民事法律责任。消费者因不符合食品安全标准的食品受到损害的，可以向经营者要求赔偿损失，也可以向生产者要求赔偿损失。接到消费者赔偿要求的生产经营者，应当实行首负责任制，先行赔付，不得推诿；属于生产者责任的，经营者赔偿后有权向生产者追偿；属于经营者责任的，生产者赔偿后有权向经营者追偿。生产不符合食品安全标准的食品或者经营明知是不符合食品安全标准的食品，消费者除要求赔偿损失外，还可以向生产者或者经营者要求支付价款十倍或者损失三倍的赔偿金；增加赔偿的金额不足一千元的，为一千元。但是，食品的标签、说明书存在不影响食品安全且不会对消费者造成误导的瑕疵的除外。

三、刑事责任

违反食品相关法律、法规，情节严重构成犯罪的，应当承担刑事责任。

案例 8-1

韦某生产、销售不符合安全标准的食品案

韦某，于2020年8月份至9月份，在经营某县某面馆时，使用面粉、水、碱、盐、矾、小苏打等，按照一定比例加工制作油条，以每根1元的价格销售，非法所得达1 800元。2020年8月18日，某县市场监督管理局委托第三方机构对某县某面馆进行食品安全抽样检验。经检验，该店生产销售的油条中铝的残留量项目不符合GB 2760—2014《食品安全国家标准 食品添加剂使用标准》（标准指标100mg/kg，实测值769mg/kg）要求，检验结论为不合格。

思考：

1. 韦某在生产、销售油条的过程中有哪些违法行为？

2. 韦某应当依法承担什么法律责任？

案件出处：中国裁判文书网

学习小结

《食品安全法》是调整保证食品安全，保障公众身体健康和生命安全活动中产生的各种社会关系的法律规范的总称。食品安全法律制度主要包括《食品安全法》的适用范围、食品安全风险监测和评估制度、食品安全标准、食品生产经营的法律规定、食品检验制度、食品进出口管理、食品安全事故处置、食品安全监督管理以及违反《食品安全法》应当承担的法律责任等重要内容。

（路　瑶）

一、选择题

1. 国务院食品安全工作的高层次议事协调机构是
   A. 商务部
   B. 国家市场监督管理总局
   C. 国家卫生健康委员会
   D. 国家工商和行政总局
   E. 国家食品药品监督管理总局

2. 不属于我国食品安全标准应当包含的内容是
   A. 食品添加剂的品种、使用范围、用量
   B. 专供婴幼儿和其他特定人群的主辅食品的营养成分要求
   C. 食品的种类及配方要求
   D. 与食品安全有关的质量要求
   E. 与食品安全有关的食品检验方法与规程

3. 下列对食品和食品添加剂的标签、说明书说法错误的是
   A. 不得涉及疾病预防、治疗功能
   B. 标签应当标明生产许可证编号
   C. 应当标明主要营养成分及其含量
   D. 生产经营转基因食品应当按照规定显著标示
   E. 保质期等事项应当显著标注，容易辨识

4. 关于县级以上人民政府食品监督管理部门对食品进行定期或者不定期的抽样检验，下列正确的说法是
   A. 不得免检
   B. 对于优质产品实行免检
   C. 对于在一定期限内连续检验合格的产品实行免检
   D. 应当收取检验费
   E. 抽样检验的样品不适用购买

5. 患有国务院卫生健康行政部门规定的有碍食品安全疾病的人员，不得从事的工作是
   A. 接触直接入口食品的工作
   B. 餐饮相关工作
   C. 食品加工工作
   D. 所有食品生产相关的工作
   E. 做好防护可以从事以上所有工作

   答案：1. B；2. C；3. C；4. A；5. A

二、简答题

1. 食品安全标准应当包括哪些内容？

2. 食品生产经营应当符合哪些卫生要求？

3. 禁止生产经营的食品、食品添加剂、食品相关产品有哪些？

4. 食品生产经营过程控制包括哪些制度和规定？

5. 什么是食品安全事故？食品安全事故的处置措施有哪些？

第九章　药品管理法律制度

学习目标

知识目标	1. 掌握药品研制与注册、药品上市持有人、药品生产与经营等主要法律制度。 2. 熟悉药品监督管理机构的职责与违反《药品管理法》的法律责任。 3. 了解我国药品管理法治建设的现状。
能力目标	在掌握药品管理法律制度基础上，培养分析和解决问题的能力。
素质目标	通过《药品管理法》的学习，培养和提升法律意识及素质。

第一节　药品管理法律制度概述

一、药品的概念及其特征

药品是指用于预防、治疗、诊断人的疾病，有目的地调节人的生理机能并规定有适应证或者功能主治、用法和用量的物质，包括中药、化学药和生物制品等。药品辅料则是指生产药品和调配处方时所用的赋形剂和附加剂。

药品不同于一般商品，它直接作用于人体，关系到使用者的健康和生命安全，是一种特殊意义上的商品。

1. 药品作用的两重性　药品具有治病救人的效用，同时药品的毒副作用也可能危及使用者的健康甚至生命，因此使用者必须科学用药，保证用药安全。

2. 药品的医用专属性　患者只有通过医生的检查诊断，并在医生的指导下合理用药，才能达到预防、治疗疾病和保护健康的目的。

3. 药品质量的严格性　药品必须符合一定的药品质量标准，否则会危及使用者的生命健康，因此进入流通、使用环节的药品必须是合格的药品。

4. 药品鉴定具有很强的科学性　药品质量的鉴定必须由专门的机构和人员依据法定的标准，使用专业的仪器和设备，借助科学的方法才能做出客观、准确的鉴定结论。

二、药品管理立法

药品管理法是指专门调整药品研制、生产、经营、使用和监督管理活动的法律规范总称，是我国药品监管的基本法律。为加强药品监督管理，保证药品质量，保障公众用药安全，维护公民身体健康及合法权益，1984年9月20日，第六届全国人民代表大会常务委员会第七次会议通过了《药品管理法》，该法于1985年7月1日起施行。2001年该法首次进行了全面修订，2013、2015年两次修正了部分条款。2019年8月26日，新修订的《药品管理法》经第十三届全国人民代表大会常务委员会第十二次会议表决通过，于2019年12月1日起施行。这是《药品管理法》自1984年颁布以来的第二次系统性、结构性的重大修改，进一步健全了覆盖药品研制、生产、经营、使用全过程的法律制度，对保证药品质量、保障公众用药安全、强化药品监督、促进药品行业发展以及推进健康中国建设具有重要意义。为了继承和弘扬中医药，保障和促进中医药事业发展，保护公民健康，2016年12月25日，第十二届全国人民代表大会常务委员会第二十五次会议通过并公布了《中医药法》，该法自2017年7月1日起施行。

为了保证《药品管理法》的有效实施，国务院、卫生部、国家食品药品监督管理局等制定了一系列行政法规和部门规章。国务院制定的药品管理行政法规主要有《药品管理法实施条例》（2002年9月15日施行，2016、2019年两次修订），《医疗用毒性药品管理办法》（1988年12月27日施行），《麻醉药品和精神药品管理条例》（2005年11月1日施行，2013、2016年两次修订）等。卫生部、国家食品药品监督管理局等制定的药品管理行政规章主要有：《药品经营许可证管理办法》（2004年4月1日施行，2017年修订），《药品生产监督管理办法》（2004年8月5日施行，2017、2020年两次修订），《药品说明书和标签管理规定》（2006年6月1日施行），《药品广告审查办法》（1995年3月22日施行，后2007、2018年分别由不同机关发布和修订），《药品注册管理办法》（2007年10月1日起施行，现已失效，新颁布的《药品注册管理办法》自2020年7月1日施行），《药品召回管理办法》（2007年12月10日施行，新修订的《药品召回管理办法》于2022年11月1日起施行），《药品生产质量管理规范（2010年修订）》（自2011年3月1日起施行），《药品不良反应报告和监测管理办法》（2004年3月4日施行，2011年修订），《药品经营质量管理规范》（2000年7月1日施行，2013、2015、2016年由多个机关修订）等。全国各省、自治区、直辖市结合本地实际情况，制定了大量的地方性法规和规章，初步形成了我国药品管理法律体系。

第二节　药品研制和注册管理

一、药品研制

（一）基本要求

药品研制是药品管理的第一个环节，是保证药品质量的基础。以在中华人民共和国境内上市为目的的药品境内外研制活动，应当符合法律、法规、规章、标准和规范的相关要求。《药品管理法》规定，从事药品研制活动，应当遵守药物非临床研究质量管理规范、药物临床试验质量管理规范，保证药品研制全过程持续符合法定要求。药品注册申请人应当对实施药学研究的机构和人员进行审核和评估，并对药学研究行为和结果负责。

（二）鼓励创新

在支持药品的基础研究、应用研究和原始创新基础上，国家支持以临床价值为导向、对人的疾病具有明确或者特殊疗效的药物创新，鼓励具有新的治疗机理、治疗严重危及生命的疾病或者罕见病、对人体具有多靶向系统性调节干预功能等的新药研制。国家采取有效措施，鼓励儿童用药品的研制和创新，支持开发符合儿童生理特征的儿童用药品新品种、剂型和规格，对儿童用药品予以优先审评审批。国家保护公民、法人和其他组织研究、开发新药的合法权益。

（三）非临床研究

国务院药品监督管理部门对药物非临床安全性评价研究机构是否符合药物非临床研究质量管理规范进行认证。符合要求的，发给认证证书。药物非临床安全性评价研究应当在取得药物非临床研究质量管理规范认证证书的机构进行。开展药物非临床研究，应当符合国家有关规定，有与研究项目相适应的人员、场地、设备、仪器和管理制度，保证有关数据、资料和样品的真实性。

（四）药物临床试验研究

1. 药物临床试验审批 开展药物临床试验，应当按照国务院药品监督管理部门的规定如实报送研制方法、质量指标、药理及毒理试验结果等有关数据、资料和样品，经国务院药品监督管理部门批准。国务院药品监督管理部门应当自受理临床试验申请之日起六十个工作日内决定是否同意并通知临床试验申办者，逾期未通知的，视为同意。其中，开展生物等效性试验的，报国务院药品监督管理部门备案。开展药物临床试验，应当在具备相应条件的临床试验机构进行。药物临床试验机构实行备案管理。药物临床试验期间，发现存在安全性问题或者其他风险的，临床试验申办者应当及时调整临床试验方案、暂停或者终止临床试验，并向国务院药品监督管理部门报告。必要时，国务院药品监督管理部门可以责令调整临床试验方案、暂停或者终止临床试验。

2. 临床试验管理 药物临床试验机构应当具有专门的组织管理部门，配备专门人员，统筹实施临床试验质量管理、试验用药品管理、资料管理等。临床试验研究者应当遵循临床试验方案，按照药物临床试验质量管理规范规定实施临床试验，保护受试者权益和安全，确保临床试验数据和记录真实、准确、完整和可追溯。申办者应当建立药物临床试验质量管理体系，评估和选择承担临床试验的机构和研究者，承担受试者保护、临床试验用药品质量和供应、试验数据管理、药物安全性信息收集评估处置与报告等责任。

3. 伦理审查 开展药物临床试验，应当符合伦理原则，制定临床试验方案，经伦理委员会审查同意。伦理委员会应当建立伦理审查工作制度，保证伦理审查过程独立、客观、公正，监督规范开展药物临床试验，保障受试者合法权益，维护社会公共利益。伦理委员会应当遵循国务院卫生健康主管部门有关规定，受理和协调处理受试者的投诉，保障受试者合法权益，接受相关部门的监督检查。开展多中心药物临床试验，可以建立协作互认的伦理审查机制，保障审查的一致性和及时性。

4. 知情同意　实施药物临床试验，应当向受试者或者其监护人如实说明和解释临床试验的目的和风险等详细情况，取得受试者或者其监护人自愿签署的知情同意书，并采取有效措施保护受试者合法权益。对正在开展临床试验的用于治疗严重危及生命且尚无有效治疗手段的疾病的药物，经医学观察可能获益，并且符合伦理原则的，经审查、知情同意后可以在开展临床试验的机构内用于其他病情相同的患者。

5. 申办者变更　药物临床试验期间，变更申办者的，应当经国务院药品监督管理部门同意，必要时重新核发药物临床试验批准通知书。相应的药物临床试验义务和责任由变更后的申办者承担。

二、药品注册

药品注册（drug registration）是指药品注册申请人依照法定程序和相关要求提出药物临床试验、药品上市许可、再注册等申请以及补充申请，药品监督管理部门基于法律、法规和现有科学认知进行安全性、有效性和质量可控性等审查，决定是否同意其申请的活动。在中国境内上市的药品，应当经国务院药品监督管理部门批准，取得药品注册证书。

（一）药品注册的原则

药品注册管理应当遵循公开、公平、公正原则，以临床价值为导向，鼓励研究和创制新药，积极推动仿制药发展。批准上市药品的审评结论和依据应当依法公开，接受社会监督。从事药物研制和药品注册活动，应当遵守有关法律、法规、规章、标准和规范，应当保证全过程信息真实、准确、完整和可追溯，应当遵循《药品管理法》《药品注册管理办法》规定的基本制度与要求。

（二）药品注册申请

药品注册申请人是指提出药品注册申请，承担相应法律责任，并在该申请获得批准后持有药品批准证明文件的机构。申请药品注册，申请人应当向所在地省、自治区、直辖市药品监督管理局提出，并报送有关资料和药物实样。申请人在提出药品注册申请时，应当对申报资料中的药物研究数据的真实性负责，并应当承诺所有试验数据均为自行取得并保证其真实性。

药品注册按照中药、化学药和生物制品等进行分类注册管理。中药注册按照中药创新药、中药改良型新药、古代经典名方中药复方制剂、同名同方药等进行分类。化学药注册按照化学药创新药、化学药改良型新药、仿制药等进行分类。生物制品注册按照生物制品创新药、生物制品改良型新药、已上市生物制品（含生物类似药）等进行分类。

（三）药品注册的审批

对申请注册的药品，国务院药品监督管理部门应当组织药学、医学和其他技术人员进行审评，对药品的安全性、有效性和质量可控性以及申请人的质量管理、风险防控和责任赔偿等能力进行审查。符合条件的，颁发药品注册证书。国务院药品监督管理部门在审批药品时，对化学原料药一并审评审批，对相关辅料、直接接触药品的包装材料和容器一并审评，对药品的质量标准、生产工艺、标签和说明书一并核准。对治疗严重危及生命且尚无有效治疗手段的疾病以及公共卫生方面急需的药品，药物临床试验已有数据显示疗效并能预测其临床价值的，可以附条件批准，并在药品注册证书中载明相关事项。

三、药品标准

药品标准（drug standard）是指国家对药品的质量、规格及检验方法所作的技术规定，是药品生产、经营、供应、使用、检验和管理部门必须共同遵守的法定依据。我国实行国家药品标准制度，药品应当符合国家药品标准。国务院药品监督管理部门颁布的《中华人民共和国药典》和药品标准为国家药品标准。经国务院药品监督管理部门核准的药品质量标准高于国家药品标准的，按照经核准的药品质量标准执行。没有国家药品标准的，应当符合经核准的药品质量标准。药品注册标准应当符合《中华人民共和国药典》通用技术要求，不得低于该药典的规定。国务院药品监督管理部门设置或者指定的药品检验机构负责标定国家药品标准品、对照品。列入国家药品标准的药品名称为药品通用名称，已经作为药品通用名称的，该名称不得作为药品商标使用。

第三节　药品上市许可持有人管理

一、药品上市许可持有人的概念

根据《药品管理法》的规定，药品上市许可持有人是指取得药品注册证书的企业或者药品研制机构等。为了鼓励药品创新，激发科研机构和科研人员创新的积极性，《药品管理法》明确了上市许可持有人的组织形式，上市许可持有人的权利、义务和责任等内容。

二、药品上市许可持有人的权利与义务

（一）药品上市许可持有人的权利

根据《药品管理法》的规定，药品上市许可持有人享有以下主要权利。

（1）自行生产或委托生产权利：药品上市许可持有人可以自行生产药品，也可以委托药品生产企业生产。持有人自行生产药品的，应当依照《药品管理法》规定取得药品生产许可证。委托生产的，应当委托符合条件的药品生产企业。药品上市许可持有人和受托生产企业应当签订委托协议和质量协议，并严格履行协议约定的义务。

（2）自行销售或委托销售权利：药品上市许可持有人享有可以自行销售其取得药品注册证书的药品也可以委托药品经营企业销售的权利。持有人自行销售药品的，应当具备《药品管理法》第五十二条规定的条件。委托销售的，应当委托符合条件的药品经营企业。药品上市许可持有人和受托经营企业应当签订委托协议，并严格履行协议约定的义务。

（3）转让药品上市许可权利：经国务院药品监督管理部门批准，药品上市许可持有人可以转让药品上市许可。受让方应当具备保障药品安全性、有效性和质量可控性的质量管理、风险防控和责任赔偿等能力，履行药品上市许可持有人义务。

（二）药品上市许可持有人的义务

根据《药品管理法》的规定，药品上市许可持有人负有以下主要义务。

（1）建立药品质量保证体系：药品上市许可持有人应当建立药品质量保证体系，配备专门人员独立负责药品质量管理。应当对受托药品生产企业、药品经营企业的质量管理体系进行定期审核，监督其持续具备质量保证和控制能力。

（2）建立药品上市放行规程：药品上市许可持有人应当建立药品上市放行规程，对药品生产企业出厂放行的药品进行审核，经质量授权人签字后方可放行。不符合国家药品标准的，不得放行。

（3）委托储存、运输药品中的义务：药品上市许可持有人、药品生产企业、药品经营企业委托储存、运输药品的，应当对受托方的质量保证能力和风险管理能力进行评估，与其签订委托协议，约定药品质量责任、操作规程等内容，并对受托方进行监督。

（4）建立并实施药品追溯制度：药品上市许可持有人、药品生产企业、药品经营企业和医疗机构应当建立并实施药品追溯制度，按照规定提供追溯信息，保证药品可追溯。

（5）建立年度报告制度：药品上市许可持有人应当建立年度报告制度，每年将药品生产销售、上市后研究、风险管理等情况按照规定向省、自治区、直辖市人民政府药品监督管理部门报告。

（6）药品上市许可持有人为境外企业的，应当由其指定的在中国境内的企业法人履行药品上市许可持有人义务，与药品上市许可持有人承担连带责任。

三、药品上市许可持有人的责任

药品上市许可持有人的法定代表人、主要负责人对药品质量全面负责。药品上市许可持有人应当依照《药品管理法》规定，对药品的非临床研究、临床试验、生产经营、上市后研究、不良反应监测及报告与处理等承担责任。其他从事药品研制、生产、经营、储存、运输、使用等活动的单位和个人依法承担相应责任。

四、药品上市后管理

（一）药品上市后风险管理计划

药品上市许可持有人应当制定药品上市后风险管理计划，主动开展药品上市后研究，对药品的安全性、有效性和质量可控性进行进一步确证，加强对已上市药品的持续管理。对附条件批准的药品，药品上市许可持有人应当采取相应风险管理措施，并在规定期限内按照要求完成相关研究。逾期未按照要求完成研究或者不能证明其获益大于风险的，国务院药品监督管理部门应当依法处理，直至注销药品注册证书。

（二）药品生产过程中的变更

对药品生产过程中的变更，按照其对药品安全性、有效性和质量可控性的风险和产生影响的程度，实行分类管理。属于重大变更的，应当经国务院药品监督管理部门批准，其他变更应当按照国务院药品监督管理部门的规定备案或者报告。药品上市许可持有人应当按照国务院药品监督管理部门的规定，全面评估、验证变更事项对药品安全性、有效性和质量可控性的影响。

（三）药品上市后不良反应监测

药品上市许可持有人应当开展药品上市后不良反应监测，主动收集、跟踪分析疑似药品不良反应信息，对已识别风险的药品及时采取风险控制措施。药品上市许可持有人、药品生产企业、药品经营企业和医疗机构应当经常考察本单位所生产、经营、使用的药品质量、疗效和不良反应。发现疑似不良反应的，应当及时向药品监督管理部门和卫生健康主管部门报告。

（四）存在质量问题或者其他安全隐患药品召回

药品存在质量问题或者其他安全隐患的，药品上市许可持有人应当立即停止销售，告知相关药品经营企业和医疗机构停止销售和使用，召回已销售的药品，及时公开召回信息，必要时应当立即停止生产，并将药品召回和处理情况向省、自治区、直辖市人民政府药品监督管理部门和卫生健康主管部门报告。

（五）定期开展上市后评价

药品上市许可持有人应当对已上市药品的安全性、有效性和质量可控性定期开展上市后评价。必要时，国务院药品监督管理部门可以责令药品上市许可持有人开展上市后评价或者直接组织开展上市后评价。经评价，对疗效不确切、不良反应大或者因其他原因危害人体健康的药品，应当注销药品注册证书。已被注销药品注册证书的药品，不得生产或者进口、销售和使用。

第四节　药品生产经营相关管理

一、药品生产

（一）药品生产许可

根据《药品管理法》的规定，国家依法对药品生产企业实行许可证制度。从事药品生产活动，应当经所在地省、自治区、直辖市人民政府药品监督管理部门批准，取得药品生产许可证。无药品生产许可证的，不得生产药品。省、自治区、直辖市人民政府药品监督管理部门应当自受理申请之日起三十个工作日内作出决定。符合规定条件的，准予许可并发给药品生产许可证。对不符合规定条件的，不予许可并书面说明理由。

（二）开办药品生产企业的条件

药品生产企业是指生产药品的专营企业或者兼营企业，开办药品生产企业，必须具备以下条件：① 具有依法经过资格认定的药学技术人员、工程技术人员及相应的技术工人；② 具有与其药品生产相适应的厂房、设施和卫生环境；③ 具有能对所生产药品进行质量管理和质量检验的机构、人员以及必要的仪器设备；④ 具有保证药品质量的规章制度，并符合国务院药品监督管理部门依据《药品管理法》制定的药品生产质量管理规范要求。

（三）药品生产质量管理

药品生产企业的法定代表人、主要负责人对本企业的药品生产活动全面负责。从事药品生产活动，应当遵守药品生产质量管理规范，建立健全药品生产质量管理体系，保证药品生产全过程持续符合法定要求。药品监督管理部门按照规定对药品生产企业是否符合《药品生产质量管理规范》的要求进行认证，对认证合格的，发给认证证书，否则不能组织生产药品。其中，生产注射剂、放射性药品和国务院药品监督管理部门规定的生物制品的药品生产企业的认证工作，由国务院药品监督管理部门负责。新开办药品生产企业、药品生产企业新建药品生产车间或者新增生产剂型的，应当自取得药品生产证明文件或者经批准正式生产之日起 30 日内，按照规定向药品监督管理部门申请《药品生产质量管理规范》认证。药品应当按照国家药品标准和经药品监督管理部门核准的生产工艺进行生产。生产、检验记录应当完整准确，不得编造。根据《药品管理法》的规定，药品生产企业必须对其生产的药品进行质量检验，不符合国家药品标准或者不按照省、自治区、直辖市人民政府药品监督管理部门制定的中药饮片炮制规范炮制的，不得出厂销售。生产药品所需的原料、辅料，必须符合药用要求、药品生产质量管理规范的有关要求。

（四）药品委托生产管理

根据《药品管理法》的规定，经国务院药品监督管理部门或者国务院药品监督管理部门授权的省、自治区、直辖市人民政府药品监督管理部门批准，药品生产企业可以接受委托生产药品。接受委托生产药品的，受托方必须是持有与其受托生产的药品相适应的《药品生产质量管理规范》认证证书的药品生产企业。委托生产药品的，药品上市许可持有人应当履行原辅料供应商审核、产品年度报告、变更管理审核及产品上市放行等义务，监督受托方履行协议约定的义务，确保生产过程持续符合法定要求。受托方应当按照药品生产质量管理规范组织生产，并严格执行质量协议。受托方不得再次委托生产。

（五）药品包装管理

根据《药品管理法》的规定，直接接触药品的包装材料和容器，应当符合药用要求，符合保障人体健康、安全的标准。对不合格的直接接触药品的包装材料和容器，由药品监督管理部门责令停止使用。药品包装应当按照规定印有或者贴有标签并附有说明书。标签或者说明书应当注明药品的通用名称、成分、规格、上市许可持有人及其地址、生产企业及其地址、批准文号、产品批号、生产日期、有效期、适应证或者功能主治、用法、用量、禁忌、不良反应和注意事项。标签、说明书中的文字应当清晰，生产日期、有效期等事项应当显著标注，容易辨识。麻醉药品、精神药品、医疗用毒性药品、放射性药品、外用药品和非处方药的标签、说明书，应当印有规定的标志。另外，药品包装应当适合药品质量的要求，方便储存、运输和医疗使用。

（六）从业人员管理

药品上市许可持有人、药品生产企业应当按照《药品管理法》以及药品生产质量管理规范的规定配备企业负责人、生产管理负责人、质量管理负责人、质量受权人等关键岗位人员。质量受权人主要负责药品放行，确保每批已放行产品的生产、检验均符合相关法规、药品注册管理要求。质量受权人独立履行职责，未经质量受权人签字同意，不得放行。药品上市许可持有人、药品生产企业、药品经营企业和医疗机构中直接接触药品的工作人员，应当每年进行健康检查。患有传染病或者其他可能污染药品的疾病的，不得从事直接接触药品的工作。

（七）禁止性规定

《药品管理法》规定，禁止生产（包括配制）、销售、使用假药、劣药。有下列情形之一的，为假药：① 药品所含成分与国家药品标准规定的成分不符；② 以非药品冒充药品或者以他种药品冒充此种药品；③ 变质的药品；④ 药品所标明的适应证或者功能主治超出规定范围。有下列情形之一的，为劣药：① 药品成分的含量不符合国家药品标准；② 被污染的药品；③ 未标明或者更改有效期的药品；④ 未注明或者更改产品批号的药品；⑤ 超过有效期的药品；⑥ 擅自添加防腐剂、辅料的药品；⑦ 其他不符合药品标准的药品。除此之外，还规定禁止未取得药品批准证明文件生产、进口药品，禁止使用未按照规定审评、审批的原料药、包装材料和容器生产药品。

二、药品经营

（一）药品经营许可

从事药品批发活动，应当向所在地省、自治区、直辖市人民政府药品监督管理部门申请经营许可，并按照国务院药品监督管理部门规定，提交其符合《药品管理法》第五十二条规定条件的资料。省、自治区、直辖市人民政府药品监督管理部门应当自受理申请之日起二十个工作日内作出决定。无药品经营许可证的，不得经营药品。药品经营许可证应当标明有效期和经营范围，到期重新审批。从事药品零售活动，应当向所在地设区的市级人民政府药品监督管理部门或者县级人民政府药品监督管理部门申请经营许可，并按照国务院药品监督管理部门规定，提交其符合《药品管理法》第五十二条规定条件的资料。

（二）开办药品经营企业的条件

根据《药品管理法》的规定，药品经营企业是指经营药品的专营企业或者兼营企业，开办药品经营企业必须具备以下条件：① 有依法经过资格认定的药师或者其他药学技术人员；② 具有与所经营药品相适应的营业场所、设备、仓储设施、卫生环境；③ 具有与所经营药品相适应的质量管理机构或者人员；④ 具有保证药品质量的规章制度，并符合国务院药品监督管理部门依据《药品管理法》制定的药品经营质量管理规范要求。另外，还应当遵循方便群众购药的原则。

（三）药品经营质量管理

根据《药品管理法》的规定，从事药品经营活动，应当遵守药品经营质量管理规范，建立健全药品经营质量管理体系，保证药品经营全过程持续符合法定要求。药品经营企业的法定代表人、主要负责人对本企业的药品经营活动全面负责。国家鼓励、引导药品零售连锁经营。从事药品零售连锁经营活动的企业总部，应当建立统一的质量管理制度，对所属零售企业的经营活动履行管理责任。

（四）药品流通管理

1. 购销药品　根据《药品管理法》的规定，药品上市许可持有人、药品生产企业、药品经营企业和医疗机构应当从具有药品生产、经营资格的企业购进药品。药品经营企业购进药品，应当建立并执行进货检查验收制度，验明药品合格证明和其他标识，不符合规定要求的，不得购进和销售。药品经营企业购销药品，应当有真实、完整的购销记录，购销记录应当注明药品的通用名称、剂型、规格、产品批号、有效期、上市许可持有人、生产企业、购销单位、购销数量、购销价格、购销日期及国务院药品监督管理部门规定的其他内容。药品经营企业零售药品应当准确无误，并正确说明用法、用量和注意事项。依法经过资格认定的药师或者其他药学技术人员负责本企业的药品管理、处方审核和调配、合理用药指导等工作。药品经营企业应当制定和执行药品保管制度，采取必要的冷藏、防冻、防潮、防虫、防鼠等措施，保证药品质量。药品入库和出库应当执行检查制度。

2. 网络销售药品　药品上市许可持有人、药品经营企业通过网络销售药品，应当遵守《药品管理法》药品经营的有关规定。疫苗、血液制品、麻醉药品、精神药品、医疗用毒性药品、放射性药品、药品类易制毒化学品等国家实行特殊管理的药品不得在网络上销售。药品网络交易第三方平台提供者应当按照国务院药品监督管理部门的规定，向所在地省、自治区、直辖市人民政府药品监督管理部门备案。应当依法对申请进入平台经营的药品上市许可持有人、药品经营企业的资质等进行审核，保证其符合法定要求，并对发生在平台的药品经营行为进行管理，发现进入平台经营的药品上市许可持有人、药品经营企业有违反《药品管理法》规定行为的，应当及时制止并立即报告所在地县级人民政府药品监督管理部门，发现严重违法行为的，应当立即停止提供网络交易平台服务。新发现和从境外引种的药材，经国务院药品监督管理部门批准后，方可销售。

3. 进出口药品　药品应当从允许药品进口的口岸进口，并由进口药品的企业向口岸所在地药品监督管理部门备案。海关凭药品监督管理部门出具的进口药品通关单办理通关手续，无进口药品通关单的不得放行。口岸所在地药品监督管理部门应当通知药品检验机构按照国务院药品监督管理部门的规定对进口药品进行抽查检验。医疗机构因临床急需进口少量药品的，经国务院药品监督管理部门或者国务院授权的省、自治区、直辖市人民政府批准，可以进口。进口的药品应当在指定医疗机构内用于特定医疗目的。进口、出口麻醉药品和国家规定范围内的精神药品，应当持有国务院药品监督管理部门颁发的进口准许证、出口准许证。

禁止进口疗效不确切、不良反应大或者因其他原因危害人体健康的药品。国务院药品监督管理部门对下列药品在销售前或者进口时，应当指定药品检验机构进行检验，未经检验或者检验不合格的，不得销售或者进口：① 首次在中国境内销售的药品；② 国务院药品监督管理部门规定的生物制品；③ 国务院规定的其他药品。

三、药品价格和广告

（一）药品价格

根据《药品管理法》的规定，依法实行市场调节价的药品，药品上市许可持有人、药品生产企业、药品经营企业和医疗机构应当按照公平、合理和诚实信用、质价相符的原则制定价格，为用药者提供价格合理的药品，应当遵守国务院药品价格主管部门关于药品价格管理的规定，应当依法向药品价格主管部门提供其药品的实际购销价格和购销数量等资料，制定和标明药品零售价格，禁止暴利、价格垄断和价格欺诈等行为。医疗机构应当向患者提供所用药品的价格清单，按照规定如实公布其常用药品的价格，加强合理用药管理。国家完善药品采购管理制度，对药品价格进行监测，开展成本价格调查，加强药品价格监督检查，依法查处价格垄断、哄抬价格等药品价格违法行为，维护药品价格秩序。

（二）药品广告

1. 药品广告的审批 药品广告应当经广告主所在地省、自治区、直辖市人民政府确定的广告审查机关批准并发给药品广告批准文号。未经批准的，不得发布。

2. 药品广告的内容要求 药品广告的内容应当真实、合法，以国务院药品监督管理部门核准的药品说明书为准，不得含有虚假的内容。药品广告不得含有表示功效、安全性的断言或者保证。不得利用国家机关、科研单位、学术机构、行业协会或者专家、学者、医师、药师、患者等的名义或者形象作推荐、证明。除此之外，非药品广告不得有涉及药品的宣传。

3. 药品广告的监督 省、自治区、直辖市人民政府药品监督管理部门应当对其批准的药品广告进行检查，对于违反《药品管理法》和《广告法》的广告，应当向广告监督管理机关通报并提出处理建议，广告监督管理机关应当依法作出处理。药品价格和广告，《药品管理法》未作规定的，适用《价格法》《反垄断法》《反不正当竞争法》《广告法》等的规定。

四、药品储备和供应

（一）药品储备

1. 药品储备制度 国家实行药品储备制度，建立中央和地方两级药品储备，发生重大灾情、疫情或者其他突发事件时，依照《突发事件应对法》的规定，可以紧急调用药品。

2. 基本药物制度 国家实行基本药物制度，遴选适当数量的基本药物品种，加强组织生产和储备，提高基本药物的供给能力，满足疾病防治基本用药需求。

3. 短缺药品清单管理制度 国家实行短缺药品清单管理制度，药品上市许可持有人停止生产短缺药品的，应当按照规定向国务院药品监督管理部门或者省、自治区、直辖市人民政府药品监督管理部门报告。国家建立药品供求监测体系，及时收集和汇总分析短缺药品供求信息，对短缺药品实行预警，采取应对措施。

（二）药品供应

国家鼓励短缺药品的研制和生产，对临床急需的短缺药品、防治重大传染病和罕见病等疾病的新药予以优先审评审批。对短缺药品，国务院可以限制或者禁止出口。必要时，国务院有关部门可以采取组织生产、价格干预和扩大进口等措施，保障药品供应。药品上市许可持有人、药品生产企业、药品经营企业应当按照规定保障药品的生产和供应。

五、药品的分类管理

药品分类管理（drug classification management）是国际通行的管理办法，是指根据药品的安全性、有效性原则，依其品种、规格、适应证、剂量及给药途径等的不同，将药品分为处方药和非处方药并作出相应的管理规定。根据《药品管理法》的规定，国家对药品实行处方药与非处方药分类管理制度。根据非处方药的安全性，将非处方药分为甲类非处方药和乙类非处方药。具体办法由国务院药品监督管理部门会同国务院卫生健康主管部门制定。《药品管理法》第五十二条规定的依法经过资格认定的药师指执业药师。经营处方药、甲类非处方药的药品零售企业应当配备与处方审核数量、药学服务能力相匹配的执业药师。只经营乙类非处方药的药品零售企业，可以按照规定配备其他药学技术人员。执业药师或者其他药学技术人员负责本企业的药品质量管理、处方审核和监督调配、合理用药指导和咨询服务、药品不良反应信息收集和报告等工作。

药品零售企业应当按规定凭处方销售处方药，处方药应当在封闭货架内放置，不得开架销售，不得以买药品赠药品或者买商品赠药品等方式向公众赠送、促销处方药、甲类非处方药。销售有特殊管理要求药品的，还应当实名登记，限人限量。实行处方药与非处方药分类管理，其主要目的就是有效地加强对处方药的监督管理，防止消费者因自我行为不当导致滥用药物和危及健康。另一方面，通过规范对非处方药的管理，引导消费者科学、合理地进行自我保健，有利于逐步与国际上通行的药品管理模式接轨，提高用药水平。

六、医疗机构药事管理

（一）人员

医疗机构应当配备依法经过资格认定的药师或者其他药学技术人员，负责本单位的药品管理、处方审核和调配、合理用药指导等工作。非药学技术人员不得直接从事药剂技术工作。

（二）购进药品保管制度

医疗机构购进药品，应当建立并执行进货检查验收制度，验明药品合格证明和其他标识，不符合规定要求的，不得购进和使用。应当有与所使用药品相适应的场所、设备、仓储设施和卫生环境，制定和执行药品保管制度，采取必要的冷藏、防冻、防潮、防虫、防鼠等措施，保证药品质量。

（三）用药原则

医疗机构应当坚持安全有效、经济合理的用药原则，遵循药品临床应用指导原则、临床诊疗指南和药品说明书等合理用药，对医师处方、用药医嘱的适宜性进行审核。医疗机构以外的其他药品使用单位，应当遵守《药品管理法》有关医疗机构使用药品的规定。

（四）调配处方

依法经过资格认定的药师或者其他药学技术人员调配处方，应当进行核对，对处方所列药品不得擅自更改或者代用。对有配伍禁忌或者超剂量的处方，应当拒绝调配。必要时，经处方医师更正或者重新签字，方可调配。

（五）医疗机构配制制剂

1. 医疗机构制剂许可　医疗机构配制制剂，应当经所在地省、自治区、直辖市人民政府药品监督管理部门批准，取得医疗机构制剂许可证。无医疗机构制剂许可证的，不得配制制剂。医疗机构制剂许可证应当标明有效期，到期重新审查发证。

2. 医疗机构配制制剂的要求　① 医疗机构配制制剂，应当有能够保证制剂质量的设施、管理制度、检验仪器和卫生环境。② 医疗机构配制制剂，应当按照经核准的工艺进行，所需的原料、辅料和包装材料等应当符合药用要求。③ 医疗机构配制的制剂，应当是本单位临床需要而市场上没有供应的品种，并应当经所在地省、自治区、直辖市人民政府药品监督管理部门批准。④ 医疗机构配制的制剂应当按照规定进行质量检验。检验合格的，凭医师处方在本单位使用。经国务院药品监督管理部门或者省、自治区、直辖市人民政府药品监督管理部门批准，医疗机构配制的制剂可以在指定的医疗机构之间调剂使用。⑤ 医疗机构配制的制剂不得在市场上销售。

七、药品追溯制度

药品上市许可持有人应当建立并实施药品追溯制度，按照规定赋予药品追溯标识，建设信息化追溯系统，向药品经营企业、药品使用单位提供追溯信息，及时、准确记录并保存药品生产、流通、使用全过程信息，实现药品可追溯，并按照规定向药品监督管理部门提供追溯数据，为公众提供药品追溯信息查询服务。药品经营企业应当建立并实施药品追溯制度，按照规定索取和核对药品追溯信息，通过信息化等手段及时准确记录、保存和上传药品追溯数据。

药品存在质量问题或者其他安全隐患的，药品上市许可持有人应当立即停止销售，告知相关药品经营企业和医疗机构停止销售和使用，召回已销售的药品，及时公开召回信息，必要时应当立即停止生产，并将药品召回和处理情况向省、自治区、直辖市人民政府药品监督管理部门和卫生健康主管部门报告。药品生产企业、药品经营企业和医疗机构应当配合。药品上市许可持有人依法应当召回药品而未召回的，省、自治区、直辖市人民政府药品监督管理部门应当责令其召回。

八、药品不良反应监测报告制度

药品不良反应（adverse drug reaction）是指合格药品在正常用法用量下出现的与用药目的无关的有害反应。新的药品不良反应，是指药品说明书中未载明的不良反应。说明书中已有描述，但不良反应发生的性质、程度、后果或者频率与说明书描述不一致或者更严重的，按照新的药品不良反应处理。严重药品不良反应，是指因使用药品引起以下损害情形之一的反应：① 导致死亡；② 危及生命；③ 致癌、致畸、致出生缺陷；④ 导致显著的或者永久的人体伤残或者器官功能的损伤；⑤ 导致住院或者住院时间延长；⑥ 导致其他重要医学事件，如不进行治疗可能出现上述所列情况的。

国家建立药物警戒制度，对药品不良反应及其他与用药有关的有害反应进行监测、识别、评估和控制。药品生产、经营企业和医疗机构应当建立药品不良反应报告和监测管理制度，药品生产企业应当设立专门机构并配备专职人员，药品经营企业和医疗机构应当设立或者指定机构并配备专（兼）职人员，承担本单位的药品不良反应报告和监测工作，应按照规定进行报告和监测。药品生产、经营企业和医疗机构获知或者发现可能与用药有关的不良反应，应当通过国家药品不良反应监测信息网络报告，不具备在线报告条件的，应当通过纸质报表报所在地药品不良反应监测机构，由所在地药品不良反应监测机构代为在线报告。各级药品不良反应监测机构应当对本行政区域内的药品不良反应报告和监测资料进行评价和管理。

第五节　特殊药品管理

根据《药品管理法》的规定，国家对麻醉药品、精神药品、医疗用毒性药品、放射性药品实行特殊管理。

一、麻醉药品和精神药品管理

麻醉药品是指连续使用后易产生身体依赖性，能成瘾癖的药品，包括阿片类、可卡因类、大麻类、人工合成麻醉药类及国家药品监督管理局指定的其他易成瘾癖的药品、药用植物及其制剂。精神药品是指直接作用于中枢神经系统，能使之兴奋或抑制，连续使用能产生精神依赖性的药品，如巴比妥类、苯二氮䓬类等，分为第一类精神药品和第二类精神药品。根据《麻醉药品和精神药品管理条例》的规定，麻醉药品和精神药品的种类和范围，是指已列入麻醉药品目录、精神药品目录的药品和其他物质。

根据《麻醉药品和精神药品管理条例》的规定，国家对麻醉药品药用原植物以及麻醉药品和精神药品实行管制。除条例另有规定的除外，任何单位、个人不得进行麻醉药品药用原植物的种植以及麻醉药品和精神药品的实验研究、生产、经营、使用、储存、运输等活动。麻醉药品药用原植物的种植，麻醉药品和精神药品的实验研究、生产、经营、使用、储存、运输等活动以及监督管理，必须遵守《麻醉药品和精神药品管理条例》，实施违反该条例的行为，应追究其相应的法律责任。

二、医疗用毒性药品管理

医疗用毒性药品是指毒性剧烈，治疗量与中毒剂量相近，使用不当会致人中毒或死亡的药品。特殊管理的毒性药品分为中、西药品两大类。西药品种是指原料药，中药品种是指原药材和饮片。根据《医疗用毒性药品管理办法》的规定，毒性药品年度生产、收购、供应和配制计划，由省、自治区、直辖市医药管理部门根据医疗需要制定，经省、自治区、直辖市卫生健康主管部门审核后，由医药管理部门下达给指定的毒性药品生产、收购、供应单位，并抄报国家卫生健康委员会、国家药品监督管理局和国家中医药管理局。生产单位不得擅自改变生产计划，自行销售。药厂必须由医药专业人员负责生产、配制和质量检验，并建立严格的管理制度，严防与其他药品混杂。每次配料，必须经两人以上复核无误，并详细记录每次生产所用原料和成品数，经手人要签字备查。所有工具、容器要处理干净，以防污染其他药品。标示量要准确无误，包装容器要有毒药标志。毒性药品的收购、经营，由各级医药管理部门指定的药品经营单位负责。配方用药由国营药店、医疗单位负责。其他任何单位或者个人均不得从事毒性药品的收购、经营和配方业务。

三、放射性药品管理

放射性药品是指用于临床诊断或者治疗的放射性核素制剂或者其标记物。包括裂变制品、推照制品、加速器制器、放射性核素发生器及其配套药盒、放射免疫分析药盒等。根据《放射性药品管理办法》的规定，放射性新药的研制、临床研究和审批，放射性药品的生产、经营和进出口、包装和运输、使用，放射性药品标准和检验都必须依该办法的规定进行。

四、生物制品批签发管理

生物制品是应用普通的或以基因工程、细胞工程、蛋白质工程、发酵工程等生物技术获得的微生物、细胞及各种动物和人源的组织和液体等生物材料制备的，用于人类疾病预防、治疗和诊断的药品。人用生物制品包括细菌类疫苗（含类毒素）、病毒类疫苗、抗毒素及抗血清、血液制品、细胞因子、生长因子、酶等。

生物制品批签发是指国家药品监督管理部门对获得上市许可的疫苗类制品、血液制品、用于血源筛查的体外诊断试剂以及国家药品监督管理部门规定的其他生物制品，在每批产品上市销售前或者进口时，经指定的批签发机构进行审核、检验，对符合要求的发给批签发证明的活动。未通过批签发的产品，不得上市销售或者进口。

（一）批签发申请

根据《生物制品批签发管理办法》的规定，批签发申请人应当是持有药品批准证明文件的境内外药品上市许可持有人。境外药品上市许可持有人应当指定我国境内企业法人办理批签发。新批准上市的生物制品首次申请批签发前，批签发申请人应当在生物制品批签发管理系统内登记建档。

（二）审核、检验、检查与签发

疫苗批签发应当逐批进行资料审核和抽样检验，其他生物制品批签发可以采取资料审核的方式，也可以采取资料审核和样品检验相结合的方式进行，并可根据需要进行现场核实。批签发机构根据资料审核、样品检验或者现场检查等结果作出批签发结论。符合要求的，签发生物制品批签发证明，加盖批签发专用章，发给批签发申请人。

（三）复审

批签发申请人对生物制品不予批签发通知书有异议的，可以自收到生物制品不予批签发通知书之日起七日内，向原批签发机构或者直接向中国药品生物制品检定所提出技术复审申请。

第六节　药品监督管理

一、药品监督管理机构及职权

国务院药品监督管理部门主管全国药品监督管理工作。国务院有关部门在各自的职责范围内负责与药品有关的监督管理工作。省、自治区、直辖市人民政府药品监督管理部门负责本行政区域内的药品监督管理工作。省、自治区、直辖市人民政府有关部门在各自的职责范围内负责与药品有关的监督管理工作。药品监督管理部门设置或者确定的药品检验机构，承担依法实施药品审批和药品质量监督检查所需的药品检验工作。药品监督管理部门和其他部门在监督检查中可以行使下列职权：① 进入药品研制、生产、经营、使用等活动场所以及为药品研制、生产、经营、使用提供相关产品或者服务的生产经营场所，实施现场检查、抽取样品；② 查阅、复制、查封、扣押药品研制、生产、经营、使用等文件和资料，以及相关合同、票据、账簿；或者要求其按照指定的方式报送与被调查事件有关的文件和资料；③ 查封、扣押涉嫌违法或者有证据证明可能存在安全隐患的药品，相关原料、辅料、直接接触药品的包装材料和容器，以及用于违法活动的工具、设备；④ 查封从事违法活动的场所。进行监督检查时，应当出示执法证件，保守被检查单位的商业秘密。有关单位和个人应当对监督检查予以配合，按规定及时提供相关文件和资料，不得隐瞒、拒绝、阻挠。

二、药品监督机构的职责

根据《药品管理法》的规定，药品监督管理部门应当依照法律、法规的规定对药品研制、生产、经营和药品使用单位使用药品等活动进行监督检查，必要时可以对为药品研制、生产、经营、使用提供产品或者服务的单位和个人进行延伸检查，有关单位和个人应当予以配合，不得拒绝和隐瞒。应当对高风险的药品实施重点监督检查。药品监督管理部门进行监督检查时，应当出示证明文件，对监督检查中知悉的商业秘密应当保密。药品监督管理部门应依法履行以下职责。

（一）对药品质量进行抽查检验

药品监督管理部门应当对药品上市许可持有人、药品生产企业、药品经营企业和药物非临床安全性评价研究机构、药物临床试验机构等遵守药品生产质量管理规范、药品经营质量管理规范、药物非临床研究质量管理规范、药物临床试验质量管理规范等情况进行检查，监督其持续符合法定要求。根据监督管理的需要，可以对药品质量进行抽查检验。抽查检验应当按照规定抽样，并不得收取任何费用。对有证据证明可能危害人体健康的药品及其有关材料，药品监督管理部门可以查封、扣押，并在七日内作出行政处理决定。药品需要检验的，应当自检验报告书发出之日起十五日内作出行政处理决定。

（二）定期公告药品质量抽查检验结果

国务院和省、自治区、直辖市人民政府的药品监督管理部门应当定期公告药品质量抽查检验结果；公告不当的，应当在原公告范围内予以更正。当事人对药品检验结果有异议的，可以自收到药品检验结果之日起七日内向原药品检验机构或者上级药品监督管理部门设置或者指定的药品检验机构申请复验，也可以直接向国务院药品监督管理部门设置或者指定的药品检验机构申请复验。受理复验的药品检验机构应当在国务院药品监督管理部门规定的时间内作出复验结论。

（三）实行药品安全信息统一公布制度

国家药品安全总体情况、药品安全风险警示信息、重大药品安全事件及其调查处理信息和国务院确定需要统一公布的其他信息由国务院药品监督管理部门统一公布。药品安全风险警示信息和重大药品安全事件及其调查处理信息的影响限于特定区域的，也可以由有关省、自治区、直辖市人民政府药品监督管理部门公布。未经授权不得发布上述信息。公布药品安全信息，应当及时、准确、全面，并进行必要的说明，避免误导。任何单位和个人不得编造、散布虚假药品安全信息。

（四）药品安全事件的应对

县级以上人民政府应当制定药品安全事件应急预案。发生药品安全事件，县级以上人民政府应当按照应急预案立即组织开展应对工作，有关单位应当立即采取有效措施进行处置，防止危害扩大。药品监督管理部门未及时发现药品安全系统性风险，未及时消除监督管理区域内药品安全隐患的，本级人民政府或者上级人民政府药品监督管理部门应当对其主要负责人进行约谈。

（五）保密义务

药品监督管理部门应当对举报人的信息予以保密，保护举报人的合法权益。举报人举报所在单位的，该单位不得以解除、变更劳动合同或者其他方式对举报人进行打击报复。

（六）禁止性规定

地方人民政府及其药品监督管理部门不得以要求实施药品检验、审批等手段限制或者排斥非本地区药品上市许可持有人、药品生产企业生产的药品进入本地区。药品监督管理部门及其设置或者指定的药品专业技术机构不得参与药品生产经营活动，不得以其名义推荐或者监制、监销药品。药品监督管理部门及其设置或者指定的药品专业技术机构的工作人员不得参与药品生产经营活动。

（七）涉嫌犯罪行为的处理

药品监督管理部门发现药品违法行为涉嫌犯罪的，应当及时将案件移送公安机关。对依法不需要追究刑事责任或者免予刑事处罚，但应当追究行政责任的，公安机关、人民检察院、人民法院应当及时将案件移送药品监督管理部门。

第七节　法律责任

一、行政责任

（一）未取得许可证的行政责任

根据《药品管理法》的规定，未取得药品生产许可证、药品经营许可证或者医疗机构制剂许可证生产、销售药品的，责令关闭，没收违法生产、销售的药品和违法所得，并处违法生产、销售的药品货值金额十五倍以上三十倍以下的罚款；货值金额不足十万元的，按十万元计算。

（二）生产销售假药、劣药的行政责任

生产、销售假药的，没收违法生产、销售的药品和违法所得，责令停产停业整顿，吊销药品批准证明文件，并处违法生产、销售的药品货值金额十五倍以上三十倍以下的罚款；货值金额不足十万元的，按十万元计算；情节严重的，吊销药品生产许可证、药品经营许可证或者医疗机构

制剂许可证，十年内不受理其相应申请；药品上市许可持有人为境外企业的，十年内禁止其药品进口。生产、销售劣药的，没收违法生产、销售的药品和违法所得，并处违法生产、销售的药品货值金额十倍以上二十倍以下的罚款；违法生产、批发的药品货值金额不足十万元的，按十万元计算，违法零售的药品货值金额不足一万元的，按一万元计算；情节严重的，责令停产停业整顿直至吊销药品批准证明文件、药品生产许可证、药品经营许可证或者医疗机构制剂许可证。生产、销售假药，或者生产、销售劣药且情节严重的，对法定代表人、主要负责人、直接负责的主管人员和其他责任人员，没收违法行为发生期间自本单位所获收入，并处所获收入百分之三十以上三倍以下的罚款，终身禁止从事药品生产经营活动，并可以由公安机关处五日以上十五日以下的拘留。对生产者专门用于生产假药、劣药的原料、辅料、包装材料、生产设备予以没收。药品使用单位使用假药、劣药的，按照销售假药、零售劣药的规定处罚；情节严重的，法定代表人、主要负责人、直接负责的主管人员和其他责任人员有医疗卫生人员执业证书的，还应当吊销执业证书。知道或者应当知道属于假药、劣药或者《药品管理法》第一百二十四条第一款第一项至第五项规定的药品，而为其提供储存、运输等便利条件的，没收全部储存、运输收入，并处违法收入一倍以上五倍以下的罚款；情节严重的，并处违法收入五倍以上十五倍以下的罚款；违法收入不足五万元的，按五万元计算。对假药、劣药的处罚决定，应当依法载明药品检验机构的质量检验结论。

（三）违反药品进出口规定的行政责任

进口已获得药品注册证书的药品，未按照规定向允许药品进口的口岸所在地药品监督管理部门备案的，责令限期改正，给予警告；逾期不改正的，吊销药品注册证书。

（四）出具虚假检验报告的行政责任

药品检验机构出具虚假检验报告的，责令改正，给予警告，对单位并处二十万元以上一百万元以下的罚款；对直接负责的主管人员和其他直接责任人员，依法给予降级、撤职、开除处分，没收违法所得，并处五万元以下的罚款；情节严重的，撤销其检验资格。药品检验机构出具的检验结果不实，造成损失的，应当承担相应的赔偿责任。

（五）提供虚假的证明、数据等的行政责任

提供虚假的证明、数据、资料、样品或者采取其他手段骗取临床试验许可、药品生产许可、药品经营许可、医疗机构制剂许可或者药品注册等许可的，撤销相关许可，十年内不受理其相应申请，并处五十万元以上五百万元以下的罚款；情节严重的，对法定代表人、主要负责人、直接负责的主管人员和其他责任人员，处二万元以上二十万元以下的罚款，十年内禁止从事药品生产经营活动，并可以由公安机关处五日以上十五日以下的拘留。

（六）伪造、变造、出租、出借、非法买卖许可证或者药品批准证明文件的行政责任

伪造、变造、出租、出借、非法买卖许可证或者药品批准证明文件的，没收违法所得，并处违法所得一倍以上五倍以下的罚款；情节严重的，并处违法所得五倍以上十五倍以下的罚款，吊销药品生产许可证、药品经营许可证、医疗机构制剂许可证或者药品批准证明文件，对法定代表人、主要负责人、直接负责的主管人员和其他责任人员，处二万元以上二十万元以下的罚款，十

年内禁止从事药品生产经营活动，并可以由公安机关处五日以上十五日以下的拘留；违法所得不足十万元的，按十万元计算。

（七）违反制剂规定的行政责任

违反《药品管理法》规定，医疗机构将其配制的制剂在市场上销售的，责令改正，没收违法销售的制剂和违法所得，并处违法销售制剂货值金额二倍以上五倍以下的罚款；情节严重的，并处货值金额五倍以上十五倍以下的罚款；货值金额不足五万元的，按五万元计算。

（八）药品网络交易第三方平台的行政责任

违反《药品管理法》规定，药品网络交易第三方平台提供者未履行资质审核、报告、停止提供网络交易平台服务等义务的，责令改正，没收违法所得，并处二十万元以上二百万元以下的罚款；情节严重的，责令停业整顿，并处二百万元以上五百万元以下的罚款。

（九）违法收受财物或者其他不正当利益的行政责任

药品上市许可持有人、药品生产企业、药品经营企业的负责人、采购人员等有关人员在药品购销中收受其他药品上市许可持有人、药品生产企业、药品经营企业或者代理人给予的财物或者其他不正当利益的，没收违法所得，依法给予处罚；情节严重的，五年内禁止从事药品生产经营活动。

医疗机构的负责人、药品采购人员、医师、药师等有关人员收受药品上市许可持有人、药品生产企业、药品经营企业或者代理人给予的财物或者其他不正当利益的，由卫生健康主管部门或者本单位给予处分，没收违法所得；情节严重的，还应当吊销其执业证书。

（十）谋取非法利益的行政责任

违反《药品管理法》规定，有下列行为之一的，没收违法生产、进口、销售的药品和违法所得以及专门用于违法生产的原料、辅料、包装材料和生产设备，责令停产停业整顿，并处违法生产、进口、销售的药品货值金额十五倍以上三十倍以下的罚款；货值金额不足十万元的，按十万元计算；情节严重的，吊销药品批准证明文件直至吊销药品生产许可证、药品经营许可证或者医疗机构制剂许可证，对法定代表人、主要负责人、直接负责的主管人员和其他责任人员，没收违法行为发生期间自本单位所获收入，并处所获收入百分之三十以上三倍以下的罚款，十年直至终身禁止从事药品生产经营活动，并可以由公安机关处五日以上十五日以下的拘留：① 未取得药品批准证明文件生产、进口药品；② 使用采取欺骗手段取得的药品批准证明文件生产、进口药品；③ 使用未经审评审批的原料药生产药品；④ 应当检验而未经检验即销售药品；⑤ 生产、销售国务院药品监督管理部门禁止使用的药品；⑥ 编造生产、检验记录；⑦ 未经批准在药品生产过程中进行重大变更。

（十一）违法参与药品生产经营活动的行政责任

药品监督管理部门或者其设置、指定的药品专业技术机构参与药品生产经营活动的，由其上级主管机关责令改正，没收违法收入；情节严重的，对直接负责的主管人员和其他直接责任人员依法给予处分。药品监督管理部门或者其设置、指定的药品专业技术机构的工作人员参与药品生产经营活动的，依法给予处分。

（十二）未遵守药品生产质量管理规范等的行政责任

除《药品管理法》另有规定的情形外，药品上市许可持有人、药品生产企业、药品经营企业、药物非临床安全性评价研究机构、药物临床试验机构等未遵守药品生产质量管理规范、药品经营质量管理规范、药物非临床研究质量管理规范、药物临床试验质量管理规范等的，责令限期改正，给予警告；逾期不改正的，处十万元以上五十万元以下的罚款；情节严重的，处五十万元以上二百万元以下的罚款，责令停产停业整顿直至吊销药品批准证明文件、药品生产许可证、药品经营许可证等，药物非临床安全性评价研究机构、药物临床试验机构等五年内不得开展药物非临床安全性评价研究、药物临床试验，对法定代表人、主要负责人、直接负责的主管人员和其他责任人员，没收违法行为发生期间自本单位所获收入，并处所获收入百分之十以上百分之五十以下的罚款，十年直至终身禁止从事药品生产经营等活动。

（十三）药品监督管理部门的行政责任

违反《药品管理法》规定，药品监督管理等部门有下列行为之一的，对直接负责的主管人员和其他直接责任人员给予记过或者记大过处分；情节较重的，给予降级或者撤职处分；情节严重的，给予开除处分：① 瞒报、谎报、缓报、漏报药品安全事件；② 对发现的药品安全违法行为未及时查处；③ 未及时发现药品安全系统性风险，或者未及时消除监督管理区域内药品安全隐患，造成严重影响；④ 其他不履行药品监督管理职责，造成严重不良影响或者重大损失。药品监督管理人员滥用职权、徇私舞弊、玩忽职守的，依法给予处分。查处假药、劣药违法行为有失职、渎职行为的，对药品监督管理部门直接负责的主管人员和其他直接责任人员依法从重给予处分。

二、民事责任

药品上市许可持有人、药品生产企业、药品经营企业或者医疗机构违反《药品管理法》规定，给用药者造成损害的，依法承担赔偿责任。因药品质量问题受到损害的，受害人可以向药品上市许可持有人、药品生产企业请求赔偿损失，也可以向药品经营企业、医疗机构请求赔偿损失。接到受害人赔偿请求的，应当实行首负责任制，先行赔付；先行赔付后，可以依法追偿。

三、刑事责任

违反《药品管理法》的规定，构成犯罪的，依法追究刑事责任。如我国《刑法》第一百四十一条规定，生产、销售假药的，处三年以下有期徒刑或者拘役，并处罚金；对人体健康造成严重危害或者有其他严重情节的，处三年以上十年以下有期徒刑，并处罚金；致人死亡或者有其他特别严重情节的，处十年以上有期徒刑、无期徒刑或者死刑，并处罚金或者没收财产。

案例9-1　　　　　　　　　　　**自制、销售"点痣药水"案**

被告人王某自1999年8月以来，一直在某市一市场旁出售自己用石灰、烧碱、自来水配制的"特制药水"。2001年7月3日，王某以人民币7元的价格将一小瓶"特制药水"卖给被害人宋某的侄女。被害人在使用该药水后，其面部、腿部、手部等处均被烧伤。经法医鉴定：被害人颜面部的损伤构成轻伤。王某所卖的"特制药水"经当地药品检验所检验认定为假药。

思考：王某的行为违反《药品管理法》哪些规定，其行为应如何认定？

学习小结

《药品管理法》是指专门调整药品研制、生产、经营、使用和监督管理活动的基本法律。该法主要规定了包括药品研制与注册、药品上市许可持有人、药品生产和经营、医疗机构药事管理等法律制度。在药品生产环节，国家依法对药品生产企业实行生产许可制度和药品生产质量管理规范认证制度。在药品经营环节，依法实行药品经营许可制度和药品经营质量管理规范认证制度。在药品管理方面，严格实行国家药品标准、药品注册制度、药品的分类管理以及药品不良反应报告检测制度等。另外，国家对麻醉药品、精神药品、医疗用毒性药品、放射性药品实行特殊管理。同时，应加大药品管理法律监督力度，强化法律责任，以确保药品的质量与安全。

（王安富）

复习
参考题

一、选择题

1. 药品上市持有人依法对药品研制、生产、经营、使用全过程中的

　A. 安全性、有效性负责

　B. 有效性、质量可控性负责

　C. 安全性、质量可控性负责

　D. 安全性、有效性和质量可控性负责

　E. 安全性负责

2. 国家建立药物警戒制度，对药品不良反应及其他与用药有关的有害反应进行

A. 监测、识别和评估

B. 监测、评估和控制

C. 监测、识别、评估和处置

D. 监测、识别、评估和控制

E. 监测和识别

3. 《药品管理法》所称药品，是指用于预防、治疗、诊断人的疾病，有目的地调节人的生理机能并规定有适应证或者功能主治、用法和用量的物质，包括

A. 中药和化学药品等

B. 中药、化学药的原料和制剂等

C. 中药、化学药和生物制品等

D. 处方药和非处方药

E. 中药和生物制品等

4. 下列情形为假药的是

A. 变质的药品

B. 被污染的药品

C. 未标明或者更改有效期的药品

D. 未注明或者更改产品批号的药品

E. 标明有效期的药品

5. 下列情形为劣药的是

A. 药品所含成分与国家药品标准规定的成分不符

B. 药品成分的含量不符合国家药品标准

C. 以非药品冒充药品或者以他种药品冒充此种药品

D. 药品所标明的适应证或者功能主治超出规定范围

E. 药品成分的含量符合国家药品标准

答案：1. D；2. D；3. C；4. A；5. B

二、简答题

1. 药品研制的基本要求有哪些？

2. 简述药品注册的流程。

3. 药品上市持有人的权利与义务有哪些？

4. 开办药品生产和经营企业的条件有哪些？

5. 简述医疗机构药事管理制度的内容。

6. 什么是药品不良反应？如何理解药品不良反应报告制度？

7. 简述药品监督机构的职权。

8. 简述生产假药、劣药的法律责任。

第十章 健康相关产品卫生法律制度

学习目标

知识目标	1. 掌握化妆品的卫生要求、消毒的卫生要求、消毒产品的生产经营要求以及医疗器械管理的有关规定。 2. 熟悉化妆品生产经营的要求、医疗器械的生产经营和使用的要求。 3. 了解消毒产品卫生监督、医疗器械的召回和监督的要求。
能力目标	运用健康相关产品卫生监管法律知识分析实际问题。
素质目标	提高卫生健康法治素养，牢固树立法治信仰。

第一节 概述

一、健康相关产品的概念

健康相关产品是指《食品安全法》《化妆品监督管理条例》《保健食品管理办法》《生活饮用水卫生监督管理办法》《消毒管理办法》及其他法律、法规、规章规定由卫生健康行政部门、市场监督管理部门、药品监督管理部门等审批的保健食品、化妆品、医疗器械、涉及饮用水卫生安全产品、消毒药剂和消毒器械等产品。

二、健康相关产品卫生法律制度的立法沿革

健康相关产品卫生法律制度是调整保证健康相关产品安全，防止有害因素对人体产生危害，保障人体健康活动中产生的各种社会关系的法律规范的总和。

为了维护人民身体健康和生命安全，加强健康相关产品的法治建设，全国人民代表大会常务委员会于2019年8月新修订《药品管理法》，于2021年4月第二次修正了《食品安全法》；国务院于2021年1月施行《化妆品监督管理条例》、2021年6月施行《医疗器械监督管理条例》等行政法规；卫生部、国家食品药品监督管理局发布了一系列有关食品、化妆品、涉及饮用水卫生安全产品、医疗器械、消毒药剂和消毒器械管理的规章。为了公正、科学、规范地做好健康相关产品

的审批和监管工作，卫生部于1999年相继发布了《健康相关产品审批工作人员守则》《健康相关产品检验机构认定与管理办法》《健康相关产品审批工作程序》《健康相关产品国家卫生监督抽检规定》《健康相关产品命名规定》《健康相关产品卫生行政许可程序》等，为我国健康相关产品卫生监督管理提供了基本的法律依据。

第二节　化妆品卫生监督法律制度

一、化妆品的概念及立法现状

1. 化妆品概念　化妆品（cosmetics）是指以涂擦、喷洒或者其他类似方法，施用于皮肤、毛发、指甲、口唇等人体表面，以清洁、保护、美化、修饰为目的的日用化学工业产品。国家按照风险程度对化妆品、化妆品原料实行分类管理，可分为特殊化妆品和普通化妆品。

2. 立法现状　为加强化妆品的卫生监督，保证化妆品的卫生质量和使用安全，保障消费者健康，我国制定了一系列关于化妆品卫生监督的规范性文件。如《化妆品卫生化学标准检验方法》（GB 7917—1987）、《化妆品标识管理规定》（自2008年9月1日起施行）、《化妆品安全技术规范》（2015年）、《国家食品药品监督总局关于统一启用〈化妆品生产许可证〉有关事项的公告》（2017年1月1日生效）、《化妆品监督管理条例》（2021年1月1日施行）、《化妆品注册备案管理办法》（2021年5月1日施行）、《化妆品生产经营监督管理办法》（2022年1月1日施行）等行政规章和技术规范。

二、化妆品的安全通用要求

依照我国《化妆品安全技术规范》（2015版），对化妆品通用要求包括一般要求、配方要求、微生物学指标要求、有害物质限值要求、包装材料要求、标签要求、儿童用化妆品要求、原料要求八部分。从化妆品卫生的总体及生产、使用的各环节提出了卫生要求。

三、化妆品生产经营的卫生监督

（一）化妆品生产的要求

1. 化妆品生产许可　从事化妆品生产活动，应当向所在地省、自治区、直辖市人民政府药品监督管理部门提出申请，提交其符合生产经营条件的证明资料，并对资料的真实性负责。

省、自治区、直辖市人民政府药品监督管理部门应当对申请资料进行审核，对申请人的生产场所进行现场核查，并自受理化妆品生产许可申请之日起30个工作日内作出决定。对符合规定条件的，准予许可并发给化妆品生产许可证；对不符合规定条件的，不予许可并书面说明理由。

化妆品生产许可证有效期为5年。有效期届满需要延续的，依照《中华人民共和国行政许可法》的规定办理。

2. 化妆品生产经营者应具备的条件　从事化妆品生产活动，应当具备下列条件：① 是依法设立的企业；② 有与生产的化妆品相适应的生产场地、环境条件、生产设施设备；③ 有与生产的化妆品相适应的技术人员；④ 有能对生产的化妆品进行检验的检验人员和检验设备；⑤ 有保证化妆品质量安全的管理制度。

3. 化妆品生产人员健康要求　化妆品注册人、备案人、受托生产企业应当建立并执行从业人员健康管理制度。患有国务院卫生健康主管部门规定的有碍化妆品质量安全疾病的人员不得直接从事化妆品生产活动。

4. 化妆品的最小销售单元应当有标签。标签应当符合相关法律、行政法规、强制性国家标准，内容真实、完整、准确。进口化妆品可以直接使用中文标签，也可以加贴中文标签；加贴中文标签的，中文标签内容应当与原标签内容一致。

标签应当标注下列内容：① 产品名称、特殊化妆品注册证编号；② 注册人、备案人、受托生产企业的名称、地址；③ 化妆品生产许可证编号；④ 产品执行的标准编号；⑤ 全成分；⑥ 净含量；⑦ 使用期限、使用方法以及必要的安全警示；⑧ 法律、行政法规和强制性国家标准规定应当标注的其他内容。标签禁止标注下列内容：① 明示或者暗示具有医疗作用的内容；② 虚假或者引人误解的内容；③ 违反社会公序良俗的内容；④ 法律、行政法规禁止标注的其他内容。

（二）化妆品经营的要求

1. 化妆品的广告宣传　化妆品广告的内容应当真实、合法，不得明示或者暗示产品具有医疗作用，不得含有虚假或者引人误解的内容，不得欺骗、误导消费者。

2. 进口化妆品的要求　注册申请人、备案人申请进口特殊化妆品注册或者进行进口普通化妆品备案的，应当同时提交产品在生产国（地区）已经上市销售的证明文件以及境外生产企业符合化妆品生产质量管理规范的证明资料。

进境、出境检验检疫机构依照《中华人民共和国进出口商品检验法》的规定对进口的化妆品实施检验；检验不合格的，不得进口。进口商应当对拟进口的化妆品是否已经注册或者备案以及是否符合《化妆品监督管理条例》和强制性国家标准、技术规范进行审核；审核不合格的，不得进口。进口商应当如实记录进口化妆品的信息，记录保存期限应当不得少于产品使用期限届满后1年；产品使用期限不足1年的，记录保存期限不得少于2年。

四、化妆品的卫生监督

1. 监督管理部门有权采取的措施　负责药品监督管理的部门对化妆品生产经营进行监督检查时，有权采取下列措施：① 进入生产经营场所实施现场检查；② 对生产经营的化妆品进行抽样检验；③ 查阅、复制有关合同、票据、账簿以及其他有关资料；④ 查封、扣押不符合强制性国家标准、技术规范或者有证据证明可能危害人体健康的化妆品及其原料、直接接触化妆品的包装材料，以及有证据证明用于违法生产经营的工具、设备；⑤ 查封违法从事生产经营活动的场所。

2. 安全性评审　根据科学研究的发展，对化妆品、化妆品原料的安全性有认识上的改变的，或者有证据表明化妆品、化妆品原料可能存在缺陷的，省级以上人民政府药品监督管理部门可以责令化妆品、化妆品新原料的注册人、备案人开展安全再评估或者直接组织开展安全再评估。再评估结果表明化妆品、化妆品原料不能保证安全的，由原注册部门撤销注册、备案部门取消备案，由国务院药品监督管理部门将该化妆品原料纳入禁止用于化妆品生产的原料目录，并向社会公布。

3. 检验机构　化妆品检验机构按照国家有关认证认可的规定取得资质认定后，方可从事化妆品检验活动。化妆品检验机构的资质认定条件由国务院药品监督管理部门、国务院市场监督管理部门制定。化妆品检验规范以及化妆品检验相关标准品管理规定，由国务院药品监督管理部门制定。

4. 化妆品引起不良反应报告　国家建立化妆品不良反应监测制度。化妆品注册人、备案人应当监测其上市销售化妆品的不良反应，及时开展评价，按照国务院药品监督管理部门的规定向化妆品不良反应监测机构报告。受托生产企业、化妆品经营者和医疗机构发现可能与使用化妆品有关的不良反应的，应当报告化妆品不良反应监测机构。鼓励其他单位和个人向化妆品不良反应监测机构或者负责药品监督管理的部门报告可能与使用化妆品有关的不良反应。

5. 化妆品安全风险监测和评价　国家建立化妆品安全风险监测和评价制度，对影响化妆品质量安全的风险因素进行监测和评价，为制定化妆品质量安全风险控制措施和标准、开展化妆品抽样检验提供科学依据。

国家化妆品安全风险监测计划由国务院药品监督管理部门制定、发布并组织实施。国家化妆品安全风险监测计划应当明确重点监测的品种、项目和地域等。国务院药品监督管理部门建立化妆品质量安全风险信息交流机制，组织化妆品生产经营者、检验机构、行业协会、消费者协会以及新闻媒体等就化妆品质量安全风险信息进行交流沟通。

五、法律责任

（一）行政责任

1. 有下列情形之一的，由负责药品监督管理的部门没收违法所得、违法生产经营的化妆品和专门用于违法生产经营的原料、包装材料、工具、设备等物品；违法生产经营的化妆品货值金额不足1万元的，并处5万元以上15万元以下罚款；货值金额1万元以上的，并处货值金额15倍以上30倍以下罚款；情节严重的，责令停产停业、由备案部门取消备案或者由原发证部门吊销化妆品许可证件，10年内不予办理其提出的化妆品备案或者受理其提出的化妆品行政许可申请，对违法单位的法定代表人或者主要负责人、直接负责的主管人员和其他直接责任人员处以其上一年度从本单位取得收入的3倍以上5倍以下罚款，终身禁止其从事化妆品生产经营活动；构成犯罪的，依法追究刑事责任：① 未经许可从事化妆品生产活动，或者化妆品注册人、备案人委托未取得相应化妆品生产许可的企业生产化妆品；② 生产经营或者进口未经注册的特殊化妆品；③ 使用禁止用于化妆品生产的原料、应当注册但未经注册的新原料生产化妆品，在化妆品中非法添加可能危害人体健康的物质，或者使用超过使用期限、废弃、回收的化妆品或者原料生产化妆品。

2. 有下列情形之一的，由负责药品监督管理的部门没收违法所得、违法生产经营的化妆品和专门用于违法生产经营的原料、包装材料、工具、设备等物品；违法生产经营的化妆品货值金额不足1万元的，并处1万元以上5万元以下罚款；货值金额1万元以上的，并处货值金额5倍以上20倍以下罚款；情节严重的，责令停产停业、由备案部门取消备案或者由原发证部门吊销化妆品许可证件，对违法单位的法定代表人或者主要负责人、直接负责的主管人员和其他直接责任人员处以其上一年度从本单位取得收入的1倍以上3倍以下罚款，10年内禁止其从事化妆品生产经营活动；构成犯罪的，依法追究刑事责任：① 使用不符合强制性国家标准、技术规范的原料、直接接触化妆品的包装材料，应当备案但未备案的新原料生产化妆品，或者不按照强制性国家标准或者技术规范使用原料；② 生产经营不符合强制性国家标准、技术规范或者不符合化妆品注册、备案资料载明的技术要求的化妆品；③ 未按照化妆品生产质量管理规范的要求组织生产；④ 更改化妆品使用期限；⑤ 化妆品经营者擅自配制化妆品，或者经营变质、超过使用期限的化妆品；⑥ 在负责药品监督管理的部门责令其实施召回后拒不召回，或者在负责药品监督管理的部门责令停止或者暂停生产、经营后拒不停止或者暂停生产、经营。

3. 有下列情形之一的，由负责药品监督管理的部门没收违法所得、违法生产经营的化妆品，并可以没收专门用于违法生产经营的原料、包装材料、工具、设备等物品；违法生产经营的化妆品货值金额不足1万元的，并处1万元以上3万元以下罚款；货值金额1万元以上的，并处货值金额3倍以上10倍以下罚款；情节严重的，责令停产停业、由备案部门取消备案或者由原发证部门吊销化妆品许可证件，对违法单位的法定代表人或者主要负责人、直接负责的主管人员和其他直接责任人员处以其上一年度从本单位取得收入的1倍以上2倍以下罚款，5年内禁止其从事化妆品生产经营活动：① 上市销售、经营或者进口未备案的普通化妆品；② 未依照规定设质量安全负责人；③ 化妆品注册人、备案人未对受托生产企业的生产活动进行监督；④ 未依照规定建立并执行从业人员健康管理制度；⑤ 生产经营标签不符合规定的化妆品。

生产经营的化妆品的标签存在瑕疵但不影响质量安全且不会对消费者造成误导的，由负责药品监督管理的部门责令改正；拒不改正的，处2 000元以下罚款。

4. 有下列情形之一的，由负责药品监督管理的部门责令改正，给予警告，并处1万元以上3万元以下罚款；情节严重的，责令停产停业，并处3万元以上5万元以下罚款，对违法单位的法定代表人或者主要负责人、直接负责的主管人员和其他直接责任人员处1万元以上3万元以下罚款：① 未依照规定公布化妆品功效宣称依据的摘要；② 未依照规定建立并执行进货查验记录制度、产品销售记录制度；③ 未依照规定对化妆品生产质量管理规范的执行情况进行自查；④ 未依照规定贮存、运输化妆品；⑤ 未依照规定监测、报告化妆品不良反应，或者对化妆品不良反应监测机构、负责药品监督管理的部门开展的化妆品不良反应调查不予配合。

进口商未依照规定记录、保存进口化妆品信息的，由进境、出境检验检疫机构依照前款规定给予处罚。

5. 负责药品监督管理的部门工作人员违反《化妆品监督管理条例》规定，滥用职权、玩忽职守、徇私舞弊的，依法给予警告、记过或者记大过的处分；造成严重后果的，依法给予降级、撤职或者开除的处分。

（二）民事责任

违反《化妆品监督管理条例》规定，造成人身、财产或者其他损害的，依法承担赔偿责任。

（三）刑事责任

构成犯罪的，依法追究相关主体刑事责任。

第三节　消毒产品卫生管理法律制度

一、消毒产品的概念及立法现状

1. 消毒产品概念　消毒产品（disinfection products）是指消毒剂、消毒器械（含生物指示物、化学指示物和灭菌物品包装物）、卫生用品和一次性使用医疗用品。新消毒产品，是指利用新材料、新工艺技术和新杀菌原理生产的消毒剂和消毒器械。

2. 立法现状　为了加强消毒管理，预防和控制感染性疾病的传播，保障人体健康，我国制定了一系列关于消毒产品管理的法律规范。《传染病防治法》中对消毒有相关规定。卫生部于2002年3月28日发布了《消毒管理办法》，2016年1月19日、2017年12月26日，国家卫生和计划生育委员会分别进行了两次修订；并相继制定了《消毒产品标签说明书管理规范》（自2006年5月1日起施行）、《消毒产品生产企业卫生规范》（2009年版）、《消毒产品卫生安全评价规定》（2010年1月1日起施行，2014年6月27日修订）、《消毒产品生产企业卫生许可规定》（自2010年1月1日起施行）、《消毒产品卫生监督工作规范》（2014年7月3日实施）、《国家卫生健康委办公厅关于印发〈消毒产品卫生安全评价报告网上备案办事指南〉的通知》（2021年1月21日发布）等消毒产品的卫生行政规章和技术规范。

二、消毒的卫生要求

（一）医疗卫生机构消毒卫生要求

1. 建立消毒管理组织　医疗卫生机构应当建立消毒管理组织，制定消毒管理制度，执行国家有关规范、标准和规定，定期开展消毒与灭菌效果检测工作。医疗卫生机构工作人员应当接受消毒技术培训、掌握消毒知识，并按规定严格执行消毒隔离制度。

2. 灭菌与消毒要求　医疗卫生机构使用的进入人体组织或无菌器官的医疗用品必须达到灭菌要求。各种注射、穿刺、采血器具应当一人一用一灭菌。凡接触皮肤、黏膜的器械和用品必须达到消毒要求。医疗卫生机构使用的一次性使用医疗用品用后应当及时进行无害化处理。医疗卫生机构购进消毒产品必须建立并执行进货检查验收制度。

3. 环境和医疗废物要求　医疗卫生机构的环境、物品应当符合国家有关规范、标准和规定。排放废弃的污水、污物应当按照国家有关规定进行无害化处理。运送传染病患者及其污染物品的车辆、工具必须随时进行消毒处理。医疗卫生机构发生感染性疾病暴发、流行时，应当及时报告当地卫生健康行政部门，并采取有效消毒措施。

（二）其他机构的消毒卫生要求

1. 加工、出售、运输企业要求　加工、出售、运输被传染病病原体污染或者来自疫区可能被传染病病原体污染的皮毛，应当进行消毒处理。出租衣物及洗涤衣物的单位和个人，应当对相关物品及场所进行消毒。

2. 托幼机构要求　托幼机构应当健全和执行消毒管理制度，对室内空气、餐（饮）具、毛巾、玩具和其他幼儿活动的场所及接触的物品定期进行消毒。

3. 病原微生物实验要求　从事致病微生物实验的单位应当执行有关的管理制度、操作规程，对实验的器材、污染物品等按规定进行消毒，防止实验室感染和致病微生物的扩散。

4. 殡仪馆、火葬场要求　殡仪馆、火葬场内与遗体接触的物品及运送遗体的车辆应当及时消毒。

5. 用工单位要求　招用流动人员200人以上的用工单位，应当对流动人员集中生活起居的场所及使用的物品定期进行消毒。

三、消毒产品的生产经营要求

消毒产品应当符合国家有关规范、标准和规定。消毒产品的生产应当符合国家有关规范、标准和规定，对生产的消毒产品应当进行检验，不合格者不得出厂。

1. 消毒产品生产企业要求　消毒剂、消毒器械和卫生用品生产企业取得工商行政管理部门颁发的营业执照后，还应当取得所在地省级卫生行政部门发放的卫生许可证，方可从事消毒产品的生产。省级卫生行政部门应当自受理消毒产品生产企业的申请之日起二十日内作出是否批准的决定。对符合《消毒产品生产企业卫生规范》要求的，发给卫生许可证；对不符合的，不予批准，并说明理由。禁止生产经营无生产企业卫生许可证或新消毒产品卫生许可批准文件的、产品卫生安全评价不合格或产品卫生质量不符合要求的消毒产品。

消毒产品生产企业卫生许可证有效期为四年。消毒产品生产企业卫生许可证有效期届满前3个月，生产企业应当向原发证机关申请换发卫生许可证。经审查符合要求的，换发新证。新证沿用原卫生许可证编号。

消毒产品生产企业迁移厂址或者另设分厂（车间），应当按《消毒管理办法》规定向生产场所所在地的省级卫生行政部门申请消毒产品生产企业卫生许可证。取得卫生许可证的消毒产品生产企业变更企业名称、法定代表人或者生产类别的，应当向原发证机关提出申请，经审查同意，换发新证。新证沿用原卫生许可证编号。

2. 消毒产品的命名、标签要求　根据《消毒管理办法》和《消毒产品标签说明书管理规范》的相关规定，消毒产品的命名、标签（含说明书）应当符合国务院卫生健康行政部门的有关规定。消毒产品的标签（含说明书）和宣传内容必须真实，不能出现或暗示对疾病的治疗效果。

3. 消毒产品经营者要求　经营者采购消毒产品时，应当索取下列有效证件：① 生产企业卫生许可证复印件；② 产品卫生安全评价报告或者新消毒产品卫生许可批件复印件。有效证件的复印件应当加盖原件持有者的印章。

4. 生产、进口消毒产品的要求　生产、进口利用新材料、新工艺技术和新杀菌原理生产消毒剂和消毒器械（以下简称新消毒产品）应当按照《消毒管理办法》规定取得国务院卫生行政部门颁发的卫生许可批件，生产、进口新消毒产品外的消毒剂、消毒器械和卫生用品中的抗（抑）菌制剂，生产、进口企业应当按照有关规定进行卫生安全评价，符合卫生标准和卫生规范要求。产品上市时要将卫生安全评价报告向省级卫生行政部门备案，备案应当按照规定要求提供材料。

5. 生产、进口新消毒产品的要求　生产企业申请新消毒产品卫生许可批件、在华责任单位申请进口新消毒产品卫生许可批件的，应当按照国务院卫生行政部门新消毒产品卫生行政许可管理规定的要求，向国务院卫生行政部门提出申请。国务院卫生行政部门应当按照有关法律、法规和相关规定，作出是否批准的决定。

国务院卫生行政部门对批准的新消毒产品，发给卫生许可批件，批准文号格式为：卫消新准字（年份）第××××号。不予批准的，应当说明理由。新消毒产品卫生许可批件的有效期为四年。国务院卫生行政部门定期公告取得卫生行政许可的新消毒产品批准内容。公告发布之日起，列入公告的同类产品不再按新消毒产品进行卫生行政许可。

6. 消毒产品卫生安全评价报告第一类、第二类消毒产品首次上市时，产品责任单位应当向所在地省级卫生健康行政部门备案合格的卫生安全评价报告。省级卫生健康行政部门对卫生安全评价报告进行形式审查，资料齐全并符合要求的应当予以备案并公示。已完成卫生安全评价的产品上市后，产品如有改变（配方或结构、生产工艺）或有《消毒产品卫生安全评价规定》中第十二条规定情形的，产品责任单位应当及时更新《消毒产品卫生安全评价报告》相关内容，保证所评价产品与所生产销售产品相符，同时到原备案机关备案。

第一类消毒产品卫生安全评价报告四年有效期满前，产品责任单位应当重新进行卫生安全评价和备案。在对消毒产品进行检验时，只做关键项目。其中，消毒（灭菌）剂检验项目为有效成分含量、pH值和一项抗力最强的微生物杀灭试验；消毒（灭菌）器械检验项目为主要杀菌因子强度和一项抗力最强的微生物杀灭试验；生物指示物检验项目为含菌量的测定；灭菌化学指示物检验项目为颜色变化情况的测定。两年内国家监督抽查合格的检验项目可不再做。

四、消毒服务机构要求

消毒服务机构应当向省级卫生行政部门提出申请，取得省级卫生行政部门发放的卫生许可证后方可开展消毒服务。消毒服务机构卫生许可证有效期四年，每年复核1次。有效期满前3个月，消毒服务机构应当向原发证机关申请换发卫生许可证。经审查符合要求的，换发新证。新证沿用原卫生许可证编号。

消毒服务机构应当符合以下要求：① 具备符合国家有关规范、标准和规定的消毒与灭菌设备；② 其消毒与灭菌工艺流程和工作环境必须符合卫生要求；③ 具有能对消毒与灭菌效果进行检测的人员和条件，建立自检制度；④ 用环氧乙烷和电离辐射的方法进行消毒与灭菌的，其安全与环境保护等方面的要求按国家有关规定执行。消毒服务机构不得购置和使用不符合《消毒管理办法》规定的消毒产品。消毒服务机构应当接受当地卫生行政部门的监督。

五、消毒产品的卫生监督

1. 卫生监督部门及职责　各级人民政府卫生行政部门行使消毒产品卫生监督职权。县级以上卫生行政部门对消毒工作行使下列监督管理职责：① 对有关机构、场所和物品的消毒工作进行监督检查；② 对消毒产品生产企业执行《消毒产品生产企业卫生规范》情况进行监督检查；③ 对消毒产品的卫生质量进行监督检查；④ 对消毒服务机构的消毒服务质量进行监督检查；⑤ 对违法行为采取行政控制措施；⑥ 对违法行为给予行政处罚。

2. 产品重新审查　有下列情形之一的，国务院卫生行政部门可以对已获得卫生许可批件的新消毒产品进行重新审查：① 产品原料、杀菌原理和生产工艺受到质疑的；② 产品安全性、消毒效果受到质疑的。

新消毒产品卫生许可批件的持有者应当在接到国务院卫生行政部门重新审查通知之日起三十日内，按照通知的有关要求提交材料。超过期限未提交有关材料的，视为放弃重新审查，国务院卫生行政部门可以注销产品卫生许可批件。国务院卫生行政部门自收到重新审查所需的全部材料之日起三十日内，应当作出重新审查决定。有下列情形之一的，注销产品卫生许可批件：① 产品原料、杀菌原理和生产工艺不符合利用新材料、新工艺技术和新杀菌原理生产消毒剂和消毒器械的判定依据的；② 产品安全性、消毒效果达不到要求的。

3. 消毒产品检验　消毒产品生产企业应当按照国家卫生标准和卫生规范要求，对消毒产品理化指标、微生物指标、杀灭微生物指标、毒理学指标等进行检验。不具备检验能力的，可以委托检验。消毒产品的检验活动应当符合国家有关规定。检验报告应当客观、真实，符合有关法律、法规、标准、规范和规定。检验报告在全国范围内有效。

六、法律责任
（一）行政责任

1. 医疗卫生机构没有制定消毒管理相关制度的、医疗卫生机构工作人员违反消毒隔离制度的，医疗卫生机构违反消毒卫生要求规定的，由县级以上地方卫生健康主管部门责令限期改正，可以处 5 000 元以下罚款；造成感染性疾病暴发的，可以处 5 000 元以上 2 万元以下罚款。

2. 加工、出售、运输被传染病病原体污染或者来自疫区可能被传染病病原体污染的皮毛，未按国家有关规定进行消毒处理的，由县级以上政府卫生健康主管部门责令限期进行卫生处理，可以处出售金额一倍以下的罚款；造成传染病流行的，根据情节，可以处相当出售金额三倍以下的罚款，危害严重，出售金额不满 2 000 元的，以 2 000 元计算；对主管人员和直接责任人员由所在单位或者上级机关给予行政处分。

3. 消毒产品生产经营单位的消毒产品的命名、标签（含说明书）不符合规定的，违反禁止生产经营消毒产品规定的，由县级以上地方卫生健康主管部门责令其限期改正，可以处 5 000 元以下罚款；造成感染性疾病暴发的，可以处 5 000 元以上 2 万元以下的罚款。

4. 消毒服务机构违反规定，消毒后的物品未达到卫生标准和要求的，由县级以上卫生健康主管部门责令其限期改正，可以处5 000元以下的罚款；造成感染性疾病发生的，可以处5 000元以上2万元以下的罚款。

5. 根据《传染病防治法》第69条的规定，有下列情形之一的，由县级以上人民政府卫生行政部门责令改正，通报批评，给予警告；造成传染病传播、流行或者其他严重后果的，对负有责任的主管人员和其他直接责任人员，依法给予降级、撤职、开除的处分，并可以依法吊销有关责任人的执业证书：① 医疗机构未按规定对本单位内被传染病病原体污染的场所、物品以及医疗废物实施消毒或者无害化处理的；② 未按照规定对医疗器械进行消毒，或者对按照规定一次使用的医疗器具未予销毁，再次使用的。

6. 根据《传染病防治法》第73条的规定，有下列情形之一，导致或者可能导致传染病传播、流行的，由县级以上人民政府卫生行政部门责令限期改正，没收违法所得，可以并处50 000元以下罚款；已取得许可证的，原发证部门可以依法暂扣或者吊销许可证：① 用于传染病防治的消毒产品不符合国家卫生标准和卫生规范的；② 出售、运输疫区中被传染病病原体污染或者可能被传染病病原体污染的物品，未进行消毒处理的。

（二）民事责任

因消毒产品造成他人人身损害的，应依法承担民事责任。

（三）刑事责任

1. 根据《传染病防治法》第69条的规定，有下列情形之一，构成犯罪的，依法追究刑事责任：① 医疗机构未按规定对本单位内被传染病病原体污染的场所、物品以及医疗废物实施消毒或者无害化处理的；② 未按照规定对医疗器械进行消毒，或者对按照规定一次使用的医疗器具未予销毁，再次使用的。

2. 根据《传染病防治法》第73条的规定，有下列情形之一，构成犯罪的，依法追究刑事责任：① 用于传染病防治的消毒产品不符合国家卫生标准和卫生规范的；② 出售、运输疫区中被传染病病原体污染或者可能被传染病病原体污染的物品，未进行消毒处理的。

第四节　医疗器械监督管理法律制度

一、医疗器械的概念及立法现状

1. **医疗器械概念**　医疗器械（medical apparatus and instruments）是指直接或者间接用于人体的仪器、设备、器具、体外诊断试剂及校准物、材料以及其他类似或者相关的物品，包括所需要的计算机软件。

其效用主要通过物理等方式获得，而不是通过药理学、免疫学或者代谢的方式获得，或者虽然有这些方式参与但是只起辅助作用。

其目的是：① 疾病的诊断、预防、监护、治疗或者缓解；② 损伤的诊断、监护、治疗、缓解或者功能补偿；③ 生理结构或者生理过程的检验、替代、调节或者支持；④ 生命的支持或者维持；⑤ 妊娠控制；⑥ 通过对来自人体的样本进行检查，为医疗或者诊断目的提供信息。

2. 医疗器械分类　国家对医疗器械按照风险程度实行分类管理，医疗器械可分为三类：第一类是风险程度低，实行常规管理可以保证其安全、有效的医疗器械；第二类是具有中度风险，需要严格控制管理以保证其安全、有效的医疗器械；第三类是具有较高风险，需要采取特别措施严格控制管理以保证其安全、有效的医疗器械。评价医疗器械风险程度，应当考虑医疗器械的预期目的、结构特征、使用方法等因素。

3. 立法现状　为了加强对医疗器械的监督管理，保证医疗器械的安全、有效，保障人体健康和生命安全，我国从2000年开始至2017年制定了一系列医疗器械监督管理的法律规范。当前主要法律规范为国务院于2000年1月4日发布的《医疗器械监督管理条例》（自2000年4月1日起施行，经2014年、2017年、2021年三次修订）。

二、医疗器械的管理
（一）医疗器械的产品注册与备案

1. 国家对第一类医疗器械实行产品备案管理，第二类、第三类医疗器械实行产品注册管理。医疗器械注册人、备案人应当加强医疗器械全生命周期质量管理，对研制、生产、经营、使用全过程中医疗器械的安全性、有效性依法承担责任。

2. 第一类医疗器械产品备案和申请，第二类、第三类医疗器械产品注册，应当提交产品风险分析资料、产品技术要求、产品检验报告、临床评价资料、产品说明书及标签样稿、与产品研制、生产有关的质量管理体系文件、证明产品安全和有效所需的其他资料。产品检验报告应当符合国务院药品监督管理部门的要求，可以是医疗器械注册申请人、备案人的自检报告，也可以是委托有资质的医疗器械检验机构出具的检验报告。符合《医疗器械监督管理条例》第二十四条免于进行临床评价情形的可以免于提交临床评价资料。医疗器械注册申请人、备案人应当确保提交的资料合法、真实、准确、完整和可追溯。

受理注册申请的药品监督管理部门应当对医疗器械的安全性、有效性以及注册申请人保证医疗器械安全、有效的质量管理能力等进行审查。

受理注册申请的药品监督管理部门应当自受理注册申请之日起3个工作日内将注册申请资料转交技术审评机构。技术审评机构应当在完成技术审评后，将审评意见提交受理注册申请的药品监督管理部门作为审批的依据。受理注册申请的药品监督管理部门在组织对医疗器械的技术审评时认为有必要对质量管理体系进行核查的，应当组织开展质量管理体系核查。

受理注册申请的药品监督管理部门应当自收到审评意见之日起20个工作日内作出决定。对符合条件的，准予注册并发给医疗器械注册证；对不符合条件的，不予注册并书面说明理由。受理注册申请的药品监督管理部门应当自医疗器械准予注册之日起5个工作日内，通过国务院药品监督管理部门在线政务服务平台向社会公布注册有关信息。

3. 医疗器械注册证有效期为5年。有效期届满需要延续注册的，应当在有效期届满6个月前向原注册部门提出延续注册的申请。除法律规定的情形外，接到延续注册申请的药品监督管理部门应当在医疗器械注册证有效期届满前作出准予延续的决定。逾期未作决定的，视为准予延续。

4. 不予延续注册的情形　① 未在规定期限内提出延续注册申请；② 医疗器械强制性标准已经修订，申请延续注册的医疗器械不能达到新要求；③ 附条件批准的医疗器械，未在规定期限内完成医疗器械注册证载明事项。

（二）医疗器械的临床试验和审评审批

1. **医疗器械的临床试验**　医疗器械临床试验应当在具备相应条件并且按照规定备案的医疗器械临床试验机构实施，应当获得伦理委员会的同意。列入需进行临床试验审批的第三类医疗器械目录的，还应当获得国家药品监督管理部门的批准，并且在符合要求的三级甲等医疗机构实施临床试验。医疗器械临床试验的申办者应当建立覆盖医疗器械临床试验全过程的质量管理体系，确保医疗器械临床试验符合相关法律、法规，保护受试者权益和安全。

医疗器械产品注册、备案，应当进行临床评价；但是符合下列情形之一的，可以免于进行临床评价：① 工作机理明确、设计定型，生产工艺成熟，已上市的同品种医疗器械临床应用多年且无严重不良事件记录，不改变常规用途的；② 其他通过非临床评价能够证明该医疗器械安全、有效的。国务院药品监督管理部门应当制定医疗器械临床评价指南。

第三类医疗器械临床试验对人体具有较高风险的，应当经国务院药品监督管理部门批准。国务院药品监督管理部门审批临床试验，应当对拟承担医疗器械临床试验的机构的设备、专业人员等条件，该医疗器械的风险程度，临床试验实施方案，临床受益与风险对比分析报告等进行综合分析，并自受理申请之日起60个工作日内作出决定并通知临床试验申办者。逾期未通知的，视为同意。准予开展临床试验的，应当通报临床试验机构所在地省、自治区、直辖市人民政府药品监督管理部门和卫生健康主管部门。

临床试验对人体具有较高风险的第三类医疗器械目录由国务院药品监督管理部门制定、调整并公布。

2. **医疗器械的审评审批制度**　为提高审评审批质量，建立更加科学、高效的药品医疗器械审评审批体系，使批准上市药品医疗器械的有效性、安全性、质量可控性达到或接近国际先进水平。国家制定医疗器械产业规划和政策，将医疗器械创新纳入发展重点，对创新医疗器械予以优先审评审批，支持创新医疗器械临床推广和使用，推动医疗器械产业高质量发展。国务院药品监督管理部门应当配合国务院有关部门，贯彻实施国家医疗器械产业规划和引导政策。及时修订医疗器械标准，提高医疗器械国际标准的采标率，提升国产医疗器械产品质量。通过调整产品分类，将部分成熟的、安全可控的医疗器械注册审批职责由国务院药品监管部门下放至省级药品监督管理部门。

全面公开药品医疗器械审评审批信息。向社会公布药品医疗器械审批清单及法律依据、审批要求和办理时限。向申请人公开药品医疗器械审批进度和结果。在批准产品上市许可时，同步公布审评、检查、检验等技术性审评报告，接受社会监督。

（三）医疗器械的标准与质量体系核查

1. **医疗器械的标准**　医疗器械标准是由国家药品监督管理部门依据职责组织制定，依法定程序发布，在医疗器械研制、生产、经营、使用、监督管理等活动中遵循的统一的技术要求。

医疗器械标准按照其效力分为强制性标准和推荐性标准。对保障人体健康和生命安全的技术要求，应当制定为医疗器械强制性国家标准和强制性行业标准。对满足基础通用、与强制性标准配套、对医疗器械产业起引领作用等需要的技术要求，可以制定为医疗器械推荐性国家标准和推荐性行业标准。医疗器械标准按照其规范对象分为基础标准、方法标准、管理标准和产品标准。《医疗器械监督管理条例》规定，生产医疗器械，应当符合医疗器械强制性国家标准；尚无强制性国家标准的，应当符合医疗器械强制性行业标准。

2. 医疗器械质量体系核查 医疗器械质量体系核查，是指第二类、第三类医疗器械产品在申请注册和重新注册时，由省级以上药品监督管理部门依据医疗器械生产企业质量体系考核办法组织对产品的质量体系进行审查的活动。

医疗器械质量体系考核的对象和范围是：凡申请境内第二类、第三类医疗器械产品注册或重新注册的企业及未获得境外医疗器械上市许可的第二类、第三类医疗器械首次注册的企业均属于考核范围；也包括对已通过考核企业的定期审查。

（四）医疗器械的使用说明书与标签

1. 医疗器械的使用说明书与标签的概念 医疗器械的使用说明书是指由医疗器械注册人或者备案人制作，随产品提供给用户，涵盖该产品安全有效的基本信息，用以指导正确安装、调试、操作、使用、维护、保养的技术文件。医疗器械标签是指在医疗器械或者其包装上附有的用于识别产品特征和标明安全警示等信息的文字说明及图形、符号。

2. 医疗器械的使用说明书与标签的要求

（1）医疗器械应当有使用说明书、标签。使用说明书、标签的内容应当与经注册或者备案的相关内容一致，确保真实、准确。医疗器械的说明书、标签应当标明下列事项：① 通用名称、型号、规格；② 医疗器械注册人、备案人、受托生产企业的名称、地址以及联系方式；③ 生产日期，使用期限或者失效日期；④ 产品性能、主要结构、适用范围；⑤ 禁忌、注意事项以及其他需要警示或者提示的内容；⑥ 安装和使用说明或者图示；⑦ 维护和保养方法，特殊运输、贮存的条件、方法；⑧ 产品技术要求规定应当标明的其他内容。

（2）医疗器械说明书和标签应当科学、真实、完整、准确，并与产品特性相一致。医疗器械说明书和标签的内容应当与经注册或者备案的相关内容一致。医疗器械标签的内容应当与说明书有关内容相结合。

（3）第二类、第三类医疗器械还应当标明医疗器械注册证编号。由消费者个人自行使用的医疗器械还应当具有安全使用的特别说明。

三、医疗器械生产、经营和使用的管理

1. 医疗器械生产企业要求 医疗器械生产企业应当符合下列条件：① 有与生产的医疗器械相适应的生产场地、环境条件、生产设备以及专业技术人员；② 有能对生产的医疗器械进行质量检验的机构或者专职检验人员以及检验设备；③ 有保证医疗器械质量的管理制度；④ 有与生

产的医疗器械相适应的售后服务能力；⑤ 符合产品研制、生产工艺文件规定的要求。

从事第一类医疗器械生产的，应当向所在地设区的市级人民政府负责药品监督管理的部门备案，在提交符合条件的有关资料后即完成备案。医疗器械备案人自行生产第一类医疗器械的，可以在依规进行产品备案时一并提交符合条件的有关资料，即完成生产备案。从事第二类、第三类医疗器械生产的，应当向所在地省、自治区、直辖市人民政府药品监督管理部门申请生产许可并提交其符合条件的有关资料以及所生产医疗器械的注册证。

受理生产许可申请的药品监督管理部门应当对申请资料进行审核，按照国务院药品监督管理部门制定的医疗器械生产质量管理规范的要求进行核查，并自受理申请之日起20个工作日内作出决定。对符合规定条件的，准予许可并发给医疗器械生产许可证；对不符合规定条件的，不予许可并书面说明理由。

医疗器械生产许可证有效期为5年。有效期届满需要延续的，依照有关行政许可的法律规定办理延续手续。

2. 医疗器械经营企业要求　从事医疗器械经营活动，应当有与经营规模和经营范围相适应的经营场所和贮存条件，以及与经营的医疗器械相适应的质量管理制度和质量管理机构或者人员。

从事第二类医疗器械经营的，由经营企业向所在地设区的市级人民政府负责药品监督管理的部门备案并提交符合医疗器械经营活动规定条件的有关资料。按照国务院药品监督管理部门的规定，对产品安全性、有效性不受流通过程影响的第二类医疗器械，可以免于经营备案。从事第三类医疗器械经营的，经营企业应当向所在地设区的市级人民政府负责药品监督管理的部门申请经营许可并提交符合医疗器械经营活动规定条件的有关资料。

受理经营许可申请的负责药品监督管理的部门应当对申请资料进行审查，必要时组织核查，并自受理申请之日起20个工作日内作出决定。对符合规定条件的，准予许可并发给医疗器械经营许可证；对不符合规定条件的，不予许可并书面说明理由。医疗器械经营许可证有效期为5年。有效期届满需要延续的，依照有关行政许可的法律规定办理延续手续。

3. 医疗机构使用医疗器械的要求

（1）医疗器械使用单位应当有与在用医疗器械品种、数量相适应的贮存场所和条件。医疗器械使用单位应当加强对工作人员的技术培训，按照产品说明书、技术操作规范等要求使用医疗器械。医疗器械使用单位配置大型医用设备，应当符合国务院卫生健康主管部门制定的大型医用设备配置规划，与其功能定位、临床服务需求相适应，具有相应的技术条件、配套设施和具备相应资质、能力的专业技术人员，并经省级以上人民政府卫生健康主管部门批准，取得大型医用设备配置许可证。大型医用设备配置管理办法由国务院卫生主管部门会同国务院有关部门制定。大型医用设备目录由国务院卫生健康主管部门向国务院有关部门提出，报国务院批准后执行。

（2）医疗器械使用单位对重复使用的医疗器械，应当按照国务院卫生健康主管部门制定的消毒和管理的规定进行处理。一次性使用的医疗器械不得重复使用，对使用过的应当按照国家有关规定销毁并记录。一次性使用的医疗器械目录由国务院药品监督管理部门会同国务院卫生健康主管部门制定、调整并公布。列入一次性使用的医疗器械目录，应当具有充足的无法重复使用的证据理由。重复使用可以保证安全、有效的医疗器械，不列入一次性使用的医疗器械目录。对因设计、生产工艺、消毒灭菌技术等改进后重复使用可以保证安全、有效的医疗器械，应当调整出一次性使用的医疗器械目录，允许重复使用。

（3）医疗器械使用单位对需要定期检查、检验、校准、保养、维护的医疗器械，应当按照产品使用说明书的要求进行检查、检验、校准、保养、维护并予以记录，及时进行分析、评估，确保医疗器械处于良好状态，保障使用质量；对使用期限长的大型医疗器械，应当逐台建立使用档案，记录其使用、维护、转让、实际使用时间等事项。记录保存期限不得少于医疗器械规定的使用期限终止后5年。

（4）医疗器械使用单位应当妥善保存购入第三类医疗器械的原始资料，并确保信息具有可追溯性。使用大型医疗器械以及植入和介入类医疗器械的，应当将医疗器械的名称、关键性技术参数等信息以及与使用质量安全密切相关的必要信息记载到病历等相关记录中。发现使用的医疗器械存在安全隐患的，医疗器械使用单位应当立即停止使用，并通知医疗器械注册人、备案人或者其他负责产品质量的机构进行检修；经检修仍不能达到使用安全标准的医疗器械，不得继续使用。

（5）医疗器械经营企业、使用单位不得经营、使用未依法注册或者备案、无合格证明文件以及过期、失效、淘汰的医疗器械。

（6）医疗器械使用单位之间转让在用医疗器械，转让方应当确保所转让的医疗器械安全、有效，不得转让过期、失效、淘汰以及检验不合格的医疗器械。

四、医疗器械的召回与医疗器械的监管
（一）不良事件的处理与医疗器械的召回

1. 不良事件的处理　国家建立医疗器械不良事件监测制度，对医疗器械不良事件及时进行收集、分析、评价、控制。国务院药品监督管理部门应当加强医疗器械不良事件监测信息网络建设。负责药品监督管理的部门应当根据医疗器械不良事件评估结果及时采取发布警示信息以及责令暂停生产、进口、经营和使用等控制措施。省级以上人民政府药品监督管理部门应当会同同级卫生健康主管部门和相关部门组织对引起突发、群发的严重伤害或者死亡的医疗器械不良事件及时进行调查和处理，并组织对同类医疗器械加强监测。负责药品监督管理的部门应当及时向同级卫生健康主管部门通报医疗器械使用单位的不良事件监测有关情况。医疗器械注册人、备案人、生产经营企业、使用单位应当对医疗器械不良事件监测技术机构、负责药品监督管理的部门、卫生健康主管部门开展的医疗器械不良事件调查予以配合。

2. 医疗器械的召回　医疗器械注册人、备案人发现生产的医疗器械不符合强制性标准、经注册或者备案的产品技术要求，或者存在其他缺陷的，应当立即停止生产，通知相关经营企业、使用单位和消费者停止经营和使用，召回已经上市销售的医疗器械，采取补救、销毁等措施，记录相关情况，发布相关信息，并将医疗器械召回和处理情况向负责药品监督管理的部门和卫生主管部门报告。医疗器械受托生产企业、经营企业发现生产、经营的医疗器械存在前款规定情形的，应当立即停止生产、经营，通知医疗器械注册人、备案人，并记录停止生产、经营和通知情况。

医疗器械注册人、备案人认为属于依照前款规定需要召回的医疗器械，应当立即召回。医疗器械注册人、备案人、受托生产企业、经营企业未依照本条规定实施召回或者停止生产、经营的，负责药品监督管理的部门可以责令其召回或者停止生产、经营。

（二）医疗器械的监管

1. 医疗器械重点监管的内容　负责药品监督管理的部门应当对医疗器械的研制、生产、经营活动以及使用环节的医疗器械质量加强监督检查，并对下列事项进行重点监督检查：① 是否按照经注册或者备案的产品技术要求组织生产；② 质量管理体系是否保持有效运行；③ 生产经营条件是否持续符合法定要求。必要时，负责药品监督管理的部门可以对为医疗器械研制、生产、经营、使用等活动提供产品或者服务的其他相关单位和个人进行延伸检查。

2. 负责药品监督管理的部门在监督检查中的职权　① 进入现场实施检查、抽取样品；② 查阅、复制、查封、扣押有关合同、票据、账簿以及其他有关资料；③ 查封、扣押不符合法定要求的医疗器械，违法使用的零配件、原材料以及用于违法生产医疗器械的工具、设备；④ 查封违反《医疗器械监督管理条例》规定从事医疗器械生产经营活动的场所。负责药品监督管理的部门进行监督检查，应当出示执法证件，保守被检查单位的商业秘密。

五、法律责任

（一）行政责任

1. **未经许可擅自配置使用大型医用设备的**　由县级以上人民政府卫生健康主管部门责令停止使用，给予警告，没收违法所得；违法所得不足1万元的，并处5万元以上10万元以下罚款；违法所得1万元以上的，并处违法所得10倍以上30倍以下罚款；情节严重的，5年内不受理相关责任人以及单位提出的大型医用设备配置许可申请，对违法单位的法定代表人、主要负责人、直接负责的主管人员和其他责任人员，没收违法行为发生期间自本单位所获收入，并处所获收入30%以上3倍以下罚款，依法给予处分。

2. **在申请医疗器械行政许可时提供虚假资料或者采取其他欺骗手段的**　不予行政许可，已经取得行政许可的，由作出行政许可决定的部门撤销行政许可，没收违法所得、违法生产经营使用的医疗器械，10年内不受理相关责任人以及单位提出的医疗器械许可申请；违法生产经营使用的医疗器械货值金额不足1万元的，并处5万元以上15万元以下罚款；货值金额1万元以上的，并处货值金额15倍以上30倍以下罚款；情节严重的，责令停产停业，对违法单位的法定代表人、主要负责人、直接负责的主管人员和其他责任人员，没收违法行为发生期间自本单位所获收入，并处所获收入30%以上3倍以下罚款，终身禁止其从事医疗器械生产经营活动。

3. **伪造、变造、买卖、出租、出借相关医疗器械许可证件的**　由原发证部门予以收缴或者吊销，没收违法所得；违法所得不足1万元的，并处5万元以上10万元以下罚款；违法所得1万元以上的，并处违法所得10倍以上20倍以下罚款；构成违反治安管理行为的，由公安机关依法予以治安管理处罚。

4. **备案时提供虚假资料的**　由负责药品监督管理的部门向社会公告备案单位和产品名称，没收违法所得、违法生产经营的医疗器械；违法生产经营的医疗器械货值金额不足1万元的，并处2万元以上5万元以下罚款；货值金额1万元以上的，并处货值金额5倍以上20倍以下罚款；情节严重的，责令停产停业，对违法单位的法定代表人、主要负责人、直接负责的主管人员和其他责任人员，没收违法行为发生期间自本单位所获收入，并处所获收入30%以上3倍以下罚款，10年内禁止其从事医疗器械生产经营活动。

5. **未进行医疗器械临床试验机构备案开展临床试验的**　由负责药品监督管理的部门责令停止临床试验并改正；拒不改正的，该临床试验数据不得用于产品注册、备案，处5万元以上10万元以下罚款，并向社会公告；造成严重后果的，5年内禁止其开展相关专业医疗器械临床试验，并处10万元以上30万元以下罚款，由卫生健康主管部门对违法单位的法定代表人、主要负责人、直接负责的主管人员和其他责任人员，没收违法行为发生期间自本单位所获收入，并处所获收入30%以上3倍以下罚款，依法给予处分。

6. **临床试验申办者开展临床试验未经备案的**　由负责药品监督管理的部门责令停止临床试验，对临床试验申办者处5万元以上10万元以下罚款，并向社会公告；造成严重后果的，处10万元以上30万元以下罚款。该临床试验数据不得用于产品注册、备案，5年内不受理相关责任人以及单位提出的医疗器械注册申请。

7. **临床试验申办者未经批准开展对人体具有较高风险的第三类医疗器械临床试验的**　由负责药品监督管理的部门责令立即停止临床试验，对临床试验申办者处10万元以上30万元以下罚款，并向社会公告；造成严重后果的，处30万元以上100万元以下罚款。该临床试验数据不得用于产品注册，10年内不受理相关责任人以及单位提出的医疗器械临床试验和注册申请，对违法单位的法定代表人、主要负责人、直接负责的主管人员和其他责任人员，没收违法行为发生期间自本单位所获收入，并处所获收入30%以上3倍以下罚款。

8. **医疗器械临床试验机构开展医疗器械临床试验未遵守临床试验质量管理规范的**　由负责药品监督管理的部门责令改正或者立即停止临床试验，处5万元以上10万元以下罚款；造成严重后果的，5年内禁止其开展相关专业医疗器械临床试验，由卫生主管部门对违法单位的法定代表人、主要负责人、直接负责的主管人员和其他责任人员，没收违法行为发生期间自本单位所获收入，并处所获收入30%以上3倍以下罚款，依法给予处分。

9. **医疗器械临床试验机构出具虚假报告的**　由负责药品监督管理的部门处10万元以上30万元以下罚款；有违法所得的，没收违法所得；10年内禁止其开展相关专业医疗器械临床试验；由卫生主管部门对违法单位的法定代表人、主要负责人、直接负责的主管人员和其他责任人员，没收违法行为发生期间自本单位所获收入，并处所获收入30%以上3倍以下罚款，依法给予处分。

10. **医疗器械检验机构出具虚假检验报告的**　由授予其资质的主管部门撤销检验资质，10年内不受理相关责任人以及单位提出的资质认定申请，并处10万元以上30万元以下罚款；有违法所得的，没收违法所得；对违法单位的法定代表人、主要负责人、直接负责的主管人员和其他责任人员，没收违法行为发生期间自本单位所获收入，并处所获收入30%以上3倍以下罚款，依法给予处分；受到开除处分的，10年内禁止其从事医疗器械检验工作。

（二）民事责任

根据《民法典》的规定，因药品、消毒产品、医疗器械的缺陷，或者输入不合格的血液造成患者损害的，患者可以向药品上市许可持有人、生产者、血液提供机构请求赔偿，也可以向医疗机构请求赔偿。患者向医疗机构请求赔偿的，医疗机构赔偿后，有权向负有责任的药品上市许可持有人、生产者、血液提供机构追偿。《医疗器械监督管理条例》规定，造成人身、财产或者其他损害的，依法承担赔偿责任。

（三）刑事责任

违反《医疗器械监督管理条例》规定，构成犯罪的，依法追究刑事责任。

根据《刑法》第145条规定，生产不符合保障人体健康的国家标准、行业标准的医疗器械、医用卫生材料，或者销售明知是不符合保障人体健康的国家标准、行业标准的医疗器械、医用卫生材料，足以严重危害人体健康的，处3年以下有期徒刑或者拘役，并处销售金额50%以上2倍以下罚金；对人体健康造成严重危害的，处3年以上10年以下有期徒刑，并处销售金额50%以上2倍以下罚金；后果特别严重的，处10年以上有期徒刑或者无期徒刑，并处销售金额50%以上2倍以下罚金或者没收财产。

相关链接　　　　医疗器械临床试验，是指在符合条件的医疗器械临床试验机构中，对拟申请注册的医疗器械（含体外诊断试剂）在正常使用条件下的安全性和有效性进行确认的过程。

医疗器械产品注册可以收取费用。具体收费项目、标准分别由国务院财政、价格主管部门按照国家有关规定制定。

医疗卫生机构为应对突发公共卫生事件而研制的医疗器械的管理办法，由国务院药品监督管理部门会同国务院卫生健康主管部门制定。

从事非营利的避孕医疗器械的存储、调拨和供应，应当遵守国务院卫生健康主管部门会同国务院药品监督管理部门制定的管理办法。

中医医疗器械的技术指导原则，由国务院药品监督管理部门会同国务院中医药管理部门制定。

案例10-1　　　　　　　　**生产销售非法添加禁用原料的化妆品案**

2020年底，某市市场监督管理局接到群众举报，反映"美S儿化妆品"网店销售的"祛斑霜"等化妆品可能存在质量安全问题。该市市场监督管理局立即组织调查，发现上述化妆品含有法律、法规明令禁止添加的地塞米松、曲安奈德醋酸酯等激素，且重金属汞含量严重超标。该市市场监管局经研判认为，上述违法行为涉嫌构成犯罪，即将此案依法移送公安机关，并联合公安机关深入追查。

思考：

1."美S儿化妆品"网店是否可以销售"祛斑霜"等化妆产品？理由是什么？

2."美S儿化妆品"网店可能触犯何种罪名？依据是什么？

案例10-2

违反生产经营"耳聋耳鸣光波仪"案

2021年11月，某省药品监督管理局接到反映A市B公司涉嫌违法生产并网络销售"耳聋耳鸣光波仪"的线索，立即组织B市市场监督管理局开展调查。经查，2020年3~6月期间，当事人从网络平台采购主板、外壳、包装，未经许可生产、经营未取得医疗器械注册证的第二类医疗器械"耳聋耳鸣光波仪"46台，并通过网络平台进行销售，货值金额3 887元。

思考：B公司生产并网络销售"耳聋耳鸣光波仪"的行为违反了《医疗器械监督管理条例》的哪些规定？

学习小结

健康相关产品卫生法律制度是调整保证健康相关产品安全，防止有害因素对人体的危害，保障人体健康活动中产生的各种社会关系的法律规范的总和。本章主要阐述了化妆品、消毒产品和医疗器械管理的法律制度的相关规定及违反化妆品、消毒产品和医疗器械管理的法律制度法规将要承担的法律责任。

（石　悦）

复习参考题

一、选择题

1. 化妆品的分类为
   A. 药用化妆品和普通化妆品
   B. 特殊化妆品和一般化妆品
   C. 一类化妆品和二类化妆品
   D. 特殊化妆品和普通化妆品
   E. 二类化妆品和三类化妆品

2. 化妆品生产许可证有效期为
   A. 5年
   B. 4年
   C. 3年
   D. 2年
   E. 1年

3. 消毒产品生产企业卫生许可证有效期为
   A. 10年
   B. 5年
   C. 4年

   D. 2年
   E. 1年

4. 医疗器械监督管理遵循的原则
   A. 风险管理、全程管控
   B. 全程管控、科学监管
   C. 科学监管、社会共治
   D. 风险管理、全程管控、科学监管、社会共治
   E. 风险管理、科学监管

5. 医疗器械注册证有效期为
   A. 3年
   B. 4年
   C. 5年
   D. 6年
   E. 7年

答案：1. D；2. A；3. C；4. D；5. C

二、简答题

1. 化妆品的安全通用要求有哪些？

2. 消毒的卫生要求有哪些？

3. 消毒产品生产经营的要求是什么？

4. 医疗器械的临床试验管理有哪些规定？

5. 医疗器械的使用说明书与标签的要求有哪些？

第十一章 公共卫生监督与管理法律制度

11章

学习目标

知识目标	1. 掌握学校卫生工作要求、公共场所卫生管理、生活饮用水卫生管理以及突发公共卫生事件应急处理的要求。 2. 熟悉学校卫生工作管理和工作监督，公共场所卫生监督，生活饮用水卫生监督，突发公共卫生事件的监测与预警、突发公共卫生事件报告与信息发布的要求。 3. 了解新时代学校卫生与健康教育工作的基本原则、公共场所的分类、与生活饮用水供水有关的概念及突发公共卫生事件预防与应急准备的要求。
能力目标	根据学校卫生工作管理和工作监督、公共场所卫生监督、生活饮用水卫生监督的要求可以完成相关的卫生监督工作。能够按照突发公共卫生事件的相关要求进行突发公共卫生事件的报告，履行相应的突发公共卫生应急处理的职责。
素质目标	认识到学校卫生工作要求、公共场所卫生管理、生活饮用水卫生管理、突发公共卫生事件应急处理对于保障人民群众健康，满足人民群众对美好生活的向往的重要性。

第一节 学校卫生法律制度

一、学校卫生法律制度概述

（一）学校卫生的概念

学校卫生是以加强学校卫生工作，提高学生的健康水平为目标，根据学生生长发育的特点及规律，应用基础医学、临床医学和预防医学的方法，研究和预防学生在学习和生活环境中的有害因素对身心健康的影响，并制定相应卫生措施的一门科学。尽管在日常生活中，学校的种类繁多，但学校卫生中的学校主要指的是普通中小学、农业中学、职业中学、中等专业学校、技工学校、普通高等学校。

（二）新时代学校卫生与健康教育工作的基本原则

1. 坚持健康第一 教育学生树牢"每个人是自己健康第一责任人"理念，学会和掌握健康知识与技能，为人人终身健康、建成健康中国奠定基础。

2. 坚持面向全体 将健康教育与德育、智育、体育、美育、劳动教育相结合，融入教育教学、管理服务全过程，发挥学校卫生专业技术人员、体育与健康课教师和教职员工等全员育人作用，构建面向人人、人人有责的健康教育体系。

3. 坚持预防为主 树立大卫生、大健康观念，普及健康知识，优化健康服务，完善健康保障，引导树立正确健康观，以防病为中心向以健康促进为中心转变。

4. 坚持问题导向 着力破解制约学校卫生与健康教育发展的突出问题、影响学生健康的重点问题，因地制宜，深化改革，综合施策。

（三）学校卫生的立法沿革

1979年12月6日，教育部、卫生部颁布了《中、小学工作暂行规定（草案）》，1980年8月26日，教育部、卫生部颁布了《高等学校卫生工作暂行规定（草案）》。1990年4月25日，经国务院批准，《学校卫生工作条例》发布施行，上述两个草案废止，自此，学校卫生工作有了明确的行政法规依据。2012年9月24日，卫生部颁布了《学校卫生监督工作规范》，使卫生行政部门及其卫生监督机构对辖区内学校的卫生工作监督检查有了法律依据。2020年6月1日施行的《基本医疗卫生与健康促进法》的第六章规定了学校在健康促进中的职责。2021年1月1日施行的《民法典》规定了学校和其他教育机构的侵权责任。2021年8月2日，教育部、国家发展和改革委员会、财政部、国家卫生健康委员会、国家市场监督管理总局等五部委发布了《关于全面加强和改进新时代学校卫生与健康教育工作的意见》，把新时代学校卫生与健康教育工作摆在更加突出的位置。2021年9月30日，国家卫生健康委员会、教育部印发了《中小学生健康体检管理办法（2021年版）》。

二、学校卫生工作要求

（一）学校卫生工作的主要任务

学校卫生工作的主要任务是监测学生健康状况；对学生进行健康教育，培养学生良好的卫生习惯；改善学校卫生环境和教学卫生条件；加强对传染病、学生常见病的预防和治疗。

（二）学校卫生工作要求

1. 学校教学卫生

（1）教学时长：学校应当合理安排学生的学习时间。学生每日学习时间（包括自习），小学不超过六小时，中学不超过八小时，大学不超过十小时。学校或者教师不得以任何理由和方式，增加授课时间和作业量，加重学生学习负担。

（2）教学环境和设施卫生：学校教学建筑、环境噪声、室内微小气候、采光、照明等环境质量以及黑板、课桌椅的设置应当符合国家有关标准。学校在新建、改建、扩建校舍时，选址、设计应当符合国家的卫生标准，并取得当地卫生健康行政部门的许可。竣工验收应当有当地卫生健康行政部门参加。

学校应当按照有关规定为学生设置厕所和洗手设施。寄宿制学校应当为学生提供相应的洗漱、洗澡等卫生设施。学校还应当为学生提供充足的符合卫生标准的饮用水。

（3）劳动卫生：学校应当根据学生的年龄，组织学生参加适当的劳动，并对参加劳动的学生，进行安全教育，提供必要的安全和卫生防护措施。

普通中小学校组织学生参加劳动，不得让学生接触有毒有害物质或者从事不安全工种的作业，不得让学生参加夜班劳动。

普通高等学校、中等专业学校、技工学校、农业中学、职业中学组织学生参加生产劳动，接触有毒有害物质的，按照国家有关规定，提供保险待遇。

（4）体育卫生：学校体育场地和器材应当符合卫生和安全要求。运动项目和运动强度应当适合学生的生理承受能力和体质健康状况，防止发生伤害事故。学校在安排体育课以及劳动等体力活动时，应当注意女学生的生理特点，给予必要的照顾。学校应该增加体育锻炼的时间。按照教会、勤练、常赛的要求，开齐开足体育与健康课。保障学生每天校内1个小时体育活动时间。

（5）饮食卫生：学校应当按照食品安全法律、法规规定和健康中国战略要求，建立健全相关制度，落实校园食品安全责任，开展食品安全与营养健康的宣传教育。学校食品安全实行校长负责制。学校应当将食品安全作为学校安全工作的重要内容，建立健全并落实有关食品安全管理制度和工作要求，定期组织开展食品安全隐患排查。学校应当配备专（兼）职食品安全管理人员和营养健康管理人员，建立并落实集中用餐岗位责任制度，明确食品安全与营养健康管理相关责任。

（6）用眼卫生：学校应当积极做好学生近视眼、弱视等的预防和矫治工作。学校应改善视觉环境，严格按照普通中小学校、中等职业学校建设标准，落实教室、宿舍、图书馆（阅览室）等采光和照明要求，使用利于视力健康的照明设备。学校教室照明卫生标准达标率要求100%。坚持眼保健操等护眼措施、强化户外体育锻炼、科学合理使用电子产品、定期开展视力监测、加强视力健康管理。

2. 学校健康教育、健康管理和传染病防控制度

（1）学校健康教育：国家将健康教育纳入国民教育体系。学校应当利用多种形式实施健康教育，普及健康知识、科学健身知识、急救知识和技能，提高学生主动防病的意识，培养学生良好的卫生习惯和健康的行为习惯，减少、改善学生近视、肥胖等不良健康状况。

学校应当把健康教育纳入教学计划。普通中小学必须开设健康教育课，普通高等学校、中等专业学校、技工学校、农业中学、职业中学应当开设健康教育选修课或者讲座。

（2）健康管理：学校应当建立学生健康管理制度。

学校应当定期对学生进行体格检查，加强卫生防护。中小学校每年组织1次在校学生健康体检。健康体检机构在学生及其监护人知情同意的前提下，以个体报告形式向学校反馈学生个体健康体检结果，并由学校向学生及其监护人反馈。

学校和教育行政部门应当将学生健康体检结果纳入学校档案管理内容，建立落实学生健康体检资料台账管理制度，有条件的地区可以建立电子化健康档案；根据学生健康体检结果和健康体检机构给出的健康指导建议，研究制定促进学生健康的措施，有针对性地开展促进学生健康的相关工作。

（3）传染病防控：学校应当认真贯彻执行传染病防治法律、法规，做好急、慢性传染病的预防和控制管理工作，同时做好地方病的预防和控制管理工作。

中小学在教育主管部门的领导和管理下开展本校传染病预防控制工作，并接受卫生部门的监督和技术指导。学校成立由校长作为第一责任人的传染病预防控制工作小组，全面负责学校的各项传染病预防控制管理工作。小组成员应该包括学校各相关部门的负责人，职责明确，责任到人，并随着学校人事变动，小组成员应及时调整。

普通高等学校应建立健全传染病疫情报告制度，明确学校传染病疫情报告人、报告时限和流程，并公布学校传染病疫情报告单位及部门的联系方式，保证传染病疫情信息的及时报告。学校应建立校领导负责的传染病预防控制工作体系和工作制度，成立学校传染病预防控制组织机构，成员应包括学校医疗保健、后勤、学生工作、教务、宣传等相关部门。

三、学校卫生工作管理和工作监督

（一）学校卫生工作管理

1. 学校卫生工作管理机构　普通高等学校、中等专业学校、技工学校和规模较大的农业中学、职业中学、普通中小学，可以设立卫生管理机构，管理学校的卫生工作。

2. 学校卫生保健机构和区域性中小学生卫生保健机构

（1）高等学校卫生保健机构：普通高等学校设校医院或者卫生科。校医院应当设保健科（室），负责师生的卫生保健工作。城市普通中小学、农村中心小学和普通中学设卫生室，按学生人数六百比一的比例配备专职卫生技术人员。中等专业学校、技工学校、农业中学、职业中学，可以根据需要，配备专职卫生技术人员。学生人数不足六百人的学校，可以配备专职或者兼职保健教师，开展学校卫生工作。

高等学校医疗保健机构的主要任务是监测学校人群的健康状况；开展学校健康教育；负责学校常见病和传染病的防治；对影响学校人群健康的有害因素实施医务监督。高等学校医疗保健机构的设置，应当符合《医疗机构管理条例》的相关规定。

（2）中小学生卫生保健机构：经本地区卫生行政部门批准，可以成立区域性的中小学生卫生保健机构。区域性的中小学生卫生保健机构的主要任务是调查研究本地区中小学生体质健康状况；开展中小学生常见疾病的预防与矫治；开展中小学卫生技术人员的技术培训和业务指导。

（二）学校卫生工作监督

1. 学校卫生监督机构和职责　县级以上卫生行政部门对学校卫生工作行使监督职权，学校卫生监督职责包括：① 教学及生活环境的卫生监督；② 传染病防控工作的卫生监督；③ 生活饮用水的卫生监督；④ 学校内设医疗机构和保健室的卫生监督；⑤ 学校内公共场所的卫生监督；

⑥ 配合相关部门对学校突发公共卫生事件应急处置工作落实情况的卫生监督；⑦ 根据教育行政部门或学校申请，开展学校校舍新建、改建、扩建项目选址、设计及竣工验收的预防性卫生监督指导工作；⑧ 上级卫生行政部门交办的其他学校卫生监督任务。

2. 学校卫生监督员　行使学校卫生监督职权的机构设立学校卫生监督员，由省级以上卫生行政部门聘任并发给学校卫生监督员证书。学校卫生监督员执行卫生行政部门或者其他有关部门卫生主管机构交付的学校卫生监督任务。

四、法律责任

（一）民事责任

无民事行为能力人在幼儿园、学校或者其他教育机构学习、生活期间受到人身损害的，幼儿园、学校或者其他教育机构应当承担侵权责任；但是，能够证明尽到教育、管理职责的，不承担侵权责任。

限制民事行为能力人在学校或者其他教育机构学习、生活期间受到人身损害，学校或者其他教育机构未尽到教育、管理职责的，应当承担侵权责任。

无民事行为能力人或者限制民事行为能力人在幼儿园、学校或者其他教育机构学习、生活期间，受到幼儿园、学校或者其他教育机构以外的第三人人身损害的，由第三人承担侵权责任；幼儿园、学校或者其他教育机构未尽到管理职责的，承担相应的补充责任。幼儿园、学校或者其他教育机构承担补充责任后，可以向第三人追偿。

（二）行政责任

1. 未经卫生行政部门许可新建、改建、扩建校舍的，由卫生行政部门对直接责任单位或者个人给予警告、责令停止施工或者限期改建。

2. 学校教学建筑、环境噪声、室内微小气候、采光、照明等环境质量以及黑板、课桌椅的设置不符合国家有关标准的，由卫生行政部门对直接责任单位或者个人给予警告并责令限期改进。情节严重的，可以同时建议教育行政部门给予行政处分。

3. 学校没有按照有关规定为学生设置厕所和洗手设施、寄宿制学校没有为学生提供相应的洗漱、洗澡等卫生设施、学校没有为学生提供充足的符合卫生标准的饮用水的，由卫生行政部门对直接责任单位或者个人给予警告并责令限期改进。情节严重的，可以同时建议教育行政部门给予行政处分。

4. 学校体育场地和器材不符合卫生和安全要求、运动项目和运动强度不适合学生的生理承受能力和体质健康状况发生伤害事故的，由卫生行政部门对直接责任单位或者个人给予警告并责令限期改进。情节严重的，可以同时建议教育行政部门给予行政处分。

5. 学校组织学生参加劳动违反相关规定，致使学生健康受到损害的，由卫生行政部门对直接责任单位或者个人给予警告。

6. 供学生使用的文具、娱乐器具、保健用品不符合国家有关卫生标准的，由卫生行政部门对直接责任单位或者个人给予警告；情节严重的，可以会同工商行政部门没收其不符合国家有关卫生标准的物品，并处以非法所得两倍以下的罚款。

（三）刑事责任

学校及其相关工作人员违反法律、法规规定，造成严重后果，构成犯罪的，依法承担相应的刑事责任。

第二节　公共场所卫生管理法律制度

一、公共场所卫生管理法律制度概述

（一）公共场所的概念

目前，法律、法规并没有对公共场所的概念作出明确的规定，无论是民法、刑法还是行政法等涉及公共场所的规定均是以列举式的方式界定公共场所的范围。

（二）公共场所的分类

公共场所主要包括以下种类：

（1）宾馆、饭馆、旅店、招待所、车马店、咖啡馆、酒吧、茶座；

（2）公共浴室、理发店、美容店；

（3）影剧院、录像厅（室）、游艺厅（室）、舞厅、音乐厅；

（4）体育场（馆）、游泳场（馆）、公园；

（5）展览馆、博物馆、美术馆、图书馆；

（6）商场（店）、书店；

（7）候诊室、候车（机、船）室、公共交通工具。

（三）公共场所卫生管理立法沿革

1987年4月1日，国务院发布了《公共场所卫生管理条例》，后该条例分别于2016年2月和2019年4月进行了修订。1991年6月1日，卫生部公布的《公共场所卫生管理条例实施细则》开始施行，后该实施细则于2011年3月、2016年1月、2017年12月进行了修正。2020年6月1日施行的《基本医疗卫生与健康促进法》规定国家完善公共场所卫生管理制度。县级以上人民政府卫生健康等主管部门应当加强对公共场所的卫生监督。公共场所卫生监督信息应当依法向社会公开。公共场所经营单位应当建立健全并严格实施卫生管理制度，保证其经营活动持续符合国家对公共场所的卫生要求。

二、公共场所卫生管理

（一）公共场所卫生管理的第一责任人

公共场所的法定代表人或者负责人是其经营场所卫生安全的第一责任人。公共场所经营者应当设立卫生管理部门或者配备专（兼）职卫生管理人员，具体负责本公共场所的卫生工作，建立健全卫生管理制度和卫生管理档案。公共卫生管理制度一般包括：环境卫生清扫保洁制度；空气质量、微小气候、水质、采光、照明、噪声、公共用品用具、集中空调通风系统等定期检测制度；公共场所禁烟管理制度；公共用品用具更换、清洗、消毒管理制度；卫生设施设备使用、维护管理制度；

集中空调、分散式空调管理制度；从业人员健康检查、培训、个人卫生制度；卫生相关产品采购、索证、验收制度；生活饮用水、二次供水设施管理制度；游泳场所、沐浴场所水质管理制度；卫生间卫生管理制度；日常卫生检查及奖惩制度；传染病、健康危害事故应急处置和报告制度。

（二）公共场所卫生管理档案

公共场所卫生管理档案主要包括下列内容：

（1）卫生管理部门、人员设置情况及卫生管理制度；

（2）空气、微小气候（湿度、温度、风速）、水质、采光、照明、噪声的检测情况；

（3）顾客用品用具的清洗、消毒、更换及检测情况；

（4）卫生设施的使用、维护、检查情况；

（5）集中空调通风系统的清洗、消毒情况；

（6）安排从业人员健康检查情况和培训考核情况；

（7）公共卫生用品进货索证管理情况；

（8）公共场所危害健康事故应急预案或者方案；

（9）省、自治区、直辖市卫生健康行政部门要求记录的其他情况。

公共场所卫生管理档案应当有专人管理，分类记录，至少保存两年。

（三）公共场所从业人员管理

公共场所经营者应当建立卫生培训制度，组织从业人员学习相关卫生法律知识和公共场所卫生知识，并进行考核。对考核不合格的，不得安排上岗。公共场所经营者应当组织从业人员每年进行健康检查，从业人员在取得有效健康合格证明后方可上岗。患有痢疾、伤寒、甲型病毒性肝炎、戊型病毒性肝炎等消化道传染病的人员，以及患有活动性肺结核、化脓性或者渗出性皮肤病等疾病的人员，治愈前不得从事直接为顾客服务的工作。

（四）公共场所卫生管理的内容和要求

1. 公共场所室内空气　公共场所经营者应当保持公共场所空气流通，室内空气质量应当符合国家卫生标准和要求。公共场所采用集中空调通风系统的，应当符合公共场所集中空调通风系统相关卫生规范和规定的要求。

2. 游泳场（馆）和公共浴室水质　游泳场（馆）和公共浴室作为公共场所，其水质应当符合国家卫生标准和要求。人工游泳场所、沐浴场所使用的原水水质应符合国标的要求。人工游泳场所水循环净化、消毒、补水等设施设备应正常进行，每日补充足量新水，发生故障时应及时检修，游泳池水质应符合国标要求。儿童池营业期间应持续供给新水。

3. 采光照明、噪声　公共场所的采光照明、噪声应当符合国家卫生标准和要求。公共场所应当尽量采用自然光。室内游泳馆自然采光系数不宜低于1/4，其他利用自然采光的公共场所室内自然采光系数不宜低于1/8。自然采光不足的，公共场所经营者应当配置与其经营场所规模相适应的照明设施。公共场所经营者应当采取措施降低噪声。

4. 用品用具　公共用品用具是指公共场所经营者提供给顾客重复使用的床单、枕套、被套、毛巾、浴巾、浴衣、杯具、洁具、拖鞋、美容美发工具、修脚工具以及其他重复使用且与皮肤、黏膜等接触的物品。公共场所经营者提供给顾客使用的用品用具应当保证卫生安全，可以反复使用的用品用具应当一客一换，按照有关卫生标准和要求清洗、消毒、保洁。禁止重复使用一次性用品用具。公共用品用具存放、运输有效防止交叉污染和二次污染，已清洗消毒的用品用具存放容器和污染物品回收容器分开专用，有标志标识。

5. 卫生设施设备　公共场所经营者应当根据经营规模、项目设置清洗、消毒、保洁、盥洗等设施设备和公共卫生间。公共场所经营者应当建立卫生设施设备维护制度，定期检查卫生设施设备，确保其正常运行，不得擅自拆除、改造或者挪作他用。公共场所设置的卫生间，应当有单独通风排气设施，保持清洁无异味。

公共场所经营者应当配备安全、有效的预防控制蚊、蝇、蟑螂、鼠和其他病媒生物的设施设备及废弃物存放专用设施设备，并保证相关设施设备的正常使用，及时清运废弃物。

6. 传染病和健康危害事故管理　公共场所经营者应当制定公共场所危害健康事故应急预案或者方案，定期检查公共场所各项卫生制度、措施的落实情况，及时消除危害公众健康的隐患。

公共场所发生危害健康事故的，经营者应当立即处置，防止危害扩大，并及时向县级人民政府卫生行政部门报告。任何单位或者个人对危害健康事故不得隐瞒、缓报、谎报或者授意他人隐瞒、缓报、谎报。

公共场所发生传染病，经营者应按卫生法律法规要求及时报告。公共场所应制定传染病、健康危害事故应急预案，发生传染性疾病流行，应立即处置，防止危害扩大。

三、公共场所卫生监督

（一）公共场所卫生监督管理机构

卫生行政部门负责职责范围内的公共场所卫生的监督管理。

（二）公共场所卫生监督机构的主要职责

公共场所卫生监督机构的卫生监督职责主要包括：① 对公共场所进行卫生监测和卫生技术指导；② 监督从业人员健康检查，指导有关部门对从业人员进行卫生知识的教育和培训。

（三）公共场所卫生监督量化分级管理

公共场所量化分级制度适用于已获得卫生许可证的公共场所的日常卫生监督检查。公共场所卫生监督量化分级制度中的量化评价是根据法律、法规、规章和标准、规范的要求，对公共场所评价项目进行量化，并应用风险性分析理论，按风险度高低分为关键项目和非关键项目。通过监督量化评价评定公共场所卫生信誉等级，以客观公正地反映其卫生状况。

目前，公共场所的卫生信誉度分为A级、B级、C级三级。实行公共场所量化分级管理的公共场所包括住宿场所、游泳场所、沐浴场所、美容美发场所等。

四、法律责任

（一）民事责任

公共场所的经营者和管理者违反公共场所卫生管理的法律、法规，造成进入公共场所的人员人身和财产损害的，依法承担民事侵权责任。

（二）行政责任

1. 公共场所经营者未按照规定对公共场所的空气、微小气候、水质、采光、照明、噪声、顾客用品用具等进行卫生检测的、未按照规定对顾客用品用具进行清洗、消毒、保洁，或者重复使用一次性用品用具的，由县级以上地方人民政府卫生行政部门责令限期改正，给予警告，并可处以二千元以下罚款；逾期不改正的，造成公共场所卫生质量不符合卫生标准和要求的，处以二千元以上二万元以下罚款；情节严重的，可以依法责令停业整顿，直至吊销卫生许可证。

2. 公共场所经营者安排未获得有效健康合格证明的从业人员从事直接为顾客服务工作的，由县级以上地方人民政府卫生行政部门责令限期改正，给予警告，并处以五百元以上五千元以下罚款；逾期不改正的，处以五千元以上一万元以下罚款。

3. 公共场所经营者对发生的危害健康事故未立即采取处置措施，导致危害扩大，或者隐瞒、缓报、谎报的，由县级以上地方人民政府卫生行政部门处以五千元以上三万元以下罚款；情节严重的，可以依法责令停业整顿，直至吊销卫生许可证。

（三）刑事责任

公共场所经营者对发生的危害健康事故未立即采取处置措施，导致危害扩大，或者隐瞒、缓报、谎报造成严重后果，构成犯罪的，依法承担刑事责任。

相关链接 | 2021年5月13日，国家疾病预防控制局成立，国家疾病预防控制局将负责制定传染病防控及公共卫生监督的政策，指导疾病预防控制体系建设，规划指导疫情监测预警体系建设，指导疾病科研体系建设，公共卫生监督管理、传染病防治监督等。

2019年7月9日，健康中国行动推进委员会印发《健康中国行动（2019—2030年）》，控烟行动是《健康中国行动（2019—2030年）》十五个专项行动之一，其中明确提出逐步在全国范围内实现室内公共场所、室内工作场所和公共交通工具全面禁烟。同时，《基本医疗卫生与健康促进法》明确规定：国家采取措施，减少吸烟对公民健康的危害，公共场所控制吸烟，强化监督执法。

第三节　生活饮用水卫生管理法律制度

一、生活饮用水卫生管理法律制度概述

（一）生活饮用水的概念

生活饮用水指的是供人生活的饮水和用水。供水是重要的民生工程，事关人民群众的生命健康权益，获得安全卫生的供水，对于保障人民生活和健康具有十分重要的意义。随着城镇化的发展，我国的公共供水普及率不断提升，为了持续增强供水安全保障能力，国家提出，到2025年，

建立较为完善的城市供水全流程保障体系和基本健全的城市供水应急体系。

（二）与生活饮用水供水有关的概念

1. 集中式供水　集中式供水是由水源集中取水，经统一净化处理和消毒后，由输水管网送至用户的供水方式（包括公共供水和单位自建设施供水）。

2. 二次供水　二次供水是将来自集中式供水的管道水另行加压、贮存、再送至水站或用户的供水设施；包括客运船舶、火车、客车等交通运输工具上的供水（有独自制水设施者除外）。

3. 涉及饮用水卫生安全的产品　涉及饮用水卫生安全的产品是指凡在饮用水生产和供水过程中与饮用水接触的连接止水材料、塑料及有机合成管材、管件、防护涂料、水处理剂、除垢剂、水质处理器及其他新材料和化学物质。

4. 直接从事供、管水的人员　直接从事供、管水的人员是指从事净水、取样、化验、二次供水卫生管理及水池、水箱清洗人员。

5. 城市集中式供水　城市集中式供水是指县级以上城市建成区的集中式供水。

6. 乡镇集中式供水　乡镇集中式供水是指农村乡镇的集中式供水。

（三）生活饮用水立法沿革

1984年11月，《中华人民共和国水污染防治法》开始实施，其后于1996年5月、2008年2月、2017年6月三次进行了修订，自2008年第二次修订，在其第五章设专章规定了饮用水水源保护；1994年10月1日，《城市供水条例》开始施行，该条例于2018年3月和2020年3月两次进行了修订。1988年3月2日《铁路生活饮用水卫生管理监督实施办法》开始施行；1997年1月1日，《生活饮用水卫生监督管理办法》开始施行，此后，于2010年2月和2016年4月两次进行了修订；1986年10月1日，卫生部发布的《生活饮用水卫生标准》（GB 5749—85）开始实施。2007年7月1日，卫生部、国家标准化管理委员会发布的《生活饮用水卫生标准》（GB 5749—2006）开始实施；2023年4月1日，国家市场监督管理总局、国家标准化管理委员会发布的《生活饮用水卫生标准》（GB 5749—2022）开始实施。

二、生活饮用水卫生管理

（一）生活饮用水卫生标准

供水单位供应的饮用水必须符合国家生活饮用水卫生标准。生活饮用水水质应符合的基本要求包括：① 生活饮用水中不应含有病原微生物；② 生活饮用水中化学物质不应危害人体健康；③ 生活饮用水中放射性物质不应危害人体健康；④ 生活饮用水的感官性状良好；⑤ 生活饮用水应经消毒处理。

涉及饮用水卫生安全的产品卫生要求：处理生活饮用水采用的絮凝、助凝、消毒、氧化、吸附、pH调节、防锈和阻垢等化学处理剂应符合GB/T 17218—1998《饮用水化学处理剂卫生安全性评价》规定，消毒剂和消毒设备应符合《生活饮用水消毒剂和消毒设备卫生安全评价规范（试行）》规定，生活饮用水的输配水设备、防护材料和水处理材料应符合GB/T 17219—1998《生活饮用水输配水设备及防护材料的安全性评价标准》规定。

（二）集中式供水单位的行业资格准入

集中式供水单位取得工商行政管理部门颁发的营业执照后，还应当取得县级以上地方人民政府卫生健康主管部门颁发的卫生许可证方可供水。

城市自来水供水企业和自建设施对外供水的企业，经工商行政管理机关登记注册后，方可从事经营活动。

（三）供水单位的生活饮用水卫生管理规章制度

供水单位应建立饮用水卫生管理规章制度，配备专职或兼职人员，负责饮用水卫生管理工作。

城市自来水供水企业和自建设施对外供水的企业，应当建立、健全水质检测制度，确保城市供水的水质符合国家规定的饮用水卫生标准。

（四）集中式供水单位的生活饮用水日常性检验

集中式供水单位必须有水质净化消毒设施及必要的水质检验仪器、设备和人员，对水质进行日常性检验，并向当地人民政府卫生健康主管部门和建设行政主管部门报送检测资料。

（五）直接从事供、管水人员的健康检查

直接从事供、管水的人员必须取得体检合格证后方可上岗工作，并每年进行一次健康检查。凡患有痢疾、伤寒、甲型病毒性肝炎、戊型病毒性肝炎、活动性肺结核、化脓性或渗出性皮肤病及其他有碍饮用水卫生的疾病和病原携带者，不得直接从事供、管水工作。

直接从事供、管水的人员未经卫生知识培训不得上岗工作。

（六）饮用水水源地保护

国家建立饮用水水源保护区制度。饮用水水源保护区分为一级保护区和二级保护区；必要时，可以在饮用水水源保护区外围划定一定的区域作为准保护区。保护区内严禁修建任何可能危害水源水质卫生的设施及一切有碍水源水质卫生的行为。在饮用水水源保护区内，禁止设置排污口。

三、生活饮用水卫生监督

（一）卫生监督机构

县级以上人民政府卫生行政机关负责本行政区域内饮用水卫生监督监测工作。

（二）卫生监督职责

1. 新建、改建、扩建集中式供水项目时，当地人民政府卫生行政机关进行预防性卫生监督，并负责本行政区域内饮用水的水源水质监测和评价。

2. 县级以上地方人民政府卫生健康主管部门负责本行政区域内饮用水污染事故对人体健康影响的调查。当发现饮用水污染危及人体健康、须停止使用时，对二次供水单位应责令其立即停止供水。对集中式供水单位应当会同城市建设行政主管部门报同级人民政府批准后停止供水。

四、法律责任

（一）民事责任

供水单位因违反生活饮用水相关法律、法规，造成他人人身和财产损害的，依法承担相应的民事责任。

涉及饮用水卫生安全产品生产者和销售者生产、销售的涉及饮用水卫生安全产品不合格，造成他人人身和财产损害的，依法承担相应的民事责任。

（二）行政责任

1. 集中式供水单位安排未取得体检合格证的人员从事直接供、管水工作或安排患有有碍饮用水卫生疾病的或病原携带者从事直接供、管水工作的，县级以上地方人民政府卫生行政部门应当责令限期改进，并可对供水单位处以20元以上1 000元以下的罚款。

2. 在饮用水水源保护区修建危害水源水质卫生的设施或进行有碍水源水质卫生的作业的；新建、改建、扩建的饮用水供水项目未经卫生健康主管部门参加选址、设计审查和竣工验收而擅自供水的；供水单位未取得卫生许可证而擅自供水的；供水单位供应的饮用水不符合国家规定的生活饮用水卫生标准的，应当由县级以上地方人民政府卫生行政部门责令改进，并可处以20元以上5 000元以下的罚款。

3. 生产或者销售无卫生许可批准文件的涉及饮用水卫生安全的产品的，县级以上地方人民政府卫生行政部门应当责令改进，并可处以违法所得3倍以下的罚款，但最高不超过30 000元，或处以500元以上10 000元以下的罚款。

4. 城市自来水供水企业和自建设施对外供水的企业新建、改建、扩建的饮用水供水工程项目未经建设行政主管部门设计审查和竣工验收而擅自建设并投入使用的或未按规定进行日常性水质检验工作的，由建设行政主管部门责令限期改进，并可处以违法所得3倍以下的罚款，但最高不超过30 000元，没有违法所得的可处以10 000元以下罚款。

5. 城市自来水供水企业或者自建设施对外供水的企业供水水质、水压不符合国家规定标准的、擅自停止供水或者未履行停水通知义务的、未按照规定检修供水设施或者在供水设施发生故障后未及时抢修的，由城市供水行政主管部门责令改正，可以处以罚款，情节严重的，报经县级以上人民政府批准，可以责令停业整顿；对负有直接责任的主管人员和其他直接责任人员，其所在单位或者上级机关可以给予行政处分。

6. 在饮用水水源保护区内设置排污口的，由县级以上地方人民政府责令限期拆除，处10万元以上50万元以下的罚款；逾期不拆除的，强制拆除，所需费用由违法者承担，处50万元以上100万元以下的罚款，并可以责令停产整治。

（三）刑事责任

供水单位违反生活饮用水相关法律、法规造成严重后果，构成犯罪的，依法承担相应的刑事责任。

涉及饮用水卫生安全产品生产者和销售者违反生活饮用水相关法律、法规造成严重后果，构成犯罪的，依法承担相应的刑事责任。

第四节 突发公共卫生事件应急法律制度

一、突发公共卫生事件应急法律制度概述

（一）突发公共卫生事件的概念

突发公共卫生事件是指突然发生，造成或者可能造成社会公众健康严重损害的重大传染病疫情、群体性不明原因疾病、重大食物和职业中毒以及其他严重影响公众健康的事件。

（二）突发公共卫生事件应急方针和原则

突发事件应急工作，应当遵循预防为主、常备不懈的方针，贯彻统一领导、分级负责、反应及时、措施果断、依靠科学、加强合作的原则。

（三）突发公共卫生事件的分级

根据突发公共卫生事件性质、危害程度、涉及范围，突发公共卫生事件划分为特别重大（Ⅰ级）、重大（Ⅱ级）、较大（Ⅲ级）和一般（Ⅳ级）四级。其中，特别重大突发公共卫生事件主要包括：

（1）肺鼠疫、肺炭疽在大、中城市发生并有扩散趋势，或肺鼠疫、肺炭疽疫情波及2个以上的省份，并有进一步扩散趋势。

（2）发生传染性非典型肺炎、人感染高致病性禽流感病例，并有扩散趋势。

（3）涉及多个省份的群体性不明原因疾病，并有扩散趋势。

（4）发生新传染病或我国尚未发现的传染病发生或传入，并有扩散趋势，或发现我国已消灭的传染病重新流行。

（5）发生烈性病菌株、毒株、致病因子等丢失事件。

（6）周边以及与我国通航的国家和地区发生特大传染病疫情，并出现输入性病例，严重危及我国公共卫生安全的事件。

（7）国务院卫生行政部门认定的其他特别重大突发公共卫生事件。

（四）突发事件应急处理指挥部的组成

1. 应急指挥部 突发事件发生后，国务院设立全国突发事件应急处理指挥部，由国务院有关部门和军队有关部门组成，国务院主管领导人担任总指挥，负责对全国突发事件应急处理的统一领导、统一指挥。国务院卫生行政主管部门和其他有关部门，在各自的职责范围内做好突发事件应急处理的有关工作。

突发事件发生后，省、自治区、直辖市人民政府成立地方突发事件应急处理指挥部，省、自治区、直辖市人民政府主要领导人担任总指挥，负责领导、指挥本行政区域内突发事件应急处理工作。

2. 日常管理机构 国务院卫生行政部门设立卫生应急办公室（突发公共卫生事件应急指挥中心），负责全国突发公共卫生事件应急处理的日常工作。省、自治区、直辖市人民政府卫生行政部门及军队、武警系统参照国务院卫生行政部门突发公共卫生事件日常管理机构的设置及职责，结合各自实际情况，指定突发公共卫生事件的日常管理机构，负责本行政区域或本系统内突发公

共卫生事件应急的协调、管理工作。

3. 应急处理专业技术机构 医疗机构、疾病预防控制机构、卫生监督机构、进境和出境检验检疫机构是突发公共卫生事件应急处理的专业技术机构。应急处理专业机构在发生突发公共卫生事件时，要服从卫生行政部门的统一指挥和安排，开展应急处理工作。

4. 突发事件应对工作中的特殊保护 国家在突发事件应对工作中，应当对未成年人、老年人、残疾人、孕产期和哺乳期的妇女、需要及时就医的伤病人员等群体给予特殊、优先保护。

5. 突发事件应对中的奖励 对在突发事件应对工作中作出突出贡献的单位和个人，按照国家有关规定给予表彰、奖励。

（五）突发事件应急立法沿革

1989年9月1日，《传染病防治法》开始实施，应对重大传染病这一公共卫生事件有了法律依据，其后，《传染病防治法》在2004年8月和2013年6月分别进行了两次修订。2003年5月9日，《突发公共卫生事件应急条例》施行，2011年1月进行了修订；2007年11月1日，《中华人民共和国突发事件应对法》（以下简称《突发事件应对法》）开始施行，其中明确了突发公共卫生事件是突发事件的一种；2020年6月1日施行的《基本医疗卫生与健康促进法》规定国家建立健全突发事件卫生应急体系，制定和完善应急预案，组织开展突发事件的医疗救治、卫生学调查处置和心理援助等卫生应急工作，有效控制和消除危害。2024年6月28日，《突发事件应对法》经第十四届全国人民代表大会常务委员会第十次会议修订通过，自2024年11月1日起施行。

二、突发公共卫生事件预防与应急准备

（一）突发公共卫生事件应急预案

1. 应急预案的制定机构 国务院卫生行政主管部门制定全国突发事件应急预案，并报请国务院备案。省、自治区、直辖市人民政府根据全国突发事件应急预案，结合本地实际情况，制定本行政区域的突发事件应急预案并按国务院有关规定备案。

县级以上人民政府应急管理部门指导突发事件应急预案体系建设，综合协调应急预案衔接工作，增强有关应急预案的衔接性和实效性。

2. 突发事件应急预案的内容

（1）突发事件应急处理指挥部的组成和相关部门的职责；

（2）突发事件的监测与预警；

（3）突发事件信息的收集、分析、报告、通报制度；

（4）突发事件应急处理技术和监测机构及其任务；

（5）突发事件的分级和应急处理工作方案；

（6）突发事件预防、现场控制、应急设施、设备、救治药品和医疗器械以及其他物资和技术的储备与调度；

（7）突发事件应急处理专业队伍的建设和培训。

（二）突发公共卫生事件的应急知识教育

县级人民政府及其有关部门、乡级人民政府、街道办事处应当组织开展面向社会公众的应急知识宣传普及活动和必要的应急演练。

居民委员会、村民委员会、企业事业单位、社会组织应当根据所在地人民政府的要求，结合各自的实际情况，开展面向居民、村民、职工等的应急知识宣传普及活动和必要的应急演练。

新闻媒体应当开展突发事件应对法律和法规、预防与应急、自救与互救知识等的公益宣传。

各级各类学校应当把应急教育纳入教育教学计划，对学生及教职工开展应急知识教育和应急演练，培养安全意识，提高自救与互救能力。教育主管部门应当对学校开展应急教育进行指导和监督，应急管理等部门应当给予支持。

（三）突发公共卫生事件的监测与预警

1. 监测　国家建立统一的突发公共事件监测、预警与报告网络体系。各级医疗、疾病预防控制、卫生监督和进境、出境检验检疫机构负责开展突发公共卫生事件的日常监测工作。

省级人民政府卫生行政部门要按照国家统一规定和要求，结合实际，组织开展重点传染病和突发公共卫生事件的主动监测。国务院卫生行政部门和地方各级人民政府卫生行政部门要加强对监测工作的管理和监督，保证监测质量。

2. 预警　各级人民政府卫生行政部门根据医疗机构、疾病预防控制机构、卫生监督机构提供的监测信息，按照公共卫生事件的发生、发展规律和特点，及时分析其对公众身心健康的危害程度、可能的发展趋势，及时作出预警。国家建立健全突发事件预警发布平台，按照有关规定及时、准确向社会发布突发事件预警信息。

广播、电视、报刊以及网络服务提供者、电信运营商应当按照国家有关规定，建立突发事件预警信息快速发布通道，及时、准确、无偿播发或者刊载突发事件预警信息。

公共场所和其他人员密集场所，应当指定专门人员负责突发事件预警信息接收和传播工作，做好相关设备、设施维护，确保突发事件预警信息及时、准确接收和传播。

3. 物资储备　国家按照集中管理、统一调拨、平时服务、灾时应急、采储结合、节约高效的原则，建立健全应急物资储备保障制度，动态更新应急物资储备品种目录，完善重要应急物资的监管、生产、采购、储备、调拨和紧急配送体系，促进安全应急产业发展，优化产业布局。

设区的市级以上人民政府和突发事件易发、多发地区的县级人民政府应当建立应急救援物资、生活必需品和应急处置装备的储备保障制度。

县级以上地方人民政府应当根据本地区的实际情况和突发事件应对工作的需要，依法与有条件的企业签订协议，保障应急救援物资、生活必需品和应急处置装备的生产、供给。

有关企业应当根据协议，按照县级以上地方人民政府要求，进行应急救援物资、生活必需品和应急处置装备的生产、供给，并确保符合国家有关产品质量的标准和要求。

国家鼓励公民、法人和其他组织储备基本的应急自救物资和生活必需品。有关部门可以向社会公布相关物资、物品的储备指南和建议清单。

4. 急救医疗服务网络建设　县级以上人民政府应当加强急救医疗服务网络的建设，配备相应的医疗救治物资、设施设备和人员，提高医疗卫生机构应对各类突发事件的救治能力。

设区的市级以上地方人民政府应当设置与传染病防治工作需要相适应的传染病专科医院，或者指定具备传染病防治条件和能力的医疗机构承担传染病防治任务。

三、突发公共卫生事件报告与信息发布

（一）突发公共卫生事件报告制度

国家建立突发事件应急报告制度。国务院卫生行政主管部门制定突发事件应急报告规范，建立重大、紧急疫情信息报告系统。

（二）责任报告单位和责任报告人

任何单位和个人都有权向国务院卫生行政部门和地方各级人民政府及其有关部门报告突发公共卫生事件及其隐患，也有权向上级政府部门举报不履行或者不按照规定履行突发公共卫生事件应急处理职责的部门、单位及个人。

接到报告的单位应当按照规定立即核实处理，对于不属于其职责的，应当立即移送相关单位核实处理。

1. 责任报告单位　县级以上各级人民政府卫生行政部门指定的突发公共卫生事件监测机构、各级各类医疗卫生机构、卫生行政部门、县级以上地方人民政府和检验检疫机构、食品药品监督管理机构、环境保护监测机构、教育机构等有关单位为突发公共卫生事件的责任报告单位。

突发公共卫生事件责任报告单位要按照有关规定及时、准确地报告突发公共卫生事件及其处置情况。

2. 责任报告人　执行职务的各级各类医疗卫生机构的医疗卫生人员、个体开业医生为突发公共卫生事件的责任报告人。

（三）报告时限

1. 1小时内报告的事项　有下列情形之一的，省、自治区、直辖市人民政府应当在接到报告1小时内，向国务院卫生行政主管部门报告：① 发生或者可能发生传染病暴发、流行的；② 发生或者发现不明原因的群体性疾病的；③ 发生传染病菌种、毒种丢失的；④ 发生或者可能发生重大食物和职业中毒事件的。

2. 2小时内报告的事项　有下列情形之一的，突发事件监测机构、医疗卫生机构和有关单位应当在2小时内向所在地县级人民政府主管部门报告：① 发生或者可能发生传染病暴发、流行的；② 发生或者发现不明原因的群体性疾病的；③ 发生传染病菌种、毒种丢失的；④ 发生或者可能发生重大食物和职业中毒事件的。

接到上述事项报告的卫生行政主管部门应当在2小时内向本级人民政府报告，并同时向上级人民政府卫生行政主管部门和国务院卫生行政主管部门报告。县级人民政府应当在接到报告后

2小时内向设区的市级人民政府或者上级人民政府报告；设区的市级人民政府应当在接到报告后2小时向省、自治区、直辖市人民政府报告。

接到报告的地方人民政府、卫生行政部门在依照相关规定报告的同时，应当立即组织力量对报告事项调查核实、确证，采取必要的控制措施，并及时报告调查情况。

（四）突发公共卫生事件的通报

国务院卫生行政主管部门应当根据发生突发事件的情况，及时向国务院有关部门和各省、自治区、直辖市人民政府卫生行政主管部门以及军队有关部门通报。

突发事件发生地的省、自治区、直辖市人民政府卫生行政主管部门，应当及时向毗邻省、自治区、直辖市人民政府卫生行政主管部门通报。

接到通报的省、自治区、直辖市人民政府卫生行政主管部门、必要时应当及时通知本行政区域内的医疗卫生机构。

县级以上地方人民政府有关部门，已经发生或者发现可能引起突发事件的情形时，应当及时向同级人民政府卫生行政主管部门通报。

（五）突发公共卫生事件的信息发布制度

国务院卫生行政主管部门负责向社会发布突发事件的信息。必要时，可以授权省、自治区、直辖市人民政府卫生行政主管部门向社会发布本行政区域内突发事件的信息。

信息发布应当及时、准确、全面。

四、突发公共卫生事件应急处理

（一）应急预案的启动

突发事件发生后，卫生行政主管部门应当组织专家对突发事件进行综合评估，初步判断突发事件的类型，提出是否启动突发事件应急预案的建议。

在全国范围内或者跨省、自治区、直辖市范围内启动全国突发事件应急预案，由国务院卫生行政主管部门报国务院批准后实施，省、自治区、直辖市启动突发事件应急预案，由省、自治区、直辖市人民政府决定，并向国务院报告。

应急预案启动后，突发事件发生地的人民政府有关部门，应当根据预案规定的职责要求，服从突发事件应急处理指挥部的统一指挥，立即到达规定岗位，采取有关的控制措施。

医疗卫生机构、监测机构和科学研究机构，应当服从突发事件应急处理指挥部的统一指挥，相互配合、协作、集中力量开展相关的科学研究工作。

（二）应急处理

1. 调查评价　省级以上人民政府卫生行政主管部门或者其他有关部门指定的突发事件应急处理专业技术机构，负责突发事件的技术调查、确证、处置、控制和评价工作。

国务院卫生行政主管部门或者其他有关部门指定的专业技术机构，有权进入突发事件现场进行调查、采样、技术分析和检验，对地方突发事件的应急处理工作进行技术指导，有关单位和个人应当予以配合；任何单位和个人不得以任何理由予以拒绝。

对新发现的突发传染病、不明原因的群体性疾病、重大食物和职业中毒事件，国务院卫生行政主管部门应当尽快组织力量制定相关的技术标准，规范和控制措施。

2. 法定传染病的宣布　国务院卫生行政部门对新发现的突发传染病，根据危害程度、流行强度，依照《传染病防治法》的规定及时宣布为法定传染病；宣布为甲类传染病的，由国务院决定。

3. 应急物资的保障　突发事件发生后，国务院有关部门和县级以上地方人民政府及其有关部门，应当保证突发事件应急处理所需的医疗救护设备、救治药品、医疗器械等物资的生产、供应；铁路、交通、民用航空行政主管部门应当保证及时运送。

根据突发事件应急处理的需要，突发事件应急处理指挥部有权紧急调集人员、储备的物资、交通工具以及相关设施、设备，必要时，对人员进行疏散或者隔离，并可以依法对传染病疫区实行封锁。

4. 应急处理措施　突发事件应急处理指挥部根据突发事件应急处理的需要，可以对食物和水源采取控制措施。

县级以上地方人民政府卫生行政主管部门应当对突发事件现场等采取措施，宣传突发事件防治知识，及时对易受感染的人群和其他易受损害的人群采取应急接种、预防性投药、群体防护等措施。

交通工具上发现根据国务院卫生行政主管部门的规定需要采取应急控制措施的传染病病人、疑似传染病病人，其负责人应当以最快的方式通知前方停靠点，并向交通工具的营运单位报告。交通工具的前方停靠点和营运单位应当立即向交通工具营运单位行政主管部门和县级以上地方人民政府卫生行政主管部门报告。卫生行政主管部门接到报告后，应当立即组织有关人员采取相应的医学处置措施。

交通工具上的传染病病人密切接触者，由交通工具停靠点的县级以上各级人民政府卫生行政主管部门或者铁路、交通、民航、民用航空行政主管部门，根据各自的职责，依照传染病防治法律、行政法规的规定，采取控制措施。

涉及国境口岸和入出境的人员、交通工具、货物、集装箱、行李、邮包等需要采取传染病应急控制措施的，依照国境卫生检疫法律、行政法规的规定办理。

医疗卫生机构应当对因突发事件致病的人员提供医疗救护和现场救援，对就诊病人必须接诊治疗，并书写详细、完整的病历记录；对需要转送的病人，应当按照规定将病人及其病历记录的复印件转送至接诊地或者指定的医疗机构。医疗卫生机构内应当采取卫生防护措施，防止交叉感染和污染。医疗卫生机构应当对传染病病人密切接触者采取医学观察措施，传染病病人密切接触者应当予以配合。医疗机构收治传染病病人、疑似传染病病人，应当依法报告所在地的疾病预防控制机构。接到报告的疾病预防控制机构应当立即对可能受到危害的人员进行调查，根据需要采取必要的控制措施。

5. 应急处理中的其他规定　国家支持城乡社区组织健全应急工作机制，强化城乡社区综合服务设施和信息平台应急功能，加强与突发事件信息系统数据共享，增强突发事件应急处置中保障群众基本生活和服务群众能力。

国家采取措施，加强心理健康服务体系和人才队伍建设，支持引导心理健康服务人员和社会工作者对受突发事件影响的各类人群开展心理健康教育、心理评估、心理疏导、心理危机干预、心理行为问题诊治等心理援助工作。

对于突发事件遇难人员的遗体，应当按照法律和国家有关规定，科学规范处置，加强卫生防疫，维护逝者尊严。对于逝者的遗物应当妥善保管。

在突发事件应急处置中，有关单位和个人因依照《突发事件应对法》规定配合突发事件应对工作或者履行相关义务，需要获取他人个人信息的，应当依照法律规定的程序和方式取得并确保信息安全，不得非法收集、使用、加工、传输他人个人信息，不得非法买卖、提供或者公开他人个人信息。

因依法履行突发事件应对工作职责或者义务获取的个人信息，只能用于突发事件应对，并在突发事件应对工作结束后予以销毁。确因依法作为证据使用或者调查评估需要留存或者延期销毁的，应当按照规定进行合法性、必要性、安全性评估，并采取相应保护和处理措施，严格依法使用。

五、法律责任

（一）民事责任

在突发公共卫生事件中，单位或者个人违反相关法律、法规规定，导致突发事件发生或者危害扩大，造成人身、财产或者其他损害的，应当依法承担民事责任。

（二）行政责任

1. 县级以上地方人民政府及其卫生行政主管部门未按照《突发公共卫生事件应急条例》的规定履行报告职责，对突发事件隐瞒、缓报、谎报或者授意他人隐瞒、缓报、谎报的，对政府主要领导人及其卫生行政主管部门主要负责人，依法给予降级或者撤职的行政处分；造成传染病传播、流行或者对社会公众健康造成其他严重危害后果的，依法给予开除的行政处分。

2. 国务院有关部门、县级以上地方人民政府及其有关部门未依照《突发公共卫生事件应急条例》的规定，完成突发事件应急处理所需的设施、设备、药品和医疗器械等物资的生产、供应、运输和储备的，对政府主要领导人和政府部门主要负责人依法给予降级或者撤职的处分；造成传染病传播、流行或者对社会公众健康造成其他严重危害后果的，依法给予开除的行政处分。

3. 突发事件发生后，县级以上地方人民政府及其有关部门对上级人民政府有关部门的调查不予配合，或者采取其他方式阻碍、干涉调查的，对政府主要领导人和政府部门主要负责人依法给予降级或者撤职的行政处分。

4. 县级以上各级人民政府卫生行政主管部门和其他有关部门在突发事件调查、控制、医疗救治工作中玩忽职守、失职、渎职的，由本级人民政府或者上级人民政府有关部门责令改正、通报批评、给予警告；对主要负责人、负有责任的主管人员和其他责任人员依法给予降级、撤职的行政处分；造成传染病传播、流行或者对社会公众健康造成其他严重危害后果的，依法给予开除的行政处分。

5. 县级以上各级人民政府有关部门拒不履行应急处理职责的，由同级人民政府或者上级人民政府有关部门责令改正、通报批评、给予警告；对主要负责人、负有责任的主管人员和其他责任人员依法给予降级、撤职的行政处分；造成传染病传播、流行或者对社会公众健康造成其他严重危害后果的，依法给予开除的行政处分。

6. 医疗机构有下列行为之一的，由卫生行政主管部门责令改正、通报批评、给予警告；情节严重的，吊销《医疗机构执业许可证》，对主要负责人、负有责任的主管人员和其他直接责任人员依法给予降级或者撤职的纪律处分：① 未依照《突发公共卫生事件应急条例》的规定履行报告职责、隐瞒、缓报或者谎报的；② 未依照《突发公共卫生事件应急条例》的规定及时采取控制措施的；③ 未依照《突发公共卫生事件应急条例》的规定履行突发事件监测职责的；④ 拒绝接诊病人的；⑤ 拒不服从突发事件应急处理指挥部调度的。

7. 在突发事件应急处理工作中，有关单位和个人未依照《突发公共卫生事件应急条例》的规定履行报告职责、隐瞒、缓报或者谎报，阻碍突发事件应急处理工作人员执行职务，拒绝国务院卫生行政主管部门或者其他有关部门指定的专业技术机构进入突发事件现场，或者不配合调查、采样、技术分析和检验的，对有关责任人员依法给予行政处分或者纪律处分；触犯《中华人民共和国治安管理处罚法》，构成违反治安管理行为的，由公安机关依法予以处罚。

8. 有关单位有下列情形之一，由所在地履行统一领导职责的人民政府有关部门责令停产停业，暂扣或者吊销许可证件，并处五万元以上二十万元以下的罚款。情节特别严重的，并处二十万元以上一百万元以下的罚款：

（1）未按照规定采取预防措施，导致发生较大以上突发事件的；

（2）未及时消除已发现的可能引发突发事件的隐患，导致发生较大以上突发事件的；

（3）未做好应急物资储备和应急设备、设施日常维护、检测工作，导致发生较大以上突发事件或者突发事件危害扩大的；

（4）突发事件发生后，不及时组织开展应急救援工作，造成严重后果的。

其他法律对前款行为规定了处罚的，依照较重的规定处罚。

（三）刑事责任

在突发公共卫生事件的应急处理中，未履行报告职责、完成相应的物资保障，对突发公共事件的调查和评价不配合，在突发事件调查、控制、医疗救治工作中玩忽职守、失职、渎职、拒不履行应急处理职责，造成传染病传播、流行或者对社会公众健康造成严重危害后果构成犯罪的，依法承担相应的刑事责任。

医疗卫生机构主要负责人、负有责任的主管人员和其他直接责任人员未依照《突发公共卫生事件应急条例》的规定履行报告职责、隐瞒、缓报或者谎报，未依照《突发公共卫生事件应急条例》的规定及时采取控制措施，未依照《突发公共卫生事件应急条例》的规定履行突发事件监测职责、拒绝接诊病人、拒不服从突发事件应急处理指挥部调度造成传染病传播、流行或者对社会公众健康造成严重危害后果构成犯罪的，依法承担相应的刑事责任。

案例 11-1 医疗机构在突发公共卫生事件中应履行的职责

2019年7月9日，蔡某因分娩到某医院就诊，分娩前，某医院给蔡某的产前各项检查一切正常，7月12日，蔡某在剖宫产的同时做了双侧输卵管结扎术，分娩出双胞胎女婴，该双胞胎女婴出生时经检查一切正常，由于早产儿而转入新生儿科。转入新生儿科后，该双胞胎却分别于7月21日和22日因埃可病毒等院感疾病死亡。一审法院经审查认为，双胞胎新生儿因埃可病毒疫情死亡。依据《突发公共卫生事件应急条例》第五十条规定："医疗卫生机构有下列行为之一的，由卫生行政主管部门责令改正、通报批评、给予警告；情节严重的，吊销《医疗机构执业许可证》；对主要负责人、负有责任的主管人员和其他直接责任人员依法给予降级或者撤职的纪律处分；造成传染病传播、流行或者对社会公众健康造成其他严重危害后果，构成犯罪的，依法追究刑事责任：① 未依照本条例的规定履行报告职责，隐瞒、缓报或者谎报的；② 未依照本条例的规定及时采取控制措施的；③ 未依照本条例的规定履行突发事件监测职责的；④ 拒绝接诊病人的；⑤ 拒不服从突发事件应急处理指挥部调度的。"本案埃可病毒传染属于疫情，属突发公共卫生事件，原告以被告对埃可病毒防控不到位为由主张医疗损害赔偿，不属人民法院受案范围，应由卫生行政主管部门处理。

思考：

1. 本案是否属于突发公共卫生事件？

2. 医院在处理突发公共卫生事件中应采取什么样的措施？

3. 本案中，蔡某夫妻要求某医院承担违反相关传染病防控法律、法规的规定，对院内感染防控不到位的民事责任是否合理？

案件出处：中国裁判文书网

复习参考题

一、选择题

1. 学校应当合理安排学生的学习时间。学生每日学习时间（包括自习），说法正确的是
   A. 小学不超过八小时
   B. 初中不超过十小时
   C. 高中不超过十一小时
   D. 大学不超过十二小时
   E. 学校或者教师不得以任何理由和方式，增加授课时间和作业量，加重学生学习负担。

2. 学校卫生监督职责不包括
   A. 教学及生活环境的卫生监督
   B. 传染病防控工作的卫生监督
   C. 学校从业人员的卫生监督
   D. 生活饮用水的卫生监督
   E. 学校内设医疗机构和保健室的卫生监督

3. 实行公共场所量化分级管理的公共场所不包括
   A. 住宿场所
   B. 游泳场所
   C. 沐浴场所
   D. 美容美发场所
   E. 学校

4. 生活饮用水水质应符合的基本要求不包括
   A. 生活饮用水应经消毒处理
   B. 生活饮用水的接触性状良好
   C. 生活饮用水中放射性物质不应危害人体健康
   D. 生活饮用水中化学物质不应危害人体健康
   E. 生活饮用水中不应含有病原微生物

5. 不属于1小时内应该报告的突发公共卫生事件的是
   A. 发生或者可能发生自然灾害伤害事件的
   B. 发生或者发现不明原因的群体性疾病的
   C. 发生传染病菌种、毒种丢失的
   D. 发生或者可能发生重大食物和职业中毒事件的
   E. 发生或者可能发生传染病暴发、流行的

　　答案：1.D；2.C；3.E；4.B；5.A

二、简答题

1. 学校卫生工作的要求有哪些?

2. 公共场所卫生管理的内容和要求有哪些?

3. 生活饮用水卫生管理的内容有哪些?

4. 突发公共卫生事件应急处理包括哪些内容?

第十二章　职业病防治法律制度

学习目标

知识目标	1. 掌握职业病的管理原则、职业病前期预防的一般措施、职业病在劳动过程中的防护、职业病诊断机构设置条件及诊断依据及职业病病人的待遇。 2. 熟悉职业病的构成要件、职业病健康检查与职业健康档案、职业病诊断一般程序、职业病鉴定提起和一般程序、职业病防治监管机构及违反职业病防治法的法律责任。 3. 了解职业病的概念、分类、立法现状及职业病鉴定机构。
能力目标	运用所学知识对职业病进行诊断与鉴定，并做到恪尽职守。
素质目标	具有对职业病防治的正确态度和行为，并做到爱岗敬业。

第一节　职业病防治法律制度概述

一、职业病的概念和构成条件

（一）职业病的概念

职业病是指企业、事业单位和个体经济组织等用人单位的劳动者在职业活动中，因接触粉尘、放射性物质和其他有毒、有害因素而引起的疾病。

（二）职业病的构成要件

判定是否属于法定职业病，《中华人民共和国职业病防治法》（以下简称《职业病防治法》）第二条规定，必须同时符合四个构成要件：

1. 主体特定性　患病主体必须是企业、事业单位或者个体经济组织等用人单位的劳动者。这里的"劳动者"具体包括我国各类组织形式企业内的劳动者以及事业单位、个体经济组织和社会团体中的劳动者。

2. 与职业活动密切相关　劳动者的疾病必须是在从事职业活动的过程中产生的，而且该疾病与劳动者从事的生产劳动具有密切联系。

3. 因职业危害导致　劳动者的疾病必须是因接触粉尘、放射性物质和其他有毒、有害职业危害因素而直接引起的。职业危害因素对劳动者的健康造成各种不良影响，统称为职业损害。根据职业危害因素的性质、疾病的发病机制、临床表现、影响程度，职业损害可分为职业性疾病、工作有关疾病、职业性外伤、职业病四种情况。

4. 法定性　劳动者的疾病必须是国家公布的职业病分类和目录所列的疾病。

二、职业病的分类

《职业病防治法》规定，职业病的分类和目录由国务院卫生健康行政部门会同国务院劳动保障行政部门制定、调整并公布。2013年12月23日，国家卫生和计划生育委员会、安全生产监督管理总局、人力资源社会保障部和全国总工会联合印发了《职业病分类和目录》，将职业病定为10大类132种（含4项开放性条款）。包括：① 职业性尘肺病及其他呼吸系统疾病19种；② 职业性皮肤病9种；③ 职业性眼病3种；④ 职业性耳鼻喉口腔疾病4种；⑤ 职业性化学中毒60种；⑥ 物理因素所致职业病7种；⑦ 职业性放射性疾病11种；⑧ 职业性传染病5种；⑨ 职业性肿瘤11种；⑩ 其他职业3种。

三、职业病防治立法及工作方针和管理原则

（一）职业病防治立法

为保护劳动者的身体健康和生命安全，国家十分重视职业病防治立法。1953年政务院制定了《中华人民共和国劳动保险条例》，1957年卫生部制定了《职业病范围和职业病患者处理办法》。改革开放后，有关职业病防治，国家相关部门出台了一系列法律规范：1987年国务院颁布了《中华人民共和国尘肺病防治条例》、1994年全国人民代表大会常务委员会通过了《中华人民共和国劳动法》。为了预防、控制和消除职业病危害，防治职业病，保护劳动者健康及其相关权益，促进经济、社会发展，2001年10月27日，第九届全国人民代表大会常务委员会第二十四次会议通过了《中华人民共和国职业病防治法》，自2002年5月1日起施行。此后，全国人民代表大会常务委员会分别于2011年12月31日、2016年7月2日、2017年11月4日和2018年12月29日先后对《职业病防治法》进行了四次修正。

《职业病防治法》颁布实施后，国务院2005年颁布了《放射性同位素与射线装置放射安全和防护条例》、2012年颁布了《女职工劳动保护特别规定》等行政法规；卫生部相继发布了《国家职业卫生标准管理办法》《职业病诊断与鉴定管理办法》《核设施放射卫生防护管理规定》《核事故医学应急管理规定》《放射工作人员职业健康管理办法》《放射事故管理规定》《放射诊疗管理规定》等规章；此外，各地也相继出台了一批职业病防治地方性法规，完善了我国职业病防治法律体系。

（二）防治方针

国家对职业病采取预防为主、防治结合的方针，这是职业病防治工作中必须坚持的基本方针。预防为主、防治结合包括三个方面的含义：第一，所谓"防"，控制职业病危害源头，最大限度地减少、避免"治"的负担与代价。第二，所谓"治"，不只是对职业病的诊断治疗，更重要的是对职业病危害的治理，这既是"防"，也是"治"；如发生或者可能发生急性职业病危害事

故时，用人单位应当立即采取应急救援、控制措施和治理措施。第三，对已经造成或者可能造成职业病危害后果的工作场所，做到"防"中有"治"，"治"中有"防"。

（三）管理原则

由于职业病危害因素的种类繁多，危害的性质、途径和程度千差万别，造成的职业病危害很复杂，需要采取的职业病危害防治措施也相应不同。为了加强职业病危害防治的针对性，切实保障劳动者的健康，减轻用人单位的负担，提高防治效果，必须对职业病危害实行分类管理、综合治理。

1. 分类管理 是指按职业病危害因素的种类、性质、毒性、危害程度及对人体健康造成的损害后果确定类别，采取不同的管理方法。分类管理的主要内容有：① 建设项目分类管理；② 职业病危害项目申报制度；③ 对从事放射、高毒等作业实行特殊管理；④ 职业病的分类和目录。

2. 综合治理 是指在职业病防治活动中采取一切有效的管理和技术措施，如立法、行政、经济、科技、民主管理和社会监督等，并将其纳入法治化统一监督管理的轨道，对职业病危害所进行的治理。综合治理包括政府的规划管理与组织领导、卫生健康行政部门的统一监督管理、有关部门在各自的职责范围内分工监督管理、用人单位自律管理、职业卫生技术服务、工会组织的督促与协助、劳动者的民主监督等。

第二节　职业病预防与防护

一、职业病前期预防

在工业生产实践中，由于一些建设单位缺乏职业卫生防护意识，在项目的设计和施工阶段没有配备应有的职业病危害防护设施，从而导致严重的职业病危害后果。鉴于此，防治职业病应从源头上控制和消除职业病危害。《职业病防治法》设专章对前期预防作出明确规定。

（一）工作场所职业卫生要求

产生职业病危害的用人单位的设立除应当符合法律、行政法规规定的设立条件外，其工作场所还应当符合职业卫生要求：① 职业病危害因素的强度或者浓度符合国家职业卫生标准；② 有与职业病危害防护相适应的设施；③ 生产布局合理，符合有害与无害作业分开的原则；④ 有配套的更衣间、洗浴间、孕妇休息间等卫生设施；⑤ 设备、工具、用具等设施符合保护劳动者生理、心理健康的要求；⑥ 法律、行政法规和国务院卫生健康行政部门关于保护劳动者健康的其他要求。

（二）职业病危害项目申报

职业病危害是指对从事职业活动的劳动者可能导致职业病的各种危害。职业病危害因素包括：职业活动中存在的各种有害的化学、物理、生物因素以及在作业过程中产生的其他职业有害因素。

为了保护劳动者健康，国家建立职业病危害项目申报制度。用人单位工作场所存在职业病目录所列职业病的危害因素的，应当及时、如实向所在地卫生健康行政部门申报危害项目，接受监督。职业病危害因素分类目录由国务院卫生健康行政部门制定、调整并公布。职业病危害项目申报的具体办法由国务院卫生健康行政部门制定。

（三）职业病危害预评价

1. 预评价报告适用范围　新建、扩建、改建建设项目和技术改造、技术引进项目（以下统称建设项目）可能产生职业病危害的，建设单位在可行性论证阶段应当进行职业病危害预评价。医疗机构建设项目可能产生放射性职业病危害的，建设单位应当向卫生健康行政部门提交放射性职业病危害预评价报告。卫生健康行政部门应当自收到预评价报告之日起30日内，作出审核决定并书面通知建设单位。未提交预评价报告或者预评价报告未经卫生健康行政部门审核同意的，不得开工建设。

2. 预评价报告内容　职业病危害预评价报告应当对建设项目可能产生的职业病危害因素及其对工作场所和劳动者健康的影响作出评价，确定危害类别和职业病防治措施。

（四）工程项目建设的职业卫生防护

1. "三同时"制度　建设项目的职业病防护设施应当与主体工程同时设计、同时施工、同时投入生产和使用；所需费用应当纳入建设项目的工程预算。

2. 防护设施的设计和验收　医疗机构放射性职业病危害严重的建设项目的防护设施设计，应当经卫生健康行政部门审查同意后，符合国家职业卫生标准和卫生要求的，方可施工。建设项目在竣工验收前，建设单位应当进行职业病危害控制效果评价。建设项目竣工验收时，其职业病防护设施经卫生健康行政部门验收合格后，方可投入使用。

二、职业病在劳动过程中的防护

劳动过程中防护是职业病前期预防的延伸，强化用人单位在职业病防治工作中的责任，保障劳动者在劳动过程中职业健康权益。

（一）职业病防治管理措施

用人单位应当采取下列职业病防治管理措施：① 设置或者指定职业卫生管理机构或者组织，配备专职或者兼职的职业卫生管理人员，负责本单位的职业病防治工作；② 制定职业病防治计划和实施方案；③ 建立、健全职业卫生管理制度和操作规程；④ 建立、健全职业卫生档案和劳动者健康监护档案；⑤ 建立、健全工作场所职业病危害因素监测及评价制度；⑥ 建立、健全职业病危害事故应急救援预案。

（二）工作环境和工作场所的防护

工作环境和工作场所的防护是指用人单位为保障劳动者的健康权及其相关权益，对劳动者从事职业活动的工作环境和工作场所采取的防护措施。

用人单位对劳动者从事职业活动的工作环境和工作场所采取的防护主要措施有：① 产生职业病危害的用人单位，应当在醒目位置设置公告栏，公布有关职业病防治的规章制度、操作规程、职业病危害事故应急救援措施和工作场所职业病危害因素检测结果。② 对产生严重职业病危害的作业岗位，应当在其醒目位置，设置警示标识和中文警示说明。警示说明应当载明产生职业病危害的种类、后果、预防以及应急救治措施等内容。③ 对可能发生急性职业损伤的有毒、有害工作场所，用人单位应当设置报警装置，配置现场急救用品、冲洗设备、应急撤离通道和必要的泄险区。④ 对放射工作场所和放射性同位素的运输、贮存，用人单位必须配置防护设备和报警装置，保证接触放射线的工作人员佩戴个人剂量计。⑤ 用人单位应当实施由专人负责的职业病危害因素日常监测，并确保监测系统处于正常运行状态。用人单位应当按照国务院卫生健康行政部门的规定，定期对工作场所进行职业病危害因素检测、评价。检测、评价结果存入用人单位职业卫生档案，定期向所在地卫生健康行政部门报告并向劳动者公布。

（三）个人防护

用人单位应当重视对劳动者个人的防护，依法履行防护职责。其主要职责包括：① 用人单位必须采用有效的职业病防护设施，并为劳动者提供个人使用的职业病防护用品；② 用人单位为劳动者个人提供的职业病防护用品必须符合防治职业病的要求；不符合要求的，不得使用；③ 对职业病防护设备、应急救援设施和个人使用的职业病防护用品，用人单位应当进行经常性的维护、检修，定期检测其性能和效果，确保其处于正常状态，不得擅自拆除或者停止使用。

（四）劳动合同的履行

用人单位与劳动者订立劳动合同时，应当将工作过程中可能产生的职业病危害及其后果、职业病防护措施和待遇等如实告知劳动者，并在劳动合同中写明，不得隐瞒或者欺骗。劳动者在已订立劳动合同期间因工作岗位或者工作内容变更，从事与所订立劳动合同中未告知的存在职业病危害的作业时，用人单位应当依照前款规定，向劳动者履行如实告知的义务，并协商变更原劳动合同相关条款。用人单位违反上述规定的，劳动者有权拒绝从事存在职业病危害的作业，用人单位不得因此解除与劳动者所订立的劳动合同。

（五）劳动者的职业卫生保护权利

劳动者的职业卫生保护权利是职业病预防的重要保障。劳动者享有下列职业卫生保护权利：① 获得职业卫生教育、培训；② 获得职业健康检查、职业病诊疗、康复等职业病防治服务；③ 了解工作场所产生或者可能产生的职业病危害因素、危害后果和应当采取的职业病防护措施；④ 要求用人单位提供符合防治职业病要求的职业病防护设施和个人使用的职业病防护用品，改善工作条件；⑤ 对违反职业病防治法律、法规以及危及生命健康的行为提出批评、检举和控告；⑥ 拒绝违章指挥和强令进行没有职业病防护措施的作业；⑦ 参与用人单位职业卫生工作的民主管理，对职业病防治工作提出意见和建议。

三、职业健康监护

（一）职业健康检查

职业健康检查包括上岗前、在岗期间、离岗时和应急的健康检查。对从事接触职业病危害的作业的劳动者，用人单位应当按照国务院卫生健康行政部门的规定组织上岗前、在岗期间和离岗时的职业健康检查，并将检查结果书面告知劳动者。职业健康检查费用由用人单位承担。

职业禁忌是指劳动者从事特定职业或者接触特定职业病危害因素时，比一般职业人群更易于遭受职业病危害和罹患职业病或者可能导致原有自身疾病病情加重，或者在从事作业过程中诱发可能导致对他人生命健康构成危险的疾病的个人特殊生理或者病理状态。用人单位不得安排未经上岗前职业健康检查的劳动者从事接触职业病危害的作业；不得安排有职业禁忌的劳动者从事其所禁忌的作业，女职工职业禁忌依照国务院《女职工劳动保护特别规定》执行。

（二）职业健康档案

用人单位应当为劳动者建立职业健康监护档案，并按照规定的期限妥善保存。职业健康监护档案应当包括劳动者的职业史、职业病危害接触史、职业健康检查结果和职业病诊疗等有关个人健康资料。劳动者离开用人单位时，有权索取本人职业健康监护档案复印件，用人单位应当如实、无偿提供，并在所提供的复印件上签章。

四、职业卫生培训

对劳动者进行职业卫生培训是用人单位的义务，同时学习和掌握职业卫生知识等也是劳动者的义务。职业卫生培训主要包括：① 用人单位的主要负责人和职业卫生管理人员应当接受职业卫生培训，遵守职业病防治法律、法规，依法组织本单位的职业病防治工作；② 用人单位应当对劳动者进行上岗前的职业卫生培训和在岗期间的定期职业卫生培训，普及职业卫生知识，督促劳动者遵守职业病防治法律、法规、规章和操作规程，指导劳动者正确使用职业病防护设备和个人使用的职业病防护用品；③ 劳动者应当学习和掌握相关的职业卫生知识，增强职业病防范意识，遵守职业病防治法律、法规、规章和操作规程，正确使用、维护职业病防护设备和个人使用的职业病防护用品，发现职业病危害事故隐患应当及时报告。劳动者不履行前款规定义务的，用人单位应当对其进行教育。

第三节　职业病诊断与职业病病人保障鉴定

一、职业病诊断机构

（一）职业病诊断机构设置条件

职业病诊断不同于一般疾病的诊断，具有较强的技术性和法律性。《职业病防治法》对职业病诊断机构作出严格规定。根据《职业病防治法》规定，职业病诊断应当由省、自治区、直辖市人民政府卫生健康行政部门批准的取得《医疗机构执业许可证》的医疗卫生机构承担。卫生健康行政部门应当加强对职业病诊断工作的规范管理，具体管理办法由国务院卫生健康行政部门制定。

职业病诊断机构应当具备下列条件：① 持有《医疗机构执业许可证》；② 具有相应的诊疗科目及与开展职业病诊断相适应的职业病诊断医师等相关医疗卫生技术人员；③ 具有与开展职业病诊断相适应的场所和仪器、设备；④ 具有健全的职业病诊断质量管理制度。

医疗卫生机构申请开展职业病诊断，应当向省级卫生健康行政部门提交以下资料：① 职业病诊断机构申请表；②《医疗机构执业许可证》及副本的复印件；③ 与申请开展的职业病诊断项目相关的诊疗科目及相关资料；④ 与申请项目相适应的职业病诊断医师等相关医疗卫生技术人员情况；⑤ 与申请项目相适应的场所和仪器、设备清单；⑥ 职业病诊断质量管理制度有关资料；⑦ 省级卫生健康行政部门规定提交的其他资料。

（二）职业病诊断机构的职责

职业病诊断机构的职责是：① 在批准的职业病诊断项目范围内开展职业病诊断；② 报告职业病；③ 报告职业病诊断工作情况；④ 承担《职业病防治法》中规定的其他职责。职业病诊断机构依法独立行使诊断权，并对其作出的职业病诊断结论负责。

二、职业病诊断依据和程序

（一）职业病诊断依据

职业病诊断应当依据职业病诊断标准，结合职业病危害接触史、工作场所职业病危害因素检测与评价、临床表现和医学检查结果等资料，进行综合分析作出。对不能确诊的疑似职业病病人，可以经必要的医学检查或者住院观察后，再作出诊断。没有证据否定职业病危害因素与病人临床表现之间的必然联系的，在排除其他致病因素后，应当诊断为职业病。

（二）职业病诊断程序

1. 职业病诊断提起 劳动者依法要求进行职业病诊断的，职业病诊断机构应当接诊，并告知劳动者职业病诊断的程序和所需材料。劳动者应当填写《职业病诊断就诊登记表》，并提交其掌握的《职业病诊断与鉴定管理办法》第二十一条规定的职业病诊断资料。

劳动者享有职业病诊断选择权，既可以在用人单位所在地、本人户籍所在地也可在经常居住地承担职业病诊断的医疗卫生机构进行职业病诊断。承担职业病诊断的医疗机构不得拒绝劳动者进行职业病诊断的要求。

2. 职业病诊断一般程序 职业病诊断机构进行职业病诊断时，应当书面通知劳动者所在的用人单位提供其掌握的《职业病诊断与鉴定管理办法》第二十一条规定的职业病诊断资料，用人单位应当在接到通知后的10日内如实提供。用人单位应当如实提供职业病诊断、鉴定所需的劳动者职业史和职业病危害接触史、工作场所职业病危害因素检测结果等资料；卫生健康行政部门应当监督检查和督促用人单位提供上述资料；劳动者和有关机构也应当提供与职业病诊断、鉴定有关的资料。职业病诊断、鉴定机构需要了解工作场所职业病危害因素情况时，可以对工作场所进行现场调查，也可以向卫生健康行政部门提出，卫生健康行政部门应当在10日内组织现场调查。用人单位不得拒绝、阻挠。

承担职业病诊断的医疗卫生机构在进行职业病诊断时，应当组织三名以上取得职业病诊断资格的执业医师集体诊断。职业病诊断医师应当独立分析、判断、提出诊断意见，任何单位和个人无权干预。

从事职业病诊断的医师应当具备下列条件，并取得省级卫生健康行政部门颁发的职业病诊断资格证书：① 具有医师执业证书；② 具有中级以上卫生专业技术职务任职资格；③ 熟悉职业病防治法律、法规和职业病诊断标准；④ 从事职业病诊断、鉴定相关工作三年以上；⑤ 按规定参加职业病诊断医师相应专业的培训，并考核合格。职业病诊断医师应当依法在其资质范围内从事职业病诊断工作，不得从事超出其资质范围的职业病诊断工作。

职业病诊断机构应当按照《职业病防治法》《职业病诊断与鉴定管理办法》的规定和国家职业病诊断标准，依据劳动者的职业史、职业病危害接触史和工作场所职业病危害因素情况、临床表现以及辅助检查结果等，进行综合分析，作出诊断结论。

职业病诊断需要以下资料：① 劳动者职业史和职业病危害接触史（包括在岗时间、工种、岗位、接触的职业病危害因素名称等）；② 劳动者职业健康检查结果；③ 工作场所职业病危害因素检测结果；④ 职业性放射性疾病诊断还需要个人剂量监测档案等资料；⑤ 与诊断有关的其他资料。

（三）职业病诊断的结论

职业病诊断机构在进行职业病诊断时，诊断医师对诊断结论有意见分歧的，应当根据半数以上诊断医师的一致意见形成诊断结论，对不同意见应当如实记录。参加诊断的职业病诊断医师不得弃权。

职业病诊断机构作出职业病诊断后，应当向当事人出具职业病诊断证明书。职业病诊断证明书应当明确是否患有职业病，对患有职业病的，还应当载明所患职业病的名称、程度（期别）、处理意见和复查时间。职业病诊断证明书应当一式三份，劳动者、用人单位各执一份，诊断机构存档一份。职业病诊断证明书应当由参与诊断的医师共同签署，并经承担职业病诊断的医疗卫生机构审核盖章。

职业病诊断机构应当建立职业病诊断档案并永久保存，档案应当包括：① 职业病诊断证明书；② 职业病诊断过程记录，包括参加诊断的人员、时间、地点、讨论内容及诊断结论；③ 用人单位、劳动者和相关部门、机构提交的有关资料；④ 临床检查与实验室检验等资料；⑤ 与诊断有关的其他资料。

三、职业病诊断异议鉴定

职业病诊断、鉴定过程中，用人单位不提供工作场所职业病危害因素检测结果等资料的，诊断、鉴定机构应当结合劳动者的临床表现、辅助检查结果和劳动者的职业史、职业病危害接触史，并参考劳动者的自述、卫生健康行政部门提供的日常监督检查信息等，作出职业病诊断、鉴定结论。劳动者对用人单位提供的工作场所职业病危害因素检测结果等资料有异议，或者因劳动者的用人单位解散、破产，无用人单位提供上述资料的，诊断、鉴定机构应当提请卫生健康行政部门进行调查，卫生健康行政部门应当自接到申请之日起30日内对存在异议的资料或者工作场所职业病危害因素情况作出判定；有关部门应当配合。职业病诊断、鉴定过程中，在确认劳动者职业史、职业病危害接触史时，当事人对劳动关系、工种、工作岗位或者在岗时间有争议的，可以向当地的劳动人事争议仲裁委员会申请仲裁；接到申请的劳动人事争议仲裁委员会应当受理，并在30日内作出裁决。当事人在仲裁过程中对自己提出的主张，有责任提供证据。劳动者无法提供由用人单位掌握管理的与仲裁主张有关的证据的，仲裁庭应当要求用人单位在指定期限内提供；用人单位在指定期限内不提供的，应当承担不利后果。劳动者对仲裁裁决不服的，可以依法向人民法院提起诉讼。用人单位对仲裁裁决不服的，可以在职业病诊断、鉴定程序结束之日起15日内依法向人民法院提起诉讼；诉讼期间，劳动者的治疗费用按照职业病待遇规定的途径支付。

（一）职业病诊断异议鉴定提起

职业病诊断关系到职业病病人和用人单位双方的利益。当事人对职业病诊断有异议的，在接到职业病诊断证明书之日起 30 日内，可以向作出诊断的医疗卫生机构所在地地方人民政府卫生健康行政部门申请鉴定。

当事人申请职业病鉴定时，应当提供以下资料：① 职业病鉴定申请书；② 职业病诊断证明书，申请省级鉴定的还应当提交市级职业病鉴定书；③ 卫生健康行政部门要求提供的其他有关资料。

（二）职业病诊断异议鉴定机构

1. 职业病诊断异议鉴定级别 职业病鉴定实行两级鉴定制。职业病诊断争议由设区的市级以上地方人民政府卫生健康行政部门根据当事人的申请，组织职业病诊断鉴定委员会进行鉴定。设区的市级职业病诊断鉴定委员会负责职业病诊断争议的首次鉴定。

当事人对设区的市级职业病诊断鉴定委员会的鉴定结论不服的，在接到职业病诊断鉴定书之日起15日内，可以向省、自治区、直辖市人民政府卫生健康行政部门申请再鉴定。省级职业病诊断鉴定委员会的鉴定为最终鉴定。

卫生健康行政部门可以指定办事机构，具体承担职业病鉴定的组织和日常性工作。职业病鉴定办事机构的职责是：① 接受当事人申请；② 组织当事人或者接受当事人委托抽取职业病鉴定专家；③ 组织职业病鉴定会议，负责会议记录、职业病鉴定相关文书的收发及其他事务性工作；④ 建立并管理职业病鉴定档案；⑤ 承担卫生健康行政部门委托的有关职业病鉴定的其他工作。职业病诊断机构不能作为职业病鉴定办事机构。

2. 职业病诊断鉴定委员会 职业病诊断鉴定委员会由相关专业的专家组成。省、自治区、直辖市人民政府卫生健康行政部门应当设立相关的专家库，需要对职业病争议作出诊断鉴定时，由当事人或者当事人委托有关卫生健康行政部门从专家库中以随机抽取的方式确定参加诊断鉴定委员会的专家。专家库可以按照专业类别进行分组。经当事人同意，职业病鉴定办事机构可以根据鉴定需要聘请本省、自治区、直辖市以外的相关专业专家作为专家组成员，并有表决权。

专家库应当以取得各类职业病诊断资格的医师为主要成员，吸收临床相关学科、职业卫生、放射卫生等相关专业的专家组成。专家应当具备下列条件：① 具有良好的业务素质和职业道德；② 具有相关专业的高级专业技术职务任职资格；③ 熟悉职业病防治法律、法规和职业病诊断标准；④ 身体健康，能够胜任职业病鉴定工作。

专家组人数为五人以上单数，其中相关专业职业病诊断医师应当为本次专家人数的半数以上。疑难病例应当增加专家组人数，充分听取意见。专家组设组长一名，由专家组成员推举产生。职业病鉴定会议由专家组组长主持。

参与职业病鉴定的专家有下列情形之一的，应当回避：① 是职业病鉴定当事人或者当事人近亲属的；② 已参加当事人职业病诊断或者首次鉴定的；③ 与职业病鉴定当事人有利害关系的；④ 与职业病鉴定当事人有其他关系，可能影响鉴定公正的；⑤ 职业病诊断异议鉴定程序。

（三）职业病诊断异议鉴定程序

职业病鉴定办事机构应当自收到申请资料之日起5个工作日内完成资料审核，对资料齐全的发给受理通知书；资料不全的，应当书面通知当事人补充。资料补充齐全的，应当受理申请并组织鉴定。

职业病鉴定办事机构收到当事人鉴定申请之后，根据需要可以向原职业病诊断机构或者首次职业病鉴定的办事机构调阅有关的诊断、鉴定资料。原职业病诊断机构或者首次职业病鉴定办事机构应当在接到通知之日起15日内提交。

根据职业病鉴定工作需要，职业病鉴定办事机构可以向有关单位调取与职业病诊断、鉴定有关的资料，有关单位应当如实、及时提供。专家组应当听取当事人的陈述和申辩，必要时可以组织进行医学检查。

需要了解被鉴定人的工作场所职业病危害因素情况时，职业病鉴定办事机构根据专家组的意见可以对工作场所进行现场调查，或者依法提请卫生健康行政部门组织现场调查。依法提请卫生健康行政部门组织现场调查的，在现场调查结论或者判定作出前，职业病鉴定应当中止。职业病鉴定应当遵循客观、公正的原则，专家组进行职业病鉴定时，可以邀请有关单位人员旁听职业病鉴定会。所有参与职业病鉴定的人员应当依法保护被鉴定人的个人隐私。

专家组应当认真审阅鉴定资料，依照有关规定和职业病诊断标准，经充分合议后，根据专业知识独立进行鉴定。在事实清楚的基础上，进行综合分析，作出鉴定结论，并制作鉴定书。鉴定结论应当经专家组三分之二以上成员通过。

（四）职业病鉴定结论

职业病鉴定办事机构应当在受理鉴定申请之日起60日内组织鉴定、形成鉴定结论，并在鉴定结论形成后15日内出具职业病鉴定书。

职业病鉴定书应当包括以下内容：① 劳动者、用人单位的基本信息及鉴定事由；② 鉴定结论及其依据，如果为职业病，应当注明职业病名称、程度（期别）；③ 鉴定时间。鉴定书加盖职业病诊断鉴定委员会印章。

首次鉴定的职业病鉴定书一式四份，劳动者、用人单位、原诊断机构各一份，职业病鉴定办事机构存档一份；再次鉴定的职业病鉴定书一式五份，劳动者、用人单位、原诊断机构、首次职业病鉴定办事机构各一份，再次职业病鉴定办事机构存档一份。职业病鉴定书的格式由原国家卫生健康行政部门统一规定。

职业病诊断、鉴定费用由用人单位承担。

四、职业病报告制度

用人单位和医疗卫生机构发现职业病病人或者疑似职业病病人时，应当及时向所在地卫生健康行政部门报告。

职业病诊断机构发现职业病病人或者疑似职业病病人时，应当及时向所在地卫生健康行政部门报告。确诊为职业病的，职业病诊断机构可以根据需要，向卫生健康行政部门、用人单位提出专业建议。

医疗卫生机构发现疑似职业病病人时，应当告知劳动者本人并及时通知用人单位。用人单位应当及时安排对疑似职业病病人进行诊断；在疑似职业病病人诊断或者医学观察期间，不得解除或者终止与其订立的劳动合同。

五、职业病诊断与鉴定的监督

县级以上地方卫生健康行政部门应当制定职业病诊断机构年度监督检查计划，定期对职业病诊断机构进行监督检查，检查内容包括：① 法律、法规、标准的执行情况；② 规章制度建立情况；③ 备案的职业病诊断信息真实性情况；④ 按照备案的诊断项目开展职业病诊断工作情况；⑤ 开展职业病诊断质量控制、参加质量控制评估及整改情况；⑥ 人员、岗位职责落实和培训等情况；⑦ 职业病报告情况等。

省级卫生健康行政部门每年应当至少组织一次监督检查；设区的市级卫生健康行政部门每年应当至少组织一次监督检查并不定期抽查；县级卫生健康行政部门负责日常监督检查。设区的市级以上地方卫生健康行政部门应当加强对职业病鉴定办事机构的监督管理，对职业病鉴定工作程序、制度落实情况及职业病报告等相关工作情况进行监督检查。省级卫生健康行政部门负责对职业病诊断机构进行定期考核。

六、职业病病人的社会保障

（一）职业病病人的保障的含义

职业病病人的保障，是指劳动者在职业活动中，因罹患职业病依法享受的权利和待遇。

（二）职业病病人的待遇

用人单位应当保障职业病病人依法享受国家规定的职业病待遇：① 用人单位应当按照国家有关规定，安排职业病病人进行治疗、康复和定期检查；② 用人单位对不适宜继续从事原工作的职业病病人，应当调离原岗位，并妥善安置；③ 用人单位对从事接触职业病危害的作业的劳动者，应当给予适当岗位津贴。

职业病病人变动工作单位，其依法享有的待遇不变。用人单位在发生分立、合并、解散、破产等情形时，应当对从事接触职业病危害的作业的劳动者进行健康检查，并按照国家有关规定妥善安置职业病病人。

职业病病人的诊疗、康复费用，伤残以及丧失劳动能力的职业病病人的社会保障，按照国家有关工伤保险的规定执行。根据《工伤保险条例》第十七条规定，职工发生事故伤害或根据按照职业病防治法规定被诊断、鉴定为职业病，所在单位应当自事故伤害发生之日或者被诊断、鉴定为职业病之日起30日内，向统筹地区社会保险行政部门提出工伤认定申请。遇有特殊情况，经报社会保险行政部门同意，申请时限可以适当延长。

用人单位未按前款规定提出工伤认定申请的，工伤职工或者其近亲属、工会组织在事故伤害发生之日或者被诊断、鉴定为职业病之日起1年内，可以直接向用人单位所在地统筹地区社会保险行政部门提出工伤认定申请。

职业病病人被认定工伤后，应当进行劳动能力鉴定，根据伤残等级，依法享受工伤保险待遇，其医疗和生活保障费用由工伤保险基金支付。劳动者被诊断患有职业病，但用人单位没有依法参加工伤保险的，其医疗和生活保障由用人单位承担。职业病病人除依法享有工伤保险外，依照有关民事法律，尚有获得赔偿的权利的，有权向用人单位提出赔偿要求。

用人单位已经不存在或者无法确认劳动关系的职业病病人，可以向地方人民政府民政部门申请医疗救助和生活等方面的救助。地方各级人民政府应当根据本地区的实际情况，采取其他措施，保障职业病病人获得医疗救治。

用人单位应当及时安排对疑似职业病病人进行诊断；在疑似职业病病人诊断或者医学观察期间，不得解除或者终止与其订立的劳动合同。疑似职业病病人在诊断、医学观察期间的费用，由用人单位承担。

第四节　职业病防治监督检查

一、职业卫生监管体制

（一）职业卫生监管机构及其职责

国家实行职业卫生监督制度。国务院卫生健康行政部门、劳动保障行政部门（以下统称职业卫生监督管理部门）依照《职业病防治法》和国务院确定的职责，负责全国职业病防治的监督管理工作。国务院有关部门在各自的职责范围内负责职业病防治的有关监督管理工作。

县级以上地方人民政府职业卫生监督管理部门依据各自职责，负责本行政区域内职业病防治的监督管理工作。县级以上地方人民政府有关部门在各自的职责范围内负责职业病防治的有关监督管理工作。县级以上人民政府职业卫生监督管理部门应当加强沟通，密切配合，按照各自职责分工，依法行使职权，承担责任。

（二）职业卫生监督执法人员及其职责

职业卫生监督执法人员应当依法经过资格认定。职业卫生监督执法人员依法执行职务时，应当出示监督执法证件。职业卫生监督执法人员应当忠于职守，秉公执法，严格遵守执法规范；涉及用人单位的秘密的，应当为其保密。

二、职业病防治监督检查

（一）监督检查措施

卫生健康行政部门履行监督检查职责时，有权采取下列措施：① 进入被检查单位和职业病危害现场，了解情况，调查取证；② 查阅或者复制与违反职业病防治法律、法规的行为有关的资料和采集样品；③ 责令违反职业病防治法律、法规的单位和个人停止违法行为。

（二）临时性控制措施

发生职业病危害事故或者有证据证明危害状态可能导致职业病危害事故发生时，卫生健康行政部门可以采取下列临时控制措施：① 责令暂停导致职业病危害事故的作业；② 封存造成职业病危害事故或者可能导致职业病危害事故发生的材料和设备；③ 组织控制职业病危害事故现场。在职业病危害事故或者危害状态得到有效控制后，卫生健康行政部门应当及时解除控制措施。

第五节　职业病防治的法律责任

一、建设单位的法律责任

建设单位违反《职业病防治法》规定，有下列行为之一的，由卫生健康行政部门给予警告，责令限期改正；逾期不改正的，处十万元以上五十万元以下的罚款；情节严重的，责令停止产生职业病危害的作业，或者提请有关人民政府按照国务院规定的权限责令停建、关闭：① 未按照规定进行职业病危害预评价的；② 医疗机构可能产生放射性职业病危害的建设项目未按照规定提交放射性职业病危害预评价报告，或者放射性职业病危害预评价报告未经卫生健康行政部门审核同意，开工建设的；③ 建设项目的职业病防护设施未按照规定与主体工程同时设计、同时施工、同时投入生产和使用的；④ 建设项目的职业病防护设施设计不符合国家职业卫生标准和卫生要求，或者医疗机构放射性职业病危害严重的建设项目的防护设施设计未经卫生健康行政部门审查同意擅自施工的；⑤ 未按照规定对职业病防护设施进行职业病危害控制效果评价的；⑥ 建设项目竣工投入生产和使用前，职业病防护设施未按照规定验收合格的。

二、用人单位的法律责任

（一）用人单位违反劳动过程中的职业病防护措施的法律责任

违反《职业病防治法》规定，有下列行为之一的，由卫生健康行政部门给予警告，责令限期改正；逾期不改正的，处十万元以下的罚款：① 工作场所职业病危害因素检测、评价结果没有存档、上报、公布的；② 未采取《职业病防治法》第二十条规定的职业病防治管理措施的；③ 未按照规定公布有关职业病防治的规章制度、操作规程、职业病危害事故应急救援措施的；④ 未按照规定组织劳动者进行职业卫生培训，或者未对劳动者个人职业病防护采取指导、督促措施的；⑤ 国内首次使用或者首次进口与职业病危害有关的化学材料，未按照规定报送毒性鉴定资料以及经有关部门登记注册或者批准进口的文件的。

（二）用人单位违反职业危害项目申报等规定的法律责任

用人单位违反《职业病防治法》规定，有下列行为之一的，由卫生健康行政部门责令限期改正，给予警告，可以并处五万元以上十万元以下的罚款：① 未按照规定及时、如实向卫生健康行政部门申报产生职业病危害的项目的；② 未实施由专人负责的职业病危害因素日常监测，或者监测系统不能正常监测的；③ 订立或者变更劳动合同时，未告知劳动者职业病危害真实情况的；④ 未按照规定组织职业健康检查、建立职业健康监护档案或者未将检查结果书面告知劳动者的；⑤ 未依照《职业病防治法》规定在劳动者离开用人单位时提供职业健康监护档案复印件的。

（三）用人单位违反国家职业卫生标准等规定的法律责任

用人单位违反《职业病防治法》规定，有下列行为之一的，由卫生健康行政部门给予警告，责令限期改正，逾期不改正的，处五万元以上二十万元以下的罚款；情节严重的，责令停止产生职业病危害的作业，或者提请有关人民政府按照国务院规定的权限责令关闭：① 工作场所职业病危害因素的强度或者浓度超过国家职业卫生标准的；② 未提供职业病防护设施和个人使用的职业病防护用品，或者提供的职业病防护设施和个人使用的职业病防护用品不符合国家职业卫生标准和卫生要求的；③ 对职业病防护设备、应急救援设施和个人使用的职业病防护用品未按照规定进行维护、检修、检测，或者不能保持正常运行、使用状态的；④ 未按照规定对工作场所职业病危害因素进行检测、评价的；⑤ 工作场所职业病危害因素经治理仍然达不到国家职业卫生标准和卫生要求时，未停止存在职业病危害因素的作业的；⑥ 未按照规定安排职业病病人、疑似职业病病人进行诊治的；⑦ 发生或者可能发生急性职业病危害事故时，未立即采取应急救援和控制措施或者未按照规定及时报告的；⑧ 未按照规定在产生严重职业病危害的作业岗位醒目位置设置警示标识和中文警示说明的；⑨ 拒绝职业卫生监督管理部门监督检查的；⑩ 隐瞒、伪造、篡改、毁损职业健康监护档案、工作场所职业病危害因素检测评价结果等相关资料，或者拒不提供职业病诊断、鉴定所需资料的；⑪ 未按照规定承担职业病诊断、鉴定费用和职业病病人的医疗、生活保障费用的。

（四）用人单位未履行职业病、疑似职业病报告的法律责任

用人单位未按照规定报告职业病、疑似职业病的，由有关主管部门依据职责分工责令限期改正，给予警告，可以并处一万元以下的罚款；弄虚作假的，并处二万元以上五万元以下的罚款；对直接负责的主管人员和其他直接责任人员，可以依法给予降级或者撤职的处分。

（五）用人单位违反隐瞒技术、工艺、设备、材料所产生的职业病危害而采用等规定的法律责任

违反《职业病防治法》规定，有下列情形之一的，由卫生健康行政部门责令限期治理，并处五万元以上三十万元以下的罚款；情节严重的，责令停止产生职业病危害的作业，或者提请有关人民政府按照国务院规定的权限责令关闭：① 隐瞒技术、工艺、设备、材料所产生的职业病危害而采用的；② 隐瞒本单位职业卫生真实情况的；③ 可能发生急性职业损伤的有毒、有害工作场所、放射工作场所或者放射性同位素的运输、贮存不符合《职业病防治法》第二十五条规定的；④ 使用国家明令禁止使用的可能产生职业病危害的设备或者材料的；⑤ 将产生职业病危害的作业转移给没有职业病防护条件的单位和个人，或者没有职业病防护条件的单位和个人接受产生职业病危害的作业的；⑥ 擅自拆除、停止使用职业病防护设备或者应急救援设施的；⑦ 安排

未经职业健康检查的劳动者、有职业禁忌的劳动者、未成年工或者孕期、哺乳期女职工从事接触职业病危害的作业或者禁忌作业的；⑧ 违章指挥和强令劳动者进行没有职业病防护措施的作业的。

（六）用人单位对职业危害事故的法律责任

用人单位违反《职业病防治法》规定，已经对劳动者生命健康造成严重损害的，由卫生健康行政部门责令停止产生职业病危害的作业，或者提请有关人民政府按照国务院规定的权限责令关闭，并处十万元以上五十万元以下的罚款。造成重大职业病危害事故或者其他严重后果，构成犯罪的，对直接负责的主管人员和其他直接责任人员，依法追究刑事责任。

三、职业卫生技术服务机构和医疗卫生机构的法律责任

（一）医疗卫生机构未按照规定报告职业病、疑似职业病的法律责任

医疗卫生机构未按照规定报告职业病、疑似职业病的，由有关主管部门依据职责分工责令限期改正，给予警告，可以并处一万元以下的罚款；弄虚作假的，并处二万元以上五万元以下的罚款；对直接负责的主管人员和其他直接责任人员，可以依法给予降级或者撤职的处分。

（二）未取得职业卫生技术服务资质认可擅自从事职业卫生技术服务的法律责任

未取得职业卫生技术服务资质认可擅自从事职业卫生技术服务的，由卫生健康行政部门责令立即停止违法行为，没收违法所得；违法所得五千元以上的，并处违法所得二倍以上十倍以下的罚款；没有违法所得或者违法所得不足五千元的，并处五千元以上五万元以下的罚款；情节严重的，对直接负责的主管人员和其他直接责任人员，依法给予降级、撤职或者开除的处分。

（三）职业卫生技术服务机构和医疗卫生机构从事健康检查、职业病诊断违反规定的法律责任

从事职业卫生技术服务的机构和承担职业健康检查、职业病诊断的医疗卫生机构违反《职业病防治法》规定，有下列行为之一的：① 超出资质认可或者诊疗项目登记范围从事职业卫生技术服务或者职业病诊断的；② 不按照《职业病防治法》规定履行法定职责的；③ 出具虚假证明文件的，由卫生健康行政部门责令立即停止违法行为，给予警告，没收违法所得；违法所得五千元以上的，并处违法所得二倍以上五倍以下的罚款；没有违法所得或者违法所得不足五千元的，并处五千元以上二万元以下的罚款；情节严重的，由原认可或者登记机关取消其相应的资格；对直接负责的主管人员和其他直接责任人员，依法给予降级、撤职或者开除的处分；构成犯罪的，依法追究刑事责任。

（四）职业病诊断鉴定委员会组成人员违反规定的法律责任

职业病诊断鉴定委员会组成人员收受职业病诊断争议当事人的财物或者其他好处的，给予警告，没收收受的财物，可以并处三千元以上五万元以下的罚款，取消其担任职业病诊断鉴定委员会组成人员的资格，并从省、自治区、直辖市人民政府卫生健康行政部门设立的专家库中予以除名。

四、职业病防治监管机构的法律责任

（一）卫生健康行政部门不按照规定报告职业病和职业病危害事故的法律责任

卫生健康行政部门不按照规定报告职业病和职业病危害事故的，由上级行政部门责令改正，通报批评，给予警告；虚报、瞒报的，对单位负责人、直接负责的主管人员和其他直接责任人员依法给予降级、撤职或者开除的处分。

（二）县级以上地方人民政府及县级以上人民政府职业卫生监督管理部门不履行《职业病防治法》规定的职责的法律责任

县级以上地方人民政府在职业病防治工作中未依照《职业病防治法》履行职责，本行政区域出现重大职业病危害事故、造成严重社会影响的，依法对直接负责的主管人员和其他直接责任人员给予记大过直至开除的处分。

县级以上人民政府职业卫生监督管理部门不履行《职业病防治法》规定的职责，滥用职权、玩忽职守、徇私舞弊，依法对直接负责的主管人员和其他直接责任人员给予记大过或者降级的处分；造成职业病危害事故或者其他严重后果的，依法给予撤职或者开除的处分。

五、其他单位法律责任

生产、经营或者进口国家明令禁止使用的可能产生职业病危害的设备或者材料的，依照有关法律、行政法规的规定给予处罚。

向用人单位提供可能产生职业病危害的设备、材料，未按照规定提供中文说明书或者设置警示标识和中文警示说明的，由卫生健康行政部门责令限期改正，给予警告，并处五万元以上二十万元以下的罚款。

相关链接 12-1 | **"防"中有"治"，"治"中有"防"**

所谓"防"中有"治"，"治"中有"防"，就是按照国家职业卫生标准和卫生要求，一边对造成职业病危害的工作场所进行治理，控制和消除职业病危害因素；一边及早地对接触职业病危害因素的劳动者组织职业健康检查，安排职业病病人的诊断治疗。所谓"治"中有"防"，如通过职业健康检查和对职业病的病因学诊断分析，找到其致害原因，分析发病机制、发生规律、总结预防工作经验与教训，进而对作业场所的职业病危害因素的种类、性质、危害程度和用人单位职业卫生管理上的问题作出分析诊断，并提出控制和消除职业病危害的治理对策和有效措施。

相关链接 12-2 | **女职工禁忌从事的劳动范围**

（1）女职工禁忌从事的劳动范围：

① 矿山井下作业；

---

② 体力劳动强度分级标准中规定的第四级体力劳动强度的作业；

③ 每小时负重6次以上、每次负重超过20公斤的作业，或者间断负重、每次负重超过25公斤的作业。

（2）女职工在经期禁忌从事的劳动范围：

① 冷水作业分级标准中规定的第二级、第三级、第四级冷水作业；

② 低温作业分级标准中规定的第二级、第三级、第四级低温作业；

③ 体力劳动强度分级标准中规定的第三级、第四级体力劳动强度的作业；

④ 高处作业分级标准中规定的第三级、第四级高处作业。

（3）女职工在孕期禁忌从事的劳动范围：

① 作业场所空气中铅及其化合物、汞及其化合物、苯、镉、铍、砷、氰化物、氮氧化物、一氧化碳、二硫化碳、氯、己内酰胺、氯丁二烯、氯乙烯、环氧乙烷、苯胺、甲醛等有毒物质浓度超过国家职业卫生标准的作业；

② 从事抗癌药物、己烯雌酚生产，接触麻醉剂气体等的作业；

③ 非密封源放射性物质的操作，核事故与放射事故的应急处置；

④ 高处作业分级标准中规定的高处作业；

⑤ 冷水作业分级标准中规定的冷水作业；

⑥ 低温作业分级标准中规定的低温作业；

⑦ 高温作业分级标准中规定的第三级、第四级的作业；

⑧ 噪声作业分级标准中规定的第三级、第四级的作业；

⑨ 体力劳动强度分级标准中规定的第三级、第四级体力劳动强度的作业；

⑩ 在密闭空间、高压室作业或者潜水作业，伴有强烈振动的作业，或者需要频繁弯腰、攀高、下蹲的作业。

（4）女职工在哺乳期禁忌从事的劳动范围：

① 孕期禁忌从事的劳动范围的第一项、第三项、第九项；

② 作业场所空气中锰、氟、溴、甲醇、有机磷化合物、有机氯化合物等有毒物质浓度超过国家职业卫生标准的作业。

对在职业健康检查中发现有与所从事的职业相关的健康损害的劳动者，应当调离原工作岗位，并妥善安置；对未进行离岗前职业健康检查的劳动者不得解除或者终止与其订立的劳动合同。职业健康检查应当由省级以上人民政府卫生健康行政部门批准的医疗卫生机构承担。

案例12-1

职业病诊断与鉴定案

原告李某与被告某市塑料包装有限公司于2021年6月签订为期一年的书面劳动合同，约定实行国家标准工时制，岗位为清洁工（操作破碎机），月工资4 500元，每月扣300元作为年终奖金发放。原告李某入职后实际每天均被要求延长工作时间且被安排节假日加班。因原告李某实际负责废塑瓶（桶）粉碎及清理工作，需要近距离接触聚乙烯等塑料粉碎后的细微粉尘，该粉尘属于职业病危害因素分类目录中第一项粉尘中第28类聚乙烯粉尘，且该破碎岗位属于存在职业病危害的岗位，但被告某市塑料包装有限公司在原告李某入职时并未告知原告李某相关职业病危害风险及结果。原告李某入职体检报告显示肺部功能正常，因被告某市塑料包装有限公司未向原告李某提供任何有效的防护用具，至2022年3月，原告李某便出现咳嗽、咳痰且痰中带血、胸闷气急等症状。2022年3月，原告李某前往某市医院就诊，初步诊断为：肺气肿及慢性阻塞性肺病。原告李某休息半个月后继续上班至2022年5月，又出现咳血、气喘、痰中带血症状，医生建议离开现有岗位休息。2022年8月，原告李某复诊，诊断显示：慢性阻塞性肺病伴有急性加重。2022年10月，原告李某提交劳动仲裁申请要求进行职业病诊断及工伤认定，因该诉求不属于劳动争议案件仲裁受理范围，仲裁委作出不予受理案件通知书，告知原告李某不予受理。2022年10月，被告某市塑料包装有限公司首次配合原告李某进行鉴定，2022年11月初次职业病诊断证明作出，原告李某于2022年12月收到该诊断证明并立即提出异议，向某市医学会申请重新鉴定。某市医学会调查发现首次诊断遗漏重要诊断项目，仅对尘肺进行鉴定，未对其他呼吸系统疾病第五项刺激性化学物所致慢性阻塞性肺疾病进行诊断，故某市医学会要求原告李某重新进行该项目诊断后再申请市级职业病鉴定。然原告李某合理要求遭到被告某市塑料包装有限公司拒绝，原告李某多次报警，被告某市塑料包装有限公司不予理睬并通过电话告知执法人员让原告李某直接鉴定。该执法人员将该通话进行录音，并告知原告李某可以通过法院授权律师调取。原告李某申请重新鉴定，但鉴定机构坚持要求原告李某提供被告某市塑料包装有限公司盖章的申请资料，故原告李某无法申请重新鉴定。被告某市塑料包装有限公司在原告李某合同到期后，已经违法解除劳动合同。原告李某身体状态导致原告李某无法从事其他劳动，没有收入来源。现被告某市塑料包装有限公司拒不配合原告李某进行鉴定，导致原告李某合法权益遭受严重侵犯。原告李某认为，原告和被告之间的劳动关系依法成立，合法有效。原告李某从事存在职业病风险的工作并出现慢性阻塞性肺病症状，被告某市塑料包装有限公司未依《中华人民共和国职业病防治法》第三十三条规定对原告李某如实告知，且未依法为原告李某进行在职和离岗时职业健康检查，根据《中华人民共和国职业病防治法》第三十五条、《中华人民共和国劳动合同法》第四十二条第（一）款、第四十五条规定属于需要延长劳动合同的情形，被告某市塑料包装有限公司无权解除与原告李某的劳动合同。故原告李某起诉，请求法院判令被告某市塑料包装有限公司依法配合原告李某到某市职业病防治院进行职业病诊断。

法院认为，《中华人民共和国职业病防治法》第四十三条第三款规定：承担职业病诊断的医疗卫生机构不得拒绝劳动者进行职业病诊断的要求。第四十七条规定：用人单位应当如实提供职业病诊断、鉴定所需的劳动者职业史和职业病危害接触史、工作场所职业病危害因素检测结果等资料；卫生行政部门应当监督检查和督促用人单位提供上述资料；劳动者和有关机构也应当提供与职业病诊断、鉴定有关的资料。根据上述规定，本案原告李某主张属于行政主管部门监督及管理范围，该争议目前不属于人民法院民事诉讼的受理范围。据此，依照《中华人民共和国民事诉讼法》第一百二十二条第（四）项、第一百五十七条第一款第（三）项以及《最高人民法院关于适用〈中华人民共和国民事诉讼法〉的解释》第二百零八条第三款之规定，裁定驳回原告李某的起诉。

思考：针对案例谈谈你对职业病诊断与鉴定制度的理解？

案例12-2　　　　　　　　　　**在岗体检未安排相关职业健康检查项目案**

2022年7月，某机械企业组织员工在某综合医院进行体检，为降低体检费用，未安排听力检查并去除了血常规等一些检查项目。后来该公司员工王某因听力不佳等身体不适，在某省级医院检查确诊为听力受损，已达到职业性噪声聋。王某遂怀疑听力受损与工作岗位环境有关，向疾控中心申请职业病诊断，却因缺少职业健康检查机构出具的体检报告，诊断依据不充分，未能诊断为职业病，机械企业拒绝赔偿。

思考：在职业健康检查方面，有什么样的法律规定？

学习小结

职业病是企业、事业单位和个体经济组织等用人单位的劳动者在职业活动中，因接触粉尘、放射性物质和其他有毒、有害因素而引起的疾病。职业病的分类和目录由国务院卫生健康行政部门、劳动保障行政部门规定、调整并公布。国家对职业病采取预防为主、防治结合的方针，分类管理、综合治理的管理原则；国家建立职业病危害项目申报制度；建设项目的职业病防护设施应当与主体工程同时设计、同时施工、同时投入生产和使用；用人单位应当按照国务院卫生健康行政部门的规定组织上岗前、在岗期间和离岗时的职业健康检查，并为劳动者建立职业健康监护档案；职业病诊断应当由省、自治区、直辖市人民政府卫生健康行政部门批准的医疗机构承担。国务院卫生健康行政部门、劳动保障行政部门依照《职业病防治法》和国务院确定的职责，负责全国职业病防治的监督管理工作。县级以上地方人民政府职业卫生监督管理部门依据各自职责，负责本行政区域内职业病防治的监督管理工作。违反职业病防治规定的，依法承担法律责任。

（张永利）

复习参考题

一、选择题

1. 2013年12月，国家卫生和计划生育委员会等4部门关于印发新的《职业病分类和目录》的通知，将法定职业病定调整为（　　）大类
   A. 8
   B. 9
   C. 10
   D. 11
   E. 12

2. 某医疗机构是经卫生健康行政部门批准的职业病诊断机构，某天接诊了前来要求职业病诊断的陈某，结果陈某被诊断为患有职业病。根据《职业病防治法》规定，该医疗机构的正确做法是
   A. 只需告知陈某
   B. 只需要告知陈某的用人单位
   C. 只需出具职业病诊断证明书
   D. 除出具职业病诊断证明书外，应及时向所在地卫生健康行政部门报告
   E. 除出具职业病诊断证明书外，应及时向所在地卫生健康行政部门和劳动保障行政部门报告

3. 职业病诊断机构需要了解工作场所职业病危害因素情况时，可以对工作场所进行现场调查，也可以依法提请卫生健康主管部门组织现场调查。卫生健康行政部门应当在接到申请之日起的下列时限内完成现场调查，即
   A. 5日内
   B. 10日内
   C. 15日内
   D. 20日内
   E. 30日内

4. 大理石厂工人徐某多年从事接触职业病危害的作业，近期身体常常感到不适，怀疑自己得了职业病，准备去相应机构进行诊断。按照法律规定，从事职业健康检查的医疗卫生机构应当由卫生健康行政部门批准，该批准部门的级别是
   A. 国家卫生健康行政部门
   B. 省级卫生健康行政部门
   C. 设区的市级卫生健康行政部门
   D. 县级卫生健康行政部门
   E. 县级以上卫生健康行政部门

5. 王某经老乡介绍，多年在一小型煤矿从事挖煤工种。近期因出现呼吸困难、咳痰、慢性咳嗽、喘息和胸闷等症状，来到一家职业病诊断机构要求进行职业病诊断。由于马某对用人单位提供的工作场所职业病危害因素检测结果等资料有异议，而职业病诊断机构需要了解工作场所职业病危害因素情况，对此，职业病诊断机构正确的做法是
   A. 要求用人单位重新提供工作违反职业危害因素的检测结果
   B. 可以对工作违反进行现场调查
   C. 可以委托职业卫生技术服务机构进行现场调查
   D. 应当提请卫生健康行政部门进行调查
   E. 应当向劳动行政部门举报用人单位的不实行为

   答案：1. C；2. D；3. B；4. B；5. D

二、简答题

1. 职业病的概念和构成要件是什么？
2. 职业病防治的方针和原则有哪些？
3. 用人单位职业病防治责任有哪些？
4. 承担职业病诊断的医疗卫生机构应当具备哪些条件？
5. 职业病诊断依据有哪些？

中医药管理法律制度

学习目标

知识目标	1. 掌握中医药管理法律制度中的主要概念、《中医药法》的适用范围、中药材保护与发展法律制度、中药饮片保护与发展法律制度、中药制剂保护与发展法律制度、医疗机构中药制剂保护与发展法律制度。 2. 熟悉中医药医疗管理法律制度、中医从业人员管理法律制度、中医药医疗服务活动管理法律制度。 3. 了解中医药知识产权保护制度、中医药传统知识保护制度、中医药广告法律制度、中医药发展保障措施、违反中医药管理法律和法规应当承担的法律责任。
能力目标	运用中医药管理法律知识识别、分析和解决中医药安全法律问题。
素质目标	将人民群众对美好生活的向往放在首位，在中医药管理活动中具有生命至上、健康至上、安全至上的基本理念。

第一节　中医药管理法律制度概述

一、我国中医药管理法律体系

中医药事业的发展，离不开法治的保障。随着经济社会快速发展，中医药事业发展面临一些新的问题和挑战，主要表现为：一是中医药服务能力不足，中医药服务领域出现萎缩现象，特别是基层中医药服务能力薄弱，发展规模和水平还不能满足人民群众的需求；二是现行医师管理、诊所管理和药品管理制度不能完全适应中医药特点和发展需要，一些医术确有专长的人员无法通过考试取得医师资格，同时现行的审批管理模式导致开办中医诊所门槛过高，医疗机构配制的中药制剂品种出现萎缩现象；三是由于中医药人才培养途径比较单一，中医药教育体系不够完善，导致中医药人才匮乏；四是野生中药材资源破坏严重，人工种植养殖中药材不规范，导致部分中药材品质下降，影响中医药可持续发展；五是中医药科学研究能力不足，导致在中医药理论和技术方法的传承、创新方面面临不少困难。为解决当前存在的突出问题，进一步促进中医药事业发展，我国在《中医药条例》的基础上出台的《中医药法》（自2017年7月1日起施行），将能够更好地继承和弘扬中医药，使中医药这一中华民族的宝贵财富更好地发扬光大，造福广大人民群众，促进健康中国建设。

二、我国中医药管理法治建设

中医药管理法治建设体现了党和政府对中医药管理的高度重视。中医药是反映中华民族对生命、健康和疾病的认识，具有独特理论及技术方法的医药学体系。正因为中医药是独特的，所以发展中医药事业必须有中医药的思维，遵循中医药的内在发展规律，建立符合中医药特点的管理制度，在医疗机构管理、医师执业管理、中药管理、人才培养等方面都要体现中医药特点，这也是制定《中医药法》的重要指导思想。

规范中医药发展的法律、法规中，除了《中医药法》这一部专门法律外，还有宪法、相关法律、法规、规章、规范性文件和技术标准等。

《宪法》第21条规定："国家发展医药卫生事业，发展现代医药和我国传统医药"，为中医药发展和法律制度建设提供了根本的法律依据。《基本医疗卫生与健康促进法》《药品管理法》《医师法》《传染病防治法》《医疗机构管理条例》《乡村医生从业管理条例》等法律、法规中也都涉及中医药、中医师的规定。《教育法》《高等教育法》《职业教育法》《科学技术进步法》《科学技术成果转化法》《科学技术奖励条例》等，也对中医药教育、科研等方面的管理进行了规范。

为了将中医药的基本理论、临床实践与西医药知识结合起来，二者相互学习，相互补充，协调发展，发挥各自优势，提高临床疗效，发展具有中国特色的新医药学。《中医药发展战略规划纲要（2016—2030年）》提出"促进中西医结合"，运用现代科学技术推进中西医整合、创新；积极创造条件建设中西医结合医院；完善中西医结合人才培养政策措施等。

同时，专门针对中医药进行的《野生药材资源保护管理条例》《中药品种保护条例》行政法规，为中医药事业的发展提供了基本保障。国家中医药管理局单独或与其他部门共同制定和颁布的有关中医机构、医疗保健、人才培养、科学技术、对外交流与合作等方面的部门规章、规范性文件200余项。此外，我国有关部门及行业组织还颁布了中医药标准规范130余项，进一步规范了中医药行业管理，推动了中医药现代化的发展。

三、中医药管理法律制度中的主要概念

（一）中医药的概念

中医药是包括汉族和少数民族医药在内的我国各民族医药的统称，是反映中华民族对生命、健康和疾病的认识，具有独特理论和技术方法的医药学体系。

在西医传入我国之前，我国只有一种医药学，当然没有必要将其称为"中医药"，所以我国古代并没有一部冠以"中医药"的医学文献。在古代，中医药有各种代称，如岐黄、青囊、杏林、悬壶等。"中医药"的称谓是在近代以后，随着西学、西医传入我国，为了便于区分，我国本土原有的学术体系、医学体系就被称为"中学""中医药"，从此"中医药"就成了与"西医药"相对应的概念。

少数民族医药是我国中医药的重要组成部分，包括藏医药、蒙医药、维吾尔医药、傣医药、壮医药、苗医药、朝医药、瑶医药等少数民族的医药。许多国家的立法多以"中医药"称呼中国的传统医药，如泰国颁布了《中医合法化条例》，澳大利亚维多利亚州颁布了《中医注册条例》等。此外，有70多个国家与中国签订了包含中医药内容的政府协议或者专门的中医药合作协议。这些均表明"中医药"的称谓在世界范围内取得了共识。

（二）其他相关概念

1. **道地中药材**　指经过中医临床长期应用优选出来的，产在特定地域，与其他地区所产同种中药材相比，品质和疗效更好，且质量稳定，具有较高知名度的中药材。

2. **古代经典明方**　指至今仍广泛应用、疗效确切、具有明显特色与优势的古代中医典籍所记载的方剂。

四、中医药安全监管体制

我国中医药安全工作实行中西医并重的方针，建立符合中医药特点的管理制度，充分发挥中医药在我国医药卫生事业中的作用。国家鼓励中医西医相互学习，相互补充，协调发展，发挥各自优势，促进中西医结合。

国务院中医药主管部门负责全国的中医药管理工作。国务院其他有关部门在各自职责范围内负责与中医药管理有关的工作。县级以上地方人民政府中医药主管部门负责本行政区域的中医药管理工作。县级以上地方人民政府其他有关部门在各自职责范围内负责与中医药管理有关的工作。

县级以上人民政府中医药主管部门应当加强对中医药服务的监督检查，并将下列事项作为监督检查的重点：① 中医医疗机构、中医医师是否超出规定的范围开展医疗活动；② 开展中医药服务是否符合国务院中医药主管部门制定的中医药服务基本要求；③ 中医医疗广告发布行为是否符合《中医药法》的规定。中医药主管部门依法开展监督检查，有关单位和个人应当予以配合，不得拒绝或者阻挠。

第二节　中医药服务制度

一、中医药服务制度立法沿革

中医临床医学是一门实践性很强的科学，诊疗技术、方法和用药等方面仍然需要加强规范化、标准化。开展中医药服务，除了要以中医药理论为指导，运用中医药技术方法外，还应当符合国务院中医药主管部门制定的中医药服务基本要求。目前国务院中医药主管部门制定的中医药服务基本要求主要有：《乡镇卫生院中医药服务管理基本规范》和《社区卫生服务中心中医药服务管理基本规范》（国中医药发〔2003〕56号）《中医医疗技术操作手册（2013版）》《护理人员中医技术使用手册》《中医病历书写基本规范》（国中医药医政发〔2010〕29号）《中药处方格式及书写规范》（国中医药医政发〔2010〕57号）等。今后，国务院中医药主管部门可以根据本法规定，进一步补充、完善有关的中医药服务基本要求。

二、中医药服务制度的主体

（一）县级以上人民政府

国家应当加强中医药服务体系建设，合理规划和配置中医药服务资源，为公民获得中医药服务提供保障。开展中医药服务，应当以中医药理论为指导，运用中医药技术方法，并符合国务院中医药主管部门制定的中医药服务基本要求。

县级以上人民政府应当发展中医药预防、保健服务，并按照国家有关规定将其纳入基本公共卫生服务项目统筹实施。县级以上人民政府应当发挥中医药在突发公共卫生事件应急工作中的作用，加强中医药应急物资、设备、设施、技术与人才资源储备。医疗卫生机构应当在疾病预防与控制中积极运用中医药理论和技术方法。

县级以上人民政府应当将中医医疗机构建设纳入医疗机构设置规划，举办规模适宜的中医医疗机构，扶持有中医药特色和优势的医疗机构发展。合并、撤销政府举办的中医医疗机构或者改变其中医医疗性质，应当征求上级人民政府中医药主管部门的意见。

政府举办的综合医院、妇幼保健机构和有条件的专科医院、社区卫生服务中心、乡镇卫生院，应当设置中医药科室。县级以上人民政府应当采取措施，增强社区卫生服务站和村卫生室提供中医药服务的能力。

（二）社会力量

国家支持社会力量举办中医医疗机构。国家支持社会力量投资中医药事业，支持组织和个人捐赠、资助中医药事业。

社会力量举办的中医医疗机构在准入、执业、基本医疗保险、科研教学、医务人员职称评定等方面享有与政府举办的中医医疗机构同等的权利。

举办中医诊所的，将诊所的名称、地址、诊疗范围、人员配备情况等报所在地县级人民政府中医药主管部门备案后即可开展执业活动。中医诊所应当将本诊所的诊疗范围、中医医师的姓名及其执业范围在诊所的明显位置公示，不得超出备案范围开展医疗活动。具体办法由国务院中医药主管部门拟订，报国务院卫生行政部门审核、发布。

（三）中医医疗人员

从事中医医疗活动的人员应当依照《医师法》的规定，通过中医医师资格考试取得中医医师资格，并进行执业注册。中医医师资格考试的内容应当体现中医药特点。

以师承方式学习中医或者经多年实践，医术确有专长的人员，由至少两名中医医师推荐，经省、自治区、直辖市人民政府中医药主管部门组织实践技能和效果考核合格后，即可取得中医医师资格；按照考核内容进行执业注册后，即可在注册的执业范围内，以个人开业的方式或者在医疗机构内从事中医医疗活动。国务院中医药主管部门应当根据中医药技术方法的安全风险拟订本款规定人员的分类考核办法，报国务院卫生行政部门审核、发布。

中医医疗机构配备医务人员应当以中医药专业技术人员为主，主要提供中医药服务；经考试取得医师资格的中医医师按照国家有关规定，经培训、考核合格后，可以在执业活动中采用与其专业相关的现代科学技术方法。在医疗活动中采用现代科学技术方法的，应当有利于保持和发挥中医药特色和优势。

社区卫生服务中心、乡镇卫生院、社区卫生服务站以及有条件的村卫生室应当合理配备中医药专业技术人员，并运用和推广适宜的中医药技术方法。

三、中医药广告法律制度

医疗机构发布中医医疗广告，应当经所在地省、自治区、直辖市人民政府中医药主管部门审查批准；未经审查批准，不得发布。发布的中医医疗广告内容应当与经审查批准的内容相符合，并符合《中华人民共和国广告法》（简称《广告法》）的有关规定。

医疗机构通过一定的媒介或形式向社会公众宣传其中医医疗服务，能及时为患者提供就医信息。但现实中一些医疗机构受到利益的驱使，发布一些不科学、不真实、不合法的中医医疗广告，夸大治疗效果，这些行为不仅损害了中医药事业的发展，同时也扰乱了医疗市场秩序，严重损害了患者的利益，有的甚至延误了患者的疾病治疗，给患者造成人身和财产的损害。为了进一步规范医疗市场秩序，保障人民群众的身体健康和生命安全，必须加强对医疗机构发布中医医疗广告的管理。

1. 明确广告审查主体 广告法规定，工商行政管理部门负责广告的监督管理工作，有关主管部门在各自的职责范围内负责广告管理相关工作。医疗机构发布中医医疗广告，其广告内容涉及中医医疗服务，中医药主管部门作为中医医疗服务的主管部门，本条赋予了其对中医医疗广告审查批准的职责，其要认真担负起这一监管职责。

2. 发布中医医疗广告必须经主管部门批准 医疗机构发布中医医疗广告，应当在发布前由该医疗机构向所在地的省级人民政府中医药主管部门对广告内容进行审查。经审查符合要求的，予以批准。对未予批准的广告，医疗机构不能发布。

3. 发布的内容必须与审查批准的内容相一致 根据《广告法》的规定，广告内容涉及的事项需要取得行政许可的，应当与许可的内容相符合。医疗机构发布的中医医疗广告内容与经审查批准的内容不相符的，按照《广告法》第57条的规定，由原审查部门撤销该广告的审查批准文件，一年内不受理该医疗机构的广告审查申请。

《广告法》对广告的内容进行了明确的要求。如医疗广告不得含有下列内容：① 表示功效、安全性的断言或者保证；② 说明治愈率或者有效率；③ 与其他药品、医疗器械的功效和安全性或者其他医疗机构比较；④ 利用广告代言人作推荐、证明；⑤ 法律、行政法规规定禁止的其他内容。广告应当真实、合法，以健康的表现形式表达广告内容，符合社会主义精神文明建设和弘扬中华优秀传统文化的要求。广告不得含有虚假或者引人误解的内容，不得欺骗、误导消费者等。广告法的上述内容同样适用于中医医疗广告。

第三节 中药保护与发展

一、中药材保护与发展法律制度

国家制定中药材种植养殖、采集、贮存和初加工的技术规范、标准，加强对中药材生产流通全过程的质量监督管理，保障中药材质量安全。鼓励发展中药材规范化种植养殖，严格管理农药、肥料等农业投入品的使用，禁止在中药材种植过程中使用剧毒、高毒农药，支持中药材良种繁育，提高中药材质量。

国家建立道地中药材评价体系，支持道地中药材品种选育，扶持道地中药材生产基地建设，加强道地中药材生产基地生态环境保护，鼓励采取地理标志产品保护等措施保护道地中药材。

国务院药品监督管理部门应当组织并加强对中药材质量的监测，定期向社会公布监测结果。国务院有关部门应当协助做好中药材质量监测有关工作。采集、贮存中药材以及对中药材进行初加工，应当符合国家有关技术规范、标准和管理规定。

国家鼓励发展中药材现代流通体系，提高中药材包装、仓储等技术水平，建立中药材流通追溯体系。药品生产企业购进中药材应当建立进货查验记录制度。中药材经营者应当建立进货查验和购销记录制度，并标明中药材产地。

国家保护药用野生动植物资源，对药用野生动植物资源实行动态监测和定期普查，建立药用野生动植物资源种质基因库，鼓励发展人工种植养殖，支持依法开展珍贵、濒危药用野生动植物的保护、繁育及其相关研究。

在村医疗机构执业的中医医师、具备中药材知识和识别能力的乡村医生，按照国家有关规定可以自种、自采地产中药材并在其执业活动中使用。

二、中药饮片保护与发展法律制度

国家保护中药饮片传统炮制技术和工艺，支持应用传统工艺炮制中药饮片，鼓励运用现代科学技术开展中药饮片炮制技术研究。

对市场上没有供应的中药饮片，医疗机构可以根据本医疗机构医师处方的需要，在本医疗机构内炮制、使用。医疗机构应当遵守中药饮片炮制的有关规定，对其炮制的中药饮片的质量负责，保证药品安全。医疗机构炮制中药饮片，应当向所在地设区的市级人民政府药品监督管理部门备案。根据临床用药需要，医疗机构可以凭本医疗机构医师的处方对中药饮片进行再加工。

三、中药制剂保护与发展法律制度

国家鼓励和支持中药新药的研制和生产。国家保护传统中药加工技术和工艺，支持传统剂型中成药的生产，鼓励运用现代科学技术研究开发传统中成药。

生产符合国家规定条件的来源于古代经典名方的中药复方制剂，在申请药品批准文号时，可以仅提供非临床安全性研究资料。具体管理办法由国务院药品监督管理部门会同中医药主管部门制定。具体目录由国务院中医药主管部门会同药品监督管理部门制定。

1. 中药新药的研制与生产 2009年《国务院关于扶持和促进中医药事业发展的若干意见》指出，推动中药新药和中医诊疗仪器、设备的研制开发。《中医药发展战略规划纲要（2016—2030年）》指出，探索适合中药特点的新药开发模式，推动重大新药创制。鼓励基于经典名方、医疗机构制剂等的中药新药研发。中药新药的研究开发，应当注意坚持以下几点：

第一，中药新药的研究开发，应当坚持以中医药理论体系为指导，必须与中药理论密切结合起来，如性味归经、升降浮沉、君臣佐使、加工炮制、制剂工艺、配伍禁忌、剂量服法等理论。这样才能使新开发的中成药保持中医药的特色。盲目搬用西药剂型来套改中药剂型的做法，不适合中药新药的研究开发。

第二，充分利用现代科学技术。为了阐明中药防治疾病的机理，推动中医药理论发展，提高新药竞争能力，将中药制剂的功效、主治与现代科学知识与技术联系起来，建立相应的客观标准，探索出一套以中医药理论为指导，又能用一定的科学手段测试的新理论，对指导临床合理用药及评定制剂质量是非常必要的。

第三，以药物的安全有效为核心。药物的基本要求是安全、有效、稳定。

2. 传统中成药的生产 中成药是中药成药的简称，是指以中药材为原料，在中医药理论指导下，按规定的处方和制法进行批量生产，有名称、功能主治、用法用量和规格的药品。

传统中成药生产的法律规定主要有三个方面：一是国家保护传统中药加工技术和工艺。传统中药加工技术和工艺是我国的瑰宝，应当倍加珍惜、予以保护。二是支持传统剂型中成药的生产。传统的剂型包括汤、丸、散、膏、丹等，是根据外观、制作方法及服用方法划分的不同的方剂类型。汤剂是将中药饮片用水煎煮或浸泡后去渣取汁方法制成的液体剂型。丸剂是药材细粉或药材提取物添加适宜赋形剂或辅料，制成的球形或类球形的固体制剂，是中成药最古老的剂型之一。散剂是一种或多种药材混合制成的粉末状制剂，分内服散剂和外用散剂。膏剂是药材用水煎煮、去渣浓缩后，加炼蜜或糖制成的半固体制剂。丹剂是水银、硝石、雄黄等矿物药经过炼制、升华、融合等技术处理制成的无机化合物，如红升丹、白降丹等。传统剂型中成药体现了中医药的特色，为此，本款规定支持传统剂型中成药的生产。三是鼓励运用现代科学技术研究开发传统中成药。现代科学技术是传统中成药焕发生机的助推器，将为传统中医药插上腾飞的翅膀。《中医药发展战略规划纲要（2016—2030年）》中指出，促进中药工业转型升级。推进中药工业数字化、网络化、智能化建设，加强技术集成和工艺创新，提升中药装备制造水平，加速中药生产工艺、流程的标准化，提升中药工业知识产权运用能力。

四、医疗机构中药制剂保护与发展法律制度

国家鼓励医疗机构根据本医疗机构临床用药需要配制和使用中药制剂，支持应用传统工艺配制中药制剂，支持以中药制剂为基础研制中药新药。医疗机构配制中药制剂，应当依照《药品管理法》的规定取得医疗机构制剂许可证，或者委托取得药品生产许可证的药品生产企业、取得医

疗机构制剂许可证的其他医疗机构配制中药制剂。委托配制中药制剂，应当向委托方所在地省、自治区、直辖市人民政府药品监督管理部门备案。医疗机构对其配制的中药制剂的质量负责；委托配制中药制剂的，委托方和受托方对所配制的中药制剂的质量分别承担相应责任。

医疗机构配制的中药制剂品种，应当依法取得制剂批准文号。但是，仅应用传统工艺配制的中药制剂品种，向医疗机构所在地省、自治区、直辖市人民政府药品监督管理部门备案后即可配制，不需要取得制剂批准文号。医疗机构应当加强对备案的中药制剂品种的不良反应监测，并按照国家有关规定进行报告。药品监督管理部门应当加强对备案的中药制剂品种配制、使用的监督检查。

因为医疗机构使用传统工艺配制的中药制剂与使用现代工艺配置的制剂相比，风险相对较低，可以根据风险分级管理的原则，对这类制剂实施备案管理。所以，仅应用传统工艺配制的中药制剂品种，向医疗机构所在地省、自治区、直辖市人民政府药品监督管理部门备案后即可配制，不需要取得制剂批准文号，即由批准制改为备案制。改为备案制后，从程序上将更加快捷、方便，成本降低，将大大提高医疗机构配制中药制剂的积极性，推动医疗机构中药制剂得到更加广泛的应用。这一规定是对《药品管理法》的一个突破。

医疗机构中药制剂改为备案制后，是改变监管方式、实现更加合理有效的监管。医疗机构应当加强对中药制剂品种的不良反应监测。《药品管理法》第70条规定，国家实行药品不良反应报告制度。药品生产企业、药品经营企业和医疗机构必须经常考察本单位所生产、经营、使用的药品质量、疗效和反应。发现可能与用药有关的严重不良反应，必须及时向当地省、自治区、直辖市人民政府药品监督管理部门和卫生行政部门报告。根据《药品不良反应报告和监测管理办法》的规定，医疗机构获知或者发现可能与用药有关的不良反应，应当通过国家药品不良反应监测信息网络报告；不具备在线报告条件的，应当通过纸质报表报所在地药品不良反应监测机构，由所在地药品不良反应监测机构代为在线报告。同时，药品监督管理部门应当切实履行监管职责，加强对备案的中药制剂品种配制、使用的监督检查，确保医疗机构中药制剂用药安全。

第四节　中医药人才培养与科学研究

一、我国中医药人才培养体系

中医药教育应当遵循中医药人才成长规律，以中医药内容为主，体现中医药文化特色，注重中医药经典理论和中医药临床实践、现代教育方式和传统教育方式相结合。

国家完善中医药学校教育体系，支持专门实施中医药教育的高等学校、中等职业学校和其他教育机构的发展。中医药学校教育的培养目标、修业年限、教学形式、教学内容、教学评价及学术水平评价标准等，应当体现中医药学科特色，符合中医药学科发展规律。

国家发展中医药师承教育，支持有丰富临床经验和技术专长的中医医师、中药专业技术人员在执业、业务活动中带徒授业，传授中医药理论和技术方法，培养中医药专业技术人员。国家加强对中医医师和城乡基层中医药专业技术人员的培养和培训。国家发展中西医结合教育，培养高层次的中西医结合人才。

县级以上地方人民政府中医药主管部门应当组织开展中医药继续教育，加强对医务人员，特别是城乡基层医务人员中医药基本知识和技能的培训。中医药专业技术人员应当按照规定参加继续教育，所在机构应当为其接受继续教育创造条件。

二、我国执业中医师资格取得法律制度

在我国，中医执业资格取得方式经历了"无资格要求""考试、考核后考试和考核"到"统一考试"三个阶段。

第一，"无资格要求"阶段。1998年《执业医师法》出台前，不论西医还是中医都没有明确的执业医师资格的要求，只要县级以上卫生主管部门根据政策批准合法行医即可。

第二，"考试、考核后考试和考核"阶段。《执业医师法》统一要求中医和西医执业人员必须通过执业医师、执业助理医师资格考试，才能合法执业。同时，对于中医师承和多年实践确有专长人员做了特殊的规定。2006年底颁布的《传统中医师承和确有专长考核考试办法》（考核考试办法）删去了1999年《传统医学师承和确有专长人员医师资格考核暂行办法》（简称《暂行办法》）的上述规定，并在附则中明确"1999年的《暂行办法》废止"。也就是说，2006年以后，所有没有接受学校中医教育的人员要取得中医执业资格，都必须首先通过中医师承和确有专长资格考核，取得《传统医学师承出师证书》或《传统医学医术确有专长证书》并满足相应的其他条件的，才可以参加执业医师或执业助理医师资格考试；通过考试，才可以取得执业资格。

2013年，国家卫生和计划生育委员会、国家中医药管理局发布了《关于做好中医药一技之长人员纳入乡村医生管理工作的通知》（国中医药医政发〔2013〕17号），允许在某一中医药专业领域具有特长，临床疗效较好，截至2003年8月5日年龄在40周岁以上（含40周岁），有村卫生室拟聘用证明（乡村卫生服务一体化管理的地区，有乡镇卫生院拟聘用其在所管理的村卫生室执业的证明）的人员，申请乡村医生执业注册。对通过临床考核、农民评价和中等中医学专业水平培训和考试的人员，颁发《乡村医生执业证书》，并注明经考核合格的临床技术专长和诊疗方法。一定程度上弥补了农村卫生技术人员特别是中医药人员不足，既缓解了农村"缺医"的问题，又为部分年龄较大难以通过执业医师资格考试的中医药一技之长人员提供了合法行医的途径。

通过上述政策的实施，不少民间中医获得了行医资格。不过，实践中仍然有不少师承方式学习中医或者经多年实践的人员，虽然实践经验丰富，医术确有专长，但是因为无法通过以基础理论为主要内容的医师资格考试，而无法取得医师资格。为了进一步解决此类人员的医师资格问题，发挥他们的积极作用，引导和规范他们更好地提供中医药服务，《中医药法》第15条第2款规定医术确有专长的人员可以仅通过考核就取得中医医师资格，而不需要参加执业医师资格考试。

第三，"统一考核后考试"阶段。《医师法》（2022年）第11条规定："以师承方式学习中医满三年，或者经多年实践医术确有专长的，经县级以上人民政府卫生健康主管部门委托的中医药专业组织或者医疗卫生机构考核合格并推荐，可以参加中医医师资格考试。以师承方式学习中医

或者经多年实践，医术确有专长的，由至少二名中医医师推荐，经省级人民政府中医药主管部门组织实践技能和效果考核合格后，即可取得中医医师资格及相应的资格证书。本条规定的相关考试、考核办法，由国务院中医药主管部门拟订，报国务院卫生健康主管部门审核、发布。"

三、中医药科学研究

国家鼓励科研机构、高等学校、医疗机构和药品生产企业等，运用现代科学技术和传统中医药研究方法，开展中医药科学研究，加强中西医结合研究，促进中医药理论和技术方法的继承和创新。

《中医药发展战略规划纲要（2016—2030年）》在"促进中西医结合"方面提出运用现代科学技术，推进中西医资源整合、优势互补、协同创新。加强中西医结合创新研究平台建设，强化中西医临床协作，开展重大疑难疾病中西医联合攻关，形成独具特色的中西医结合诊疗方案，提高重大疑难疾病、急危重症的临床疗效；探索建立和完善国家重大疑难疾病中西医协作工作机制与模式，提升中西医结合服务能力；积极创造条件建设中西医结合医院；完善中西医结合人才培养政策措施等。《中医药法》在贯彻"促进中西医结合"原则方面也作出了一些具体规定，如国家发展中西医结合教育，培养高层次的中西医结合人才，以及开展中西医结合科学研究等。

国家采取措施支持对中医药古籍文献、著名中医药专家的学术思想和诊疗经验以及民间中医药技术方法的整理、研究和利用。国家鼓励组织和个人捐献有科学研究和临床应用价值的中医药文献、秘方、验方、诊疗方法和技术。

国家建立和完善符合中医药特点的科学技术创新体系、评价体系和管理体制，推动中医药科学技术进步与创新。国家采取措施，加强对中医药基础理论和辨证论治方法，常见病、多发病、慢性病和重大疑难疾病、重大传染病的中医药防治，以及其他对中医药理论和实践发展有重大促进作用的项目的科学研究。

第五节　中医药传承与文化传播

对具有重要学术价值的中医药理论和技术方法，省级以上人民政府中医药主管部门应当组织遴选本行政区域内的中医药学术传承项目和传承人，并为传承活动提供必要的条件。传承人应当开展传承活动，培养后继人才，收集整理并妥善保存相关的学术资料。属于非物质文化遗产代表性项目的，依照《中华人民共和国非物质文化遗产法》的有关规定开展传承活动。

一、中医药传统知识保护制度

传统中医药和西医药分别建立于两种完全不同的科学体系之上，中医药学重视整体，"辨证施治，随症加减"，其创新主要依靠临床实践，缺乏数据上的实证。这一特性很难适应按现代科学特点设计的知识产权法规体系。传统中医药专利的"新颖性、创造性、实用性"的认定存在难点也是大家公认的。1993年12月29日生效的《生物多样性公约》确立了尊重传统知识和鼓励公平分享利用传统知识创新而获得的惠益的原则。近年来发展中国家呼吁修改现有专利制度，增加保护传统知识的内容，但这一要求遭到对TRIPS有重要影响的发达国家的抵制。2004年在马来西亚吉隆坡举行的《生物多样性公约》第七次缔约方大会上，双方经过磋商和妥协，通过了"制定保护传统知识、创新和做法的特殊制度的基本组成部分"。目前越来越多的发展中国家已在国内立法并寻求区域性合作，以保护传统医药知识产权。

尽管目前关于传统知识的概念，尚无世界范围内公认的定义，但一般认为传统知识具有历史性、传承性、地域性等特点。中医药传统知识是基于中华民族悠久的历史文化传统，反映中华民族对生命、健康和疾病的认识，是长期传承并持续发展的有价值的医药学体系。

（一）中医药传统知识保护数据库、保护名录和保护制度

中医药传统知识保护是个浩大的系统工程，对于维护国家和民族利益而言必要而又迫切，因此应由国家作为主体，建立和完善中医药传统知识保护制度。2004年，国家中医药管理局即组织开展"中医药传统知识保护研究"工作，相关研究成果正式写入了《国家知识产权战略纲要》；近年来，国家中医药管理局不断加大中医药传统知识保护研究体系建设力度，成立中医药传统知识保护研究中心，推进全国中医药传统知识调查工作，启动中医药传统知识保护名录和名录数据库建设工作，目前已入库宋元之前方剂类古籍内容四万余首。

（二）中医药传统知识持有人制度

中医药传统知识持有人对其持有的中医药传统知识享有传承使用的权利，对他人获取、利用其持有的中医药传统知识享有知情同意和利益分享等权利。《生物多样性公约》是一项保护地球生物资源的国际性公约，我国已于1992年6月11日签署，并于1992年11月7日批准加入该公约。2010年10月《生物多样性公约》缔约国大会在日本名古屋召开，并签署通过了《生物多样性关于获取遗传资源和公正公平地分享利用所产生惠益的名古屋议定书》（简称《名古屋议定书》），就遗传资源和传统知识的获取和惠益分享等问题达成了一致，并要求缔约国采取立法或行政措施，确保获取传统知识的惠益分享义务的切实履行。该款规定属于与《名古屋议定书》相衔接的规定，保障中医药传统知识持有人对他人获取、利用其持有的中医药传统知识享有知情同意和利益分享等权利。需要注意的是，这里的"中医药传统知识持有人"不仅包括自然人，也包括中医药传统知识持有单位等法人。

（三）经依法认定属于国家秘密的传统中药处方组成和生产工艺的特殊保护

中医药传统知识中，有一部分是一直长期保密，不处于公共知识领域的国家秘密。依据保守国家秘密法的规定，"国家秘密"是指关系国家安全和利益，依照法定程序确定，在一定时间内只限一定范围的人员知悉的事项。国家秘密有着严格的保密管理制度，下列涉及国家安全和利益的事项，泄露后可能损害国家在政治、经济、国防、外交等领域的安全和利益的，应当确定为国家秘密："① 国家事务重大决策中的秘密事项；② 国防建设和武装力量活动中的秘密事项；③ 外交和外事活动中的秘密事项以及对外承担保密义务的秘密事项；④ 国民经济和社会发展中的秘密事项；⑤ 科学技术中的秘密事项；⑥ 维护国家安全活动和追查刑事犯罪中的秘密事项；

⑦ 经国家保密行政管理部门确定的其他秘密事项。"目前,"科学技术中的秘密事项"由我国科技行政主管部门等依法认定。依据保守国家秘密法的规定,国家秘密的保密期限,除另有规定外,绝密级不超过30年;对需要延长保密期限的,应当在原保密期限届满前重新确定保密期限。对依照保守国家秘密法认定属于国家秘密的传统中药处方组成和生产工艺(如云南白药、片仔癀等),应根据不同密级,做好行业内中药保护品种相关制度与国家秘密法的衔接,对特殊中药品种进行特殊保护,这也是维护国家安全和民族利益的需要。

二、中医药文化传播

县级以上人民政府应当加强中医药文化宣传,普及中医药知识,鼓励组织和个人创作中医药文化和科普作品。

开展中医药文化宣传和知识普及活动,应当遵守国家有关规定。任何组织或者个人不得对中医药作虚假、夸大宣传,不得冒用中医药名义牟取不正当利益。广播、电视、报刊、互联网等媒体开展中医药知识宣传,应当聘请中医药专业技术人员进行。

第六节　保障措施

一、我国中医药保障措施体系

县级以上人民政府应当为中医药事业发展提供政策支持和条件保障,将中医药事业发展经费纳入本级财政预算。县级以上人民政府及其有关部门应当按照法定价格管理权限,合理确定中医医疗服务的收费项目和标准、医疗保险支付政策、药物政策等,体现中医医疗服务成本和专业技术价值。

中医药事业是我国医药卫生事业的重要组成部分,党中央、国务院历来高度重视。随着人民群众健康观念的变化和医学模式的转变,特别是"健康中国"建设目标的提出,中医药的独特优势日益显现,不仅在提高人民群众健康水平方面发挥着越来越重要的作用,而且契合了产业结构升级、经济增长方式转变的转型期要求,作为健康产业的一部分成为一个新的经济增长点。从国际看,蕴含着丰富的哲学思想和人文精神的中医药,是我国文化软实力的重要体现,已成为我国对外交流的一项重要内容。

2016年党中央、国务院印发的《"健康中国2030"规划纲要》,以"充分发挥中医药独特优势"为题,专章论述了中医临床优势培育、健全中医医疗保健服务体系、中医养生保健服务发展、中药新药研发、中药资源普查、中医药知识传播与传统知识保护、中医药传承创新等内容,明确了今后一段时期内中医药事业发展的方向与重点。另外,《中医药法》还明确提出,国家采取措施应当加大对少数民族医药传承创新、应用发展和人才培养的扶持力度,加强少数民族医疗机构和医师队伍建设,促进和规范少数民族医药事业发展。

人才、物资、用地等具体条件的保障,有利于解决中医药事业发展过程中遇到的各种实际问题与困难。而将中医药事业发展经费纳入本级财政预算，首先意味着发展中医药事业是政府的一项职责，同时也是对政府依法履行这一义务和失职追究的一种约束手段。对中医药事业给予经费保障，是政府履行自身职责的一个基本方式，将为中医药事业的持续稳定发展提供坚实的物质保障。

除了专门的中医药政策、措施外，很多公共政策，尤其是医药卫生领域的政策，也会对中医药事业产生重大影响。《中医药法》规定，制定基本医疗保险支付政策、药物政策等医药卫生政策，应当有中医药主管部门参加，注重发挥中医药的优势，支持提供和利用中医药服务。中医药有其自身鲜明的特色，不仅发展中医药事业要遵循中医药发展规律，支持中医药事业发展也要尊重其特色、符合其规律。因此，中医药主管部门参与相关政策的制定，既可以及时发现并纠正无法适用于中医药的政策内容，又能在政策范围内为中医药积极争取空间。

二、基本医疗保险制度

县级以上地方人民政府及其有关部门制定基本医疗保险支付政策、药物政策等医药卫生政策，应当有中医药主管部门参加，注重发挥中医药的优势，支持提供和利用中医药服务。

县级以上地方人民政府有关部门应当按照国家规定，将符合条件的中医医疗机构纳入基本医疗保险定点医疗机构范围，将符合条件的中医诊疗项目、中药饮片、中成药和医疗机构中药制剂纳入基本医疗保险基金支付范围。

基本医疗保险政策对医疗机构、参保人提供、利用医疗服务的行为有着重要的引导作用。制定、实施相应的基本医疗保险政策可以扶持中医药服务的发展。将符合条件的医疗机构纳入基本医疗保险定点医疗机构范围，将符合条件的中医诊疗项目、中药纳入基本医疗保险基金支付范围两个方面，能够引导医疗机构、参保人提供、接受中医药服务，支持中医药服务发展。

（一）将中医医疗机构纳入基本医疗保险定点医疗机构范围

将中医医疗机构纳入基本医疗保险定点医疗机构是一项已经长期实施的、促进中医药发展的保障措施，《中医药条例》第27条即规定，县级以上地方人民政府劳动保障行政部门确定的城镇职工基本医疗保险定点医疗机构，应当包括符合条件的中医医疗机构。《中医药法》延续了这一措施，并根据近年来基本医疗保险的发展情况，将这一措施扩大到所有的基本医疗保险制度。把符合规定的中医医疗机构纳入基本医疗保险定点医疗机构范围，将为参保人接受中医药服务提供更多的选择，满足其中医药服务需求，也将引导参保人选择接受中医药服务，有利于中医医疗机构的发展。县级以上地方人民政府负责基本医疗保险管理的部门在确定基本医疗保险定点医疗机构条件、对医疗机构开展评估等方面应当考虑中医医疗机构，将符合条件的中医医疗机构纳入基本医疗保险定点医疗机构范围，保障参保人接受中医药服务，促进中医医疗机构发展。

（二）将中医诊疗项目、中药纳入基本医疗保险基金支付范围

《社会保险法》（2011年）第28条规定，符合基本医疗保险药品目录、诊疗项目、医疗服务设施标准以及急诊、抢救的医疗费用，按照国家规定从基本医疗保险基金中支付。亦即只有纳入

基本医疗保险药品目录、诊疗项目目录的药品、诊疗项目费用，基本医疗保险基金才予以支付。

（三）将中医诊疗项目、中药纳入基本医疗保险诊疗项目目录、药品目录

可以满足参保人的中医药服务需求，引导参保人选择接受中医药服务，有利于促进中医药服务发展。中医诊疗项目、中药纳入基本医疗保险诊疗项目目录、药品目录，应当符合相应的遴选条件，履行相应的遴选程序。

有关主管部门在制定、调整基本医疗保险药品目录时应当同时考虑中药饮片、中成药和医疗机构中药制剂，特别是中药制剂，符合遴选条件的也应当纳入基本医疗保险药品目录。《中医药法》第28条规定，按照工艺的不同对中药制剂品种实行不同的管理方式，仅应用传统工艺配制的中药制剂品种实行备案管理，其他中药制剂品种实行许可管理。对于医疗机构的中药制剂，包括依法经批准的中药制剂和经过备案的中药制剂，符合相应遴选条件的，有关主管部门都应当将其纳入基本医疗保险药品目录。

三、中医药标准体系建设

国家加强中医药标准体系建设，根据中医药特点对需要统一的技术要求制定标准并及时修订。中医药国家标准、行业标准由国务院有关部门依据职责制定或者修订，并在其网站上公布，供公众免费查阅。国家推动建立中医药国际标准体系。

标准是关于产品、服务等的统一的技术要求，是经济活动和社会发展的技术支撑。加强标准化建设，完善标准体系，有利于促进技术进步，改进产品和服务质量，提升国家治理的现代化水平。中医药标准化是中医药事业发展的技术支撑，是推进中医药行业治理体系和治理能力现代化的基础性制度。《中医药发展战略规划纲要（2016—2030年）》提出："完善中医药标准体系。为保障中医药服务质量安全，实施中医药标准化工程，重点开展中医临床诊疗指南、技术操作规范和疗效评价标准的制定、推广与应用。系统开展中医治未病标准、药膳制作标准和中医药保健品标准等研究制定。健全完善中药质量标准体系，加强中药质量管理，重点强化中药炮制、中药鉴定、中药制剂、中药配方颗粒以及道地中药材的标准制定与质量管理。加快中药数字化标准及中药材标本建设。加强中医药标准体系建设，应当符合中医药特点、遵循中医药规律，对于不需要、不适宜制定统一技术要求的中医药服务、产品，没有必要制定标准进行标准化管理，否则不仅起不到标准化的作用，反而会限制中医药特色的发挥，阻碍中医药的发展。在确定哪些方面需要制定统一的标准时，必须考虑中医辨证施治这一重要特点。"

另外，对于已经制定的中医药标准，有关部门应当开展标准实施效果的跟踪评价，了解相关标准的执行情况，收集相关标准各项指标和技术要求的科学性、合理性和实用性等方面的信息以及相关企业等反馈的意见。根据所收集的信息对标准进行评价，发现问题的应当及时修订。中医药标准覆盖中医医疗服务、中医养生保健服务、中药、中医医疗器械等各种中医药服务和产品，范围比较广。《标准化法》第6条规定，对需要在全国范围内统一的技术要求，应当制定国家标准。国家标准由国务院标准化行政主管部门制定。对没有国家标准而又需要在全国某个行业范围内统一的技术要求，可以制定行业标准。行业标准由国务院有关行政主管部门制定，并报国务院标准化行政主管部门备案，在公布国家标准之后，该项行业标准即行废止。法律对标准的制定另有规定的，依照法律的规定执行。《药品管理法》（2019年修正）第28条延续了2015版第32条的规定，主张国务院药品监督管理部门颁布的《中华人民共和国药典》和药品标准为国家药品标准。《中医药法》第44条规定，中医养生保健服务规范、标准由国务院中医药主管部门制定。因此，不同领域的中医药国家标准、行业标准由国务院中医药主管部门制定。不论哪一个部门制定的中医药国家标准和行业标准，也不论该标准的性质是强制性标准还是推荐性标准，均应当在标准制定部门的网站上全文公布，供公众免费查阅。开展法律、行政法规规定的与中医药有关的评审、评估、鉴定活动，应当成立中医药评审、评估、鉴定的专门组织，或者有中医药专家参加。

建立中医药国际标准体系，有利于推动中医药的国际传播和应用，推动中医药"走出去"。2009年9月，在我国提议下，国际标准化组织成立了中医药方面的专门技术委员会，目前已经发布了《一次性使用无菌针灸针》等国际标准。《全国服务业标准2009年—2013年发展规划》将74项中医药标准列入国家标准计划。此外，国家中医药管理局发布《中医药标准化中长期发展规划纲要（2011—2020年）》，作为"十二五"及今后一个时期指导中医药标准化工作的基本依据。我国将继续深化与国际标准化组织等的交流与合作，积极参与中医药国际标准的研究与制定，营造有利于中医药海外发展的国际环境。

第七节 法律责任

一、行政责任

《中医药法》对行政责任的规定，主要有中医药主管部门及其他有关部门未履行法定职责、中医诊所超出备案范围执业和考核注册的中医医师超出执业范围执业、违反有关备案制度、违法发布中医医疗广告以及在中药材种植过程中使用剧毒、高毒农药行为的法律责任。

（一）中医药主管部门及其他有关部门未履行法定职责

国务院中医药主管部门负责全国的中医药管理工作。国务院其他有关部门在各自职责范围内负责与中医药管理有关的工作。县级以上地方人民政府中医药主管部门负责本行政区域的中医药管理工作。根据《中医药法》第53条及其他有关条款规定履行相应的监督管理职责，未履行《中医药法》规定的职责的，应当承担相应的法律责任。

县级以上人民政府中医药主管部门及其他有关部门未履行本法规定的职责的，首先应当由本级人民政府或者上级人民政府有关部门责令改正；情节严重的，对直接负责的主管人员和其他直接责任人员，依法给予处分。这里的处分主要是指依据公务员法和《行政机关公务员处分条例》等法律、法规的规定对县级以上人民政府中医药主管部门及其他有关部门直接负责的主管人员或者其他直接责任人员给予处分，包括警告、记过、记大过、降级、撤职、开除。公务员受处分的期间为：① 警告，6个月；② 记过，12个月；③ 记大过，18个月；④ 降级、撤职，

24个月。

行政机关公务员在受处分期间不得晋升职务和级别，其中，受记过、记大过、降级、撤职处分的，不得晋升工资档次；受撤职处分的，应当按照规定降低级别。公务员受开除处分的，自处分决定生效之日起，解除其与单位的人事关系，不得再担任公务员职务。行政机关公务员受开除以外的处分，在受处分期间有悔改表现，并且没有再发生违法违纪行为的，处分期满后，应当解除处分。解除处分后，晋升工资档次、级别和职务不再受原处分的影响。但是，解除降级、撤职处分的，不视为恢复原级别、原职务。

（二）中医诊所超过备案范围执业

超出备案的诊疗范围开展医疗活动的中医诊所，由所在地县级人民政府中医药主管部门责令改正，没收违法所得，并处一万元以上三万元以下罚款；情节严重的，责令停止执业活动。中医诊所被责令停止执业活动的，其直接负责的主管人员自处罚决定作出之日起五年内不得在医疗机构内从事管理工作，不仅不能在本诊所，也不能在其他医疗机构内从事管理工作。医疗机构聘用不得从事管理工作的人员从事医疗机构管理工作的，由该医疗机构的原发证部门吊销执业许可证或者由原备案部门责令停止执业活动。

这里的原发证部门是发给该医疗机构执业许可证的卫生行政部门，原备案部门是接受该诊所备案的所在地县级人民政府中医药主管部门。

（三）考核注册的中医医师超出注册范围执业

经考核取得医师资格的中医医师超出注册的执业范围从事医疗活动的，由县级以上人民政府中医药主管部门责令暂停六个月以上一年以下执业活动，并处一万元以上三万元以下罚款；情节严重的，吊销执业证书。

（四）违反有关备案制度

举办中医诊所、炮制中药饮片、委托配制中药制剂，应当备案而未备案的，或者备案时提供虚假材料的，由中医药主管部门和药品监督管理部门按照各自职责分工责令改正，没收违法所得，并处三万元以下罚款，向社会公告相关信息。如果当事人拒不改正，由中医药主管部门和药品监督管理部门依法责令停止执业活动或者责令停止炮制中药饮片、委托配制中药制剂活动，其直接责任人五年内不得从事中医药相关活动。需要说明的是，本条规定的执法主体为中医药主管部门和药品监督管理部门，按照职责分工，中医药主管部门负责对举办中医诊所备案制度的违法行为进行处罚；药品监督管理部门负责对其他两项的违法行为进行处罚。

医疗机构应用传统工艺配制中药制剂未依照规定备案，或者未按照备案材料载明的要求配制中药制剂的，按生产假药给予处罚。

（五）违法发布中医医疗广告

发布的中医医疗广告内容与经审查批准的内容不相符的，由原审查部门撤销该广告的审查批准文件，一年内不受理该医疗机构的广告审查申请。发布中医医疗广告有其他违法行为的，依照《广告法》的规定给予处罚。

中医医疗广告作为广告的一种具体形式，除了遵守本法有关广告审批的规定外，还应当遵守《广告法》的相关规定。违反《广告法》的相关规定，由工商行政管理部门责令停止发布广告，责令广告主在相应范围内消除影响，处广告费用一倍以上三倍以下的罚款，广告费用无法计算或者明显偏低的，处十万元以上二十万元以下的罚款；情节严重的，处广告费用三倍以上五倍以下的罚款，广告费用无法计算或者明显偏低的，处二十万元以上一百万元以下的罚款，可以吊销营业执照，并由广告审查机关撤销广告审查批准文件、一年内不受理其广告审查申请。

（六）在中药材种植过程中使用剧毒、高毒农药行为的法律责任

在中药材种植过程中使用剧毒、高毒农药的，可能导致中药材农药残留超标，影响中药材质量，甚至危害患者的身体健康。因此，违反《中医药法》的规定，在中药材种植过程中使用剧毒、高毒农药的，依照有关法律、法规规定给予处罚；情节严重的，可以由公安机关对其直接负责的主管人员和其他直接责任人员处五日以上十五日以下拘留。

该条的法律后果有两层含义：一层含义是在一般情况下，依照有关法律、法规的规定给予处罚。"有关法律、法规"主要包括《农产品质量安全法》和《农药管理条例》。这些法律、法规对农药的使用提出了要求，并对违反要求的行为规定了相应的法律责任。《农产品质量安全法》对包括中药材在内的农产品生产过程中安全使用农药等农业投入品作了规定。《农药管理条例》（2022年5月1日起实施）第30～39条对农药的使用作了明确规定。根据《中医药法》《农产品质量安全法》和《农药管理条例》的规定，在中药材种植过程中使用剧毒、高毒农药情节不严重的，由农业行政主管部门根据所造成的危害后果，给予警告。

另一层含义是情节严重的，除给予警告、罚款外，还可以由公安机关对其直接负责的主管人员和其他直接责任人员处五日以上十五日以下拘留。这里的"拘留"是行政拘留。需要注意的是，本条规定的违法主体既可以是单位，也可以是个人。对于单位，拘留的对象是直接负责的主管人员和其他直接责任人员；对于个人，如农民，属于"其他直接责任人员"的范畴，也可以适用拘留。

二、民事责任

中医医疗机构、中医医师及其他中医药专业人员，中药生产经营企业等在从事医药活动中给患者或者其他人员造成人身、财产损害的，应当承担相应的侵权责任。

三、刑事责任

我国《刑法》对犯罪和刑罚作了规定。违反本法规定的犯罪主要有医疗事故罪（第335条）、非法行医罪（第336条）、生产销售假药劣药罪（第141条、第142条）等。《刑法》修正案（七）第7条还规定了出售、非法提供公民个人信息罪、非法获取公民个人信息罪，也与中医医疗机构及医务人员相关。

案例13-1

某假药案

王某，1974年出生，是一个普通农民，只有小学文化，没有行医资格。2019年3月，王某在某市区环城西路开设"某民间草药研究所"，宣称找到了专治癌症的特效药，名声大噪。

2020年7月，王某和原某门诊部院长签订协议，在门诊部开设中医肿瘤科，租金每月2万元。在门诊部院长的推荐下，王某聘请了有医师执业资格的医生在肿瘤科坐诊开方。同时，他还通过在报刊上刊登大量广告、在互联网上设置"某中草药研究所"的专门网站及热线电话等方式推广推销假药。很快，大量的患者登门求医，至案发，王某收取的药款达150余万元。

2021年10月17日，王某等人在生产药品窝点被公安机关抓获。经当地食品药品检验所检验，送检的碳酸氢钠、醋酸泼尼松不符合规定；标记为"A1""A1（丸）送""A2""痔疮"以及"某中草药肿瘤研究所研究成果"的药品中均检出醋酸泼尼松，均为假药。

庭审时，王某辩称自己的"秘方"向国家知识产权局申请了专利。但法院查明，该发明专利罗列的药物原料及制备方法中均未包含检测出起主要作用的激素类药物醋酸泼尼松，与标有"某中草药肿瘤研究所研究成果"等字样的药品成分并不一致。另外，发明专利的取得，并不等于药品通过了国家药监部门的审批。

2023年5月，该案一审，王某被判处有期徒刑10年，并处罚金100万元。2023年10月21日，中级人民法院作出二审判决。以生产、销售假药罪，判处被告人王某有期徒刑七年，并处罚金人民币100万元。

思考：

1. 涉案药品算不算中药？是否属于假药？

2. 王某的行为是否属于临床试验？

3. 民间中医从业人员医师资格有哪些取得方式？不同取得方式的特点是什么？

学习小结

《中医药法》是我国专门规范中医药管理的基本法律，中医药管理法律制度主要包括中医医疗机构管理法律制度、中医医务人员管理法律制度、中医医疗服务管理法律制度、中医医疗广告法律制度等、中药保护与发展法律制度和中医药科学研究法律制度等重要内容。中医药文化保护制度中有知识产权制度、中药品种保护制度和传统知识保护制度，中医药发展保障制度中将中医药纳入基本医保，以及建立和完善中医药标准制度等。同时，应加大对于中医药相关法律制度的监管力度，以确保中医药的质量和安全。

（王丽莎）

复习参考题

一、选择题

1. 下列关于中医药法律制度的特色描述错误的是
   A. 体现了对中医药发展的继承保护制度
   B. 总结了中医优势病种临床基本诊疗规律
   C. 拒绝和现代科学技术的结合
   D. 加强对中医药传统知识保护和技术挖掘
   E. 现代中医药的发展与西医紧密结合

2. 医疗机构配制的中药制剂品种包括
   A. 不需要制剂批准文号
   B. 仅用传统工艺配制的中药制剂品种也不需制剂批准文号
   C. 医疗机构应当加强对备案的中药制剂品种的不良反应进行监测
   D. 仅用传统工艺配制的中药制剂品种，应向医疗机构所在的县级以上人民政府进行备案
   E. 仅用传统工艺配备的中药制剂，不需要去任何机构备案

3. 经依法认定属于国家秘密的传统中药处方组成和生产工艺的特殊保护中，不属于国家秘密的是
   A. 涉及国家事务决策中的秘密事项
   B. 国防建设和武装力量活动中的秘密事项
   C. 外交和外事活动中的秘密事项以及对外承担保密义务的秘密事项
   D. 国民经济和社会发展中的秘密事项
   E. 科学技术中的秘密事项

4. 下列中医药的定义不包括
   A. 中医药是包括汉族和少数民族医药在内的我国各民族医药的统称
   B. 中医药是反映中华民族对生命、健康和疾病的认识
   C. 中医药事业是我国医药卫生事业的重要组成部分
   D. 具有悠久历史传统和独特理论及方法的医药学体系

E. 中医药和西药的治疗原理是相同的

5. 国家对经依法认定属于国家秘密的传统中药处方组成和生产工艺实行
   A. 特殊保护
   B. 强制公开
   C. 不得转让
   D. 可以转让
   E. 不保护

答案：1. C；2. C；3. A；4. C；5. A

二、简答题

1. 中医医师资格取得的方式有哪些？

2. 中药包括哪些种类？对其保护与发展的法律规定分别是什么？

3. 简述中医药传统知识保护制度。

4. 中医药发展与保障的措施有哪些？

第十四章

医学科学发展引发的法律问题

学习目标

知识目标

1. 掌握禁止类与限制类医疗技术的内容、人类辅助生殖技术的实施规定、人体器官捐献的原则与形式、医务人员与医疗机构从事人体器官移植的条件、人体器官分配的原则与排序及生命科学与医学研究伦理审查的基本要求。
2. 熟悉医疗技术临床应用相关制度、人类辅助生殖技术的伦理原则、人体器官捐献人与接收人的条件、人体器官获取的义务及科学研究中伦理知情同意的内容。
3. 了解医疗技术临床应用的法律责任、医疗机构申请开展人类辅助生殖技术的条件、人类精子库管理的目的、违反人类辅助生殖技术管理规定的法律责任、人体器官移植收费管理及法律责任、免除伦理审查条件及伦理委员会设置要求。

能力目标

能够根据医疗技术临床应用管理、人类辅助生殖技术、人体器官捐献和移植、医学研究伦理审查的相关法律、法规履行相应的义务与职责。

素质目标

能够具备对医学科学发展过程中法律问题的意识与基本法律素养。

第一节 医疗技术临床应用概述

一、医疗技术的概念

医疗技术，是指医疗机构及其医务人员以诊断和治疗疾病为目的，对疾病作出判断和消除疾病、缓解病情、减轻痛苦、改善功能、延长生命、帮助患者恢复健康而采取的医学专业手段和措施。

医疗技术临床应用，是指将经过临床研究论证且安全性、有效性确切的医疗技术应用于临床，用以诊断或者治疗疾病的过程。医疗技术临床应用应当遵循科学、安全、规范、有效、经济、符合伦理的原则。安全性、有效性不确切的医疗技术，医疗机构不得开展临床应用。

二、医疗技术临床应用相关制度

（一）负面清单管理制度

根据2018年8月国家卫生健康委员会发布的《医疗技术临床应用管理办法》的相关规定，国家建立医疗技术临床应用负面清单管理制度，对禁止临床应用的医疗技术实施负面清单管理，对部分需要严格监管的医疗技术进行重点管理。其他临床应用的医疗技术由决定使用该类技术的医疗机构自我管理。其中，为了更加科学、规范地管理医疗技术临床应用，我国现将医疗技术分为以下几类：

1. 禁止类技术　禁止类技术是指国家禁止应用于临床的医疗技术。医疗技术具有下列情形之一的，禁止应用于临床（以下简称"禁止类技术"）：① 临床应用安全性、有效性不确切；② 存在重大伦理问题；③ 该技术已经被临床淘汰；④ 未经临床研究论证的医疗新技术。

禁止类技术目录由国家卫生健康委员会制定发布或者委托专业组织制定发布，并根据情况适时予以调整。目前，禁止类技术包括克隆治疗技术、小腿神经离断瘦腿手术、角膜放射状切开术、代孕技术等。

2. 限制类技术　限制类技术是指涉及伦理问题或风险高等原因，需要加强管理与控制的医疗技术。禁止类技术目录以外并具有下列情形之一的，作为需要重点加强管理的医疗技术（以下简称"限制类技术"），由省级以上卫生行政部门严格管理：① 技术难度大、风险高，对医疗机构的服务能力、人员水平有较高专业要求，需要设置限定条件的；② 需要消耗稀缺资源的；③ 涉及重大伦理风险的；④ 存在不合理临床应用，需要重点管理的。

国家限制类技术目录及其临床应用管理规范由国家卫生健康委员会制定发布或者委托专业组织制定发布，并根据临床应用实际情况予以调整。省级卫生行政部门可以结合本行政区域实际情况，在国家限制类技术目录基础上增补省级限制类技术相关项目，制定发布相关技术临床应用管理规范，并报国家卫生健康委员会备案。根据《国家限制类技术目录和临床应用管理规范（2022年版）》的规定，我国限制类技术包括异基因造血干细胞移植技术、人工智能辅助治疗技术、体外膜肺氧合（extracorporeal membrane oxygenation，ECMO）技术、自体器官移植技术等12项。

医疗机构拟开展存在重大伦理风险的医疗技术，应当提请本机构伦理委员会审议，必要时可以咨询省级和国家医学伦理委员会。未经机构伦理委员会审查通过的医疗技术，特别是限制类医疗技术，不得应用于临床。

3. 其他类医疗技术　其他类医疗技术是指安全性、有效性确切，医疗机构通过常规管理在临床应用中能确保其安全性、有效性的技术。未纳入禁止类技术和限制类技术目录的医疗技术，医疗机构可以根据自身功能、任务、技术能力等自行决定开展临床应用，并应当对开展的医疗技术临床应用实施严格管理。

（二）限制类医疗技术临床应用备案制度

限制类技术的临床应用需要严格按照国家和省级卫生健康管理部门发布的临床应用管理规范进行备案和日常管理，主要包括医疗机构基本要求、人员基本要求、技术管理基本要求和培训管理要求等。医疗机构拟开展限制类技术临床应用的，应当按照相关医疗技术临床应用管理规范进行自我评估，符合条件的可以开展临床应用，并于开展首例临床应用之日起15个工作日内，向核发其《医疗机构执业许可证》的卫生行政部门备案。备案材料应当包括以下内容：① 开展临床应用的限制类技术名称和所具备的条件及有关评估材料；② 本机构医疗技术临床应用管理专门组织和伦理委员会论证材料；③ 技术负责人（限于在本机构注册的执业医师）资质证明材料。

备案部门应当自收到完整备案材料之日起15个工作日内完成备案，在该医疗机构的《医疗机构执业许可证》副本备注栏予以注明，并逐级上报至省级卫生行政部门。

（三）质量管理与控制制度

国家卫生健康委员会负责全国医疗技术临床应用管理工作。县级以上地方卫生行政部门负责本行政区域内医疗技术临床应用监督管理工作。国家建立医疗技术临床应用质量管理与控制制度，充分发挥各级、各专业医疗质量控制组织的作用，以"限制类技术"为主加强医疗技术临床应用质量控制，对医疗技术临床应用情况进行日常监测与定期评估，及时向医疗机构反馈质量控制和评估结果，持续改进医疗技术临床应用质量。

医疗机构对本机构医疗技术临床应用和管理承担主体责任。医疗机构开展医疗技术服务应当与其技术能力相适应。医疗机构主要负责人是本机构医疗技术临床应用管理的第一责任人。医疗机构应当根据其自身条件和技术能力开展相应的医疗技术临床应用，建立本机构医疗技术临床应用管理制度，包括但不限于医疗技术目录管理制度、手术分级管理制度、医师授权制度、质量控制制度、动态评估制度、档案管理制度等。

二级以上的医院、妇幼保健院及专科疾病防治机构医疗质量管理委员会应当下设医疗技术临床应用管理的专门组织，由医务、质量管理、药学、护理、院感、设备等部门负责人和具有高级技术职务任职资格的临床、管理、伦理等相关专业人员组成。该专门组织的负责人由医疗机构主要负责人担任，由医务部门负责日常管理工作，主要职责是：① 根据医疗技术临床应用管理相关的法律、法规、规章，制定本机构医疗技术临床应用管理制度并组织实施；② 审定本机构医疗技术临床应用管理目录和手术分级管理目录并及时调整；③ 对首次应用于本机构的医疗技术组织论证，对本机构已经临床应用的医疗技术定期开展评估；④ 定期检查本机构医疗技术临床应用管理各项制度执行情况，并提出改进措施和要求；⑤ 省级以上卫生行政部门规定的其他职责。其他医疗机构应当设立医疗技术临床应用管理工作小组，并指定专（兼）职人员负责本机构医疗技术临床应用管理工作。

医疗机构在医疗技术临床应用过程中出现下列情形之一的，应当立即停止该项医疗技术的临床应用：① 该医疗技术被国家卫生健康委员会列为"禁止类技术"；② 从事该医疗技术的主要专业技术人员或者关键设备、设施及其他辅助条件发生变化，不能满足相关技术临床应用管理规范要求，或者影响临床应用效果；③ 该医疗技术在本机构应用过程中出现重大医疗质量、医疗安全或者伦理问题，或者发生与技术相关的严重不良后果；④ 发现该项医疗技术临床应用效果不确切，或者存在重大质量、安全或者伦理缺陷。

（四）规范化培训制度

国家建立医疗技术临床应用规范化培训制度。拟开展限制类技术的医师应当按照相关技术临床应用管理规范要求接受规范化培训并考核合格，同时，对限制类技术临床应用规范化培训基地实施备案管理。医疗机构拟承担限制类技术临床应用规范化培训工作的，应当达到国家和省级卫生行政部门规定的条件，制定培训方案并向社会公开。

（五）信息公开制度

国家卫生健康委员会负责建立全国医疗技术临床应用信息化管理平台，对国家限制类技术临床应用相关信息进行收集、分析和反馈。省级卫生行政部门负责建立省级医疗技术临床应用信息化管理平台，对本行政区域内国家和省级限制类技术临床应用情况实施监督管理。省级医疗技术临床应用信息化管理平台应当与全国医疗技术临床应用信息化管理平台实现互联互通，信息共享。医疗机构应当按照要求，及时、准确、完整地向全国和省级医疗技术临床应用信息化管理平台逐例报送限制类技术开展情况数据信息。

各级、各专业医疗质量控制组织应当充分利用医疗技术临床应用信息化管理平台，加大数据信息分析和反馈力度，指导医疗机构提高医疗技术临床应用质量安全。国家建立医疗技术临床应用评估制度。对医疗技术的安全性、有效性、经济适宜性及伦理问题等进行评估，作为调整国家医疗技术临床应用管理政策的决策依据之一。

国家建立医疗机构医疗技术临床应用情况信誉评分制度，与医疗机构、医务人员信用记录挂钩，纳入卫生健康行业社会信用体系管理，接入国家信用信息共享平台，并将信誉评分结果应用于医院评审、评优、临床重点专科评估等工作。县级以上地方卫生行政部门应当将本行政区域内经备案开展限制类技术临床应用的医疗机构名单及相关信息及时向社会公布，接受社会监督。

三、法律责任

（一）行政责任

1. 医疗机构违反《医疗技术临床应用管理办法》规定，有下列情形之一的，由县级以上地方卫生行政部门责令限期改正；逾期不改的，暂停或者停止相关医疗技术临床应用，给予警告，并处以3 000元以下罚款；造成严重后果的，处以3 000元以上3万元以下罚款，并对医疗机构主要负责人、负有责任的主管人员和其他直接责任人员依法给予处分：① 未建立医疗技术临床应用管理专门组织或者未指定专（兼）职人员负责具体管理工作的；② 未建立医疗技术临床应用管理相关规章制度的；③ 医疗技术临床应用管理混乱，存在医疗质量和医疗安全隐患的；④ 未按照要求向卫生行政部门进行医疗技术临床应用备案的；⑤ 未按照要求报告或者报告不实信息的；⑥ 未按照要求向国家和省级医疗技术临床应用信息化管理平台报送相关信息的；⑦ 未按要求将相关信息纳入院务公开范围向社会公开的；⑧ 未按要求保障医务人员接受医疗技术临床应用规范化培训权益的。

2. 承担限制类技术临床应用规范化培训的医疗机构，有下列情形之一的，由省级卫生行政部门责令其停止医疗技术临床应用规范化培训，并向社会公布；造成严重后果的，对医疗机构主要负责人、负有责任的主管人员和其他直接责任人员依法给予处分：① 未按照要求向省级卫生行政部门备案的；② 提供不实备案材料或者弄虚作假的；③ 未按照要求开展培训、考核的；④ 管理混乱导致培训造成严重不良后果，并产生重大社会影响的。

3. 医疗机构有下列情形之一的，由县级以上地方卫生行政部门依据《医疗机构管理条例》第四十六条的规定进行处理；情节严重的，还应当对医疗机构主要负责人和其他直接责任人员依法给予处分：① 开展相关医疗技术与登记的诊疗科目不相符的；② 开展禁止类技术临床应用的；③ 不符合医疗技术临床应用管理规范要求擅自开展相关医疗技术的。

4. 医疗机构管理混乱导致医疗技术临床应用造成严重不良后果，并产生重大社会影响的，由县级以上地方卫生行政部门责令限期整改，并给予警告；逾期不改的，给予3万元以下罚款，并对医疗机构主要负责人、负有责任的主管人员和其他直接责任人员依法给予处分。

5. 县级以上地方卫生行政部门未按照《临床技术应用管理办法》规定履行监管职责，造成严重后果的，对直接负责的主管人员和其他直接责任人员依法给予记大过、降级、撤职、开除等行政处分。

（二）刑事责任

医务人员有下列情形之一的，由县级以上地方卫生行政部门按照《医师法》《护士条例》《乡村医生从业管理条例》等法律、法规的有关规定进行处理；构成犯罪的，依法追究刑事责任：① 违反医疗技术管理相关规章制度或者医疗技术临床应用管理规范的；② 开展禁止类技术临床应用的；③ 在医疗技术临床应用过程中，未按照要求履行知情同意程序的；④ 泄露患者隐私，造成严重后果的。

第二节　人类辅助生殖技术相关法律制度

一、人类辅助生殖技术概述

（一）人类辅助生殖技术的概念

人类辅助生殖技术（assisted reproductive technology，ART）是指运用医学技术和方法对配子、合子、胚胎进行人工操作，以达到受孕目的的技术方法。根据《人类辅助生殖技术应用规划指导原则（2021版）》，目前我国人类辅助生殖技术按夫精人工授精、供精人工授精、体外受精-胚胎移植、卵胞细胞质内单精子注射技术，植入前遗传学诊断技术，人类精子库等3个类别进行规划。具体如下。

人工授精是指用人工方式将精液注入女性体内以取代性交途径使其妊娠的方法。根据精液来源不同，分为夫精人工授精和供精人工授精。凡是精液来自丈夫的，称为夫精人工授精；凡是精液来自供体（或第三者）的，称为供精人工授精。

体外受精-胚胎移植技术及各种衍生技术，是指从女性体内取出卵子，在器皿内培养后，加入经技术处理的精子，待卵子受精后，继续培养，到形成早期胚胎时，再转移到子宫内着床，发育成胎儿直至分娩的技术。体外受精因受孕过程的初期发生在体外试管内，故俗称试管婴儿技术，生育的婴儿被称为试管婴儿。

细胞质内精子注射（intracytoplasmic sperm injection，ICSI）是使用显微操作技术将精子注射到卵细胞胞浆内，使卵子受精，体外培养到早期胚胎，再放回母体子宫内发育着床。

植入前遗传学诊断（preimplantation genetic diagnosis，PGD）是在进行胚胎移植前，从卵母细胞或受精卵中取出极体或从植入前阶段的胚胎中取1~2个卵裂球或多个滋养层细胞进行特定的遗传学性状检测，然后据此选择合适的胚胎进行移植的技术。

精子库是指以治疗不育症以及预防遗传病等为目的，利用超低温冷冻技术，采集、检测、保存和提供精子的机构。精液冷藏技术，采用液氮将精液贮藏于-196℃时，精子能良好地贮藏很长时间，需要时可溶化供人工授精。精子库适用于以下几种情况：经医治无效的男子不育患者，对其配偶可进行志愿供精者的冷冻精液人工授精；因患病必须应用某些药物、放射或手术治疗，而产生绝育影响者，或因某种职业（如接触放射物质）而影响生育者，可预先贮藏精液备用；少精症者可以预先多次收集精液，经过浓缩，积少成多，冷藏备用。

人类辅助生殖技术是不育症患者的福音，有利于家庭的和睦、幸福，维护社会稳定，促进社会发展。但该技术的应用打破了人的自然生殖方式，引发一系列伦理和法律问题。

（二）人类辅助生殖技术引发的法律问题及国内外相关法律规定

1. 受精卵和胚胎的法律地位

（1）受精卵和胚胎是人还是物？有人认为，受精卵和胚胎不是人，而是"遗传物质""生物学物质"。美国生育协会的报告认为，受精卵和胚胎是捐赠者的财产，因而捐赠者对它享有完全的物权。有人则主张，受精卵一旦形成，即有生命，拥有人的权利。2021年1月1日起施行的《民法典》第十六条规定中，明确指出了"涉及遗产继承、接受赠与等胎儿利益保护的，胎儿视为具有民事权利能力。但是，胎儿娩出时为死体的，其民事权利能力自始不存在。"该条通常被视为赋予胎儿民事主体资格的条款。同时，其第一千零九条规定："从事与人体基因、人体胚胎等有关的医学和科研活动，应当遵守法律、行政法规和国家有关规定，不得危害人体健康，不得违背伦理道德，不得损害公共利益。"

（2）冷冻胚胎有无继承权？有观点认为，胚胎与其亲代有密切的连续关系，因此，应该得到法律的承认，享有继承权。相反的观点则认为，未植入体内的受精卵与胎儿有明显的不同，例如：胎儿终究要离开母体，时间基本能够确定，而受精卵被植入体内的时间是不确定的，甚至可能不被植入。据此，冷冻胚胎只是一种妊娠的产物，虽然在遗传学上与亲代有连续性，但不能像胎儿一样享有继承权。

2. 夫精人工授精的法律问题 由于精子冷藏技术的广泛应用，即使丈夫死亡，其妻子仍可利用丈夫冷冻的精子受孕生育子女。如果丈夫生前没有同意，此时出生的孩子在法律上还能认定为死者的子女吗？有人认为，由于丈夫与子女之间存在事实上的血缘关系，不能仅仅因为缺乏生前的同意，就否定其父子关系。也有人认为，由于婚姻已经终止，又缺乏丈夫同意，不能认定这些子女是丈夫的婚生子女，只能认定是其生母的子女，由生母尽抚养义务。

3. 供精人工授精的法律问题

（1）供精人的选择：对供精人的限制应当包括供精人的年龄、健康状况、供精次数等。但各国的法律规定不尽相同，如以色列规定供精者必须是单身，法国则要求是已婚男子。

（2）供精人工授精中夫或妻的知情同意权：供精人工授精必须在夫妻双方同意的情况下进行。

（3）供精人与子女的关系：一是将供精子女视为非婚生子女，如英国。二是已婚妇女经供精方式怀孕，经过其丈夫同意，且由有资格的医生实施手术，该供精子女即被视为其丈夫的婚生子女，如美国。1991年我国最高法司法解释《关于夫妻离婚后人工授精所生子女的法律地位如何确定的复函》及2021年实施的《最高人民法院关于适用〈中华人民共和国民法典〉婚姻家庭编的解释（一）》第四十条也持相同态度：在夫妻关系存续期间，双方一致同意进行人工授精所生子女应视为夫妻双方的婚生子女。但如果没有得到丈夫的知情同意，不论男方是否患有不育症，丈夫可对该供精出生的孩子的"婚生性"行使否认权，而妻子未经丈夫同意擅自进行供精，构成对丈夫生育权的侵犯，属违法行为。

4. 体外受精的法律问题

（1）多重子女关系问题：体外受精出生的孩子可能存在多位父母，包括精子的捐赠者、卵子的捐赠者、怀孕母亲、抚养孩子者。他们之中到底由谁来行使父母的职权？对此，各国的规定不一：有的主张生者为母；有的主张以遗传学为根据确定父母子女关系；有的主张按契约认定；有的主张根据实际的养育关系确定。根据我国《民法典》《最高人民法院关于适用〈中华人民共和国民法典〉婚姻家庭编的解释（一）》第四十条规定：婚姻关系存续期间，夫妻双方一致同意进行人工授精，所生子女应视为婚生子女，父母子女间的权利义务关系适用《民法典》的有关规定。

（2）多胎问题：临床上为了提高胚胎移植的成功率，妇女在捐献卵子之前要接受激素注射，刺激卵巢分泌大量卵子。这大大增加了一孕多胎的可能性，可能会造成孕妇早产、流产、妊娠高血压等症状，甚至死亡，也可能造成低体重婴儿的出生和围生期婴儿的死亡，因此应当对植入的受精卵数量进行限制。

（3）单身非婚母亲问题：人类辅助生殖技术使未婚女性生育子女成为可能。那么未婚女性能否利用人类辅助生殖技术生育子女呢？瑞典和德国的法律规定，人类辅助生殖技术只能对已婚的妇女实施。英国未禁止未婚者的人工生殖权利，但是规定应由不育治疗中心的专家作出决定。我国于2001年2月颁布的《人类辅助生殖技术管理办法》第三条规定："人类辅助生殖技术的应用应当在医疗机构中进行，以医疗为目的，并符合国家计划生育政策、伦理原则和有关法律规定。禁止以任何形式买卖配子、合子、胚胎。医疗机构和医务人员不得实施任何形式的代孕技术。"《人类辅助生殖技术规范》规定："禁止给不符合国家人口和计划生育法规和条例规定的夫妇和单身妇女实施人类辅助生殖技术。"同时，《人类辅助生殖技术和人类精子库伦理原则》中亦规定："医务人员必须严格贯彻国家人口和计划生育法律法规，不得对不符合国家人口和计划生育法规和条例规定的夫妇和单身妇女实施人类辅助生殖技术。"

（三）我国关于人类辅助生殖技术的法治建设

为保证人类辅助生殖技术安全、有效和健康发展，规范人类辅助生殖技术的应用和管理，保障人民健康，2001年，卫生部颁布了《人类辅助生殖技术管理办法》和《人类精子库管理办法》，自2001年8月1日起施行。随着国内外人类辅助生殖技术、人类精子库技术和生命伦理学的不断进步与发展，结合我国人类辅助生殖技术在应用过程中发现的问题，2003年6月27日，卫生部颁布了重新修订的《人类辅助生殖技术规范》《人类精子库基本标准和技术规范》《人类辅助生殖技术和人类精子库伦理原则》，自2003年10月1日起执行。2015年，国家卫生和计划生育委员会制定了《人类辅助生殖技术配置规划指导原则》，为辅助生殖技术规范、有序应用提供依据和指导。2021年1月，国家卫生健康委员会制定了《人类辅助生殖技术应用规划指导原则（2021版）》，旨在指导各省（区、市）推进人类辅助生殖技术（含人类精子库）规范有序应用，为群众提供安全优质的人类辅助生殖技术服务。

二、人类辅助生殖技术管理

（一）人类辅助生殖技术应用的目的

人类辅助生殖技术以医疗为目的，并应当符合国家计划生育政策、伦理原则和有关法律规定。人类辅助生殖技术的应用应当在医疗机构中进行，禁止以任何形式买卖配子、合子、胚胎，医疗机构和医务人员不得实施任何形式的代孕技术。

（二）人类辅助生殖技术的伦理原则

1. 有利于患者的原则　医务人员应综合考虑患者病理、生理、心理及社会因素，并有义务告知患者目前可供选择的治疗手段、利弊及其所承担的风险，在患者充分知情的情况下，提出有医学指征的选择和最有利于患者的治疗方案。

2. 知情同意的原则　医务人员对人类辅助生殖技术适应证的夫妇，须使其了解作出合理选择相关的实质性信息。人类辅助生殖技术必须在夫妇双方自愿同意并签署书面知情同意书后方可实施。

3. 保护后代的原则　医务人员有义务告知受者通过人类辅助生殖技术出生的后代与自然受孕分娩的后代享有同样的法律权利和义务，以及他们对利用该技术出生的孩子（包括对有出生缺陷的孩子）负有伦理、道德和法律上的权利和义务。如果有证据表明实施人类辅助生殖技术将会对后代产生严重的生理、心理和社会损害，医务人员有义务停止该技术的实施。

4. 社会公益原则　医务人员必须严格贯彻国家人口和计划生育法律法规，不得对不符合国家人口和计划生育法规和条例规定的夫妇和单身妇女实施人类辅助生殖技术；不得实施非医学需要的性别选择；不得实施生殖性克隆技术；不得进行各种违反伦理、道德原则的配子和胚胎实验研究及临床工作。

5. 保密原则　医疗机构和医务人员对使用人类辅助生殖技术的所有参与者（如卵子捐赠者和受者）有实行匿名和保密的义务。医务人员有义务告知捐赠者不可查询受者及其后代的一切信息，并签署书面知情同意书。

6. 严防商业化的原则　机构和医务人员对要求实施人类辅助生殖技术的夫妇，要严格掌握适应证，不能受经济利益驱动而滥用人类辅助生殖技术。供精、供卵只能以捐赠助人为目的，禁止买卖，但是可以给予捐赠者必要的误工、交通和医疗补偿。

7. 伦理监督原则　实施人类辅助生殖技术的机构应建立生殖医学伦理委员会，由伦理委员会对人类辅助生殖技术的全过程和有关研究进行监督，开展生殖医学伦理宣传教育，并对实施中遇到的伦理问题进行审查、咨询、论证和建议。

（三）人类辅助生殖技术应用的审批

人类辅助生殖技术必须在经过批准并进行登记的医疗机构中实施。未经卫生行政部门批准，任何单位和个人不得实施人类辅助生殖技术。申请开展人类辅助生殖技术的医疗机构应当符合下列条件：① 具有与开展技术相适应的卫生技术人员和其他专业技术人员；② 具有与开展技术相适应的技术和设备；③ 设有医学伦理委员会；④ 符合《人类辅助生殖技术规范》的要求。

（四）人类辅助生殖技术的实施

实施人类辅助生殖技术应当符合以下规定：① 必须严格遵守国家人口和计划生育法律法规；② 必须严格遵守知情同意、知情选择的自愿原则；③ 必须尊重患者隐私权；④ 禁止无医学指征的性别选择；⑤ 禁止实施代孕技术；⑥ 禁止实施胚胎赠送；⑦ 禁止实施以治疗不育为目的的人卵胞浆移植及核移植技术；⑧ 禁止人类与异种配子的杂交；禁止人类体内移植异种配子、合子和胚胎；禁止异种体内移植人类配子、合子和胚胎；⑨ 禁止以生殖为目的对人类配子、合子和胚胎进行基因操作；⑩ 禁止实施近亲间的精子和卵子结合；⑪ 在同一治疗周期中配子和合子必须来自同一男性和同一女性；⑫ 禁止在患者不知情和不自愿的情况下将配子、合子和胚胎转送他人或进行科学研究；⑬ 禁止给不符合国家人口和计划生育法规和条例规定的夫妇和单身妇女实施人类辅助生殖技术；⑭ 禁止开展人类嵌合体胚胎试验研究；⑮ 禁止克隆人。

三、人类精子库管理

（一）人类精子库管理的目的

人类精子库是指以治疗不育症以及预防遗传病等为目的，利用超低温冷冻技术，采集、检测、保存和提供精子的机构。根据《人类精子库管理办法》的规定，加强人类精子库的管理，是为了规范人类精子库管理，保证人类辅助生殖技术安全、有效应用和健康发展，保障人民健康。

（二）人类精子库的审批

设置人类精子库应当经国家卫生行政部门批准。申请设置人类精子库的医疗机构应当符合下列条件：① 具有《医疗机构执业许可证》；② 设有医学伦理委员会；③ 具有与采集、检测、保存和提供精子相适应的卫生技术人员、技术和仪器设备；④ 具有对供精者进行筛查的技术能力；⑤ 应当符合《人类精子库基本标准》。

（三）精子的采集与提供

精子的采集与提供应当在经过批准的人类精子库中进行。未经批准，任何单位和个人不得从事精子的采集与提供活动。

1. 精子的采集 供精者必须符合下列条件：① 供精者必须原籍为中国公民；② 供精者应当是年龄在22~45周岁之间的健康男性；③ 供精者只能在一个人类精子库中供精；④ 供精者对所供精液的用途、权利和义务完全知情并签订供精知情同意书；⑤ 供精者必须达到供精者健康检查标准。人类精子库不得采集有下列情况之一的人员的精液：① 有遗传病家族史或者患遗传性疾病；② 精神病患者；③ 传染病患者或者病源携带者；④ 长期接触放射线和有害物质者；⑤ 精液检查不合格者；⑥ 其他严重器质性疾病患者。人类精子库工作人员及其家属不得供精。

自精保存者必须符合下列条件：① 接受辅助生殖技术时，有合理的医疗要求，如取精困难者和少、弱精症者；② 出于"生殖保险"目的。生殖目的包括：需保存精子以备将来生育者；男性在其接受致畸剂量的射线、药品、有毒物质、绝育手术之前，以及夫妻长期两地分居，需保存精子准备将来生育等情况下要求保存精液；③ 知情同意。申请者须了解有关精子冷冻、保存和复苏过程中可能存在的影响，并签订知情同意书。

2. 精子的提供 人类精子库禁止开展以下工作：① 不得向未取得国家卫生行政主管部门人类辅助生殖技术批准证书的机构提供精液；② 不得提供未经检验或检验不合格的精液；③ 不得提供新鲜精液进行供精人工授精，精液冷冻保存需经半年检疫期并经复检合格后，才能提供临床使用；④ 不得实施非医学指征的，以性别选择生育为目的的精子分离技术；⑤ 不得提供2人或2人以上的混合精液；⑥ 一个供精者的精子最多只能提供给5名妇女受孕；⑦ 未经供精者和受精者同意不得泄露有关信息。

四、法律责任

（一）违反人类辅助生殖技术管理规定的法律责任

违反《人类辅助生殖技术管理办法》的规定，未经批准擅自开展人类辅助生殖技术的非医疗机构，按照《医疗机构管理条例》第四十三条规定处罚；对有上述违法行为的医疗机构，按照《医疗机构管理条例》第四十六条和《医疗机构管理条例实施细则》第八十条的规定处罚。

开展人类辅助生殖技术的医疗机构违反规定，有下列行为之一的，由省、自治区、直辖市人民政府卫生行政部门给予警告、三万元以下罚款，并给予有关责任人行政处分；构成犯罪的依法追究刑事责任：① 买卖配子、合子、胚胎的；② 实施代孕技术的；③ 使用不具有《人类精子库批准证书》机构提供的精子的；④ 擅自进行性别选择的；⑤ 实施人类辅助生殖技术档案不健全的；⑥ 经指定技术评估机构检查，技术质量不合格的；⑦ 其他违反《人类辅助生殖技术管理办法》规定的行为。

（二）违反人类精子库管理规定的法律责任

违反《人类精子库管理办法》的规定，未经批准擅自设置人类精子库，采集、提供精子的非医疗机构，按照《医疗机构管理条例》第四十三条规定处罚；对有上述违法行为的医疗机构，按照《医疗机构管理条例》第四十六条和《医疗机构管理条例实施细则》第八十条的规定处罚。设置人类精子库的医疗机构违反规定，有下列行为之一的，由省、自治区、直辖市人民政府卫生行政部门给予警告、一万元以下罚款，并给予有关责任人行政处分；构成犯罪的，依法追究刑事责任：① 采集精液前，未按规定对供精者进行健康检查的；② 向医疗机构提供未经检验的精子的；③ 向不具有人类辅助生殖技术批准证书的机构提供精子的；④ 擅自进行性别选择的；⑤ 经评估机构检查质量不合格的；⑥ 其他违反《人类精子库管理办法》规定的行为。

第三节　人体器官捐献和移植法律制度

一、人体器官捐献和移植概述

（一）人体器官捐献和移植的概念

人体器官捐献是指自愿、无偿提供具有特定生理功能的心脏、肺脏、肝脏、肾脏、胰腺或者小肠等人体器官的全部或者部分用于移植的活动。

人体器官移植是指将捐献的人体器官植入接受人身体以代替其病损器官的活动。

（二）人体器官捐献和移植的法治建设

人体器官捐献和移植关系人民群众生命健康，关系生命伦理和社会公平，是国家医学发展和社会文明进步的重要标志，人体器官移植技术为因疾病导致器官功能丧失的患者带来了福音，但现实中，接受器官移植的人越来越多，而器官来源匮乏，供需矛盾突出，由此出现器官移植的无序竞争、器官分配欠缺公正、器官买卖、不具备条件的医疗机构擅自开展器官移植技术等问题。因此，各国纷纷对器官移植展开法律规制。目前为止，全球已有100多个国家和地区制定了器官移植法律。

内地人体器官移植法治建设起步于地方立法。2003年，深圳市第三届人民代表大会常务委员会第26次会议通过了《深圳经济特区人体器官捐献移植条例》，这是我国第一部规范人体器官移植的地方性法规。2006年，卫生部颁布了《人体器官移植技术临床应用管理暂行规定》。2007年，国务院发布了《人体器官移植条例》，此后，为了进一步规范人体器官移植，保证医疗质量，保障人体健康，维护公民的合法权益，国家卫生健康委员会对《人体器官移植条例》进行了修订，2020年国家卫生健康委员会印发《人体器官移植技术临床应用管理规范（2020年版）》，并于同年形成了《人体器官移植条例（修订草案）（征求意见稿）》并公开征求意见，2023年6月，《国务院2023年度立法工作计划》发布，提出2023年将审议《人体器官移植条例》修订草案，新修订条例拟更名为《人体器官捐献与移植条例》。最终，《人体器官捐献和移植条例》（以下简称《条例》）于2023年12月14日中华人民共和国国务院令（第767号）发布，自2024年5月1日起施行。该《条例》是为了规范人体器官捐献和移植，保证医疗质量，保障人体健康，维护公民的合法权益，弘扬社会主义核心价值观，制定的条例，也是我国目前法律效力最高的人体器官移植方面的规范性文件。

同时，《民法典》第一千零六条规定：完全民事行为能力人有权依法自主决定无偿捐献其人体细胞、人体组织、人体器官、遗体。任何组织或者个人不得强迫、欺骗、利诱其捐献。完全民事行为能力人依据前款规定同意捐献的，应当采用书面形式，也可以订立遗嘱。自然人生前未表示不同意捐献的，该自然人死亡后，其配偶、成年子女、父母可以共同决定捐献，决定捐献应当采用书面形式。本条规定了完全民事行为能力人的人体是否捐献应该由其自主决定。如果自然人生前未作相关表示的，自然人死亡后，须其配偶、成年子女、父母共同书面决定捐献，该捐献行为才能成立。同时，《民法典》第一千零七条规定：禁止以任何形式买卖人体细胞、人体组织、人体器官、遗体。违反前款规定的买卖行为无效。

此外，《中华人民共和国刑法修正案（八）》在《刑法》第二百三十四条后增加对于器官移植的刑事规定，包括下列情况：① 组织他人出卖人体器官；② 未经本人同意摘取其器官，或者摘取不满十八周岁的人的器官，或者强迫、欺骗他人捐献器官；③ 违背本人生前意愿摘取其尸体器官，或者本人生前未表示同意，违反国家规定，违背其近亲属意愿摘取其尸体器官。

二、《人体器官捐献和移植条例》的立法目的和适用范围

《条例》规定，人体器官捐献和移植的立法目的是规范人体器官捐献和移植，保证医疗质量，保障人体健康，维护公民的合法权益，弘扬社会主义核心价值观。人体器官捐献和移植工作坚持人民至上、生命至上。国家建立人体器官捐献和移植工作体系，推动人体器官捐献，规范人体器官获取和分配，提升人体器官移植服务能力，加强监督管理。

《条例》的适用范围包括地域范围和人体器官捐献和移植的范围。从地域范围来说，凡在中华人民共和国境内从事人体器官捐献和移植，应当适用本《条例》。依据人体器官捐献和移植的范围，从事人体细胞和角膜、骨髓等人体组织捐献和移植，不适用该《条例》。

三、人体器官的捐献

（一）人体器官捐献的原则

人体器官捐献应当遵循自愿、无偿的原则。公民享有捐献或者不捐献其人体器官的权利；任何组织或者个人不得强迫、欺骗或者利诱他人捐献人体器官。

（二）人体器官捐献的形式

公民表示捐献其人体器官的意愿，应当采用书面形式，也可以订立遗嘱。公民对已经表示捐献其人体器官的意愿，有权予以撤销。公民生前表示不同意捐献其遗体器官的，任何组织或者个人不得捐献、获取该公民的遗体器官；公民生前未表示不同意捐献其遗体器官的，该公民死亡后，其配偶、成年子女、父母可以共同决定捐献，决定捐献应当采用书面形式。

（三）器官捐献人

器官捐献人应为具有完全民事行为能力的公民。由于活体器官捐献将会对捐献者的生活质量和身体健康造成较大影响，因此，捐献人必须心智成熟，能够对移植手术的过程以及不利后果具有足够的认识和理解。同时，为了加强对未成年人的保护，《条例》规定，任何组织或者个人不

得获取未满18周岁公民的活体器官用于移植。

（四）器官接受人

器官接受人指接受人体器官移植的患者。根据人体器官的来源，器官接受人分为活体器官接受人和尸体器官接受人；活体器官的接受人限于活体器官捐献人的配偶、直系血亲或者三代以内旁系血亲。

四、人体器官的获取、分配与移植

（一）遗体器官获取

1. 医疗机构从事遗体器官获取的条件　医疗机构从事遗体器官获取，应当按照《条例》规定：① 有专门负责遗体器官获取的部门以及与从事遗体器官获取相适应的管理人员、执业医师和其他医务人员；② 有满足遗体器官获取所需要的设备、设施和技术能力；③ 有由医学、法学、伦理学等方面专家组成的人体器官移植伦理委员会，委员会中从事人体器官移植的医学专家不超过委员人数的四分之一；④ 有完善的遗体器官获取质量管理和控制等制度。从事遗体器官获取的医疗机构同时从事人体器官移植的，负责遗体器官获取的部门应当独立于负责人体器官移植的科室。

2. 遗体器官获取的伦理审查　获取遗体器官前，负责遗体器官获取的部门应当向其所在医疗机构的人体器官移植伦理委员会提出获取遗体器官审查申请。人体器官移植伦理委员会由医学、法学、伦理学等方面专家组成，委员会中从事人体器官移植的医学专家不超过委员人数的四分之一。人体器官移植伦理委员会收到获取遗体器官审查申请后，应当及时对下列事项进行审查：① 遗体器官捐献意愿是否真实；② 有无买卖或者变相买卖遗体器官的情形。经三分之二以上委员同意，人体器官移植伦理委员会方可出具同意获取遗体器官的书面意见。人体器官移植伦理委员会同意获取的，医疗机构方可获取遗体器官。

3. 遗体器官获取的义务　获取尸体器官的医疗机构及其医务人应当遵守下列义务：① 获取遗体器官，应当在依法判定遗体器官捐献人死亡后进行。从事人体器官获取、移植的医务人员不得参与遗体器官捐献人的死亡判定；② 获取遗体器官，应当经人体器官捐献协调员见证。获取遗体器官前，从事遗体器官获取的医疗机构应当通知所在地省、自治区、直辖市红十字会。接到通知的红十字会应当及时指派2名以上人体器官捐献协调员对遗体器官获取进行见证；③ 从事遗体器官获取的医疗机构及其医务人员应当维护遗体器官捐献人的尊严；获取器官后，应当对遗体进行符合伦理原则的医学处理，除用于移植的器官以外，应当恢复遗体外观。

4. 遗体器官获取管理　省、自治区、直辖市人民政府卫生健康部门根据本行政区域遗体器官捐献情况，制定遗体器官获取服务规划，并结合医疗机构的条件和服务能力，确定本行政区域从事遗体器官获取的医疗机构，划定其提供遗体器官获取服务的区域。

从事遗体器官获取的医疗机构应当在所在地省、自治区、直辖市人民政府卫生健康部门划定的区域内提供遗体器官获取服务。医疗机构发现符合捐献条件且有捐献意愿的潜在遗体器官捐献人的，应当向负责提供其所在区域遗体器官获取服务的医疗机构报告，接到报告的医疗机构应当向所在地省、自治区、直辖市红十字会通报。

（二）活体器官获取

1. 医疗机构从事活体器官获取的条件　移植活体器官的，由从事人体器官移植的医疗机构获取活体器官。获取活体器官前，负责人体器官移植的科室应当向其所在医疗机构的人体器官移植伦理委员会提出获取活体器官审查申请。

2. 活体器官获取的伦理审查　人体器官移植伦理委员会收到获取活体器官审查申请后，应当及时对下列事项进行审查：① 活体器官捐献意愿是否真实；② 有无买卖或者变相买卖活体器官的情形；③ 活体器官捐献人与接受人应仅限于配偶、直系血亲或者三代以内旁系血亲的关系；④ 活体器官的配型和接受人的适应证是否符合伦理原则和人体器官移植技术临床应用管理规范。经三分之二以上委员同意，人体器官移植伦理委员会方可出具同意获取活体器官的书面意见。人体器官移植伦理委员会同意获取的，医疗机构方可获取活体器官。

3. 活体器官获取的义务　从事人体器官移植的医疗机构及其医务人员获取活体器官前，应当履行下列义务：① 向活体器官捐献人说明器官获取手术的风险、术后注意事项、可能发生的并发症及其预防措施等，并与活体器官捐献人签署知情同意书；② 查验活体器官捐献人同意捐献其器官的书面意愿、活体器官捐献人与接受人存在配偶、直系血亲或者三代以内旁系血亲关系的证明材料；③ 确认除获取器官产生的直接后果外不会损害活体器官捐献人其他正常的生理功能。从事人体器官移植的医疗机构应当保存活体器官捐献人的医学资料，并进行随访。

（三）人体器官分配

1. 遗体器官分配的原则　遗体器官的分配，应当符合医疗需要，遵循公平、公正和公开的原则。

2. 人体器官分配的排序　患者申请人体器官移植手术，其配偶、直系血亲或者三代以内旁系血亲曾经捐献遗体器官的，在同等条件下优先排序。

3. 器官分配管理　遗体器官应当通过国务院卫生健康部门建立的分配系统统一分配。从事遗体器官获取、移植的医疗机构应当在分配系统中如实录入遗体器官捐献人、申请人体器官移植手术患者的相关医学数据并及时更新，不得伪造、篡改数据。

医疗机构及其医务人员应当执行分配系统分配结果。禁止医疗机构及其医务人员使用未经分配系统分配的遗体器官或者来源不明的人体器官实施人体器官移植。

（四）人体器官移植

1. 医疗机构、执业医师从事人体器官移植的条件　医疗机构从事人体器官移植，应当具备下列条件：① 有与从事人体器官移植相适应的管理人员、执业医师和其他医务人员；② 有满足人体器官移植所需要的设备、设施和技术能力；③ 有由医学、法学、伦理学等方面专家组成的人体器官移植伦理委员会，委员会中从事人体器官移植的医学专家不超过委员人数的四分之一；④ 有完善的人体器官移植质量管理和控制等制度。

实施人体器官移植手术的执业医师应当具备下列条件，经省、自治区、直辖市人民政府卫生健康部门认定，并在执业证书上注明：① 有与实施人体器官移植手术相适应的专业技术职务任职资格；②有与实施人体器官移植手术相适应的临床工作经验；③经培训并考核合格。

2. 人体器官移植资格审查　医疗机构从事人体器官移植实施执业资格认定审批管理。医疗机构从事人体器官移植，应当向国务院卫生健康部门提出申请。国务院卫生健康部门应充分考虑申请人所在省、自治区、直辖市人体器官移植的医疗需求、现有服务能力和人体器官捐献情况，及时公布已经办理人体器官移植诊疗科目登记的医疗机构名单。国务院卫生健康部门审查同意的，通知申请人所在地省、自治区、直辖市人民政府卫生健康部门办理人体器官移植诊疗科目登记，在申请人的执业许可证上注明获准从事的人体器官移植诊疗科目。已经办理人体器官移植诊疗科目登记的医疗机构不再具备从事人体器官移植条件的，应当停止从事人体器官移植，并向原登记部门报告。

3. 人体器官移植质量管理与控制　省级以上人民政府卫生健康部门应当建立人体器官移植质量管理和控制制度，定期对医疗机构的人体器官移植技术临床应用能力进行评估，并及时公布评估结果；对评估不合格的，国务院卫生健康部门通知原登记部门注销其人体器官移植诊疗科目登记。

（五）人体器官移植收费管理

《条例》规定，任何组织或者个人不得以任何形式买卖人体器官，不得从事与买卖人体器官有关的活动。从事人体器官移植的医疗机构实施人体器官移植手术，除向接受人收取下列费用外，不得收取或者变相收取所移植人体器官的费用：①获取活体器官、切除病损器官、植入人体器官所发生的手术费、检查费、检验费等医疗服务费以及药费、医用耗材费；②向从事遗体器官获取的医疗机构支付的遗体器官获取成本费用。遗体器官获取成本费用，包括为获取遗体器官而发生的评估、维护、获取、保存、修复和运送等成本。遗体器官获取成本费用的收费原则由国务院卫生健康部门会同国务院发展改革、财政、医疗保障等部门制定，具体收费标准由省、自治区、直辖市人民政府卫生健康部门会同同级发展改革、财政、医疗保障等部门制定。从事遗体器官获取的医疗机构应当对遗体器官获取成本费用进行单独核算。

（六）各部门职能及相关规定

国家建立人体器官获取、移植病例登记报告制度。国家鼓励遗体器官捐献，加强人体器官捐献宣传教育和知识普及，促进形成有利于人体器官捐献的社会风尚。

国务院卫生健康部门会同国务院公安、交通运输、铁路、民用航空等部门和中国红十字会总会建立遗体器官运送绿色通道工作机制，确保高效、畅通运送遗体器官。

县级以上人民政府卫生健康部门负责人体器官捐献和移植的监督管理工作。县级以上人民政府发展改革、公安、民政、财政、市场监督管理、医疗保障等部门在各自职责范围内负责与人体器官捐献和移植有关的工作。

红十字会依法参与、推动人体器官捐献工作，开展人体器官捐献的宣传动员、意愿登记、捐献见证、缅怀纪念、人道关怀等工作，加强人体器官捐献组织网络、协调员队伍的建设和管理。红十字会向遗体器官捐献人亲属颁发捐献证书，动员社会各方力量设置遗体器官捐献人缅怀纪念设施。

从事人体器官获取、移植的医疗机构应当将实施人体器官获取、移植的情况向所在地省、自治区、直辖市人民政府卫生健康部门报告。医疗机构及其医务人员从事人体器官获取、移植，应当遵守伦理原则和相关技术临床应用管理规范，并应当对人体器官捐献人和获取的人体器官进行医学检查，对接受人接受人体器官移植的风险进行评估，并采取措施降低风险。

五、法律责任

国家健全行政执法与刑事司法衔接机制，依法查处人体器官捐献和移植中的违法犯罪行为，其中，《条例》特别强调并细化了各方的行政责任与行政处罚。

（一）行政责任

医疗机构、医务人员或公职人员违反《条例》规定，买卖人体器官或者从事与买卖人体器官有关活动的；未办理人体器官移植诊疗科目登记，擅自从事人体器官移植的；不再具备从事人体器官移植和获取条件，仍从事人体器官移植和获取的；安排不符合实施人体器官移植手术条件的人员实施人体器官移植手术的；未经人体器官移植伦理委员会审查同意获取人体器官的；未按照所在地省、自治区、直辖市人民政府卫生健康部门划定的区域提供遗体器官获取服务的；从事人体器官获取、移植的医务人员参与遗体器官捐献人的死亡判定的；未按照相关规定分配、获取人体器官等，将依法承担行政责任。

（二）民事责任

医疗机构及其医务人员违反《条例》规定，给他人造成损害的，依法承担民事责任。

（三）刑事责任

违反本《条例》规定，有下列情形之一，构成犯罪的，依法追究刑事责任：① 组织他人出卖人体器官；② 未经本人同意获取其活体器官，或者获取未满18周岁公民的活体器官，或者强迫、欺骗他人捐献活体器官；③ 违背本人生前意愿获取其遗体器官，或者本人生前未表示同意捐献其遗体器官，违反国家规定，违背其配偶、成年子女、父母意愿获取其遗体器官。医务人员有前款所列情形被依法追究刑事责任的，由原执业注册部门吊销其执业证书，终身禁止其从事医疗卫生服务。此外，按照《中华人民共和国刑法》规定，有其他构成犯罪的行为，依法追究刑事责任。

第四节　医学研究伦理审查

一、医学研究伦理审查概述

（一）概念

1. 生命科学和医学研究　涉及人的生命科学和医学研究是指以人为受试者或者使用人（统称研究参与者）的生物样本、信息数据开展以下研究活动：① 采用物理学、化学、生物学、中医药学等方法对人的生殖、生长、发育、衰老等进行研究的活动；② 采用物理学、化学、生物学、中医药学和心理学等方法对人的生理、心理行为、病理现象、疾病病因和发病机制，以及疾病的预防、诊断、治疗和康复等进行研究的活动；③ 采用新技术或者新产品在人体上进行试验研究的活动；④ 采用流行病学、社会学、心理学等方法收集、记录、使用、报告或者储存有关人的涉及生命科学和医学问题的生物样本、信息数据（包括健康记录、行为等）等科学研究资料的活动。

2. 研究参与者 研究参与者包括人体研究的受试者，以及提供个人生物样本、信息数据、健康记录、行为等用于涉及人的生命科学和医学研究的个体。

3. 人或者人的生物样本 人或者人的生物样本包括人体本身以及人的细胞、组织、器官、体液、菌群等和受精卵、胚胎、胎儿。

（二）医学研究伦理审查原则

为保护人的生命和健康，维护人格尊严，尊重和保护研究参与者的合法权益，促进生命科学和医学研究健康发展，规范涉及人的生命科学和医学研究伦理审查工作，根据《民法典》《基本医疗卫生与健康促进法》《中华人民共和国科学技术进步法》《生物安全法》《中华人民共和国人类遗传资源管理条例》等法律、法规，2023年2月18日国家四部门联合印发了《涉及人的生命科学和医学研究伦理审查办法》。为了规范科学研究、技术开发等科技活动的科技伦理审查工作，强化科技伦理风险防控，同年9月，科技部会同国家卫生健康委员会等十部门联合印发了《科技伦理审查办法（试行）》的通知，并于2023年12月1日起施行。

医学研究伦理审查坚持"人民至上、生命至上"的理念，保护人的生命和健康，维护人格尊严，尊重和保护研究参与者的合法权益，促进生命科学和医学研究健康发展，规范涉及人的生命科学和医学研究伦理审查工作。与此同时，涉及人的生命科学和医学研究应当尊重研究参与者，遵循有益、不伤害、公正的原则，保护隐私权及个人信息。

二、伦理审查委员会

（一）设置

开展涉及人的生命科学和医学研究的二级以上医疗机构和设区的市级以上卫生机构（包括疾病预防控制、妇幼保健、采供血机构等）、高等学校、科研院所等机构是伦理审查工作的管理责任主体，应当设立伦理审查委员会，开展涉及人的生命科学和医学研究伦理审查，定期对从事涉及人的生命科学和医学研究的科研人员、学生、科研管理人员等相关人员进行生命伦理教育和培训。机构应当采取有效措施、提供资源确保伦理审查委员会工作的独立性。

机构开展涉及人的生命科学和医学研究未设立伦理审查委员会或者伦理审查委员会无法胜任审查需要的，机构可以书面形式委托有能力的机构伦理审查委员会或者区域伦理审查委员会开展伦理审查。受委托的伦理审查委员会应当对审查的研究进行跟踪审查。医疗卫生机构应当委托不低于其等级的医疗卫生机构的伦理审查委员会或者区域伦理审查委员会开展伦理审查。

省级卫生健康主管部门会同有关部门制定区域伦理审查委员会的建设和管理办法。区域伦理审查委员会向省级卫生健康主管部门备案，并在国家医学研究登记备案信息系统上传信息。

（二）职能

伦理审查委员会对涉及人的生命科学和医学研究进行伦理审查，包括初始审查和跟踪审查；受理研究参与者的投诉并协调处理，确保研究不会将研究参与者置于不合理的风险之中；组织开展相关伦理审查培训，提供伦理咨询。

（三）人员

伦理审查委员会的委员应当从生命科学、医学、生命伦理学、法学等领域的专家和非本机构的社会人士中遴选产生，人数不得少于7人，并且应当有不同性别的委员，民族地区应当考虑少数民族委员。伦理审查委员会委员应当具备相应的伦理审查能力，定期接受生命科学和医学研究伦理知识及相关法律、法规知识培训。必要时，伦理审查委员会可以聘请独立顾问，对所审查研究的特定问题提供专业咨询意见。独立顾问不参与表决，不得存在利益冲突。

伦理审查委员会委员任期不超过5年，可以连任。伦理审查委员会设主任委员1人，副主任委员若干人，由伦理审查委员会委员协商推举或者选举产生，由机构任命。伦理审查委员会委员、独立顾问及其工作人员应当签署保密协议，承诺对伦理审查工作中获知的敏感信息履行保密义务。伦理审查委员会应当接受所在机构的管理和研究参与者的监督。伦理审查委员会应当建立伦理审查工作制度、标准操作规程，健全利益冲突管理机制和伦理审查质量控制机制，保证伦理审查过程独立、客观、公正。伦理审查委员会应预先制定疫情暴发等突发事件紧急情况下的伦理审查制度，明确审查时限。

三、伦理审查

伦理审查一般采取伦理审查委员会会议审查的方式。伦理审查委员会应当要求研究者提供审查所需材料，并在受理后30日内开展伦理审查并出具审查意见。情况紧急的，应当及时开展伦理审查。在疫情暴发等突发事件紧急情况下，一般在72小时内开展伦理审查、出具审查意见，并不得降低伦理审查的要求和质量。

（一）伦理审查基本要求

涉及人的生命科学和医学研究应当具有科学价值和社会价值，不得违反国家相关法律、法规，遵循国际公认的伦理准则，不得损害公共利益，并符合以下基本要求：

1. 控制风险 研究的科学和社会利益不得超越对研究参与者人身安全与健康权益的考虑。研究风险受益比应当合理，使研究参与者可能受到的风险最小化。

2. 知情同意 尊重和保障研究参与者或者研究参与者监护人的知情权和参加研究的自主决定权，严格履行知情同意程序，不允许使用欺骗、利诱、胁迫等手段使研究参与者或者研究参与者监护人同意参加研究，允许研究参与者或者研究参与者监护人在任何阶段无条件退出研究。

3. 公平公正 应当公平、合理地选择研究参与者，入选与排除标准具有明确的科学依据，公平合理分配研究受益、风险和负担。

4. 免费和补偿、赔偿 对研究参与者参加研究不得收取任何研究相关的费用，对于研究参与者在研究过程中因参与研究支出的合理费用应当给予适当补偿。研究参与者受到研究相关损害时，应当得到及时、免费的治疗，并依据法律、法规及双方约定得到补偿或者赔偿。

5. 保护隐私权及个人信息　切实保护研究参与者的隐私权，如实将研究参与者个人信息的收集、储存、使用及保密措施情况告知研究参与者并得到许可，未经研究参与者授权不得将研究参与者个人信息向第三方透露。

6. 特殊保护　对涉及儿童、孕产妇、老年人、智力障碍者、精神障碍者等特定群体的研究参与者，应当予以特别保护；对涉及受精卵、胚胎、胎儿或者可能受辅助生殖技术影响的，应当予以特别关注。

（二）初始伦理审查提交材料

涉及人的生命科学和医学研究的研究者在申请初始伦理审查时应当向伦理审查委员会提交下列材料：① 研究材料诚信承诺书；② 伦理审查申请表；③ 研究人员信息、研究所涉及的相关机构的合法资质证明以及研究经费来源说明；④ 研究方案、相关资料，包括文献综述、临床前研究和动物实验数据等资料；⑤ 知情同意书；⑥ 生物样本、信息数据的来源证明；⑦ 科学性论证意见；⑧ 利益冲突申明；⑨ 招募广告及其发布形式；⑩ 研究成果的发布形式说明；⑪ 伦理审查委员会认为需要提交的其他相关材料。

（三）初始重点审查内容

伦理审查委员会收到申请材料后，应当及时受理、组织初始审查。重点审查以下内容：① 研究是否违反法律、法规、规章及有关规定的要求；② 研究者的资格、经验、技术能力等是否符合研究要求；③ 研究方案是否科学、具有社会价值，并符合伦理原则的要求；中医药研究方案的审查，还应当考虑其传统实践经验；④ 研究参与者可能遭受的风险与研究预期的受益相比是否在合理范围之内；⑤ 知情同意书提供的有关信息是否充分、完整、易懂，获得知情同意的过程是否合规、恰当；⑥ 研究参与者个人信息及相关资料的保密措施是否充分；⑦ 研究参与者招募方式、途径、纳入和排除标准是否恰当、公平；⑧ 是否向研究参与者明确告知其应当享有的权益，包括在研究过程中可以随时无理由退出且不会因此受到不公正对待的权利，告知退出研究后的影响、其他治疗方法等；⑨ 研究参与者参加研究的合理支出是否得到了适当补偿；研究参与者参加研究受到损害时，给予的治疗、补偿或者赔偿是否合理、合法；⑩ 是否有具备资格或者经培训后的研究者负责获取知情同意，并随时接受研究有关问题的咨询；⑪ 对研究参与者在研究中可能承受的风险是否有预防和应对措施；⑫ 研究是否涉及利益冲突；⑬ 研究是否涉及社会敏感的伦理问题；⑭ 研究结果是否发布，方式、时间是否恰当；⑮ 需要审查的其他重点内容。

（四）批准研究基本标准

伦理审查委员会批准研究的基本标准是：① 研究具有科学价值和社会价值，不违反法律、法规的规定，不损害公共利益；② 研究参与者权利得到尊重，隐私权和个人信息得到保护；③ 研究方案科学；④ 研究参与者的纳入和排除的标准科学而公平；⑤ 风险受益比合理，风险最小化；⑥ 知情同意规范、有效；⑦ 研究机构和研究者能够胜任；⑧ 研究结果发布方式、内容、时间合理；⑨ 研究者遵守科研规范与诚信。

伦理审查委员会可以对审查的研究作出批准、不批准、修改后批准、修改后再审、继续研究、暂停或者终止研究的决定，并应当说明理由。伦理审查委员会作出决定应当得到超过伦理审查委员会全体委员二分之一同意。委员应当对研究所涉及的伦理问题进行充分讨论后投票，与审查决定不一致的意见应当详细记录在案。

经伦理审查委员会批准的研究需要修改研究方案、知情同意书、招募材料、提供给研究参与者的其他材料时，研究者应当将修改后的文件提交伦理审查委员会审查。

（五）跟踪审查内容

对已批准实施的研究，研究者应当按要求及时提交研究进展、严重不良事件，方案偏离、暂停、终止，研究完成等各类报告。伦理审查委员会应当按照研究者提交的相关报告进行跟踪审查。跟踪审查包括以下内容：① 是否按照已批准的研究方案进行研究并及时报告；② 研究过程中是否擅自变更研究内容；③ 是否增加研究参与者风险或者显著影响研究实施的变化或者新信息；④ 是否需要暂停或者提前终止研究；⑤ 其他需要审查的内容。跟踪审查的时间间隔不超过12个月。

（六）简易审查适用条件

以下情形可以适用简易程序审查的方式：① 研究风险不大于最小风险的研究；② 已批准的研究方案作较小修改且不影响研究风险受益比的研究；③ 已批准研究的跟踪审查；④ 多机构开展的研究中，参与机构的伦理审查委员会对牵头机构出具伦理审查意见的确认等。

简易程序审查由伦理审查委员会主任委员指定两个或者以上的委员进行伦理审查，并出具审查意见。审查意见应当在伦理审查委员会会议上报告。简易程序审查过程中，出现研究的风险受益比变化、审查委员之间意见不一致、审查委员提出需要会议审查等情形的，应调整为会议审查。

（七）免除伦理审查条件

使用人的信息数据或者生物样本开展以下情形的涉及人的生命科学和医学研究，不对人体造成伤害、不涉及敏感个人信息或者商业利益的，可以免除伦理审查，以减少科研人员不必要的负担，促进涉及人的生命科学和医学研究开展：① 利用合法获得的公开数据，或者通过观察且不干扰公共行为产生的数据进行研究的；② 使用匿名化的信息数据开展研究的；③ 使用已有的人的生物样本开展研究，所使用的生物样本来源符合相关法规和伦理原则，研究相关内容和目的在规范的知情同意范围内，且不涉及使用人的生殖细胞、胚胎和生殖性克隆、嵌合、可遗传的基因操作等活动的；④ 使用生物样本库来源的人源细胞株或者细胞系等开展研究，研究相关内容和目的在提供方授权范围内，且不涉及人胚胎和生殖性克隆、嵌合、可遗传的基因操作等活动的。

四、知情同意

研究者开展研究前，应当获得研究参与者自愿签署的知情同意书。研究参与者不具备书面方式表示同意的能力时，研究者应当获得其口头知情同意，并有录音录像等过程记录和证明材料。研究参与者为无民事行为能力人或者限制民事行为能力人的，应当获得其监护人的书面知情同意。获得监护人同意的同时，研究者还应该在研究参与者可理解的范围内告知相关信息，并征得其同意。

（一）知情同意书内容

在知情同意获取过程中，研究者应当按照知情同意书内容向研究参与者逐项说明，并应当给予研究参与者充分的时间理解知情同意书的内容，由研究参与者作出是否同意参加研究的决定并签署知情同意书。知情同意书应当包含充分、完整、准确的信息，并以研究参与者能够理解的语言文字、视频图像等进行表述。知情同意书应当包括以下内容：① 研究目的、基本研究内容、流程、方法及研究时限；② 研究者基本信息及研究机构资质；③ 研究可能给研究参与者、相关人员和社会带来的益处，以及可能给研究参与者带来的不适和风险；④ 对研究参与者的保护措施；⑤ 研究数据和研究参与者个人资料的使用范围和方式，是否进行共享和二次利用，以及保密范围和措施；⑥ 研究参与者的权利，包括自愿参加和随时退出、知情、同意或者不同意、保密、补偿、受损害时获得免费治疗和补偿或者赔偿、新信息的获取、新版本知情同意书的再次签署、获得知情同意书等；⑦ 研究参与者在参与研究前、研究后和研究过程中的注意事项；⑧ 研究者联系人和联系方式、伦理审查委员会联系人和联系方式、发生问题时的联系人和联系方式；⑨ 研究的时间和研究参与者的人数；⑩ 研究结果是否会反馈研究参与者；⑪ 告知研究参与者可能的替代治疗及其主要的受益和风险；⑫ 涉及人的生物样本采集的，还应当包括生物样本的种类、数量、用途、保藏、利用（包括是否直接用于产品开发、共享和二次利用）、隐私保护、对外提供、销毁处理等相关内容。

（二）知情同意的其他情形

研究过程中发生下列情形时，研究者应当再次获取研究参与者的知情同意：① 与研究参与者相关的研究内容发生实质性变化的；② 与研究相关的风险实质性提高或者增加的；③ 研究参与者民事行为能力等级提高的。

在心理学研究中，因知情同意可能影响研究参与者对问题的回答，而影响研究结果准确性的，在确保研究参与者不受伤害的前提下经伦理审查委员会审查批准，研究者可以在研究完成后充分告知研究参与者并征得其同意，否则不得纳入研究数据。

相关链接 | 广泛性知情同意（以下简称"泛知情同意"），是指研究参与者可选择是否参与未来某一类型研究的知情同意方式，其所同意的内容或范围不再是针对特定的某一项研究，而是研究参与者同意其个体的生物样本或医疗数据用于签署时的初次指定项目研究，并允许其用于未来其他相关项目研究，属于一种开放性的同意模式。

但泛知情同意远非签一纸知情同意书那么简单：泛知情同意并不是允许将来不受任何限制地使用人体材料和数据；也不是所有的研究都适合适用泛知情同意，主要有以下的适用范围：

1. 未来的研究采集和储存人体的生物材料及相关数据，但特定用途尚不明确。

2. 为未来的研究采集和储存可识别身份的医疗数据，但特定用途尚不明确。

3. 收集、储存研究剩余的人体生物材料，用于特定用途尚不明确的未来研究。

4. 收集、储存临床诊疗过程中剩余的人体生物材料及相关数据，用于特定用途尚不明确的未来研究。

5. 采集、储存临床诊疗过程中产生的医疗数据，包括电子病历、影像学资料和临床各类检验、检查数据，用于特定用途尚不明确的未来研究。

泛知情同意一般不适用于已明确可识别身份的生物材料或医疗数据特定用途的研究项目，并且不能用于已知研究目的而进行可识别身份的生物材料或医疗数据收集的研究项目。

五、监督管理

国家卫生健康委员会会同有关部门共同负责全国涉及人的生命科学和医学研究伦理审查的监督管理。县级以上地方人民政府卫生健康、教育等部门依据职责分工负责本辖区涉及人的生命科学和医学研究伦理审查的监督管理。

机构应当加强对本机构设立的伦理审查委员会开展的涉及人的生命科学和医学研究伦理审查工作的日常管理，定期评估伦理审查委员会工作质量和审查效率，对发现的问题及时提出改进意见或者建议，根据需要调整伦理审查委员会或者委员等。督促本机构的伦理审查委员会落实县级以上政府相关部门提出的整改意见；伦理审查委员会未在规定期限内完成整改或者拒绝整改，违规情节严重或者造成严重后果的，其所在机构应当调整伦理审查委员会、撤销伦理审查委员会主任委员资格，追究相关人员责任。

任何单位或者个人均有权举报涉及人的生命科学和医学研究中存在的违反医学研究伦理、违法违规或者不端行为。

六、法律责任

（一）行政责任

医疗卫生机构未按照规定设立伦理审查委员会或者未委托伦理审查委员会审查，擅自开展涉及人的生命科学和医学研究的，由县级以上地方卫生健康主管部门对有关机构和人员依法给予行政处罚和处分。

医疗卫生机构及其伦理审查委员会违反规定，有下列情形之一的，由县级以上地方卫生健康主管部门对有关机构和人员依法给予行政处罚和处分：① 伦理审查委员会组成、委员资质不符合要求的；② 伦理审查委员会未建立利益冲突管理机制的；③ 未建立伦理审查工作制度或者操作规程的；④ 未按照伦理审查原则和相关规章制度进行审查的；⑤ 泄露研究信息、研究参与者个人信息的；⑥ 未按照规定进行备案、在国家医学研究登记备案信息系统上传信息的；⑦ 未接受正式委托为其他机构出具伦理审查意见的；⑧ 未督促研究者提交相关报告并开展跟踪审查的；⑨ 其他违反本办法规定的情形。

医疗卫生机构的研究者违反规定，有下列情形之一的，由县级以上地方卫生健康主管部门对有关机构和人员依法给予行政处罚和处分：① 研究或者研究方案未获得伦理审查委员会审查批准擅自开展研究工作的；② 研究过程中发生严重不良反应或者严重不良事件未及时报告伦理审查委员会的；③ 违反知情同意相关规定开展研究的；④ 未及时提交相关研究报告的；⑤ 未及时在国家医学研究登记备案信息系统上传信息的；⑥ 其他违反本办法规定的情形。

（二）民事责任与刑事责任

机构和个人违反规定，给他人人身、财产造成损害的，应当依法承担民事责任；构成犯罪的，依法追究刑事责任。

案例 14-1   **非法器官移植**

2015年6月，孙某因患尿毒症而向李某提出非法肾移植需求，李某答应后，联系医生张某商定手术事宜，后由医生马某负责安排配型检查、联系手术场所、购置手术医疗用品及相关器械等。

前期准备工作就绪后，2015年7月，李某找到肾脏供体孙某（17周岁），并在张某、马某的组织下，先后抵达A医院手术室进行换肾手术。术后孙某支付费用共计48万元，孙某得6万元，余下款项由李某、张某、马某分得。但后因手术失败，孙某在B医院行移植肾脏摘除手术。

思考：

1. 本案例器官供体孙某是否符合器官捐献人的基本要求？

2. 本案例的违法事实有哪些？

3. 本案例中张某、马某作为医务人员，仍从事非法器官移植，应承担哪些法律责任？

学习小结

医学科学的发展离不开法治建设，法治建设为医学科学的发展提供了法律保障和规范。加强医疗技术临床应用管理，规范人类辅助生殖技术的应用和管理、保证人类辅助生殖技术安全、有效和健康发展，规范人体器官捐献和移植，保障医疗质量和患者安全，维护公民的合法权益，保护并尊重医学科学研究参与者的合法权益，是促进医学科学发展和医疗技术健康发展的必要条件和法律保障。

本章主要介绍了医疗技术临床应用管理的相关规定；人类辅助生殖技术和人类精子库管理的原则、实施条件、审批程序、技术规范与法律责任；人体器官捐献和移植的立法目的，适用范围，从事人体器官捐献和移植活动的法律规定与法律责任；医学科研伦理审查主体责任、制度规范、伦理准则及基本要求等。

（李　卉）

一、选择题

1. 下列禁止类医疗技术的应用范围，不包括
   A. 临床应用安全性、有效性不确切
   B. 存在重大伦理问题
   C. 该技术已经被临床淘汰 .
   D. 未经临床研究论证的医疗新技术
   E. 需要消耗稀缺资源

2. 下列不属于人类辅助生殖技术的是
   A. 夫精人工授精技术
   B. 体外受精–胚胎移植
   C. 输卵管复通手术
   D. 卵胞细胞质内单精子显微注射技术
   E. 植入前胚胎遗传学诊断技术

3. 一个供精者的精子最多只能提供给
   （　　）名妇女受孕
   A. 7
   B. 6
   C. 5
   D. 4

E. 3

4. 按照我国《人体器官捐献和移植条例》的规定，下列各项不属于器官接受人的是
   A. 活体器官捐献人的配偶
   B. 活体器官捐献人的子女
   C. 活体器官捐献人的父母
   D. 活体器官捐献人三代以内旁系血亲
   E. 活体器官捐献人的朋友

5. 下列不属于医学研究伦理审查原则的是
   A. 人民至上、生命至上
   B. 保护人的生命和健康与合法权益
   C. 促进生命科学和医学研究健康发展
   D. 尊重和保护研究参与者的合法权益
   E. 保障研究者的经济效益

答案：1. E；2. C；3. C；4. E；5. E

二、简答题

1. 简述医疗技术负面清单管理制度的意义。
2. 简述人类辅助生殖技术对传统亲子关系的冲突及其法律对策。
3. 与《人体器官移植条例》相比，《人体器官捐献和移植条例》从哪些方面推动了人体器官捐献的和移植有关工作的发展？
4. 简述医学研究伦理审查中知情同意的意义。

第十五章　　**卫生法律救济**

学习目标

知识目标	1. 掌握卫生行政复议及诉讼、卫生民事诉讼和卫生刑事诉讼的基本知识。 2. 熟悉卫生行政复议及诉讼、卫生民事诉讼和卫生刑事诉讼的法定程序。 3. 了解卫生行政复议及诉讼、卫生民事诉讼和卫生刑事诉讼的法律规定。
能力目标	在掌握卫生法律救济制度基础上，培养分析和解决司法实践中问题的能力。
素质目标	通过本章学习，培养和提升诉讼法律意识及素质。

第一节　卫生行政复议

一、概述

（一）卫生行政复议的概念及特征

1. 概念　卫生行政复议（health administrative reconsideration）是指卫生行政管理相对人认为卫生行政机关实施的具体行政行为侵犯其合法权益，依法向行政复议机关提出复议申请，行政复议机关依照法定程序对被申请的具体行政行为的合法性与适当性进行审查，并作出复议决定的一种法律制度。卫生行政复议的特征、原则、受案范围、程序遵循《行政复议法》规定。

2. 特征　行政复议的主要特征包括：① 行政复议所处理的争议是行政争议，这里的行政争议主要是指行政主体在行政管理过程中因实施具体行政行为而与相对人发生的争议；② 行政复议是以行政相对人提起复议申请而引起的，行政复议是一种依申请的行政行为，没有行政相对人的申请，行政复议行为不得自行启动；③ 行政复议的管辖主体只能是一定的行政机关，在特定情况下才是法定的其他行政主体；④ 行政复议是一种行政自我监督制度，在依法履行了保护行政相对人权益的同时，也起到了监督行政机关是否依法行政的作用；⑤ 行政复议是对具体行政行为的合法性与适当性进行审查。

（二）行政复议的原则

行政复议的原则是指贯穿于行政复议全过程并对行政复议具有普遍指导意义的根本准则。行政复议工作应当坚持中国共产党的领导。行政复议机关履行行政复议职责，应当遵循合法、公正、公开、高效、便民、为民的原则，坚持有错必纠，保障法律、法规的正确实施。

1. 合法原则　在行政复议中遵循合法原则，是指复议行政机关必须严格按照宪法和法律规定的职责权限，以事实为根据，以法律为准绳，对行政相对人申请复议的具体行政行为，依法进行审查。

2. 公正原则　公正就是指公平，没有偏私。这一原则不仅体现在程序上要平等对待当事人，还应当体现在行政复议机关的决定中，行政复议机关应当依法审查引起争议的行政行为是否合理、适当，并对之作出公正的裁决。

3. 公开原则　公开原则是一项重要的程序原则，是指行政复议机关在依法进行复议审查、作出复议决定时都应当公开进行。这一原则应贯穿于卫生行政复议活动的全过程，以确保行政复议在程序和实体上的合法与公正。

4. 高效原则　高效原则的主要内容包括：受理复议申请应当及时，受理机关必须在复议的各个环节上注意工作效率，作出复议决定应当及时。

5. 便民、为民原则　便民、为民原则是指复议机关在行政复议过程中应尽最大可能为行政复议的申请人提供便利条件，即在尽量节省费用、时间、精力的情况下，保证公民、法人或者其他组织充分行使复议申请权，从而保证行政复议合法、有效地进行。《行政复议法》坚持人民至上，紧紧围绕"便民，为民"制度要求，规定很多便民，为民举措，如行政复议机关应当加强信息化建设，运用现代信息技术，方便公民、法人或者其他组织申请、参加行政复议，提高工作质量和效率；书面申请行政复议的，可以通过邮寄或者行政复议机关指定的互联网渠道等方式提交行政复议申请书，也可以当面提交行政复议申请书。行政机关通过互联网渠道送达行政行为决定书的，应当同时提供行政复议申请书的互联网渠道；行政复议机构应当当面或者通过互联网、电话等方式听取当事人的意见，并将听取的意见记录在案等。

（三）行政复议的受案范围

行政复议的受案范围是指行政复议机关依照法律规定可以受理的卫生行政争议案件的范围，即哪些行政行为引起的卫生行政争议可以通过行政复议的方式解决。根据《行政复议法》（2023年9月1日修订，2024年1月1日起施行）的规定，有下列情形之一的，公民、法人或者其他组织可以依照本法申请行政复议：① 对行政机关作出的行政处罚决定不服；② 对行政机关作出的行政强制措施、行政强制执行决定不服；③ 申请行政许可，行政机关拒绝或者在法定期限内不予答复，或者对行政机关作出的有关行政许可的其他决定不服；④ 对行政机关作出的确认自然资源的所有权或者使用权的决定不服；⑤ 对行政机关作出的征收征用决定及其补偿决定不服；⑥ 对行政机关作出的赔偿决定或者不予赔偿决定不服；⑦ 对行政机关作出的不予受理工伤认定申请的决定或者工伤认定结论不服；⑧ 认为行政机关侵犯其经营自主权或者农村土地承包经营权、农村土地经营权；⑨ 认为行政机关滥用行政权力排除或者限制竞争；⑩ 认为行政机关违法集资、摊派费用或者违法要求履行其他义务；⑪ 申请行政机关履行保护人身权利、财产权利、受教育权利等合法权益的法定职责，行政机关拒绝履行、未依法履行或者不予答复；⑫ 申请行政机关依法给付抚恤金、社会保险待遇或者最低生活保障等社会保障，行政机关没有依法给付；

⑬ 认为行政机关不依法订立、不依法履行、未按照约定履行或者违法变更、解除政府特许经营协议、土地房屋征收补偿协议等行政协议；⑭ 认为行政机关在政府信息公开工作中侵犯其合法权益；⑮ 认为行政机关的其他行政行为侵犯其合法权益。

公民、法人或者其他组织认为行政机关的行政行为所依据的下列规范性文件不合法，在对行政行为申请行政复议时，可以一并向行政复议机关提出对该规范性文件的附带审查申请：① 国务院部门的规范性文件；② 县级以上地方各级人民政府及其工作部门的规范性文件；③ 乡、镇人民政府的规范性文件；④ 法律、法规、规章授权的组织的规范性文件。前款所列规范性文件不含规章。规章的审查依照法律、行政法规办理。

下列事项不属于行政复议范围：① 国防、外交等国家行为；② 行政法规、规章或者行政机关制定、发布的具有普遍约束力的决定、命令等规范性文件；③ 行政机关对行政机关工作人员的奖惩、任免等决定；④ 行政机关对民事纠纷作出的调解。

二、行政复议的管辖与复议参加人

（一）行政复议的管辖

行政复议的管辖是指行政复议机关在受理行政复议案件上的分工和权限，它是行政复议制度的重要内容。

1. 县级以上地方各级人民政府管辖下列行政复议案件：① 对本级人民政府工作部门作出的行政行为不服的；② 对下一级人民政府作出的行政行为不服的；③ 对本级人民政府依法设立的派出机关作出的行政行为不服的；④ 对本级人民政府或者其工作部门管理的法律、法规、规章授权的组织作出的行政行为不服的。除前款规定外，省、自治区、直辖市人民政府同时管辖对本机关作出的行政行为不服的行政复议案件。

2. 省、自治区人民政府依法设立的派出机关参照设区的市级人民政府的职责权限，管辖相关行政复议案件。对县级以上地方各级人民政府工作部门依法设立的派出机构依照法律、法规、规章规定，以派出机构的名义作出的行政行为不服的行政复议案件，由本级人民政府管辖；其中，对直辖市、设区的市人民政府工作部门按照行政区划设立的派出机构作出的行政行为不服的，也可以由其所在地的人民政府管辖。

3. 国务院部门管辖下列行政复议案件：① 对本部门作出的行政行为不服的；② 对本部门依法设立的派出机构依照法律、行政法规、部门规章规定，以派出机构的名义作出的行政行为不服的；③ 对本部门管理的法律、行政法规、部门规章授权的组织作出的行政行为不服的。

4. 对海关、金融、外汇管理等实行垂直领导的行政机关、税务和国家安全机关的行政行为不服的，向上一级主管部门申请行政复议。

5. 对履行行政复议机构职责的地方人民政府司法行政部门的行政行为不服的，可以向本级人民政府申请行政复议，也可以向上一级司法行政部门申请行政复议。

6. 公民、法人或者其他组织申请行政复议，行政复议机关已经依法受理的，在行政复议期间不得向人民法院提起行政诉讼。公民、法人或者其他组织向人民法院提起行政诉讼，人民法院已经依法受理的，不得申请行政复议。

（二）行政复议的参加人

行政复议的参加人是指依法参加行政复议活动并保护自己合法权益的当事人以及与当事人地位相近的人。根据《行政复议法》的规定，行政复议参加人主要包括参加复议的申请人、被申请人和第三人。

1. 行政复议的申请人　行政复议的申请人是指对行政主体作出的具体行政行为不服，依据法律规定以自己的名义向行政复议机关提起行政复议申请的公民、法人或者其他组织。申请人、第三人可以委托一至二名律师、基层法律服务工作者或者其他代理人代为参加行政复议。

2. 行政复议的被申请人　行政复议的被申请人是指经申请人认为其具体行政行为侵犯合法权益，并由复议机关通知参加复议的行政主体。根据《行政复议法》的规定，公民、法人或者其他组织对行政行为不服申请行政复议的，作出行政行为的行政机关或者法律、法规、规章授权的组织是被申请人。两个以上行政机关以共同的名义作出同一行政行为的，共同作出行政行为的行政机关是被申请人。行政机关委托的组织作出行政行为的，委托的行政机关是被申请人。作出行政行为的行政机关被撤销或者职权变更的，继续行使其职权的行政机关是被申请人。

3. 第三人　申请人以外的同被申请行政复议的行政行为或者行政复议案件处理结果有利害关系的公民、法人或者其他组织，可以作为第三人申请参加行政复议，或者由行政复议机构通知其作为第三人参加行政复议。第三人不参加行政复议，不影响行政复议案件的审理。

三、行政复议程序

行政复议程序是指通过行政复议活动解决卫生行政争议所遵循的步骤和方式。

（一）申请

申请人申请行政复议，可以书面申请；书面申请有困难的，也可以口头申请。申请人提出复议申请必须在法定期限内进行。根据《行政复议法》的规定，公民、法人或者其他组织认为具体行政行为侵犯其合法权益的，可以自知道该具体行政行为之日起60日内提出行政复议申请，但是法律规定的申请期限超过六十日的除外。因不可抗力或者其他正当理由耽误法定申请期限的，申请期限自障碍消除之日起继续计算。有权申请行政复议的公民死亡的，其近亲属可以申请行政复议。有权申请行政复议的公民为无民事行为能力人或者限制民事行为能力人的，其法定代理人可以代为申请行政复议。有权申请行政复议的法人或者其他组织终止的，承受其权利的法人或者其他组织可以申请行政复议。

有下列情形之一的，申请人应当先向行政复议机关申请行政复议，对行政复议决定不服的，可以再依法向人民法院提起行政诉讼：① 对当场作出的行政处罚决定不服；② 对行政机关作出的侵犯其已经依法取得的自然资源的所有权或者使用权的决定不服；③ 认为行政机关存在《行政复议法》第十一条规定的未履行法定职责情形；④ 申请政府信息公开，行政机关不予公开；⑤ 法律、行政法规规定应当先向行政复议机关申请行政复议的其他情形。

（二）受理

行政复议的受理是指复议机关收到申请人的复议申请后，经审查认为申请符合法律规定，决定立案并启动行政复议的活动。根据《行政复议法》的规定，行政复议机关收到行政复议申请后，应当在五日内进行审查。对符合下列规定的，行政复议机关应当予以受理：① 有明确的申请人和符合本法规定的被申请人；② 申请人与被申请行政复议的行政行为有利害关系；③ 有具体的行政复议请求和理由；④ 在法定申请期限内提出；⑤ 属于本法规定的行政复议范围；⑥ 属于本机关的管辖范围；⑦ 行政复议机关未受理过该申请人就同一行政行为提出的行政复议申请，并且人民法院未受理过该申请人就同一行政行为提起的行政诉讼。

行政复议申请的审查期限届满，行政复议机关未作出不予受理决定的，审查期限届满之日起视为受理。对不符规定的行政复议申请，行政复议机关应当在审查期限内决定不予受理并说明理由；不属于本机关管辖的，还应当在不予受理决定中告知申请人有管辖权的行政复议机关。

法律、行政法规规定应当先向行政复议机关申请行政复议、对行政复议决定不服再向人民法院提起行政诉讼的，行政复议机关决定不予受理、驳回申请或者受理后超过行政复议期限不作答复的，公民、法人或者其他组织可以自收到决定书之日起或者行政复议期限届满之日起十五日内，依法向人民法院提起行政诉讼。

（三）审理

复议案件的审理是指复议机关受理复议申请后对被申请人的具体行政行为进行全面审查的活动。行政复议机关受理行政复议申请后，依法适用普通程序或者简易程序进行审理，依照法律、法规、规章审理行政复议案件。行政复议机关办理行政复议案件，可以进行调解。调解应当遵循合法、自愿的原则，不得损害国家利益、社会公共利益和他人合法权益，不得违反法律、法规的强制性规定。

1. 普通程序 行政复议机构应当自行政复议申请受理之日起七日内，将行政复议申请书副本或者行政复议申请笔录复印件发送被申请人。被申请人应当自收到行政复议申请书副本或者行政复议申请笔录复印件之日起十日内，提出书面答复，并提交作出行政行为的证据、依据和其他有关材料。适用普通程序审理的行政复议案件，行政复议机构应当当面或者通过互联网、电话等方式听取当事人的意见，并将听取的意见记录在案。因当事人原因不能听取意见的，可以书面审理。审理重大、疑难、复杂的行政复议案件，行政复议机构应当组织听证。行政复议机构认为有必要听证，或者申请人请求听证的，行政复议机构可以组织听证。

2. 简易程序 行政复议机关审理下列行政复议案件，认为事实清楚、权利和义务关系明确、争议不大的，可以适用简易程序：① 被申请行政复议的行政行为是当场作出；② 被申请行政复议的行政行为是警告或者通报批评；③ 案件涉及款额三千元以下；④ 属于政府信息公开案件。除此之外，当事人各方同意适用简易程序的，可以适用简易程序。适用简易程序审理的行政复议案件，行政复议机构应当自受理行政复议申请之日起三日内，将行政复议申请书副本或者行政复议申请笔录复印件发送被申请人。被申请人应当自收到行政复议申请书副本或者行政复议申请笔录复印件之日起五日内，提出书面答复，并提交作出行政行为的证据、依据和其他有关材料。适用简易程序审理的行政复议案件，可以书面审理。适用简易程序审理的行政复议案件，行政复议机构认为不宜适用简易程序的，经行政复议机构的负责人批准，可以转为普通程序审理。

3. 举证责任　被申请人对其作出的行政行为的合法性、适当性负有举证责任。有下列情形之一的，申请人应当提供证据：① 认为被申请人不履行法定职责的，提供曾经要求被申请人履行法定职责的证据，但是被申请人应当依职权主动履行法定职责或者申请人因正当理由不能提供的除外；② 提出行政赔偿请求的，提供受行政行为侵害而造成损害的证据，但是因被申请人原因导致申请人无法举证的，由被申请人承担举证责任；③ 法律、法规规定需要申请人提供证据的其他情形。行政复议期间，被申请人不得自行向申请人和其他有关单位或者个人收集证据；自行收集的证据不作为认定行政行为合法性、适当性的依据。行政复议期间，申请人或者第三人提出被申请行政复议的行政行为作出时没有提出的理由或者证据的，经行政复议机构同意，被申请人可以补充证据。

行政复议期间具体行政行为不停止执行。但是，有下列情形之一的可以停止执行：① 被申请人认为需要停止执行的；② 行政复议机关认为需要停止执行的；③ 申请人、第三人申请停止执行，行政复议机关认为其要求合理，决定停止执行的；④ 法律、法规、规章规定停止执行的其他情形。

（四）复议决定

适用普通程序审理的行政复议案件，行政复议机关应当自受理申请之日起六十日内作出行政复议决定；但是法律规定的行政复议期限少于六十日的除外。情况复杂，不能在规定期限内作出行政复议决定的，经行政复议机构的负责人批准，可以适当延长，并书面告知当事人；但是延长期限最多不得超过三十日。适用简易程序审理的行政复议案件，行政复议机关应当自受理申请之日起三十日内作出行政复议决定。复议机关对复议案件经过审理后，应根据不同的情况依法作出复议决定：

1. 维持决定　行政行为认定事实清楚，证据确凿，适用依据正确，程序合法，内容适当的，行政复议机关决定维持该行政行为。

2. 撤销、变更或者确认违法决定　行政行为有下列情形之一的，行政复议机关决定撤销或者部分撤销该行政行为，并可以责令被申请人在一定期限内重新作出行政行为：① 主要事实不清、证据不足；② 违反法定程序；③ 适用的依据不合法；④ 超越职权或者滥用职权。行政行为有下列情形之一的，行政复议机关决定变更该行政行为：① 事实清楚，证据确凿，适用依据正确，程序合法，但是内容不适当；② 事实清楚，证据确凿，程序合法，但是未正确适用依据；③ 事实不清、证据不足，经行政复议机关查清事实和证据。行政行为有下列情形之一的，行政复议机关不撤销该行政行为，但是确认该行政行为违法：① 依法应予撤销，但是撤销会给国家利益、社会公共利益造成重大损害；② 程序轻微违法，但是对申请人权利不产生实际影响。行政行为有下列情形之一，不需要撤销或者责令履行的，行政复议机关确认该行政行为违法：① 行政行为违法，但是不具有可撤销内容；② 被申请人改变原违法行政行为，申请人仍要求撤销或者确认该行政行为违法；③ 被申请人不履行或者拖延履行法定职责，责令履行没有意义。

3. 限期履行职责决定　被申请人不履行法定职责的，决定其在一定期限内履行。

4. 驳回行政复议申请决定　行政复议机关受理申请人认为被申请人不履行法定职责的行政复议申请后，发现被申请人没有相应法定职责或者在受理前已经履行法定职责的，决定驳回申请人的行政复议请求。

5. 行政复议调解书　当事人经调解达成协议的，行政复议机关应当制作行政复议调解书，经各方当事人签字或者签章，并加盖行政复议机关印章，即具有法律效力。调解未达成协议或者调解书生效前一方反悔的，行政复议机关应当依法审查或者及时作出行政复议决定。

（五）行政复议的中止与终止

1. 行政复议中止　是指复议进行过程中，复议程序因特殊情况的发生而暂时停止，当中止复议的情况消除后，再恢复复议程序，中止前已进行的复议行为仍然有效。行政复议期间有下列情形之一的，行政复议中止：① 作为申请人的公民死亡，其近亲属尚未确定是否参加行政复议；② 作为申请人的公民丧失参加行政复议的行为能力，尚未确定法定代理人参加行政复议；③ 作为申请人的公民下落不明；④ 作为申请人的法人或者其他组织终止，尚未确定权利义务承受人；⑤ 申请人、被申请人因不可抗力或者其他正当理由，不能参加行政复议；⑥ 依照本法规定进行调解、和解，申请人和被申请人同意中止；⑦ 行政复议案件涉及的法律适用问题需要有权机关作出解释或者确认；⑧ 行政复议案件审理需要以其他案件的审理结果为依据，而其他案件尚未审结；⑨ 需要中止行政复议的其他法定情形。

2. 行政复议终止　是指在复议程序因特殊情况的发生不能继续或者继续进行毫无意义情况下，结束正在进行的复议程序。行政复议期间有下列情形之一的，行政复议终止：① 申请人要求撤回行政复议申请，行政复议机构准予撤回的；② 作为申请人的自然人死亡，没有近亲属或者其近亲属放弃行政复议权利的；③ 作为申请人的法人或者其他组织终止，其权利义务的承受人放弃行政复议权利的；④ 申请人对行政拘留或者限制人身自由的行政强制措施不服申请行政复议后，因同一违法行为涉嫌犯罪，被采取刑事强制措施；⑤ 法定的其他终止情形。

第二节　卫生行政诉讼

一、概述

（一）卫生行政诉讼概念

卫生行政诉讼（health administrative lawsuit）是指卫生行政相对人对卫生行政主体作出的具体行政行为不服，认为侵犯了其合法权益，依法向人民法院提起诉讼，由人民法院进行审理并做出裁决的司法活动。卫生行政诉讼的原则、受案范围、程序遵循《行政诉讼法》规定。

（二）行政诉讼的原则

行政诉讼的原则是《行政诉讼法》（2017年6月27日修订，2017年7月1日起施行）规定的，贯穿于整个行政诉讼活动的行为准则。行政诉讼除应遵循行政诉讼法一般原则外，还应遵循以下特有原则。

1. **诉讼期间不停止具体行政行为执行的原则** 该原则是指在行政诉讼过程中，当事人所争议的具体行政行为不因原告提起诉讼而停止执行，但有法律规定的情形除外。

2. **行政案件不适用调解与反诉的原则** 根据我国《行政诉讼法》的规定，人民法院审理行政案件不适用调解，只能依法对案件作出裁判。同时，在诉讼期间行政机关也无权提出反诉。

3. **行政机关负主要举证责任的原则** 该原则是指在行政诉讼中，被告行政机关负有证明具体行政行为合法的责任，如果举证不能或举证不充分，则要承担败诉的后果。根据《行政诉讼法》规定，被告对做出的具体行政行为负有举证责任，应当提供做出该具体行政行为的证据和所依据的规范性文件。

4. **具体行政行为合法性审查的原则** 人民法院审理卫生行政案件，一般只对具体行政行为是否合法进行审查，只有在具体行政行为明显不当的情况下，才能变更行政机关的具体行政行为。

（三）行政诉讼的受案范围

行政诉讼的受案范围指人民法院受理行政案件、裁判行政争议的范围。根据《行政诉讼法》规定，行政诉讼的受案范围主要包括：① 对行政机关作出的行政处罚决定不服的案件；② 对行政机关作出的行政强制措施决定不服的；③ 认为行政机关侵犯合法的经营自主权的；④ 拒绝或者不予答复要求颁发许可证和执照的申请的案件；⑤ 不履行保护人身权、财产权法定职责的案件；⑥ 违法要求履行义务的案件；⑦ 其他侵犯人身权、财产权的案件。此外，《行政诉讼法》还规定了人民法院不予受理的事项，如行政机关对工作人员的奖惩、任免决定等。

（四）行政诉讼和行政复议的区别

行政诉讼和行政复议是法律救济的两大途径，但两者存在以下区别。

1. **受理机关不同** 行政复议由有管辖权的行政复议机关依法受理，行政诉讼则由有管辖权的人民法院受理。

2. **受理程序不同** 行政复议适用属于行政程序性质的行政复议程序，而行政诉讼则适用司法程序性质的行政诉讼程序。行政复议程序由行政管理方面的有关法律、法规或规章加以规定，而行政诉讼程序则由行政诉讼法及有关的司法解释性文件等予以规定。

3. **受案范围不同** 行政复议的受案范围要广于行政诉讼的受案范围。行政诉讼只能受理《行政诉讼法》和其他法律、法规所规定的属于人民法院管辖权限内的行政案件，而行政复议受理的是行政争议案件。

4. **审查范围不同** 行政复议不但可以审查引起争议的具体行政行为的合法性，而且可以审查其合理性。但行政诉讼原则上只能审查具体行政行为的合法性，一般不得审查具体行政行为的合理性。

5. **处理权限不同** 行政复议机关处理行政复议案件，可以依法维持、撤销或者变更引起争议的具体行政行为。但人民法院在行政诉讼中，除对显失公正的行政处罚行为行使有限司法变更权外，对其他引起争议的具体行政行为无权作出变更判决。

6. **裁决的效力不同** 对于属于《行政诉讼法》所规定的受案范围内的行政案件，除法律有特殊规定外，当事人既可以提起行政复议，也可以直接提起行政诉讼。如果当事人不服行政复议决定，可以在法定期限内提起行政诉讼，由人民法院作出最终裁决。

二、行政诉讼的管辖与诉讼参加人

（一）行政诉讼管辖

行政诉讼管辖通常是指人民法院之间受理第一审行政案件的职权分工。

1. 级别管辖 是指按照人民法院组织系统划分上下级人民法院之间受理第一审行政案件的分工和权限。

（1）基层人民法院的管辖：《行政诉讼法》第14条规定，基层人民法院管辖第一审行政案件，即除法律规定应由上级法院管辖的行政案件以外，行政案件都应由基层人民法院管辖。

（2）中级人民法院的管辖：根据《行政诉讼法》的规定，中级人民法院管辖的一审行政案件有：① 对国务院行政部门或者省一级人民政府所作出的具体行政行为提起诉讼的行政案件；② 海关处理的案件；③ 本辖区的重大、复杂的行政案件。"重大、复杂的行政案件"主要是指：① 案件所涉及的人数众多，或事项重大；② 案件发生后，在本辖区内有较大影响；③ 案件本身比较复杂；④ 案件在查处方面有相当的困难与干扰；⑤ 案件的审判在辖区内有重要的社会效益等；⑥ 其他法律规定由中级人民法院管辖的条件。

（3）高级人民法院的管辖：根据《行政诉讼法》的规定，高级人民法院管辖本辖区内重大、复杂的行政案件。

（4）最高人民法院的管辖：《行政诉讼法》的规定，最高人民法院管辖全国范围内重大、复杂的第一审行政案件。最高人民法院是全国最高的审判机关，主要任务是对全国各级各类法院的审判工作进行监督与指导，运用司法解释权对审判工作中涉及的法律具体应用问题进行司法解释，以及审理不服高级人民法院裁判而提起的上诉案件。

2. 地域管辖 又称区域管辖，它是对同级人民法院之间受理第一审行政案件的分工和权限划分。一般地域管辖是指行政案件由最初作出具体行政行为的行政机关所在地法院管辖。特殊地域管辖是指法律对特殊案件所作出的管辖规定，如复议机关改变原具体行政行为的，也可以由复议机关所在地的人民法院管辖等。

3. 移送管辖 是指某一人民法院已经受理了行政案件以后，经审查发现所受理的行政案件不属于自己管辖，而将案件移送给有管辖权的人民法院进行审理。

4. 指定管辖 是指有管辖权的人民法院由于特殊原因不能行使管辖权或者人民法院对管辖权发生争议不能解决时，由上级法院指定管辖。

（二）行政诉讼参加人

行政诉讼参加人是指与被诉具体行政行为有法律上的利害关系而依法起诉、应诉或参加到行政诉讼活动中的个人或组织，包括当事人和第三人。

1. 行政诉讼的原告 是指对行政主体的具体行政行为不服，依照行政诉讼法的规定，以自己的名义向人民法院提起行政诉讼的公民、法人或其他组织。依照《行政诉讼法》的规定，行政诉讼原告应当具备两个基本条件：① 原告必须是在具体的行政法律关系中处于行政管理相对人地位的公民、法人或其他组织；② 原告必须是与被诉具体行政行为有法律上的利害关系，即认为该具体行政行为侵犯其合法权益的公民、法人或其他组织。

2. 行政诉讼的被告　是指因其所作的具体行政行为而被行政相对人或者其他有法律上的利害关系的个人或组织提起行政诉讼，并经人民法院通知应诉的行政主体。根据《行政诉讼法》的规定，行政诉讼被告的情形主要有：① 公民、法人或者其他组织直接向人民法院提起诉讼的，作出具体行政行为的行政机关是被告；② 经复议的案件，复议机关决定维持原具体行政行为的，作出原具体行政行为的行政机关是被告；③ 具体行政行为经复议机关复议改变的，以复议机关为被告；④ 两个以上行政机关作出同一具体行政行为的，共同作出具体行政行为的行政机关是共同被告；⑤ 由法律、法规授权的组织作出具体行政行为的，以该组织为被告；⑥ 由行政机关委托的组织作出的具体行政行为的，作出委托的行政机关是被告；⑦ 当事人不服经上级行政机关批准的具体行政行为，向人民法院提起诉讼的，应当以在对外发生法律效力的文书上署名的机关为被告。

3. 行政诉讼第三人　是指与行政诉讼中的具体行政行为有利害关系，为维护自己的合法权益，经审理机关同意参加诉讼的公民、法人或者其他组织。

三、行政诉讼程序

（一）起诉

起诉是指公民、法人或者其他组织认为行政机关的具体行政行为侵犯其合法权益、依法请求人民法院行使国家审判权给予司法补救的诉讼行为。提起诉讼应当符合下列条件：① 原告是认为具体行政行为侵犯其合法权益的公民、法人或者其他组织；② 有明确的被告；③ 有具体的诉讼请求和事实根据；④ 属于人民法院受案范围和受诉人民法院管辖。根据《行政诉讼法》的规定，公民、法人或者其他组织直接向人民法院提起诉讼的，应当在知道或应当知道作出行政行为之日起六个月内提出，法律另有规定的除外。行政诉讼的起诉方式应以向人民法院递交起诉状的书面起诉方式为原则，即起诉人起诉时必须递交起诉状。书写确有困难的，可以口述，由人民法院记下口述笔录，内容有欠缺的，人民法院应限期让原告补正。

（二）受理

行政诉讼的受理是指人民法院对原告的起诉进行审查，决定立案审理的行为。当事人提起诉讼虽然是行政诉讼程序启动的前提条件，但是当事人的起诉行为若要引起诉讼程序开始，还必须经过人民法院的审查受理后才能产生程序启动的效力。人民法院在接到当事人的起诉后，应当及时进行审查，审查的内容包括以下几项：① 审查当事人资格，即原告、被告是否适格；② 审查起诉内容，即审查有无具体的诉讼请求；③ 审查事实根据，即审查原告是否提供了相应的事实根据；④ 审查受案范围和管辖法院，即审查起诉事项是否属于人民法院主管和受诉人民法院管辖。

（三）审理

1. 审理程序　行政诉讼的审理是指人民法院受理行政案件后，对案件进行实质性审查所进行的诉讼行为的总称。根据《行政诉讼法》的规定，人民法院应当在立案之日起五日内，将起诉状副本发送被告。被告应当在收到起诉状副本之日起十五日内向人民法院提交作出具体行政行为的有关材料，并提出答辩状。人民法院应当在收到答辩状之日起五日内，将答辩状副本发送原告。被告不提出答辩状的，不影响人民法院审理。人民法院审理行政案件，由审判员组成合议庭，或者由审判员、陪审员组成合议庭。人民法院一般公开审理行政案件，但涉及国家秘密、个人隐私和法律另有规定的除外。开庭审理一般要经过宣布开庭、法庭调查、辩论、最后陈述等程序。诉讼期间，不停止具体行政行为的执行。但有下列情形之一的，停止具体行政行为的执行：① 被告认为需要停止执行的；② 原告申请停止执行，人民法院认为该具体行政行为的执行会造成难以弥补的损失，并且停止执行不损害社会公共利益，裁定停止执行的；③ 人民法院认为该行政行为的执行会给国家利益、社会公共利益造成重大损害的；④ 法律、法规规定停止执行的。

2. 审理的内容　人民法院对行政案件的审理，主要是对被诉的具体行政行为的合法性进行审查。主要审查以下内容：① 行政机关的主体资格审查，如被告作出具体行政行为的职权范围等是否合法；② 被告作出的具体行政行为认定的事实是否真实，证据是否充分等；③ 具体行政行为的程序是否合法；④ 具体行政行为适用的法律、法规或者规章是否正确。

3. 审理的依据　根据《行政诉讼法》的规定，人民法院审理行政案件，以法律和行政法规、地方性法规为依据，地方性法规仅适用于本行政区域内发生的行政案件。人民法院审理行政案件，可以参照国务院部、委根据法律和国务院的行政法规、决定、命令制定、发布的规章以及省、自治区、直辖市和省、自治区的人民政府所在地的市和经国务院批准的较大的市的人民政府根据法律和国务院的行政法规制定、发布的规章。人民法院认为地方人民政府制定、发布的规章与国务院部、委制定、发布的规章不一致的，以及国务院部、委制定、发布的规章之间不一致的，由最高人民法院送请国务院作出解释或者裁决。

（四）判决及执行

我国的行政诉讼实行两审终审制。根据法律规定，人民法院的判决有以下几种情形。

1. 维持判决　具体行政行为证据确凿，适用法律、法规正确，符合法定程序的，判决维持。

2. 撤销判决　具体行政行为有下列情形之一的，判决撤销或者部分撤销，并可以判决被告重新作出具体行政行为：① 主要证据不足的；② 适用法律、法规错误的；③ 违反法定程序的；④ 超越职权的；⑤ 滥用职权的。

3. 履行判决　被告不履行或者拖延履行法定职责的，判决其在一定期限内履行。

4. 变更判决　行政处罚显失公正的，可以判决变更。当事人必须履行人民法院发生法律效力的判决、裁定。公民、法人或者其他组织拒绝履行判决、裁定的，行政机关可以向第一审人民法院申请强制执行，或者依法强制执行。行政机关拒绝履行判决、裁定的，第一审人民法院可以采取以下措施：① 对应当归还的罚款或者应当给付的款额，通知银行从该行政机关的账户内划拨；② 在规定期限内不执行的，从期满之日起，对该行政机关负责人按日处50元至100元的罚款；③ 将行政机关拒绝履行的情况予以公布；④ 向该行政机关的上一级行政机关或者监察、人事机关提出司法建议。接受司法建议的机关，根据有关规定进行处理，并将处理情况告知人民法院；⑤拒不履行判决、裁定、调解书，社会影响恶劣的，可以对该行政机关直接负责的主管人员和其他直接责任人员予以拘留；情节严重，构成犯罪的，依法追究刑事责任。公民、法人或者其他组织对具体行政行为在法定期间不提起诉讼又不履行的，行政机关可以申请人民法院强制执行，或者依法强制执行。

第三节　卫生民事诉讼

一、概述

（一）卫生民事诉讼的概念及特征

1. 概念　卫生民事诉讼（health civil lawsuit）是指人民法院在卫生民事法律关系的当事人和其他诉讼参与人参加下，依法审理和解决卫生民事权利与义务争议的活动。

2. 特征　卫生民事诉讼具有以下主要特征：①卫生民事诉讼主体的特殊性，卫生民事诉讼主体不同于一般民事诉讼主体，卫生民事诉讼是受卫生法调整的社会关系的主体之间发生卫生民事纠纷而产生的诉讼活动；②卫生民事诉讼调整横向法律关系，与卫生行政诉讼不同，卫生民事诉讼的主体之间是横向的、平等的卫生法律关系，即调整的是公民之间、法人或其他组织之间、公民与法人或其他组织之间发生的法律关系；③卫生民事诉讼审理案件范围的特定性，卫生民事诉讼不同于因一般民事权益纠纷发生的诉讼，卫生民事诉讼是卫生法律关系主体间发生的与卫生活动如医疗、公共卫生监督等有关的民事诉讼；④卫生民事诉讼依据的特殊性，卫生民事诉讼的依据除了相关的法律、法规外，还有医学诊疗、护理常规和其他自然科学相关规范。

（二）卫生民事诉讼的基本原则

卫生民事诉讼本质上属于民事诉讼中的一种，因此应当遵循当事人诉讼权利平等原则，以事实为根据、以法律为准绳原则，法院调解自愿与合法原则，当事人处分原则等民事诉讼的一般原则。同时，卫生民事诉讼又具有特殊性，诉讼活动还应当遵循尊重科学原则、专业问题鉴定原则、保护弱势群体原则和遵循卫生特别法规定的原则。

二、卫生民事诉讼的管辖

卫生民事案件的管辖是指确定各级人民法院之间和同级人民法院之间受理第一审卫生民事案件的分工和权限。正确确定卫生民事案件的管辖，对审判实践具有重要的意义。我国民事诉讼法规定的民事案件的管辖，包括级别管辖、地域管辖、移送管辖和指定管辖。

（一）级别管辖

级别管辖，是指按照一定的标准，划分上下级法院之间受理第一审民事案件的分工和权限。

1. 基层人民法院管辖的第一审民事案件　根据《民事诉讼法》（2023年9月1日修订，2024年1月1日起施行）第18条规定，基层人民法院管辖第一审民事案件，但本法另有规定的除外。

2. 中级人民法院管辖的第一审民事案件 根据《民事诉讼法》的规定，中级人民法院管辖的第一审民事案件有：① 重大涉外案件；② 在本辖区有重大影响的案件；③ 最高人民法院确定由中级人民法院管辖的案件。

3. 高级人民法院管辖的第一审民事案件 根据《民事诉讼法》的规定，高级人民法院管辖在本辖区有重大影响的第一审民事案件。

4. 最高人民法院管辖的第一审民事案件 根据《民事诉讼法》的规定，最高人民法院管辖下列第一审民事案件：① 在全国有重大影响的案件；② 认为应当由本院审理的案件。

（二）地域管辖

地域管辖是指同级人民法院之间受理第一审民事案件的分工和权限。地域管辖主要根据当事人住所地、诉讼标的物所在地或者法律事实所在地来确定。地域管辖分为一般地域管辖、特殊地域管辖和专属管辖。一般地域管辖又称普通管辖，是指遵循原告就被告原则，以被告住所地为标准来确定受诉法院的管辖。根据《民事诉讼法》的规定，对公民提起的民事诉讼，由被告住所地人民法院管辖；被告住所地与经常居住地不一致的，由经常居住地人民法院管辖。对法人或者其他组织提起的民事诉讼，由被告住所地人民法院管辖。同一诉讼的几个被告住所地、经常居住地在两个以上人民法院辖区的，各该人民法院都有管辖权。特殊地域管辖是指根据诉讼标的所在地或者引起法律关系发生、发展、变更或消灭的法律事实所在地确定法院的管辖。如根据《民事诉讼法》第24条规定，因合同纠纷提起的诉讼，由被告住所地或者合同履行地人民法院管辖。专属管辖是指某类民事案件，法律规定必须由一定地区的人民法院管辖，其他法院没有管辖权，也不允许当事人协议变更管辖。如根据《民事诉讼法》第34条规定，下列案件由本条规定的人民法院专属管辖：① 因不动产纠纷提起的诉讼，由不动产所在地人民法院管辖；② 因港口作业中发生纠纷提起的诉讼，由港口所在地人民法院管辖；③ 因继承遗产纠纷提起的诉讼，由被继承人死亡时住所地或者主要遗产所在地人民法院管辖。

（三）移送管辖

移送管辖是指已经受理案件的人民法院，因发现本法院对该案件没有管辖权，而将案件移送给有管辖权的人民法院审理。移送管辖是案件从无管辖权的法院向有管辖权法院的移送。移送管辖必须符合以下条件：① 移送法院已经受理了案件；② 移送法院经审查，发现对该案件确无管辖权；③ 受移送的人民法院依法对该案具有管辖权。

（四）指定管辖

指定管辖，是指上级人民法院根据法律规定，以裁定的方式，指定其辖区内的下级人民法院对某一民事案件行使管辖权。下列两种情况需要上级人民法院指定管辖：① 有管辖权的人民法院由于特殊原因，不能行使管辖权的，由上级人民法院指定管辖；② 人民法院之间因管辖权发生争议，由争议双方协商解决；协商解决不了的，报请它们的共同上级人民法院指定管辖。

三、卫生民事诉讼的当事人

（一）当事人

卫生民事诉讼的当事人是指以自己的名义，就特定的卫生民事争议要求人民法院行使民事裁判权的人及相对人。卫生民事诉讼的当事人包括原告、被告和第三人。

（二）当事人的诉讼权利

1. 请求司法保护　公民、法人或者其他组织的民事权益受到侵害或者与他人因民事法律关系发生争议时，有权请求人民法院实施司法保护。具体来说，原告有起诉权，被告有答辩和反诉权；原告起诉后，有变更或者放弃诉讼请求、撤回诉讼的权利，被告有承认原告诉讼请求的权利。通过行使上述诉讼权利，当事人的合法民事权益受到司法保护。

2. 委托诉讼代理人　在诉讼过程中，当事人有权寻求他人的帮助，根据《民事诉讼法》的规定，当事人、法定代理人可以委托一至二人作为诉讼代理人。下列人员可以被委托为诉讼代理人：① 律师、基层法律服务工作者；② 当事人的近亲属或者工作人员；③ 当事人所在社区、单位以及有关社会团体推荐的公民。

3. 申请回避　为了确保案件的公正审理，当事人有权要求具有法定回避情形的审判人员、书记员、翻译人员、鉴定人、勘验人退出对案件的审理或者与本案有关的工作。

4. 收集和提供证据　当事人有权向有关单位、个人收集证据，并在诉讼过程中向人民法院提供证据证明自己的主张。对因客观原因不能自行收集的证据，当事人有权要求人民法院调查收集。对于可能灭失或者以后难以取得的证据，当事人还有权要求人民法院采取证据保全措施。对于法庭上出示的证据，当事人有权要求重新调查、鉴定或者勘验。

5. 陈述、质证和辩论　在庭审过程中，当事人有权提出自己的主张和意见，有权就对方当事人提供的证据和人民法院调查收集的证据进行质证，有权通过辩论论证自己的主张和反驳对方当事人的主张。当事人行使辩论权，既可以采取口头形式，也可以采取书面形式。

6. 选择调解　原告起诉后，当事人可以请求人民法院进行调解，也可以拒绝对方当事人或人民法院提出的调解要求。

7. 自行和解　在人民法院作出裁判前，当事人有权通过互相协商，达成解决争议的和解协议，以终结诉讼。

8. 申请财产保全或者先予执行　对于符合采取财产保全或先予执行条件的案件，当事人有权请求人民法院采取财产保全或者先予执行措施。

9. 提起上诉　对于依法可以上诉的一审判决或者裁定，在法定的上诉期间内，当事人有权依法提起上诉，请求上一级人民法院予以撤销或者变更。

10. 申请执行　对于具有给付内容的生效裁判，义务人拒绝履行该裁判确定的义务的，权利人有权请求人民法院依法强制执行，以实现自己的民事权益。

11. 查阅、复制本案有关材料和法律文书　当事人有权查阅本案的有关材料，有权复制与本案有关的材料和法律文书。当事人认为庭审笔录有错误的，有权要求补正。

12. 申请再审　当事人认为已经发生法律效力的判决、裁定、调解书具有法定的再审事由时，有权向原审人民法院或者原审人民法院的上一级人民法院申请再审，以纠正裁判或调解书的错误，维护自己的合法权益。

（三）当事人的诉讼义务

根据我国《民事诉讼法》的规定，当事人在民事诉讼中必须履行以下诉讼义务：

1. 依法行使诉讼权利　当事人应当按照民事诉讼法的规定正当行使诉讼权利，不得滥用诉讼权利，不得损害他人的合法权益。

2. 遵守诉讼秩序　当事人进行民事诉讼，必须遵守诉讼秩序，服从法庭指挥，既尊重人民法院的审判权，又尊重对方当事人的诉讼权利。

3. 履行生效的法律文书　对于生效的法院判决书、裁定书、调解书所确定的义务，当事人应当切实履行。负有义务的当事人拒绝履行的，人民法院可以强制执行。在民事诉讼中，当事人行使诉讼权利和履行诉讼义务是统一的。只有正确行使诉讼权利，履行诉讼义务，才能保证诉讼程序的顺利进行，维护法律的权威和尊严。当事人不可以只享有诉讼权利而不承担诉讼义务，也不可以只履行诉讼义务而不享有诉讼权利。

四、卫生民事诉讼的证据

（一）卫生民事诉讼的证据及特征

卫生民事诉讼的证据是指能够证明卫生民事案件真实情况的各种事实，也是法院认定有争议的案件事实的根据。诉讼证据具有客观性、关联性和合法性三个特征。证据必须查证属实，才能作为认定事实的根据。

（二）我国民事诉讼证据的法定形式

根据《民事诉讼法》的规定，我国民事诉讼证据包括当事人的陈述、书证、物证、视听资料、电子数据、证人证言、鉴定意见和勘验笔录。证据必须查证属实，才能作为认定事实的根据。当事人对自己提出的主张，有责任提供证据。

1. 当事人陈述　指当事人在诉讼中就与本案有关的事实，尤其是作为诉讼请求根据或反驳诉讼请求根据的事实，向法院所作的陈述。人民法院对当事人的陈述，应当结合本案的其他证据，审查确定能否作为认定事实的根据。当事人拒绝陈述的，不影响人民法院根据证据认定案件事实。

2. 书证　指以文字、符号、图形等所记载的内容或表达的思想来证明案件事实的证据。书证的主要形式是各种书面文件，如合同书、信函、电报、电传、图纸、图表等，但书证有时也可能表现为一定的物品，如刻有文字或图案的石碑、竹木等。书证应当提交原件，提交原件确有困难的，可以提交复制品、照片、副本、节录本。提交外文书证，必须附有中文译本。经过法定程序公证证明的法律事实和文书，人民法院应当作为认定事实的根据，但有相反证据足以推翻公证证明的除外。

3. 物证　指以其形状、质量、规格、受损坏的程度等来证明案件事实的物品。物证应当提交原物，提交原物确有困难的，可以提交复制品、照片等。

4. 视听资料　指利用录音、录像等储存的资料和数据来证明案件事实的证据。人民法院对视听资料，应当辨别真伪，并结合本案的其他证据，审查确定能否作为认定事实的根据。

5. 电子数据　一般是指基于计算机应用、通信和现代管理技术等电子化技术手段形成包括文字、图形符号、数字、字母等的客观资料。

6. 证人证言　证人是指了解案件事实并应当事人的要求或法院的传唤到法庭作证的人。凡是知道案件情况的单位和个人，都有义务出庭作证。有关单位的负责人应当支持证人作证。不能正确表达意思的人不能作证。

7. 鉴定意见　指鉴定人运用专业知识、专门技术对案件中的专门性问题进行分析、鉴别、判断后作出的意见。当事人可以就查明事实的专门性问题向人民法院申请鉴定。当事人申请鉴定的，由双方当事人协商确定具备资格的鉴定人。协商不成的，由人民法院指定。当事人未申请鉴定，人民法院对专门性问题认为需要鉴定的，应当委托具备资格的鉴定人进行鉴定。鉴定人有权了解进行鉴定所需要的案件材料，必要时可以询问当事人、证人。鉴定人应当提出书面鉴定意见，在鉴定书上签名或者盖章。当事人对鉴定意见有异议或者人民法院认为鉴定人有必要出庭的，鉴定人应当出庭作证。经人民法院通知，鉴定人拒不出庭作证的，鉴定意见不得作为认定事实的根据。支付鉴定费用的当事人可以要求返还鉴定费用。当事人可以申请人民法院通知有专门知识的人出庭，就鉴定人作出的鉴定意见或者专业问题提出意见。

8. 勘验笔录　指司法部门依法制作的反映物品、现场状况和实地检查过程与结果的法律文书。勘验物证或者现场，勘验人必须出示人民法院的证件，并邀请当地基层组织或者当事人所在单位派人参加。当事人或者当事人的成年家属应当到场，拒不到场的不影响勘验的进行。有关单位和个人根据人民法院的通知，有义务保护现场，协助勘验工作。勘验人应当将勘验情况和结果制作笔录，由勘验人、当事人和被邀参加人签名或者盖章。

（三）卫生民事诉讼的证明责任

证明责任是指诉讼中当事人对自己的主张必须加以证明，在自己的主张最终不能得到证明时承担不利的法律后果。当事人对自己提出的主张，有责任提供证据。当事人及其诉讼代理人因客观原因不能自行收集的证据，或者人民法院认为审理案件需要的证据，人民法院应当调查收集。人民法院应当按照法定程序，全面地、客观地审查核实证据。当事人对自己提出的主张应当及时提供证据。人民法院根据当事人的主张和案件审理情况，确定当事人应当提供的证据及其期限。当事人在该期限内提供证据确有困难的，可以向人民法院申请延长期限，人民法院根据当事人的申请适当延长。当事人逾期提供证据的，人民法院应当责令其说明理由，拒不说明理由或者理由不成立的，人民法院根据不同情形可以不予采纳该证据，或者采纳该证据，予以训诫、罚款。人民法院有权向有关单位和个人调查取证，有关单位和个人不得拒绝。人民法院对有关单位和个人提出的证明文书，应当辨别真伪，审查确定其效力。

（四）质证与出庭作证

证据应当在法庭上出示，并由当事人互相质证。对涉及国家秘密、商业秘密和个人隐私的证据应当保密，需要在法庭出示的，不得在公开开庭时出示。经人民法院通知，证人应当出庭作证。有下列情形之一的，经人民法院许可，可以通过书面证言、视听传输技术或者视听资料等方式作证：① 因健康原因不能出庭的；② 因路途遥远，交通不便不能出庭的；③ 因自然灾害等不可抗力不能出庭的；④ 其他有正当理由不能出庭的。证人因履行出庭作证义务而支出的交通、住宿、就餐等必要费用以及误工损失，由败诉一方当事人负担。当事人申请证人作证的，由该当事人先行垫付。当事人没有申请，人民法院通知证人作证的，由人民法院先行垫付。

（五）证据保全措施

在证据可能灭失或者以后难以取得的情况下，当事人可以在诉讼过程中向人民法院申请保全证据，人民法院也可以主动采取保全措施。因情况紧急，在证据可能灭失或者以后难以取得的情况下，利害关系人可以在提起诉讼或者申请仲裁前向证据所在地、被申请人住所地或者对案件有管辖权的人民法院申请保全证据。

五、卫生民事诉讼审判程序

卫生民事诉讼是民事诉讼的组成部分，因此它与一般民事诉讼审判程序具有一致性。根据《民事诉讼法》的规定，民事诉讼审判程序分为审判程序、执行程序和涉外民事诉讼程序。审判程序分为第一审程序、第二审程序和审判监督程序等。第一审程序又可分为普通程序和简易程序。

（一）第一审普通程序

第一审程序普通程序是指人民法院审理第一审民事案件通常适用的程序，它是民事诉讼中的基础程序，具有广泛的适用性。

1. 起诉和受理　根据《民事诉讼法》的规定，起诉必须符合下列条件：① 原告是与本案有直接利害关系的公民、法人和其他组织；② 有明确的被告；③ 有具体的诉讼请求和事实、理由；④ 属于人民法院受理民事诉讼的范围和受诉人民法院管辖。起诉应当向人民法院递交起诉状，并按照被告人数提出副本。书写起诉状确有困难的，可以口头起诉，由人民法院记入笔录，并告知对方当事人。起诉状应当记明下列事项：① 原告的姓名、性别、年龄、民族、职业、工作单位、住所、联系方式，法人或者其他组织的名称、住所和法定代表人或者主要负责人的姓名、职务、联系方式；② 被告的姓名、性别、工作单位、住所等信息，法人或者其他组织的名称、住所等信息；③ 诉讼请求和所根据的事实与理由；④ 证据和证据来源，证人姓名和住所。人民法院应当保障当事人依照法律规定享有的起诉权利。对符合《民事诉讼法》规定条件的起诉，必须受理。符合起诉条件的，应当在七日内立案，并通知当事人。不符合起诉条件的，应当在七日内作出裁定书，不予受理。原告对裁定不服的，可以提起上诉。

2. 审理前的准备　开庭审理前人民法院应根据《民事诉讼法》规定，在立案之日起五日内将起诉状副本发送被告，被告应当在收到之日起十五日内提出答辩状。答辩状应当记明被告的姓名、性别、年龄、民族、职业、工作单位、住所、联系方式；法人或者其他组织的名称、住所和法定代表人或者主要负责人的姓名、职务、联系方式。人民法院应当在收到答辩状之日起五日内将答辩状副本发送原告。被告不提出答辩状的，不影响人民法院审理。向当事人告知有关的诉权利和义务、确定合议庭组成等开庭前的一系列准备工作，并对受理的案件，分别情形，予以处理：① 当事人没有争议，符合督促程序规定条件的，可以转入督促程序；② 开庭前可以调解的，采取调解方式及时解决纠纷；③ 根据案件情况，确定适用简易程序或者普通程序；④ 需要开庭审理的，通过要求当事人交换证据等方式，明确争议焦点。

3. 开庭审理　　开庭审理是民事诉讼审判程序的中心环节，可分为开庭、法庭调查、辩论、当事人最后陈述等程序。人民法院审理民事案件，除涉及国家秘密、个人隐私或者法律另有规定的以外，应当公开进行。人民法院审理民事案件，应当在开庭三日前通知当事人和其他诉讼参与人。公开审理的，应当公告当事人姓名、案由和开庭的时间、地点。

开庭审理时，由审判长或者独任审判员核对当事人，宣布案由，宣布审判人员、法官助理、书记员等的名单，告知当事人有关的诉讼权利和义务，询问当事人是否提出回避申请。法庭调查按照下列顺序进行：① 当事人陈述；② 告知证人的权利和义务，证人作证，宣读未到庭的证人证言；③ 出示书证、物证、视听资料和电子数据；④ 宣读鉴定意见；⑤ 宣读勘验笔录。法庭辩论按照下列顺序进行：① 原告及其诉讼代理人发言；② 被告及其诉讼代理人答辩；③ 第三人及其诉讼代理人发言或者答辩；④ 互相辩论。法庭辩论终结，由审判长按照原告、被告、第三人的先后顺序征询各方最后意见。

4. 判决　　法庭辩论终结，应当依法作出判决。判决前能够调解的，还可以进行调解，调解不成的，应当及时判决。原告经传票传唤，无正当理由拒不到庭的，或者未经法庭许可中途退庭的，可以按撤诉处理。被告反诉的，可以缺席判决。被告经传票传唤，无正当理由拒不到庭的，或者未经法庭许可中途退庭的，可以缺席判决。人民法院对公开审理或者不公开审理的案件，一律公开宣告判决。

人民法院适用普通程序审理的案件，应当在立案之日起六个月内审结。有特殊情况需要延长的，由院长批准，可以延长六个月，还需要延长的，报请上级人民法院批准。

（二）简易程序

简易程序是指基层人民法院和它派出的法庭审理简单的民事案件所适用的程序。根据《民事诉讼法》的规定，基层人民法院和它派出的法庭对事实清楚、权利和义务关系明确、争议不大的简单的民事案件，可以适用简易程序。对简单的民事案件，原告可以口头起诉。当事人双方可以同时到基层人民法院或者它派出的法庭，请求解决纠纷。基层人民法院或者它派出的法庭可以当即审理，也可以另定日期审理。基层人民法院和它派出的法庭审理简单的民事案件，可以用简便方式传唤当事人和证人、送达诉讼文书、审理案件，但应当保障当事人陈述意见的权利。适用简易程序审理的民事案件，由审判员一人独任审理。

人民法院适用简易程序审理案件，应当在立案之日起三个月内审结。有特殊情况需要延长的，经本院院长批准，可以延长一个月。人民法院在审理过程中，发现案件不宜适用简易程序的，裁定转为普通程序。

（三）第二审程序

当事人不服地方人民法院第一审判决的，有权在判决书送达之日起十五日内向上一级人民法院提起上诉。当事人不服地方人民法院第一审裁定的，有权在裁定书送达之日起十日内向上一级人民法院提起上诉。上诉应当递交上诉状。上诉状的内容，应当包括当事人的姓名，法人的名称及其法定代表人的姓名或者其他组织的名称及其主要负责人的姓名；原审人民法院名称、案件的编号和案由；上诉的请求和理由。上诉状应当通过原审人民法院提出，并按照对方当事人或者代表人的人数提出副本。第二审人民法院应当对上诉请求的有关事实和适用法律进行审查。

第二审人民法院对上诉案件，应当组成合议庭，开庭审理。经过阅卷、调查和询问当事人，对没有提出新的事实、证据或者理由，合议庭认为不需要开庭审理的，可以不开庭审理。第二审人民法院对上诉案件，经过审理，按照下列情形，分别处理：① 原判决、裁定认定事实清楚，适用法律正确的，以判决、裁定方式驳回上诉，维持原判决、裁定；② 原判决、裁定认定事实错误或者适用法律错误的，以判决、裁定方式依法改判、撤销或者变更；③ 原判决认定基本事实不清的，裁定撤销原判决，发回原审人民法院重审，或者查清事实后改判；④ 原判决遗漏当事人或者违法缺席判决等严重违反法定程序的，裁定撤销原判决，发回原审人民法院重审。第二审人民法院审理上诉案件，可以进行调解。调解达成协议，应当制作调解书，由审判人员、书记员署名，加盖人民法院印章。调解书送达后，原审人民法院的判决即视为撤销。第二审人民法院的判决、裁定，是终审的判决、裁定。人民法院审理对判决的上诉案件，应当在第二审立案之日起三个月内审结。有特殊情况需要延长的，由本院院长批准。人民法院审理对裁定的上诉案件，应当在第二审立案之日起三十日内作出终审裁定。

第四节　卫生刑事诉讼

一、概述

（一）卫生刑事诉讼的概念

卫生刑事诉讼（health criminal lawsuit）是指国家专门司法机关在卫生刑事诉讼当事人和其他诉讼参与人的参加下，依照法定程序，揭露犯罪，证实犯罪和惩罚犯罪并保证无罪的人不受刑事处罚的活动过程。卫生刑事诉讼基本原则、主体、程序遵循刑事诉讼的一般规定。

（二）刑事诉讼的基本原则

刑事诉讼的基本原则是指由刑事诉讼法律确定的，贯穿于刑事诉讼的全过程并为国家司法机关和诉讼参与人进行刑事诉讼必须遵循的基本行为准则。刑事诉讼应遵循以下基本原则：① 侦查权、检察权、审判权由专门机关依法独立行使；② 以事实为根据，以法律为准绳；③ 人民检察院依法对刑事诉讼实行法律监督；④ 未经人民法院依法审判，不得确定有罪；⑤ 保障诉讼参与人的诉讼权利。

二、刑事诉讼的主体

刑事诉讼主体是指在刑事诉讼中依法享有司法职权的机关和依法享有诉讼权利并承担诉讼义

务的当事人以及其他诉讼参与人。

1. 侦查机关　公安机关是侦查机关。负责立案、侦查、收集调取证据，对现行或重大嫌疑分子，依法刑事拘留，依法执行逮捕。

2. 监督机关　人民检察院是法律监督机关。在刑事诉讼的侦查阶段对其管辖的案件进行侦查、起诉；对公安机关主管的侦查案件进行审查起诉。在审判阶段是公诉案件的公诉人，同时行使审判监督权。

3. 审判机关　人民法院是国家审判机关。在刑事诉讼中行使审判权，确定被告人是否有罪，是否适用刑罚。

4. 被害人　指人身权和其他合法权益直接受犯罪侵害的人。

5. 被告人　即被指控实施了犯罪行为并被追究刑事责任的人。

6. 其他诉讼参与人　包括代理人、证人、辩护人、鉴定人等，享有相应的诉讼权利，并履行相应的义务。

三、卫生刑事诉讼的管辖

卫生刑事诉讼的管辖是指法律规定的公安机关、人民检察院和人民法院等直接受理卫生刑事案件以及人民法院系统内审判第一审卫生刑事案件职权范围上的分工。

（一）立案管辖

立案管辖是指人民法院、人民检察院和公安机关直接受理卫生刑事案件范围上的权限划分。

1. 人民法院直接受理的案件　人民法院直接受理卫生刑事自诉案件，即受害人可以刑事自诉的卫生刑事案件，主要是除严重危害社会秩序和国家权益以外的生产、销售假药或劣药案；生产、销售不符合卫生标准的食品或有毒、有害食品案；生产、销售不符合标准的医用器材案；生产、销售不符合卫生标准的化妆品案。对此类案件受害人如有证据证明，可以直接向人民法院提起刑事诉讼。

2. 人民检察院直接受理的案件　人民检察院在对诉讼活动实行法律监督中发现的司法工作人员利用职权实施的非法拘禁、刑讯逼供、非法搜查等侵犯公民权利、损害司法公正的犯罪，可以由人民检察院立案侦查。对于公安机关管辖的国家机关工作人员利用职权实施的重大犯罪案件，需要由人民检察院直接受理的时候，经省级以上人民检察院决定，可以由人民检察院立案侦查。

3. 公安机关直接受理的案件　除人民法院、人民检察院直接受理的案件外，其他卫生刑事案件均由公安机关立案侦查。

（二）审判管辖

1. 级别管辖　基层人民法院管辖第一审普通刑事案件。危害国家安全的案件，可能判处无期徒刑、死刑的普通刑事案件，外国人犯罪的刑事案件，由中级人民法院管辖。

2. 地域管辖　指同级人民法院在审判第一审刑事案件上的分工。卫生刑事案件一般是由卫生犯罪地的人民法院管辖。犯罪地一般是指犯罪预备地、犯罪实施地、犯罪结果地等。

四、刑事诉讼程序

普通的刑事案件一般需要经过立案、侦查、提起公诉和审判程序。

1. **立案** 是公安司法机关对于报案、控告、举报、自首等材料，依照管辖范围进行审查，以判断是否确有犯罪事实和应否追究刑事责任，并依法决定是否作为刑事案件进行侦查或审判的一种诉讼活动。

2. **侦查** 侦查程序指侦查机关在办理刑事案件过程中，为了查明案情、收集证据、查获犯罪人、追缴赃物而依照刑事诉讼法的规定进行的专门调查工作和采取的有关强制性措施。

3. **提起公诉** 在提起公诉阶段，由人民检察院对侦查终结的案件进行审查。认为事实查清、证据充分，依法应当追究刑事责任的，作出起诉决定，向人民法院提起公诉。依法可以不起诉、不追究刑事责任的，决定不起诉。

4. **审判** 一般由人民法院组成合议庭进行审判。经过开庭、法庭调查、辩论，经合议最终作出裁判。

五、卫生刑事诉讼案件的种类

1. **与健康产品有关的刑事诉讼** 主要是生产、销售不符合卫生标准或有害的与健康相关产品数量较大或者已致人伤害的刑事案件。

2. **与公共卫生监督有关的刑事诉讼** 主要是指危害公共卫生犯罪行为引起的刑事诉讼。

3. **与医疗机构和医务人员管理有关的刑事诉讼** 主要是指违反医师法律规范，擅自行医的犯罪行为引起的刑事诉讼。

4. **与公民生命健康权益有关的刑事诉讼** 主要是侵犯与卫生法相关的公民生命健康权益的犯罪行为引起的刑事诉讼。

5. **与卫生行政执法和卫生管理有关的刑事诉讼** 主要是指卫生管理及执法人员的失职犯罪行为引起的刑事诉讼。

相关链接 | 卫生犯罪，一般是指行为人实施了违反卫生法律和法规、触犯刑律并应承担刑事责任的行为。我国《刑法》在立法上对卫生犯罪做了相对分散的规定，如《刑法》第三章"破坏社会主义市场经济秩序罪"第一节生产、销售伪劣商品罪中的生产、销售伪劣产品罪，生产、销售假药罪，生产、销售劣药罪，生产、销售不符合安全标准的食品罪，生产、销售有毒、有害食品罪等；第六章"妨害社会管理秩序罪"第五节危害公共卫生罪中规定了妨害传染病防治罪，传染病菌种、毒种扩散罪，妨害国境卫生检疫罪，非法组织卖血罪、强迫卖血罪等，对公共卫生犯罪作了比较集中的规定。

卫生行政复议案

行政复议申请人，王某，男，45岁。被申请人，某市原卫生行政部门。申请人王某于2003年4月30日在某市市立医院做骨外科手术失败。实施手术者为张某。张某，2001年大学毕业后到某市市立医院骨外科工作，2002年9月参加了全国医师资格考试，成绩合格，2002年12月1日获得执业医师资格，2003年底领到执业医师资格证书，但未进行医师注册。王某多次要求某市市立医院及张某进行人身损害赔偿未果。2004年6月7日王某向被申请人市卫生局请求认定张某诊疗行为为非法行医。某市原卫生行政部门于2004年7月15日给予书面答复，认为张某直到2003年底才拿到执业医师资格证书是因为证件制作、上报验印有个过程，因此不能认定张某诊疗行为为非法行医。王某不服，于2004年7月20日向某省卫生行政部门提出行政复议申请，以张某没有医师执业证书，不能单独实施医疗手术为由，请求撤销某市卫生局作出的不能认定张某诊疗行为为非法行医的答复。某省卫生行政部门经过书面审理，于2004年9月22日作出行政复议决定，撤销某市卫生局作出的不能认定张某诊疗行为为非法行医的答复。

思考：本案是否属于行政复议的受案范围，并说明理由。

学习小结

本章主要介绍了解决卫生争议的四种方式，即卫生行政复议、卫生行政诉讼、卫生民事诉讼和卫生刑事诉讼制度的基本原理和基本知识。卫生行政复议主要解决的是卫生行政主体因实施具体行政行为而与相对人发生的争议，其核心问题是复议机关对具体行政行为是否合法、适当进行审查。卫生行政诉讼、卫生民事诉讼和卫生刑事诉讼是解决卫生争议的司法救济方式，由于诉讼的性质、法律规定以及要解决的问题不同，这三种诉讼在受案范围、诉讼管辖、诉讼程序等方面都有各自的特点。

（王安富）

复习参考题

一、选择题

1. 行政复议机关应当审查行政行为的
   A. 合法性
   B. 真实性
   C. 适当性
   D. 合法性和适当性
   E. 合法性和真实性

2. 下列行政机关作出的行为中，属于行政复议范围的是
   A. 对工作人员小张开除的决定
   B. 对公民李某错误刑事拘留
   C. 内部调整人员的决定
   D. 对于一起治安案件迟迟未作处理
   E. 对民事纠纷作出的调解
3. 对被诉具体行政行为负有举证责任的是
   A. 原告
   B. 被告
   C. 第三人
   D. 人民法院
   E. 人民检察院
4. 对行政诉讼判决不服的上诉期限是
   A. 10日
   B. 15日
   C. 30日
   D. 60日
   E. 90日
5. 独立行使行政审判权的主体是
   A. 人民法院
   B. 审判委员会
   C. 行政审判庭
   D. 合议庭
   E. 人民检察院

   答案：1. C；2. D；3. B；4. B；5. A

二、简答题

1. 什么是卫生行政复议？卫生行政复议应遵循哪些基本原则？
2. 简述卫生行政诉讼与卫生行政复议的区别。
3. 简述卫生民事诉讼的基本原则与基本制度的主要内容。
4. 什么是卫生刑事诉讼？卫生刑事诉讼的种类有哪些？

推荐阅读

［1］ 刘长秋. 献血法研究. 武汉: 华中科技大学出版社, 2018.

［2］ 达庆东, 田侃. 卫生法学纲要. 5版. 上海: 复旦大学出版社, 2014.

［3］ 全国人大常委会法制工作委员会行政法室. 中华人民共和国食品安全法解读 (权威读本). 北京: 中国法制出版社, 2015.

［4］ 钱和, 林琳, 于瑞莲. 食品安全法律法规与标准. 北京: 化学工业出版社, 2015.

［5］ 蒋祎. 卫生法. 北京: 人民卫生出版社, 2020.

［6］ 宋大涵, 王国强, 袁曙宏, 等.《中华人民共和国中医药法》释义. 北京: 中国民主法制出版社, 2016.

［7］ 许安标.《药品管理法》修改的精神要义、创新与发展. 行政法学研究, 2020, 28 (1): 3-16.

［8］ 陈晓云, 沈一峰, 熊宁宁, 等. 医疗卫生机构泛知情同意实施指南. 中国医学伦理学, 2020, 33 (10): 1203-1209.

索　引

73